七寺本《玄應音義》
文字研究

Study on Characters of
the Seven Temple edition *Xuanyingyinyi*

吴繼剛 著

上海古籍出版社

2018年度國家社科基金後期資助項目（18FYY010）

國家社科基金後期資助項目
出版説明

　　後期資助項目是國家社科基金設立的一類重要項目,旨在鼓勵廣大社科研究者潛心治學,支持基礎研究多出優秀成果。它是經過嚴格評審,從接近完成的科研成果中遴選立項的。爲擴大後期資助項目的影響,更好地推動學術發展,促進成果轉化,全國哲學社會科學工作辦公室按照"統一設計、統一標識、統一版式、形成系列"的總體要求,組織出版國家社科基金後期資助項目成果。

全國哲學社會科學工作辦公室

序

佛教自印度東傳震旦，經歷了適應中國國情的發展，又再度東漸傳入朝鮮、日本等國的過程，形成了以漢文大藏經爲中心的漢字佛教文化圈。據上海圖書館藏日本天平十二年（740）五月一日《光明皇后寫經》跋語一稱，"考日本靈龜二年，當開元四年，八月遣吉備真備、阿部仲麻呂、僧玄昉使中國留學；至天平七年，開元廿三年，而還，獻樂律及藏經；至十三年，遂下諸州寫經造（塔）之令。蓋自慶雲、和銅以迄天平、神護、景雲七八十年之間，寫造最盛"。又跋語二稱，"日本寫經之風，莫盛於唐開元、天寶時"。今尚傳存的這些奈良平安古寫經爲我們研究《開元錄》以前寫本藏經的淵源提供了珍貴的綫索。

佛經音義是解釋佛經中字詞音義的訓詁學著作，也是我國傳統古典文獻中一座值得深入發掘的知識寶庫。佛經音義上溯墳典，下稽方俗，集《説文》系字書、《爾雅》系詞書、《切韻》系韻書及古代典籍注疏的字詞訓釋於一書，所釋摭拾廣博，包孕宏富，徵引了經史子集數百種古籍，詮釋了一千四百多部佛經中需要解釋的詞語，在某種程度上可以説是當時入藏佛經的縮影，也可以説是先秦傳承至唐宋古籍的淵藪，據其所釋某部佛經的詞語，可比勘唐宋傳本與今傳本的異同，而由其所釋各部佛經，則可略窺其時入藏全部佛經的概貌，既有所釋佛經的點上的語料，又有各個點間的繫聯綫索，包孕了大量不爲其他高文典册所載的語言材料，在反映語言的演變上要比佛經本身的記載更勝一籌，在某種意義上可以説是對漢唐所用詞語的一個較爲全面的總結。佛經音義的問世和興盛不僅促進了佛經的闡釋和研究，而且也爲宗教、哲學、語言、文學、藝術、中外交往史等研究提供了豐富的佐證資料。

《玄應音義》是現存最早集釋衆經的佛經音義，向有"文字之鴻圖，言音之龜鏡"之譽。日本宮內廳書陵部所藏毗盧藏中存有《玄應音義》，內容與磧砂藏本和麗藏本略有不同。承蒙日本學者落合俊典和梶浦晉先生聯繫和陪同，我於2006年2月23日訪問宮內廳書陵部時有幸目睹了這部宋版《玄應音義》。據《正倉院文書》記載，奈良時代《玄應音義》已傳到了日本。奈良正倉院的聖語藏現存有卷四、卷十七至卷二十二，共七卷及卷六的一部分殘卷,其中卷六殘卷即爲天平年間(729—749)寫本。東京博物館舊藏有大治三年(宋高宗建炎二年,1128)釋覺嚴的鈔寫本,昭和五年(1930)十月轉藏於宮內省圖書寮(後稱爲宮內廳書陵部),我在訪問宮內廳書陵部時亦比勘了這些鈔寫本。

  日本的法隆寺、石山寺、七寺、興聖寺、西方寺、新宮寺和金剛寺等寺廟中也藏有《玄應音義》的一些寫卷。日本國際佛教學大學院大學落合俊典教授主持的文部科學省私立大學學術研究高度化推進事業的項目旨在整理出版"奈良平安古寫經",已出版的《日本古寫經善本叢刊》第一輯即金剛寺、七寺、西方寺、東京大學史料編纂所、京都大學文學部所藏之玄應撰《一切經音義》二十五卷寫卷。天野山金剛寺今存有卷一至卷四、卷六至卷七、卷九至卷二十一、卷二十四至卷二十五,其中卷二十一末題有"保元元年(1156)",卷十三、卷十九、卷二十末題有"嘉禎二年(1236)",卷一、卷四、卷九、卷十、卷二十一末題有"嘉禎三年(1237)",卷一末附有《新華嚴經音義》。承蒙落合俊典先生惠邀,我於2006年2月25日在東京爲"佛教古寫經研究的學術意義——奈良平安寫經與敦煌寫經"會議作《玄應一切經音義的流傳與版本考探》的公開講演,會後有幸與落合俊典先生一同考察了金剛寺所藏寫卷。石山寺的寫卷寫於承安四年到安元元年間(1174—1175),廣島大學藏有第二卷至第五卷,京都大學文學部藏有其中的第六卷和第七卷,天理圖書館藏有第九卷和第十八卷,名古屋博物館藏有第十二卷,反町弘文莊藏有第十三卷,大東急紀念文庫藏有第二十五卷。七寺的寫卷今存有卷一至卷十、卷十二至卷十四、卷十五至卷十八、卷二十一、卷二十三至卷二十五。其中第十五卷曾爲小杉溫邨(1834—1910)收藏,現藏於東京大學史料編纂所。承蒙箕浦尚美和池麗梅研究員陪同,我於2006年2月24日在史料編纂所比勘了此寫卷。落合俊典《寫本一切經的資料價值》(《世界宗教研究》,2000年第2期)指出寫本一切經是編纂刻本時刪除或改竄前的原本,有刻本所没有的字句,保留了古老的形態。據我們考察比勘,七寺、金剛寺等寺廟中所存《玄應音義》寫卷與磧砂藏本互有異同,大致與麗藏本相近。這些寫卷與敦煌卷子正好可互補整理成一個較爲齊全的古寫本《玄應音義》,其學術價值之巨不言而喻。

  漢字的發展演變包括字體的變遷和字形的變化,漢字史的研究既要探討漢字從甲金文到楷書的演變過程,也要考證每一個具體漢字的字形有哪些變化。除了字體和字形演變的研究以外,漢字使用的歷史狀況也是漢字史研究的重要內容。佛經的漢譯正值漢字由隸書變爲楷書的轉型和俗字紛出的漢魏至唐五代時期,佛經在傳抄中多用當時的俗字,如《高麗大藏經異體字典》除收八千一百一十個正字外，還收有三萬一千九百一十三個異體字，因而可以說佛經的用字反映了漢魏至唐五代的用字實況，而佛經音義主要收釋經文中難理解的詞語，這就必然要涉及經文中出現的大量俗字和訛字。佛經傳抄中的這些俗字和訛字在重譯或後來傳刻時受當時社會通用文字的影響會有或多或少的勘正，這就造成傳世佛經在反映漢魏至唐五代用字實況上的失真，而佛經音義在辨析這些俗字和訛字時必須實錄照抄原文，準確地記載了佛經中的時俗用字，所收之字有很多未爲其他辭書收錄。因而在反映漢字的演變上，佛經音義的記載就比今傳本佛經的記載要更勝一籌，且佛經音義所釋這些俗字和訛字在傳抄中形成的各本異文大致反映了不同時代社會通用文字的使用狀況。如果説許慎《説文解字》所收九千三百五十三個字大體上保存了小篆的系統，那麼我們可以説佛經音義本身的記載和各本的用字大體上保存了漢魏至唐五代漢字的隸變系統和用字實況，人們從中能真切地瞭解到漢字字形隸變楷化的動態演變過程。從文字學的角度來看，佛經音義猶如一塊璞玉，客觀上如實保存了文字使用的自然形態，尤其是反映了漢字隸變楷化演變過程的中間狀態，不僅能爲大型字典的編纂提供更多詮釋東漢以來俗字的豐富資料，而且還能根據佛經音義和有關文獻所載歷代漢字的使用狀況，繫聯一字的變體，描寫其演變的過程，釐清其所有異體，辨明其中一些異寫字的錯訛，從而尋求和把握漢字結構和構形的内部規律，揭示漢字演變的所以然。

繼剛博士近十多年來潛心漢魏六朝碑刻字及《玄應音義》的研究，其碩士學位論文《〈玄應音義〉詞典學研究》（西華師範大學，2005年）從詞典學的角度，對《玄應音義》的收詞與釋義展開研究。之後又鍥而不捨，著重從文字學的角度爬羅剔抉，窮幽極微，撰成博士學位論文《七寺本〈玄應音義〉文字研究》（西南大學，2012年），進而增訂成此專著。

該書首先採用字詞對應理論、構件理論分類研究《玄應音義》裏的異體字、同形字、假借字、記錄音譯外來詞的字等四類文字現象，其中異體字部分著力最勤，較爲全面而客觀地展示了七寺本《玄應音義》的文字面貌。其次借鑒詞彙學研究的相關理論，將《玄應音義》與同時代的文字材料及不同時代的文字材料進行共時與歷時的比較研究，探討了文字的源流、演變軌跡及其規律，指出七寺本《玄應音義》所用文字來源多途，其正字堅持以《説文》爲標準，其通行字和俗字主要沿用漢魏六朝碑刻的異體字，認爲漢字的規範化是個動態的發展過程，《玄應音義》的文字反映了唐代的用字狀況和書寫規範。其中《疑難字詞考釋》章認爲標以"未見所出""未詳所出"等語的疑難字多爲異體字，少數爲假借字或同源字等，多發人所未發。

我多年研究佛經音義，自然也關注七寺、金剛寺等寺廟所藏《玄應音義》。2002 年我赴日本愛知縣立大學參加國際中國語言學學會（International Association of Chinese Linguistics）第十一屆年會。此時曉虹博士已定居名古屋，閑侃中，我提及石山寺所藏《玄應音義》第十二卷現藏於名古屋博物館。我在國內看的是影印件，有些字印得不是最清晰，很想趁便去名古屋博物館看一下原物。當時曾感歎未能如曉虹博士身在東瀛，得以充分利用這一得天獨厚的條件來考察日本所藏寫卷。值得慶幸的是，三十多年來承古屋昭弘、衣川賢次、平田昌司、辛嶋静志、落合俊典、石塚晴通、池田證壽、中里見敬、佐藤晴彦、内田慶市、瀬户口律子、竹葉孝、丁鋒、梁曉虹和沈國威教授等襄助影印惠寄相關資料，亦幾囊括日本所藏寫卷佛經音義。今年 1 月還承北海道大學李乃琦博士熱情聯繫安排，陪同考察了杏雨書屋所藏唐寫本《説文解字》木部和《一切經音義》殘卷，又參訪了曾藏有《一切經音義》寫卷的京都石山寺和名古屋七寺。承七寺住持熱誠款待，瞻覽了七寺所藏古寫經，誠感人生有緣，福至心靈。七寺建於奈良時代天平七年（735），正式名稱爲稲園山正覺院長福寺。據落合俊典《七寺一切經和古逸經典》（《佛教史學研究》第三十三卷第二號，1990 年）一文所考，七寺所藏寫經源自奈良古寫經。其中有不少學術價值很高的古逸經典，如久已失傳的署名"羅什造"的《大乘入道三種觀》、唐義淨《南海寄歸内法傳》《馬鳴菩薩傳》等。繼剛博士年富力盛，治學嚴謹踏實，所著《七寺本〈玄應音義〉文字研究》可謂其數年磨一劍的心血結晶，也是七寺本《玄應音義》研究的新成果，不僅奠定了七寺本《玄應音義》文字研究的扎實基礎，而且也必將推動七寺本《玄應音義》及日本所藏《玄應音義》更爲深入的研究。

近年來佛經音義與禪儒語録詞語研究已成爲國際漢學研究中的一個新的熱點，而學界良莠混雜。人所共知，古今凡有所建樹的真學問都建立在扎實的語料與實學實證基礎上，佛經音義與禪儒語録詞語的研究更是甘坐冷板凳者才能做的真學問，祇有扎扎實實，不畏艱辛勞苦，才會真有創獲。繼剛博士多年來傾心力於《玄應音義》研究，尤其在文字的研究方面用力甚勤，所獲亦豐，誠爲可嘉。承其眷顧囑託，索序於我，却之反爲不恭，是以不揣譾陋而忝爲序。在此我們期待繼剛博士在《玄應音義》的研究方面再接再厲，從而在七寺本《玄應音義》及佛經音義研究的方方面面續有更多的開拓和更多的成果問世。

徐時儀
庚子夏於上海師範大學

目　　錄

序 ·· 徐時儀　1

緒論 ··· 1
第一節　選題緣起 ·· 1
第二節　研究的歷史與現狀 ·· 3
第三節　研究的目的意義與創新點 ·································· 27
第四節　研究材料 ·· 29

第一章　《玄應音義》文字分類研究 ································· 32
第一節　異體字研究 ·· 32
第二節　同形字研究 ·· 108
第三節　假借字研究 ·· 114
第四節　記録音譯外來詞的字研究 ·································· 123

第二章　《玄應音義》文字共時比較研究 ····························· 135
第一節　與《干禄字書》文字比較研究 ······························ 135
第二節　與敦煌卷子文字比較研究 ·································· 147

第三章　《玄應音義》文字歷時比較研究 ····························· 163
第一節　與《玉篇》殘卷、《篆隸萬象名義》文字的比較研究 ·········· 163
第二節　與漢魏六朝碑刻文字的比較研究 ···························· 178
第三節　與《説文》文字的比較研究 ································ 192

第四章 《玄應音義》文字的特徵、成因及其價值 ·············· 205
第一節 《玄應音義》文字的特徵 ························· 205
第二節 《玄應音義》文字的成因分析 ····················· 221
第三節 《玄應音義》文字的價值 ························· 227

第五章 《玄應音義》疑難字詞考釋 ························ 247
第一節 "未見所出"字考釋 ····························· 247
第二節 "未詳所出"字詞考釋 ··························· 265

結語 ·· 299

參考文獻 ·· 301

後記 ·· 325

緒　　論

第一節　選題緣起

"音義書專指解釋字的讀音和意義的書。古人爲通讀某一部書而摘舉其中的單字或單詞而注出其讀音和字義，這是中國古書中特有的一種體制。"①音義之作興起於魏晉以後，這是傳統訓詁學中重要體式之一的傳注之學爲適應語言變化在文字學和音韻學之影響下而發展的重要標誌。②一般認爲最早的音義書爲東漢末孫炎所作之《爾雅音義》，唐代陸德明《經典釋文》則是儒家經典音義集大成之作。佛經音義師法儒家經典之音義書而作。最早的佛經音義爲北齊道慧《一切經音》，唐釋玄應所著之《衆經音義》（以下皆簡稱《玄應音義》）作於我國佛經翻譯及佛經音義編撰的高峰時期，是對北齊以來佛經音義著作的總結和延續。《玄應音義》共二十五卷，它擇取《華嚴經》以及《順正理論》大小乘之經、律、論共四百五十八部，收釋詞條九千四百餘條，其中大部分爲漢語本有之詞，也有一部分外來詞，其中大部分爲佛教音譯外來詞，詞條之後解釋並考辨字形、注音、釋義，具有重要的文字學、音韻學、訓詁學價值，爲小學之淵藪，是今之漢語史、漢字史的研究乃至《漢語大字典》的編纂與修訂之重要史料來源。有唐以後，佛經音義的發展進入守成之期，出現了《新集藏經音義隨函録》（俗稱《可洪音義》）、《希麟音義》《龍龕手鏡》等，海外亦有佛經音義編纂。③在諸多佛經音義中，《玄應音義》在漢語語言學史上佔有重要的位置。有鑒於此，本書以《玄應音義》爲研究對象。

---

① 中國大百科全書總編輯委員會《語言文字》編輯委員會《中國大百科全書·語言文字》，中國大百科全書出版社，1988年版，第452頁。
② 徐時儀、梁曉虹、陳五雲《佛經音義研究通論》，鳳凰出版社，2009年版，第1頁。
③ 徐時儀、梁曉虹、陳五雲《佛經音義研究通論》，鳳凰出版社，2009年版，第48—67頁。

學術研究講究連續性。拙作《〈玄應音義〉詞典學研究》①從詞典學、詞彙學的角度對《玄應音義》進行研究，主要從結構（詞目、注音、釋義、例證、正形、案語）、內容（收詞和釋義）、作用和意義三個方面展開，研究未涉及文字和音韻。此外，周法高②、王力③、徐時儀④、李吉東⑤等從音韻的角度，徐時儀、姚紅衛⑥、葉松⑦等從詞彙的角度，對《玄應音義》作較爲詳盡的研究，故本書定位在《玄應音義》的文字研究上。

　　《玄應音義》的文字研究已有若干成果，但從材料、方法的角度看，都還有繼續研究的價值和餘地，因爲任何一個學者都可以從新材料、新理論、新方法中得到恩澤與啓發。《玄應音義》文字上承漢魏六朝，秉承過去的異體字、通假字、單音節外來詞用字等都在這裏體現出來；下啓後來的字樣書，是經過了漢字異體字大泛濫之後初唐漢字用字狀況和使用規範的縮影，是研究當時漢字的上佳語料，具有重要的研究價值。從研究成果上看，張新朋《玄應〈一切經音義〉之異體字研究》⑧以漢字構形學理論爲指導，研究《玄應音義》裏的異體字。該文把異體字分爲異構字和異寫字兩類，用直接構件分析法研究異構字的構形規律，用歷史比較法和字形分析法研究異寫字的書寫變異規律。王華權《一切經音義（麗藏本）刻本用字研究》⑨運用漢字構形學理論研究《玄應音義》《慧琳音義》和《希麟音義》的異體字，並探討其演變軌跡；研究該書的通假字，並分析三書同《龍龕手鏡》的關係。陳五雲、徐時儀、梁曉虹等《佛經音義與漢字研究》⑩是對佛經音義文字學研究之總結性成果，重點研究傳承字、異體字、借字等。以上成果對《玄應音義》文字作了較爲詳盡的研究，各有收穫，但未能完全用現代語言學、文字學理論對《玄應音義》中的文字現象進行窮盡分析研究；雖然有作共時層面的描寫分析，並使用共時材料敦煌卷子，但未能使用簡帛、碑刻材料作歷時比對，失去縱橫觀照，語料利用價值未能得到全面的發掘，因此，留下了若干研究餘地。

---

① 吳繼剛《〈玄應音義〉詞典學研究》，西華師範大學碩士學位論文，2005年。
② 周法高《從玄應音義考察唐初的語音》，《學原》第二卷第三期，1948年。周法高《玄應反切再論》，《大陸雜誌》第六十九卷第五期，1984年。
③ 王力《玄應一切經音義反切考》，《武漢師範學院學報》（哲學社會科學版），1980年第3期。
④ 徐時儀《玄應〈衆經音義〉研究》，中華書局，2005年版。
⑤ 李吉東《玄應音義反切考》，山東大學博士學位論文，2006年。
⑥ 姚紅衛《〈玄應音義〉詞彙研究》，上海師範大學博士學位論文，2014年。
⑦ 葉松《〈玄應音義〉釋義研究》，上海師範大學碩士學位論文，2016年。
⑧ 張新朋《玄應〈一切經音義〉之異體字研究》，河北大學碩士學位論文，2005年。
⑨ 王華權《一切經音義（麗藏本）刻本用字研究》，上海師範大學碩士學位論文，2008年。
⑩ 陳五雲、徐時儀、梁曉虹《佛經音義與漢字研究》，鳳凰出版社，2010年版。

有幸的是，2010年，筆者得睹日本七寺藏手寫本玄應《一切經音義》影印件。該本珍藏於日本名古屋市佛寺七寺，爲古寫經手鈔本，有大量的異文，無論在版本上、文字研究上都有着十分重要的價值。

本書即以七寺藏《玄應音義》爲研究底本，參之以徐時儀《一切經音義三種校本合刊》中的《玄應音義》部分，利用出土文獻材料漢魏六朝碑刻材料、敦煌卷子、唐代石刻等，傳世文獻材料《干禄字書》，域外文獻《篆隸萬象名義》等，同時還利用了唐寫本《玉篇》殘卷，試圖從漢語史、漢字史的角度，從歷時、共時兩個方面研究《玄應音義》的用字現象，歸納總結漢字發展、使用的規律，爲漢字史的研究提供資料和理論支撐。

第二節　研究的歷史與現狀

對《玄應音義》的利用和研究有三種情況：利用、整理、綜合研究，這恰恰也是對《玄應音義》利用和研究的三個階段。

一、利用階段

首先，對《玄應音義》進行利用的是《慧琳音義》。《慧琳音義》承襲《玄應音義》體例並進一步完善，而且直接摘録《玄應音義》的大部分内容。據筆者統計，共抄録339部佛經2 043卷的音義，並且在目録、正文均注明"玄應音"，佔《玄應音義》總部數的76%，總卷數的85%。① 但慧琳並非完全照抄《玄應音義》，而是注音改用中唐長安音，釋義增加引書數量和内容，校正玄應注的訛誤，按照自己的標準，有選擇性地納入自己的著作體系中。所以，《慧琳音義》是研究《玄應音義》最直接的參考資料。

其次，清代學者利用《玄應音義》作輯佚工作。清乾隆四十七年(1782)任大椿撰《字林考逸》，乾隆四十九年(1784)孫星衍撰《倉頡篇》輯本等。② 後來，任大椿又輯録出《倉頡篇》《三蒼》《通俗文》《字書》《字林》等四十三部亡佚書，合成《小學鉤沉》，有一半左右詞條出自該書，《玄應音義》的輯佚價值可見一斑。

第三，清代學者王念孫父子引用《玄應音義》。王念孫據《玄應音義》補《廣雅》。因《玄應音義》大量引用《廣雅》。"凡是《廣雅》今本有疏漏的，都

---

① 吴繼剛《〈玄應音義〉詞典學研究》，西華師範大學碩士學位論文，2005年，第4頁。
② ［清］莊炘《唐一切經音義·序》，海山仙館叢書，道光乙巳(1845)鐫刻。

作了補正,而補正所缺的材料,大多就是根據這部《音義》的。如《疏證》從卷一至卷九上的九卷《釋詁》中,共補脫字一百八十個,大多是靠這部書的。"①王引之著《經傳釋詞》時亦引用《玄應音義》。②

二、整理階段

所謂整理,就是對《玄應音義》中的詞條、注音、釋義、例證等的訛、倒、衍,出處的錯誤,版本的異同等進行校訂。

就國内而言,有乾隆五十一年丙午(1786)武進莊炘本的刊刻。該書依據南藏本,注中有莊炘、錢坫、孫星衍、洪亮吉等人的校語。據筆者統計,作注者以莊炘爲主,孫星衍、錢坫、洪亮吉等人爲輔,共釋 969 詞,其中莊炘 574 詞,孫星衍 217 詞,錢坫 124 詞,洪亮吉 54 詞。莊炘等人在《玄應音義》被釋詞條的正文之後加上各自的按語,分別以"炘曰""炘按""星衍曰""星衍謂""坫曰""洪亮吉曰""洪亮吉云""亮吉曰"等標誌語與正文隔開。其注釋主要是爲雙音節合成詞及少部分梵語音譯外來詞證形、注音、釋義、舉例、考辨等。具體表現爲指出古文、異體字、通假字及字形出處;補充解釋詞義,包括玄應釋語中的詞語意義;補充書證;校正玄應在字義、出處等方面的訛誤;指出異文;存疑等。③該書爲漢字史、詞彙史、音韻史的研究和辭書的編纂提供語料,但也存在大量異體字的來源没有釐清,字詞關係認識不足,考辨不清,對外來詞的認識不夠等問題。

考訂《玄應音義》中的錯誤,有孫星衍《一切經音義校正》。孫氏未參照其他版本,僅運用自己的語言文字功底校正《玄應音義》,研究很是不夠。

就國外而言,1932 年,日本學者山田孝雄作《玄應音義》版本整理:匯集聖語藏本和大治本,而又以大治本爲主,所缺各卷則以麗藏本補足。聖語藏本是奈良時代的鈔本,存卷四、十七至二十二,還有卷六的部分殘卷,是唐五代期間的寫本;大治本爲東京博物館所藏,缺卷六至卷八,爲南宋高宗建寧年間的寫本。山田孝雄作了版本源流歸并:宋元明藏本爲一個系統,大治本和麗藏本爲一個系統。

三、綜合研究階段

綜合研究可以分爲國内和國外兩個方面。

---

① 孫玄常《〈廣雅疏證·釋詁〉劄記音訓篇》,《運城學院學報》,1993 年第 1 期。
② [清]王念孫《廣雅疏證·序》,中華書局,1983 年版。
③ 吴繼剛《論莊炘等對〈玄應音義〉的研究》,載《佛經音義研究——第二届佛經音義研究國際學術研討會論文集》,鳳凰出版社,2011 年版,第 509—523 頁。

（一）國内

1. 文獻整理與研究

對《玄應音義》的文獻研究包括文獻價值研究、版本研究、校勘研究、輯佚研究、利用研究等幾個方面。

文獻價值研究。徐時儀《〈一切經音義〉與古籍整理研究》①點明該書在整理先秦至唐代典籍，尤其是佛經典籍方面的價值。徐時儀《略論〈一切經音義〉與詞彙學研究》②研究包括《玄應音義》和《慧琳音義》，指出其所釋複音詞、方俗口語詞、外來詞及其所反映的古今詞義演變在漢語史研究上具有重要學術價值。徐時儀《略論〈一切經音義〉與音韻學研究》③研究包括《玄應音義》《慧琳音義》在内的中古音研究、上古音研究、方音研究等，指出該書在漢語語音史研究上的重要價值。王華權《〈一切經音義〉引書考論》④就該書徵引的450多種唐以前文獻做分類研究，探討其文獻價值。韓小荆《試析〈可洪音義〉對〈玄應音義〉的匡補》⑤指出《可洪音義》參考《玄應音義》最多而又進行校訂，可反觀出《玄應音義》文字價值之大。曾昭聰《玄應〈衆經音義〉中的詞源探討述評》⑥研究該書在詞源學研究上的價值，指出漢語詞和部分梵語外來詞的命名理據。

文獻版本研究。《玄應音義》成書後，有寫本和刻本之别，就内容上看，可大分爲麗藏本和磧沙藏本兩個系統。按照出現的先後順序，有敦煌吐魯番寫本、日本寫本、麗藏本和磧砂藏本四個系統。然而國内的研究，却按磧砂藏本、麗藏本、敦煌吐魯番寫本、日本寫本的先後順序。我們按照研究順序逐一介紹其版本研究。

《玄應音義》版本研究。陳垣《玄應慧苑兩音義合論》⑦介紹玄應的生平事蹟及《玄應音義》的流傳情況。周祖謨《校讀玄應一切經音義後記》⑧在比較武進莊炘本、磧沙藏本、敦煌寫本、聖語藏與大治本、麗藏本等版本的基礎上，分别作版本介紹。蔣禮鴻《玄應〈一切經音義〉校録》⑨對《叢書集成》影

---

① 徐時儀《〈一切經音義〉與古籍整理研究》，《古籍整理研究學刊》，2009年第1期。
② 徐時儀《略論〈一切經音義〉與詞彙學研究》，《陝西師範大學學報》（哲學社會科學版），2009年第3期。
③ 徐時儀《略論〈一切經音義〉與音韻學研究》，《杭州師範大學學報》（社會科學版），2009年第6期。
④ 王華權《〈一切經音義〉引書考論》，《長沙鐵道學院學報》（社會科學版），2009年第3期。
⑤ 韓小荆《試析〈可洪音義〉對〈玄應音義〉的匡補》，《中國典籍與文化》，2007年第4期。
⑥ 曾昭聰《玄應〈衆經音義〉中的詞源探討述評》，《語文研究》，2007年第3期。
⑦ 陳垣《玄應慧苑兩音義合論》，《經世日報·讀書周刊》第39期，1947年。
⑧ 周祖謨《校讀玄應一切經音義後記》，載《問學集》，中華書局，1966年版，第196—197頁。
⑨ 蔣禮鴻《玄應〈一切經音義〉校録》，載《蔣禮鴻語言文字學論叢》，浙江古籍出版社，1994年版，第132—179頁。

印《海山仙館叢書》本《玄應音義》作迻錄並逐條作校注。徐時儀《玄應音義各本異同考》①《玄應音義版本考》②在考辨各個版本異同的基礎上，考訂玄應《衆經音義》的成書和版本流傳情況。③ 于亭《玄應〈一切經音義〉版本考》④對《玄應音義》的版本源流作梳理和考證。徐時儀《一切經音義三種校本合刊》⑤利用國內外各種版本對校，對《玄應音義》《慧琳音義》《希麟音義》等進行考訂，是目前三種音義最好的校勘本，本書的研究利用了徐時儀的研究成果。陳王庭《〈玄應音義〉所據唐代早期寫本大藏經研究》⑥貢獻有三：一是校對十二個版本的《玄應音義》，勘定其收經目録；二是對比歷代經録，認爲《玄應音義》所據藏經的結構體系被《大周録》《開元録》等經録繼承，成爲中國古代藏經的主流，漢文大藏經總體框架定型的時間當在《玄應音義》時代；三是通過與其他佛教經録的入藏標準進行對比，認爲《玄應音義》所據藏經重大乘輕小乘，重譯著輕此土著述，是一部承襲傳統護教立場的大藏經。

磧砂藏。許啓峰《龍璋輯〈字書〉所據〈玄應音義〉版本考》⑦認爲龍璋輯佚《字書》所據的底本應屬磧砂藏本。

麗藏本。王華權《〈一切經音義〉高麗藏版本再考》⑧通過對諸版本避諱字及用字情況的比勘，認爲《玄應音義》高麗刻本恐據宋本，《慧琳音義》高麗刻本恐據唐本。

敦煌吐魯番寫本。在這些寫本中，敦煌寫本是主流：張金泉、許建平《敦煌音義匯考》⑨是敦煌音義資料的重要匯集書，把《敦煌音義》分爲四部書、字書和佛道經音義三部分，並於文後作考證，把音義書基本整理出來。1997 年，張金泉撰文研究敦煌佛經音義寫卷，⑩把敦煌文獻中的佛經音義分成衆經音義寫卷、單經音義寫卷和音注單經寫卷三類，並分別作簡介；其中衆經音義就包括《玄應音義》。1998 年，張金泉又撰文研究 P.2901，認爲當

---

① 徐時儀《玄應音義各本異同考》，《文史》，2004 年第 4 期。
② 徐時儀《玄應音義版本考》，《中國學術》第十八輯，商務印書館，2005 年。
③ 徐時儀《玄應衆經音義的成書和版本流傳考探》，《古籍整理研究學刊》，2005 年第 4 期。
④ 于亭《玄應〈一切經音義〉版本考》，《中國典籍與文化》，2007 年第 4 期。
⑤ 徐時儀校注《一切經音義三種校本合刊》，上海古籍出版社，2008 年版。
⑥ 陳王庭《〈玄應音義〉所據唐代早期寫本大藏經研究》，上海師範大學碩士學位論文，2010 年。
⑦ 許啓峰《龍璋輯〈字書〉所據〈玄應音義〉版本考》，《西華大學學報》（哲學社會科學版），2010 年第 4 期。
⑧ 王華權《〈一切經音義〉高麗藏版本再考》，《咸寧學院學報》，2009 年第 4 期。
⑨ 張金泉、許建平《敦煌音義匯考》，杭州大學出版社，1996 年版。
⑩ 張金泉《敦煌佛經音義寫卷述要》，《敦煌研究》，1997 年第 2 期。

是《玄應音義》的摘録本。① 徐時儀《敦煌寫本〈玄應音義〉考補》②就周祖謨《校讀玄應一切經音義後記》和張金泉、許建平《敦煌音義匯考》的一些疏失作補正，認爲敦煌文獻中的《玄應音義》是磧砂藏本和麗藏本的祖本。徐時儀《俄藏敦煌寫卷〈放光般若經〉音義考斠》③在綴合的基礎上研究推知，存在一個介於開寶藏初刻本和契丹藏之間的刻本，對版本流傳的研究有重要價值。張涌泉《敦煌經部文獻合集》④是第二本也是目前最完備的敦煌經部文獻彙集書，該書後出轉精，把敦煌文獻中的 36 個《玄應音義》寫卷殘片，綴合成 17 個相對完整的卷子，是現存敦煌文獻中《玄應音義》最完備的版本，可資研究。張涌泉《敦煌本一切經音義敘録》⑤《敦煌本玄應〈一切經音義〉敘録》⑥從版本、內容、價值等方面展開，是對敦煌本《玄應音義》資料的研究和再研究。吐魯番寫本是少數：于亭《吐魯番柏孜克里克石窟所出小學書殘片考證》⑦認爲吐魯番柏孜克里克石窟所出小學書殘片 80TB1：304 爲《玄應音義》鈔録本。范舒《吐魯番本玄應〈一切經音義〉研究》⑧以吐魯番地區出土的 12 件《玄應音義》爲研究材料，認爲吐魯番本《玄應音義》是介於麗藏本與《慧琳音義》之間的一個版本，該文在揭示吐魯番本《玄應音義》輯佚、校勘、文字等方面價值的基礎上，全面移録這 12 件文獻並廣引佛典文獻與傳世訓詁之作作校注，發現今本《玄應音義》中的若干訛誤，同時糾正如今研究中的部分訛誤結論。其後，范舒在碩士學位論文的基礎上，對吐魯番本《玄應音義》殘片進行綴合並定名，闡明其校勘與版本價值，並糾正今之通行麗藏本和磧砂藏本中的一些訛誤。⑨

日本寫本。虞思徵《〈玄應音義〉傳入日本情形考》⑩通過記録日本遣唐使團文獻資料的梳理、排比，斷定《玄應音義》最遲於鑒真東渡（754）之前已傳入日本，並已經開始傳鈔，而將《玄應音義》帶入日本者，很可能就是 734

---

① 張金泉《P.2901 佛經音義寫卷考》，《杭州大學學報》（哲學社會科學版），1998 年第 1 期。
② 徐時儀《敦煌寫本〈玄應音義〉考補》，《敦煌研究》，2005 年第 1 期。
③ 徐時儀《俄藏敦煌寫卷〈放光般若經〉音義考斠》，《古籍整理研究學刊》，2008 年第 3 期。
④ 張涌泉《敦煌經部文獻合集》，中華書局，2008 年版。
⑤ 張涌泉《敦煌本一切經音義敘録》，《漢語史研究集刊》第十輯，2007 年。
⑥ 張涌泉《敦煌本玄應〈一切經音義〉敘録》，載《張涌泉敦煌文獻論叢》，上海古籍出版社，2011 年版，第 18—36 頁。
⑦ 于亭《吐魯番柏孜克里克石窟所出小學書殘片考證》，《古籍整理研究學刊》，2009 年第 4 期。
⑧ 范舒《吐魯番本玄應〈一切經音義〉研究》，浙江大學碩士學位論文，2012 年。
⑨ 范舒《吐魯番本玄應〈一切經音義〉研究》，《敦煌研究》，2014 年第 6 期。
⑩ 虞思徵《〈玄應音義〉傳入日本情形考》，載《佛經音義研究——第三届佛經音義研究國際學術研討會論文集》，上海辭書出版社，2015 年版，第 152—159 頁。

年回國的第十次遣唐使留學僧玄昉。徐時儀、于亭等對日本法隆寺、石山寺、七寺、興盛寺、西方寺、新宮寺和金剛寺等寺所藏寫本作簡介和評價。①徐時儀《玄應〈一切經音義〉寫卷考》②比較敦煌吐魯番寫卷本、日本寫卷等寫卷與刻本的異同，判斷寫卷的價值，是一個總結性的研究。虞思徵《日藏玄應〈一切經音義〉寫本研究》③運用比較的研究方法，將日本寫本《玄應音義》與麗藏本、磧砂藏本兩版本作比較研究，對《玄應音義》的版本作概述，最後對日本寫本的概況、特點、價值作探討。其後，虞思徵在碩士學位論文基礎上進一步展開研究，將金剛寺本與傳世刻本麗藏本和磧砂藏本對勘，輔以《慧琳音義》所轉錄《玄應音義》部分，揭示金剛寺本具有字訛、誤倒、誤併、節錄、闕失等特點；舉例闡明該寫本之校勘價值；並將《玄應音義》之異切分爲文字和語音兩個方面展開研究，認爲前者產生於字形訛誤，後者則反映語音演變；最後斷定金剛寺本來源於宋刻本修訂前的唐寫本。④潘牧天《日本古寫玄應〈一切經音義〉卷六略探》⑤以《玄應音義》卷六《妙法蓮華經音義》爲例展開研究，認爲日本古寫本《玄應音義》屬於日本寫本系統，是傳世詳本的今存本磧砂藏、略本的今存本高麗藏之外的第三個系統。在這個系統中，石山寺本最早、最詳盡，金剛寺本、西方寺本、七寺本爲略本的早期轉鈔本，磧砂藏本與石山寺本、金剛寺本、西方寺本相同點較多，七寺本與麗藏本相同點較多。日本寫本可以補充傳世刻本。聶志軍《日本杏雨書屋藏玄應〈一切經音義〉殘卷再研究》⑥研究日本杏雨書屋藏敦煌寫本羽056R《玄應音義》殘卷，確定此殘卷書寫時代爲8世紀中期，屬於書寫形式的B式，並糾正了前人研究過程中的一些不足。

其他版本。這些版本包括北師大藏本、旅順博物館藏本。侯佳利《北師大藏玄應〈一切經音義〉殘卷版本考》⑦通過對北京師範大學圖書館藏《玄應

---

① 徐時儀《玄應〈衆經音義〉研究》，中華書局，2005年版，第44—45頁。徐時儀、梁曉虹、陳五雲《佛經音義研究通論》，鳳凰出版社，2009年版，第418—421頁。于亭《玄應〈一切經音義〉研究》，中國社會科學出版社，2009年版，第47頁。徐時儀《玄應和慧琳〈一切經音義〉研究》，上海人民出版社，2009年版，第39—40頁。
② 徐時儀《玄應〈一切經音義〉寫卷考》，《文獻》，2009年第1期。
③ 虞思徵《日藏玄應〈一切經音義〉寫本研究》，上海師範大學碩士學位論文，2014年。
④ 虞思徵《日本金剛寺藏玄應〈一切經音義〉寫本研究》，《傳統中國研究集刊》第十一輯，2013年。
⑤ 潘牧天《日本古寫玄應〈一切經音義〉卷六略探》，載《佛經音義研究——第三屆佛經音義研究國際學術研討會論文集》，上海辭書出版社，2015年版，第140—151頁。
⑥ 聶志軍《日本杏雨書屋藏玄應〈一切經音義〉殘卷再研究》，《古漢語研究》，2013年第1期。
⑦ 侯佳利《北師大藏玄應〈一切經音義〉殘卷版本考》，《湖北第二師範學院學報》，2014年第3期。

音義》殘卷原件的研究，認爲其版本屬於明刻《永樂南藏》系統，並非元刻本，並將其與磧砂藏本進行比勘，揭示出其異同之處。趙洋《新見旅順博物館藏〈一切經音義〉研究——兼論〈玄應音義〉在吐魯番的傳播》①對旅順博物館所藏出土於新疆的 14 件《玄應音義》殘卷進行整理研究，認爲有的可以歸入高麗藏、磧砂藏兩個系統，有的則是當地增删過的本子，其大多數更接近於高麗藏刻本系統。

不同版本的比較研究。王曦《〈玄應音義〉磧砂藏系與高麗藏系異文比較》②綜合運用文獻學與語言學的研究方法，對《玄應音義》現存版本磧砂藏、高麗藏兩大系統之共有部分進行比勘後發現，磧砂藏系諸本忠實於原書內容，但時有字形改動；高麗藏系諸本則忠實於祖本字形，但內容多有删節。這與各自傳鈔刻印的背景有關。李乃琦《圖書寮本〈類聚名義抄〉與玄應〈一切經音義〉》③以圖書寮本《類聚名義抄》"水"" 氵"二部條目爲研究對象，並與十個版本的《玄應音義》中的所引條目作比對，認爲圖書寮本《類聚名義抄》編寫過程中所使用的《玄應音義》的版本爲與大治本系統、石山寺本系統有高度一致性的版本，該版本最終形成目前的大治本系統和石山寺本系統。

校勘研究。黄仁瑄在徐時儀《一切經音義三種校本合刊》的基礎上，遵循內外結合的原則，即將音義包括在內的佛典與將梵語文獻包括在內的佛外典籍相結合起來，有若干單篇校勘成果：《〈瑜伽師地論〉之玄應"音義"校勘舉例》④對《瑜伽師地論》中的 27 條訛、脱、衍、倒進行校勘。《玄應〈大唐衆經音義〉校勘舉例》⑤共校勘《玄應音義》中的訛、脱、倒 26 條。《〈四分律〉之玄應"音義"校勘舉例》⑥共校勘《玄應音義》之《四分律音義》中的訛、脱、衍、倒共 21 條。《〈妙法蓮華經〉之玄應"音義"校勘舉例》⑦共校勘《玄應音義》之《妙法蓮華經音義》中的訛、脱、倒 21 條。《玄應〈大唐衆經音義〉校勘舉例(續一)》⑧共校勘《玄應音義》中的訛、脱、倒 14 條。黄仁瑄與張義

---

① 趙洋《新見旅順博物館藏〈一切經音義〉研究——兼論〈玄應音義〉在吐魯番的傳播》，《西域研究》，2018 年第 1 期。
② 王曦《〈玄應音義〉磧砂藏系與高麗藏系異文比較》，《古漢語研究》，2012 年第 3 期。
③ 李乃琦《圖書寮本〈類聚名義抄〉與玄應〈一切經音義〉》，載《佛經音義研究——第三届佛經音義研究國際學術研討會論文集》，上海辭書出版社，2015 年版，第 124—139 頁。
④ 黄仁瑄《〈瑜伽師地論〉之玄應"音義"校勘舉例》，《古漢語研究》，2012 年第 2 期。
⑤ 黄仁瑄《玄應〈大唐衆經音義〉校勘舉例》，《語言研究》，2013 年第 2 期。
⑥ 黄仁瑄《〈四分律〉之玄應"音義"校勘舉例》，《語文研究》，2013 年第 3 期。
⑦ 黄仁瑄《〈妙法蓮華經〉之玄應"音義"校勘舉例》，《漢語學報》，2013 年第 4 期。
⑧ 黄仁瑄《玄應〈大唐衆經音義〉校勘舉例(續一)》，《語言研究》，2016 年第 2 期。

合作之《〈阿毗達磨俱舍論〉之玄應"音義"校勘舉例》①共校勘《玄應音義》之《阿毗達磨俱舍論音義》中的訛、脱、衍、倒22條。其後黄仁瑄擴大研究成果，匯集成《大唐衆經音義校注》一書，②該書以麗藏本爲底本，以《慧琳音義》轉録之《玄應音義》爲對校本，磧砂藏本爲參校本，以脚注的形式出校記，説明詞條、釋語之訛、脱、衍、倒現象。

姚紅衛《古文句讀問題商榷——以〈玄應音義〉爲例》③對《一切經音義三種校本合刊》一書中引文方面的標點訛誤3條，正文方面的標點訛誤4條進行校勘。侯佳利《〈漢語大字典〉引〈一切經音義〉辨誤》④一文舉例揭示《漢語大字典》在徵引《玄應音義》時存在之引書體例不一、斷句有誤、版本不精、徵引訛誤等幾方面的問題，並予以糾正，爲《漢語大字典》的修訂再版提供參考資料，同時指出《漢語大字典》所引《玄應音義》之語需要統一加以覆核修訂。

文獻利用。《玄應音義》大量引用前世小學類書與文獻，所以，後世學者可以利用《玄應音義》引書資料研究這些書籍的傳世本。田潛⑤、姜磊⑥、徐時儀⑦、王少樵⑧、張澍⑨等利用《玄應音義》研究《説文》版本，徐時儀⑩利用《玄應音義》來研究《切韻》《方言》和《玉篇》等的古版本。儲泰松《唐代音義所見方音考》⑪利用包括《玄應音義》在内的唐代佛典、史書音義等書中記録的方音現象，勾勒唐代方言分區的主要輪廓，進而考察唐代語音差别的平面層次、方音特徵的地理分布以及南北語音的大致差異。張涌泉《漢語俗字新考》⑫利用《玄應音義》等文獻考證了《漢語大字典》上的27個疑難字。雷

---

① 張義、黄仁瑄《〈阿毗達磨俱舍論〉之玄應"音義"校勘舉例》，《漢語學報》，2016年第2期。
② ［唐］釋玄應撰，黄仁瑄校注《大唐衆經音義校注》，中華書局，2018年版。
③ 姚紅衛《古文句讀問題商榷——以〈玄應音義〉爲例》，《江西社會科學》，2012年第10期。
④ 侯佳利《〈漢語大字典〉引〈一切經音義〉辨誤》，《湖北第二師範學院學報》，2013年第10期。
⑤ 田潛《一切經音義引説文箋》，江陵田氏鼎楚室刻本，1924年版。
⑥ 姜磊《玄應〈一切經音義〉校勘"大徐本"例説》，《寧夏大學學報》（人文社會科學版），2006年第2期。姜磊《玄應〈一切經音義〉校補〈説文〉大徐本例説》，《科技資訊：科學·教研》，2008年第14期。
⑦ 徐時儀《唐寫本〈説文〉管窺》，《黔南民族師範學院學報》，2002年第1期。徐時儀《〈一切經音義〉引〈説文〉考》，日本《中國語學研究·開篇》Vol.25，2006年。
⑧ 王少樵《玄應書引〈説文〉校異》五卷，版本待考。
⑨ 張澍《〈一切經音義〉引〈説文〉異同》稿本一卷，陝西省博物館藏。
⑩ 徐時儀《〈一切經音義〉引〈切韻〉考》，《中國語言學報》第11期，商務印書館，2003年版。徐時儀《玄應〈衆經音義〉引〈方言〉考》，《方言》，2005年第1期。徐時儀《〈一切經音義〉引〈玉篇〉考》，日本《中國語學研究·開篇》Vol.27，2008年。
⑪ 儲泰松《唐代音義所見方音考》，《語言研究》，2004年第2期。
⑫ 張涌泉《漢語俗字新考》，《浙江大學學報》（人文社會科學版），2005年第1期。

昌蛟利用《玄應音義》和《慧琳音義》，校正"斡"字的音切。① 肖燕利用《玄應音義》的不同版本來研究《釋名》。② 吳繼剛《〈漢語大字典〉"鬐""嵐"字考》③利用《玄應音義》來考證"鬐""嵐"二字的梵語詞形，提前其書證。李吉東利用《玄應音義》引文研究《周易》，認爲佛教界流傳的《周易》版本與外界有所不同；④王華權則以《玄應音義》所引《周易》與今本《周易》比較異同，揭示所引《周易》的概貌及價值。⑤ 黃建寧《"野干"爲何物》⑥利用《玄應音義》考證"野干"的詞義。徐時儀《兩漢魏晉南北朝史書詞語考釋》⑦利用《玄應音義》考釋了史書中"雇、樓羅、騙、選奡、意錢"5 個口語詞的意義。張龍、陳源源《〈六度集經〉詞語例釋——兼與蒲正信先生商榷》⑧利用《玄應音義》等文獻，校正《六度集經》裏的 4 個疑難詞。朱樂川《〈玄應音義〉引〈爾雅〉〈爾雅注〉考》⑨以《玄應音義》所引《爾雅》、郭璞注《爾雅》與《爾雅注疏》作比較，以發現二者的異同，並嘗試探討其背後的原因。李福言《〈玄應音義〉引〈説文〉考》⑩通過窮盡考察、定量定性分析研究表明，《玄應音義》所引《説文》與今本《説文》異多於同，差異主要表現在字形、訓釋、音注上，其中訓釋上的差異最多，字形和音注其次。在訓釋差異方面，《玄應音義》所引《説文》較多保存了唐本《説文》面貌。與大徐本相比，字形差異以異體爲主。在音切上，《玄應音義》所引《説文》音注性質略等於大徐本《説文》所附音切。這些都説明《玄應音義》所引《説文》屬於早期版本。《玄應音義》對《説文》的徵引亦有節引、誤引等問題，同時《玄應音義》在傳鈔版刻過程中也會產生一些訛誤。李福言《〈廣雅疏證〉引〈玄應音義〉考》⑪窮盡梳理並提取《廣雅疏證》所引《玄應音義》釋語 371 條，其中大多數分布於

---

① 雷昌蛟《〈辭源〉〈漢語大字典〉〈漢語大詞典〉標音失誤辨正二則》，《遵義師範學院學報》，2005 年第 2 期。
② 肖燕《〈玄應音義〉不同版本引〈釋名〉考》，載《佛經音義研究——首屆佛經音義研究國際學術研討會論文集》，上海古籍出版社，2006 年版，第 314—330 頁。
③ 吳繼剛《〈漢語大字典〉"鬐""嵐"字考》，《漢字文化》，2006 年第 4 期。
④ 李吉東《〈一切經音義〉中所見的幾處〈周易〉經文異文》，《周易研究》，2006 年第 2 期。
⑤ 王華權《高麗藏本〈一切經音義〉所引〈周易〉異文考》，《湖北社會科學》，2010 年第 6 期。
⑥ 黃建寧《"野干"爲何物》，《文獻》，2005 年第 1 期。
⑦ 徐時儀《兩漢魏晉南北朝史書詞語考釋》，《南陽師範學院學報》，2006 年第 7 期。
⑧ 張龍、陳源源《〈六度集經〉詞語例釋——兼與蒲正信先生商榷》，《西南交通大學學報》（社會科學版），2009 年第 3 期。
⑨ 朱樂川《〈玄應音義〉引〈爾雅〉〈爾雅注〉考》，載《佛經音義研究——第三屆佛經音義研究國際學術研討會論文集》，上海辭書出版社，2015 年版，第 204—212 頁。
⑩ 李福言《〈玄應音義〉引〈説文〉考》，《中國文字研究》第二十五輯，2017 年第 1 期。
⑪ 李福言《〈廣雅疏證〉引〈玄應音義〉考》，載《佛經音義研究——第三屆佛經音義研究國際學術研討會論文集》，上海辭書出版社，2015 年版，第 181—203 頁。

《釋詁》部分，從引用功能上看，以疏通訓釋爲主，以補正《廣雅》原文、訂正《廣雅》訛誤、疏通文獻異文、顯示《廣雅》來源等功能爲輔。分析引文異同，對於校補《廣雅疏證》《玄應音義》均有裨補之用。

2. 語言文字研究

語音研究。周法高《從玄應音義考察唐初的語音》①描寫初唐的聲母、韻母等語音面貌。王力《玄應一切經音義反切考》②分聲母和韻部兩部分展開研究。聲母部分，把《玄應音義》之音和《切韻》作比較，《玄應音義》聲母端、知混用要多於《切韻》，幫、非混用與《切韻》一致，分別舉出若干例字。韻部部分，王力把《切韻》中分立而《玄應音義》中歸并的韻部全部列出，並舉若干例字作說明。王力的研究，可視爲周法高的補充。1984 年，周法高又撰《玄應反切再論》，③就其本人所論《玄應音義》的聲母、韻母方面與王力所論的不同之處作討論。丁鋒④考訂慧琳改訂玄應反切的聲類和聲調概況。徐時儀《玄應〈一切經音義〉注音依據考》⑤認爲玄應注音既引《韻集》，也引其他韻書，表明玄應並未以某一韻書作爲注音依據，而是根據當時的通語讀書音。黃仁瑄《玄應音系中的舌音、唇音和全濁聲母》⑥利用玄應梵漢對音材料證明玄應音系舌音、唇音已經分化，全濁聲母有不送氣、帶同部位的鼻音音色等重要特徵。黃仁瑄後來又分別撰文研究舌音聲母、全濁聲母和牙音聲母。⑦尉遲治平、朱煒《梵文"五五字"譯音和玄應音的聲調》⑧認爲玄應"五五字"的梵語譯音，反映初唐漢語吳音八聲的聲調系統。王曦《論玄應〈一切經音義〉喉音聲母曉、匣、云、以的分立》⑨在周法高等人研究的基礎上，對《玄應音義》中喉音聲母進行了考察，用反切比較法、反切用字分析法、並注多音對立考察法證明曉、匣分立，用反切比較法、概率統計法證明匣、云分立，用反切比較法、反切用字分析法證明云、以分立。《試

---

① 周法高《從玄應音義考察唐初的語音》，《學原》第二卷第三期，1948 年。
② 王力《玄應一切經音義反切考》，《武漢師範學院學報》（哲學社會科學版），1980 年第 3 期。
③ 周法高《玄應反切再論》，《大陸雜誌》第六十九卷第五期，1984 年。
④ 丁鋒《慧琳〈一切經音義〉改良玄應反切考》，《海外事情研究》第三十一卷第一號，2003 年。丁鋒《慧琳改訂玄應反切聲類考》，載《音史新論》，學苑出版社，2005 年版。丁鋒《慧琳改訂玄應反切反映的唐代長安聲調狀況》，《漢語史學報》第六輯，上海教育出版社，2006 年。
⑤ 徐時儀《玄應〈一切經音義〉注音依據考》，《黔南民族師範學院學報》，2005 年第 2 期。
⑥ 黃仁瑄《玄應音系中的舌音、唇音和全濁聲母》，《語言研究》，2006 年第 2 期。
⑦ 黃仁瑄、聶宛忻《唐五代佛典音義音系中的舌音聲母》，《語言研究》，2007 年第 2 期。黃仁瑄《唐五代佛典音義音系中的全濁聲母》，《語言科學》，2010 年第 4 期。黃仁瑄《唐五代佛典音義音系中的牙音聲母》，《漢語學報》，2011 年第 1 期。
⑧ 尉遲治平、朱煒《梵文"五五字"譯音和玄應音的聲調》，《語言研究》，2011 年第 2 期。
⑨ 王曦《論玄應〈一切經音義〉喉音聲母曉、匣、云、以的分立》，《中南大學學報》（社會科學版），2014 年第 3 期。

論玄應〈一切經音義〉中的舌音聲母》①綜合運用反切比較法、概率統計法和譯音辯訛考察法對《玄應音義》中舌音聲母進行窮盡式研究發現，作爲聲母音位，《玄應音義》中的舌上音已經分立，少數後世的舌上音字殘留讀舌頭音的現象。《玄應〈一切經音義〉重紐韻舌齒音考察》②運用重紐研究類相關法，對《玄應音義》中重紐韻的舌齒音作切情況作考察，發現章組、精組、來母與重紐四等脣牙喉音關係密切，知組、莊組與重紐三等脣牙喉音關係密切，這可與黃笑山對《切韻》中重紐韻之研究結果相印證。《玄應〈一切經音義〉脣音聲母考察》③在周法高、王力等研究的基礎上，運用反切比較法、概率統計法、譯音辨訛考察法、反切用字分析法、並注多音對立考察法等多種方法，對《玄應音義》的脣音材料作窮盡考察，認爲玄應語音中輕脣音非、敷、奉、微四母已經產生，非、敷有别。《〈玄應音義〉從邪分立考》④運用並注多音對立考察法、切語用字分析法、繫聯法、反切比較法四個方面證明玄應語音中從、邪分立不混，並對混注例作逐一分析，認爲這些混注例有可能是運用反切比較進行研究時所據參照系《廣韻》中切語與"援引群籍"時承襲自《玉篇》等書切語歸屬不同類別的原因造成。《試論歷史語音研究中破音字常讀音考察的方法——以〈玄應音義〉中破音字常讀音研究爲例》⑤以《玄應音義》爲例，總結出考察作切破音字常讀音的三種方法：一是同系排比歸納法，即通過排比破音字作切的全部用例以確定其常讀音；二是反切用字分析法，即根據反切規律，分析切語上下字間的對立關係，考求作切破音字的常讀音；三是多音並列排除法，即辨析同一詞條中爲同一字所注多個讀音間的對立關係，判定作切破音字的常讀音。此三法能有效考察作切破音字的常讀音。竺家寧《玄應和慧琳〈音義〉濁音清化與來母接觸的問題》⑥通過《玄應音義》《慧琳音義》注音的比較，探討兩個問題：一是濁音清化的現象，即牙喉音、舌齒音、脣音等三類音的清化現象，說明從《玄應音義》到《慧琳音義》的發展變化；二是玄應與

---

① 王曦《試論玄應〈一切經音義〉中的舌音聲母》，《湖北大學學報》（哲學社會科學版），2015年第1期。
② 王曦《玄應〈一切經音義〉重紐韻舌齒音考察》，《海南師範大學學報》（社會科學版），2015年第3期。
③ 王曦《玄應〈一切經音義〉脣音聲母考察》，《中國語文》，2016年第6期。
④ 王曦《〈玄應音義〉從邪分立考》，《國學學刊》，2017年第3期。
⑤ 王曦《試論歷史語音研究中破音字常讀音考察的方法——以〈玄應音義〉中破音字常讀音研究爲例》，《古漢語研究》，2014年第3期。
⑥ 竺家寧《玄應和慧琳〈音義〉濁音清化與來母接觸的問題》，載《佛經音義研究——第三屆佛經音義研究國際學術研討會論文集》，上海辭書出版社，2015年版，第1—13頁。

慧琳音義中的複輔音聲母殘留的痕跡,即來母與疑母的分立表明它們來自上古的複輔音[ŋl],來母與見母的分立表明它們來自上古的複輔音[kl]。

  詞彙研究。詞彙方面的學術成果最初主要來自徐時儀,概括起來有名物詞、方俗、口語詞、新詞新語、常用詞、意譯外來詞等五類。《佛經音義中有關乳製品的詞語考探》①《佛經中有關麵食的詞語考探》②《玄應〈衆經音義〉所釋西域名物詞考》③等,考釋一批名物詞的詞義和起源;《唐釋玄應〈一切經音義〉所釋方言詞考》④《玄應〈衆經音義〉方俗詞考》⑤《玄應〈衆經音義〉方言俗語詞考》⑥《玄應〈衆經音義〉口語詞考》⑦《玄應〈衆經音義〉俗語詞考》⑧《玄應〈衆經音義〉所釋詞語考》⑨《玄應〈衆經音義〉所釋吴方言詞考》⑩等,考釋一批方俗詞語;《玄應音義中的新詞新義例釋》⑪研究該書中的新詞新語新義現象;《玄應〈衆經音義〉所釋常用詞考》⑫研究了"打、欲、槍、著"四個常用詞的演變;《"錦筵""舞筵""綩綖"考》⑬澄清了這三個意譯詞的來源和意義。另外,梁曉虹、徐時儀、陳五雲等《從佛經音義的辨識看外來詞的漢化過程》⑭,從音譯詞的多種不同書寫方式、音譯詞的"訛略"、譯經新造字等三個方面,探討佛經外來詞的漢化過程。

  近些年來。詞彙學研究成果日豐,呈現越來越細緻之態勢:

  詞彙價值的研究。姚紅衛《從佛經 X 然雙音詞看〈玄應音義〉的訓詁價

---

① 徐時儀《佛經音義中有關乳製品的詞語考探》,《南陽師範學院學報》,2002 年第 2 期。該文後來擴展改寫,以《酪、酥和醍醐考源》爲題發表於《普門學報》第 44 期,2008 年 3 月。
② 徐時儀《佛經中有關麵食的詞語考探》,《普門學報》第 23 期,2004 年 9 月。
③ 徐時儀《玄應〈衆經音義〉所釋西域名物詞考》,《漢語史研究集刊》第七輯,2005 年。又,《玄應〈衆經音義〉所釋名物詞考》見《中國語文研究》,2005 年第 1 期。
④ 徐時儀《唐釋玄應〈一切經音義〉所釋方言詞考》,載《慶祝施蟄存教授百歲華誕文集》,上海古籍出版社,2003 年版,第 418—429 頁。
⑤ 徐時儀《玄應〈衆經音義〉方俗詞考》,《上海師範大學學報》(哲學社會科學版),2004 年第 4 期。
⑥ 徐時儀《玄應〈衆經音義〉方言俗語詞考》,《漢語學報》,2005 年第 1 期。
⑦ 徐時儀《玄應〈衆經音義〉口語詞考》,《南開語言學刊》,2005 年第 1 期。
⑧ 徐時儀《玄應〈衆經音義〉俗語詞考》,《長江學術》第七輯,2005 年。又,《〈玄應音義〉所釋方俗詞考》,日本《中國語學研究‧開篇》Vol.24,2005 年。
⑨ 徐時儀《玄應〈衆經音義〉所釋詞語考》,《南陽師範學院學報》,2005 年第 7 期。
⑩ 徐時儀《玄應〈衆經音義〉所釋吴方言詞考》,載《吴語研究:第三屆國際吴方言學術研討會論文集》,上海教育出版社,2005 年版。
⑪ 徐時儀《〈玄應音義〉中的新詞新義例釋》,《覺群‧學術論文集》第三輯,商務印書館,2004 年版。
⑫ 徐時儀《玄應〈衆經音義〉所釋常用詞考》,《語言研究》,2004 年第 4 期。
⑬ 徐時儀《"錦筵""舞筵""綩綖"考》,《文學遺產》,2006 年第 3 期。
⑭ 梁曉虹、徐時儀、陳五雲等《從佛經音義的辨識看外來詞的漢化過程》,南山大學《アカデミア》文學‧語學編,第 77 號,2005 年。

值》①以佛經"X 然"雙音詞爲研究個案,比照《漢語大詞典》,《玄應音義》具有以下幾方面的訓詁價值:收釋承古而來的雙音詞、收釋新詞新義、對佛經用字的考校等,這對於詞彙發展史、辭書編纂、古籍整理等方面具有重要的參考意義。姚紅衛《略論〈玄應音義〉注釋語言的學術價值》②從注釋語言本身展開研究,認爲其注釋語言具有三方面價值:一是從釋語專名來看,《玄應音義》注釋語言中保存很多今已亡佚的典籍,這爲考查有關典籍現今傳本在文字異同、版本真僞等方面提供了資料;二是後世訓詁大家、大型工具書皆直接採用《玄應音義》釋語作爲訓釋佐證;三是《玄應音義》注釋語言除承用上古漢語、中古漢語詞語外,還記錄大量玄應所處時代的新詞語,這些詞語爲後世沿用,部分詞語一直沿用到今。姚紅衛《從"不 X"訓詁看〈玄應音義〉詞彙與詞典編纂意義》③認爲"不 X"類詞語的訓詁内容有三種,一是選用字書、辭書故訓來説解詞義,二是用較新出的雙音詞釋較古舊的單音詞,三是用雙音詞釋雙音詞。同時,《玄應音義》是研究漢語語音、詞彙、文化、辭書編纂、古籍整理資料來源的寶藏,是今天辭書編纂的重要史料來源。

  詞彙的整體觀照研究。姚紅衛《〈玄應音義〉詞彙研究》④採用傳統文獻學研究方法和先進數字化技術相結合、歷時和共時研究相結合、内證與外證相結合、描寫分析和歸納相結合的研究方法,研究《玄應音義》的詞目、釋語詞語與文字形式。其中詞目舉例分類研究實語素詞目、虛語素詞目、"不 X"詞目;釋語詞語研究釋語之唐代新詞語、專名,構詞的結構分析,釋語單、複音詞釋例,詞彙價值以及對辭書編纂與修訂的價值;文字形式研究部分在簡述《玄應音義》用字概況基礎上,討論字詞關係,並作字形個案研究,最後考辨用字訛誤。該文文末附有《玄應音義》句讀問題、分類詞表。

  特殊類詞的研究。李嬰華碩士學位論文《三種〈一切經音義〉醫學名物詞研究》⑤以唐釋玄應、慧琳,遼釋希麟三種《一切經音義》的文獻語言材料爲依據,參考傳世古醫籍以及各類辭書文獻,借鑒學界之他法與成果,對三種《一切經音義》中的人體名物詞、疾病名物詞和藥物名物詞等三類醫學名

---

① 姚紅衛《從佛經 X 然雙音詞看〈玄應音義〉的訓詁價值》,《杭州師範大學學報》(社會科學版),2012 年第 6 期。
② 姚紅衛《略論〈玄應音義〉注釋語言的學術價值》,《阜陽師範學院學報》(社會科學版),2013 年第 3 期。
③ 姚紅衛《從"不 X"訓詁看〈玄應音義〉詞彙與詞典編纂意義》,《淄博師專學報》,2014 年第 2 期。要注意的是,該文所討論的"不 X"詞實際上一部分不是詞,例如"不斥"就是短語,而非詞。
④ 姚紅衛《〈玄應音義〉詞彙研究》,上海師範大學博士學位論文,2014 年。
⑤ 李嬰華《三種〈一切經音義〉醫學名物詞研究》,北京中醫藥大學碩士學位論文,2013 年。

物詞作研究。該文在對人體名物詞、疾病名物詞、藥物名物詞三類醫學名物詞分類研究的基礎上，探討其構詞方式、命名理據、文字形式以及由於這三個因素異同和變化造成的同名異物、異名同物現象的規律等，同時考釋其中的典型詞語。這對於醫學詞語的研究與大型漢語詞典的編纂具有重要的史料價值。李翌華博士學位論文《隋唐五代醫書與佛經音義醫學詞彙比較研究》①主要運用比較法，同時綜合運用語言學、文獻學與中醫學的理論知識與研究方法，把隋唐五代醫書與佛經音義醫學詞彙作比對，旨在揭示兩種不同性質材料醫學詞彙上的異同。從語言特點上看，隋唐五代醫書與佛經音義都反映了中古、近代漢語交替時期的語言面貌，都有歷時繼承、借用和共時融合、滲透的情況。就語言面貌上看，佛經音義的口語化程度高於隋唐五代醫書；就詞語的使用上看，佛經音義收載的詞彙有些是對漢語固有詞彙的借用和創新，同時隋唐五代醫書中亦大量收載外來方藥、部分外來病證觀念等。從文字的使用上看，隋唐五代醫書中的俗字較爲單一，受正字觀念影響較大；佛經音義中俗字則包容並蓄，受正字觀念的影響較小，但佛經音義區分正俗的願望較爲強烈。就詞義的發展演變上看，漢譯佛經及佛經音義比隋唐五代醫書要快，佛經音義對訛誤字和不同詞形的收錄有助於那些詞形發生變化的醫學詞彙的溯源和考察，有助於隋唐五代醫書中一些疑難字詞的解決。

詞義的研究。葉松《〈玄應音義〉釋義研究》②是《玄應音義》釋義的專題研究。該文採用定量統計與定性分析相結合、傳統訓詁方法與現代語言理論的概括歸納相結合，兼及相關個案具體分析的研究方法，以卷二釋《大般涅槃經》、卷六釋《妙法蓮華經》、卷九釋《大智度論》、卷十四釋《四分律》、卷二十二釋《瑜伽師地論》、卷二十四釋《阿毗達磨俱舍論》、卷二十五釋《阿毗達磨順正理論》等七部單經音義的釋義爲代表，進行釋義整體面貌研究。第一章研究玄應具體釋義對象外來詞、單字詞、雙字詞三大類，並分析各自特點。第二章爲《玄應音義》釋義方式的研究，力圖證明玄應釋義是以詞位爲中心，通過對詞位的語音變體、文字變體、意義變體的描述來對詞位進行整體釋義。第三章爲對玄應釋義與詞義系統和詞義分析的關聯研究，分別以"看/視"語義場和"念"的誦讀義爲具體個案，分析它們與玄應釋義的關係。姚紅衛《〈玄應音義〉後綴詞語義考探》③認爲，在《玄應音義》裏，前綴

---

① 李翌華《隋唐五代醫書與佛經音義醫學詞彙比較研究》，北京中醫藥大學博士學位論文，2017年。
② 葉松《〈玄應音義〉釋義研究》，上海師範大學碩士學位論文，2016年。
③ 姚紅衛《〈玄應音義〉後綴詞語義考探》，《重慶科技學院學報》(社會科學版)，2011年第24期。

有"被""所""諸"等,後綴有"然""爾""師""家""子""兒""者""取""地"等,後綴詞語數量多於前綴所構詞語,其中後綴詞語以"然"尾詞爲多。該文以"師""家""子""兒""者"爲例,對佛經後綴雙音詞作個案考察。該成果對於研究古今詞語的承用、新詞新義以及漢語詞典的編纂與修訂均具有重要價值。韓小荆《玄應〈一切經音義〉注釋指瑕》①認爲,因所用藏經底本存在大量異體字,而玄應或承用誤本,疏於校勘;或以不狂爲狂,妄作改易,導致一些注釋訛誤。如將"娑卸"誤作"娑郵",將"錫賚"誤作"錫貢",將"捩身"誤作"拔身",將"區款"誤作"區疑",將"頫骨"誤作"頑骨"等,這些均爲失查、失校所致。

詞語考釋。揚之水《〈一切經音義〉之佛教藝術名物圖證(一)》②利用中外佛教圖像對《玄應音義》中"力拒舉瓶""荃提"兩個名物進行考辨,認爲"力拒舉瓶"即外道所用之瓶,"荃提"即源出於印度的坐具。張文冠《〈一切經音義〉字詞校釋二則》③利用敦煌文獻、傳世文獻材料,並結合文字異寫規律,認爲《玄應音義》中的"鞍月"當爲"鞍瓦",義爲"馬鞍",疑表"馬鞍"義的"柯"當作"柧"。孫秀清《〈玄應音義〉疑難詞釋疑》④採用佛典文獻材料、傳世字書材料,運用排比歸納、古文獻與方言互證之法,考釋"胚/伾""購""赳""鞭靮、鞘靮"四組詞語,主要追尋其本義以此探明詞源,或者糾正舊説,從而理清其發展途徑,以冀訂補佛典釋義,同時對閲讀文學典籍、研究方俗詞語以及大型辭典的編撰都有所裨補。丁慶剛《玄應〈一切經音義〉名物詞考釋五則》⑤採用佛典文獻與傳世字書材料,考釋五個與農業有關的名物詞,認爲"蟆蝶"即今螳螂,"麻粃"即花生、豆、麻子等油料加工後剩下的渣滓,"穮糟"即稀粥、薄粥,"竹篾"即已經剖析、處置可用來編製竹器的竹皮,"蕏豆"即豌豆。

異文研究。耿銘《玄應〈衆經音義〉異文研究——以高麗藏本、磧砂藏本爲主》⑥以《玄應音義》之麗藏本、磧砂藏本爲基礎,並結合敦煌吐魯番藏唐寫卷殘本、日藏《玄應音義》寫卷,考察《慧琳音義》對《玄應音義》的轉録

---

① 韓小荆《玄應〈一切經音義〉注釋指瑕》,《湖北大學學報》(哲學社會科學版),2012年第3期。
② 揚之水《〈一切經音義〉之佛教藝術名物圖證(一)》,《百年敦煌文獻整理研究國際學術討論會論文集》,2010年,第248—254頁。
③ 張文冠《〈一切經音義〉字詞校釋二則》,《漢語史學報》第十六輯,2016年。
④ 孫秀清《〈玄應音義〉疑難詞釋疑》,《學術探索》,2012年第3期。
⑤ 丁慶剛《玄應〈一切經音義〉名物詞考釋五則》,《農業考古》,2017年第6期。
⑥ 耿銘《玄應〈衆經音義〉異文研究——以高麗藏本、磧砂藏本爲主》,上海師範大學博士學位論文,2008年。

情況，旨在釐清《慧琳音義》轉錄的《玄應音義》與麗藏本和磧砂藏本《玄應音義》的聯繫，並在此基礎上探討這三個版本之間的傳承淵源，爲學界科學利用《玄應音義》提供了參考意見，以展開文獻學、語言學、佛教經典研究等方面的探索。

文字研究。其中單篇論文有徐時儀、黃仁瑄、李文珠、耿銘、梁曉虹、陳五雲等，學位論文有張新朋、王華權等，研究專著有陳五雲、徐時儀、梁曉虹等。具體見後"《玄應音義》文字研究"部分。

詞典研究。吴繼剛《〈玄應音義〉詞典學研究》①主要從詞彙學和詞典學的角度對《玄應音義》進行研究，著重探討該書的詞典結構以及所收釋的漢語複音詞、梵語音譯外來詞等重要詞彙類別，指出作爲專書詞典的《玄應音義》在詞典史上的價值。徐時儀《略論〈一切經音義〉與大型字典的編纂》②闡述《玄應音義》和《慧琳音義》在大型漢語詞典編纂中的作用：理清異體字發展脈絡，指出漢字使用的歷史狀況，闡明異寫字的規範形體；《略論〈一切經音義〉字典的編纂》③在介紹《一切經音義》（包括玄應、慧琳、希麟三音義）所載佛經的用字及其本身用字的基礎上，提出實錄各本用字、考察《一切經音義》的辨析、勾勒演變軌跡等三個方面的編寫構想並作例釋。吴繼剛《〈玄應音義〉中的按語研究》④從字音、字形、字義等方面研究該書按語的內容和價值，並舉若干例證。

綜合研究。隨著研究的深入，對某一事物的研究必然由某一方面的零星研究走向全面的綜合研究，具體包括單一角度的綜合研究和多角度的綜合研究兩個方面。

單一角度的綜合研究。這種研究始於音韻研究。周法高《玄應反切考》⑤全文包括通論、聲類考、韻類考三部分。通論較爲詳盡地考證玄應的生平、著述，簡介《慧琳音義》，比較《玄應音義》《慧琳音義》和《切韻》的異同，指出三者皆爲秦音，差別僅在時代差異。聲類考部分按喉音、牙音、舌音、正齒音三等、正齒音二等、齒頭音、唇音等七部分來按聲歸字；韻類考部分按照十四攝順序歸字，考證甚密。相形之下，文獻、詞彙及文字方面單角度的綜合研究要晚得多。于亭《玄應〈一切經音義〉研究》⑥從文獻學角度展開研究，包括玄應

---

① 吴繼剛《〈玄應音義〉詞典學研究》，西華師範大學碩士學位論文，2005 年。
② 徐時儀《略論〈一切經音義〉與大型字典的編纂》，《中國文字研究》第七輯，2006 年。
③ 徐時儀《略論〈一切經音義〉字典的編纂》，《中國文字研究》第十輯，2008 年。
④ 吴繼剛《〈玄應音義〉中的按語研究》，《五邑大學學報》（社會科學版），2009 年第 2 期。
⑤ 周法高《玄應反切考》，《歷史語言研究所集刊》第二十本：本院成立第二十周年專號（上册），商務印書館，1948 年版。
⑥ 于亭《玄應〈一切經音義〉研究》，中國社會科學出版社，2009 年版。

的生平,《音義》的撰寫背景、版本、體例,與《玉篇》《經典釋文》等書的關係等。梁曉虹、徐時儀、陳五雲等《佛經音義與漢語詞彙研究》①從詞彙學角度展開研究,該書總敘包括《玄應音義》在內的佛經音義的語言價值,分類討論複音詞、外來詞、方俗詞、百科文化詞等類别,詞的書寫形式,佛經音義與漢語詞彙史的研究,佛經音義與辭書編纂的關係等幾個方面。張新朋《玄應〈一切經音義〉之異體字研究》,王華權《〈一切經音義〉(麗藏本)刻本用字研究》,陳五雲、徐時儀、梁曉虹等《佛經音義與漢字研究》,分别綜合研究《玄應音義》中的文字現象,詳見後文"《玄應音義》文字研究"部分。以上研究成果,分别從文獻學、詞彙學、文字學等角度對《玄應音義》展開研究。

多角度的綜合研究,包括文獻學、語言學、文字學、文化學等方面。徐時儀《玄應〈衆經音義〉研究》②從文獻學、語言學、文化學等幾個角度展開研究。在版本方面,通過版本比勘,梳理《玄應音義》的版本源流;在語音方面,通過異切考辨,指出《玄應音義》反映初唐長安的語音面貌,並探究該書的注音依據及與其他韻書的關係;在詞彙方面,分類研究該書中的複音詞、新詞新義、方俗口語詞、常用詞的演變、外來詞等,揭示《玄應音義》詞彙學研究上的價值;最後,討論《玄應音義》在語言研究、古籍整理、辭書學研究、文化史研究等方面的價值。徐時儀《玄應和慧琳〈一切經音義〉研究》③爲徐時儀在《慧琳和他的〈一切經音義〉》《玄應〈衆經音義〉研究》《一切經音義三種校本合刊》之後寫成的綜合性專著,介紹了《一切經音義》編纂的時代背景,二書的概貌、編纂宗旨和體例、編纂特色,並探討二書前後的傳承關係以及《慧琳音義》的後出轉精,闡明《一切經音義》與佛經的關係,最後梳理《一切經音義》與語言學、古籍整理、辭書學、文化史等方面的價值。該書是近百年來佛經音義研究的集大成之作。徐時儀、梁曉虹、陳五雲等《佛經音義研究通論》④分上下兩編,上編從佛經音義的興起、編纂史略、編纂宗旨、編纂體例及特色等六個方面對佛經音義本體作介紹;下編從佛經文本、語言、古籍整理、辭書學、文化史、版本、研究概況與展望等七個方面對佛經音義的研究展開介紹。該書既是佛經音義研究的入門書,又是登堂入室者的拐杖。

(二) 國外

就國外看,有日本、韓國、美國等國學者對《玄應音義》展開研究,其中日本學者的研究最爲全面、翔實。

---

① 梁曉虹、徐時儀、陳五雲《佛經音義與漢語詞彙研究》,商務印書館,2005年版。
② 徐時儀《玄應〈衆經音義〉研究》,中華書局,2005年版。
③ 徐時儀《玄應和慧琳〈一切經音義〉研究》,上海人民出版社,2009年版。
④ 徐時儀、梁曉虹、陳五雲《佛經音義研究通論》,鳳凰出版社,2005年版。

日本學者的研究主要集中在文獻、音韻、詞典和利用四個方面。（1）文獻方面。神田喜一郎《緇流的二大小學家》①考論了玄應的生平。上田正《玄應音義諸本論考》②通過對《玄應音義》各個版本異同關係的比較，指出諸版本不同點生成的有意識性，使用時要注重校勘。石塚晴通、池田證壽等研究《玄應音義》的敦煌吐魯番寫本：石塚晴通《玄應〈一切經音義〉的西域寫本》③介紹敦煌吐魯番寫本中的 23 件《玄應音義》寫本的書寫年代、形式和内容，並就列寧格勒（今名聖彼得堡）收藏的 Φ230 寫卷作了詳細的論述；後石塚晴通、池田證壽又專門撰文論述列寧格勒 Φ230 和其他敦煌寫本。④較早對日本寫本作介紹的是沼本克明《石山寺藏字書·音義》，但祇是當詞典來介紹；真正對日本寫本作詳細介紹是日籍華人梁曉虹教授，其著作《日本現存佛經音義及其史料價值》⑤《佛經音義研究的新收穫》⑥對包括《玄應音義》在内的日本現存佛經音義的種類、史料價值作了簡明扼要的介紹。落合俊典《敦煌寫本以及日本古寫經中的玄應撰一切經音義》⑦把敦煌本、日本寫本對照研究，比較二者的異同和相互補充性。（2）音韻方面。森博達《〈玄應音義〉三等韻的分合》⑧討論《玄應音義》裏三等韻分化的時代、條件和具體内容。上田正《玉篇、玄應、慧琳、希麟的反切總覽四種》⑨臚列《玉篇》《玄應音義》《慧琳音義》和《希麟音義》四種書的切語，便於對照研究。太田齋《玄應音義中〈玉篇〉的使用》《〈玄應音義〉與〈玉篇〉反切的一致》⑩認爲《玄應音義》和《玉篇》的反切非常一致，原本《玉篇》散佚部分的又音反切能够從《玄應音義》中輯録出來。（3）詞典方面。沼本克明《石山寺藏字

---

① ［日］神田喜一郎《緇流的二大小學家》，《支那學》第七卷第一號，昭和八年（1933），補訂後又載於昭和九年（1934）版《支那學説林》。
② ［日］上田正《玄應音義諸本論考》，《東洋學報》第六十三卷，1981 年。
③ ［日］石塚晴通《玄應〈一切經音義〉的西域寫本》，《敦煌研究》，1992 年第 2 期。
④ ［日］石塚晴通、池田證壽《列寧格勒本一切經音義——以 Φ230 爲中心》，《訓點語與訓點資料》86，1991 年。［日］石塚晴通、池田證壽《彼得堡本一切經音義——Φ230 以外的諸本》，《訓點語與訓點資料》96，1995 年。
⑤ 梁曉虹《日本現存佛經音義及其史料價值》，載《佛經音義研究——首届佛經音義研究國際學術研討會論文集》，上海古籍出版社，2006 年，第 186—206 頁。
⑥ 梁曉虹《佛經音义研究的新收穫》，《普門學報》第 31 期，2006 年。
⑦ ［日］落合俊典《敦煌寫本以及日本古寫經中的玄應撰一切經音義》，載《轉型期的敦煌學》，上海古籍出版社，2007 年。
⑧ ［日］森博達《〈玄應音義〉三等韻的分合》，《均社論叢》第五卷第二期，1978 年。
⑨ ［日］上田正《玉篇、玄應、慧琳、希麟的反切總覽四種》，汲古書院，1987 年版。
⑩ ［日］太田齋《玄應音義中〈玉篇〉的使用》，《東洋學報》第八十卷第三號，何林譯，載《音史新論：慶祝邵榮芬先生八十壽辰學術論文集》，學苑出版社，2005 年。［日］太田齋《〈玄應音義〉與〈玉篇〉反切的一致》，《中國語學研究·開篇》Vol.17。

書·音義》①從詞典學的角度來介紹石山寺藏的日本《玄應音義》寫本。小林芳規《一切經音義解題》②從詞典學的角度對《玄應音義》做解題。二人均把《玄應音義》當作詞典研究。(4)利用方面。矢放昭文《〈慧琳音義〉所收〈玄應音義〉的一個側面》③通過《慧琳音義》所收《玄應音義》內容的研究，梳理二者的傳承關係。北山由紀子《顧野王玉篇與玄應一切經音義的關係》④通過《玄應音義》引用《玉篇》材料的研究，探討二者在語音上的聯繫以及《玉篇》古版本。

韓國學者的研究。韓國學者的研究論文共三篇，分別是金愛英、李在敦、李圭甲《新集藏經音義隨函錄言語研究》⑤，金愛英《新集藏經音義隨函錄詞彙初探》⑥，以及鄭蓮實《玄應〈一切經音義〉中的"非體"》⑦。前兩篇主要從詞彙學的角度展開研究，雖然主要是對《可洪音義》的研究，但也涉及《玄應音義》的內容；最後一篇從文字學角度展開研究，把《玄應音義》中的"非體"分爲假借字、異體字、其他以及字際關係不明者四類進行研究，指出玄應所說的"非體"即非正體，其中假借字占多數，反映了當時的用字現狀。

美國學者的研究。巴斯威爾《從玄應〈一切經音義〉看漢語佛教翻譯中的俗語語音成分》⑧以 Ksetra("領地""國土")、Stūpa("聖骨盒""石塚")爲例，從二詞的音譯形式入手，推斷不同的音譯形式所對應的源語及其翻譯時間，研究了梵漢語音的若干對應問題。

佛經音義研究國際學術研討會的召開。隨著佛經音義研究的不斷深

---

① [日]沼本克明《石山寺藏字書·音義》，《石山寺研究》，法藏館，昭和五十三年(1978)版。
② [日]小林芳規《一切經音義解題》，載《古辭書音義集成》第九卷，汲古書院，1981年。
③ [日]矢放昭文《〈慧琳音義〉所收〈玄應音義〉的一個側面》，《均社論叢》第六卷第一期，1979年。
④ [日]北山由紀子《顧野王玉篇與玄應一切經音義的關係》，《中國語學研究·開篇》Vol.26，2007年。
⑤ [韓]金愛英、李在敦、李圭甲《新集藏經音義隨函錄言語研究》，《中國語文學論集》18輯，2001年。
⑥ [韓]金愛英《新集藏經音義隨函錄詞彙初探》，《中國語文學志》10輯，2001年。
⑦ [韓]鄭蓮實《玄應〈一切經音義〉中的"非體"》，載《佛經音義研究——第二屆佛經音義研究國際學術研討會論文集》，鳳凰出版社，2011年版，第80—97頁。還可以參見毛遠明《〈玄應音義〉中的"非"類字研究》，該文運用現代語言學、文字學理論對《玄應音義》中的"非"類字作了較爲詳盡的分類和研究，亦載《佛經音義研究——第二屆佛經音義研究國際學術研討會論文集》，第52—64頁。
⑧ [美]巴斯威爾著，徐文堪譯《從玄應〈一切經音義〉看漢語佛教翻譯中的俗語語音成分》，載《佛經音義研究——首屆佛經音義研究國際學術研討會論文集》，上海古籍出版社，2006年版，第524—538頁。

入,2005 年 9 月 20—22 日,首屆佛經音義國際學術研討會在上海師範大學隆重召開。會議由上海師範大學人文與傳播學院古籍研究所發起主辦,來自中國大陸各地和港臺地區以及韓國、日本的二十餘位專家學者出席了會議。會議採取大會報告形式,就佛經音義的版本、校勘、文字、音韻、詞彙等方面進行討論和交流。會後出版了論文集,①共收論文 24 篇。2010 年 9 月 18—20 日,第二屆會議在上海召開,來自中國大陸各地和港澳臺地區以及韓國、日本的八十餘位專家學者出席了會議,主題同於上次,會後出版了論文集,②共收論文 47 篇。2015 年 8 月 25—27 日,第三屆會議在日本北海道召開,來自中國内地和臺灣、香港以及韓國、日本等國家和地區的五十餘位學者出席會議,會後出版了論文集,③共收論文 32 篇。包括《玄應音義》在内的佛經音義國際學術會議的召開,是國内外學者攜手共同研究《玄應音義》的標誌,也是佛經音義研究向縱深方向發展的標誌。

(三)《玄應音義》文字研究

《玄應音義》的文字研究成果可分爲分類研究和綜合研究兩類。其中分類研究主要分別從文字價值、"經文作字"、"近字"、"非體"、異體字、假借字、造字法等專題研究,專經文字研究,他書引《玄應音義》文研究等幾個方面展開。

文字價值研究。徐時儀《略論〈玄應音義〉在文字學研究上的學術價值》④指出《玄應音義》在實錄唐時文字的自然形態,考察字與字音義之間演變的綫索,考釋漢語俗字等方面提供綫索。王華權《試論〈一切經音義〉刻本用字的學術價值》⑤研究包括《玄應音義》《慧琳音義》和《希麟音義》在内的高麗本《一切經音義》中的疑難字、俗訛字,對唐代異體字的研究具有重要價值。王華權《〈龍龕手鏡〉所收〈一切經音義〉用字考探》⑥認爲《一切經音義》用字是《龍龕手鏡》的收字來源之一。

"經文作字"研究。陳萍萍《玄應〈一切經音義〉"經文作字"研究》⑦選取《玄應音義》中的"經文作字"進行研究。主要分爲兩部分:第一部分從形、音、義三個方面比較"經文作字"與詞目用字,從字形上看,"經文作字"

---

① 徐時儀、陳五雲、梁曉虹編《佛經音義研究——首屆佛經音義研究國際學術研討會論文集》,上海古籍出版社,2006 年版。
② 徐時儀、陳五雲、梁曉虹編《佛經音義研究——第二屆佛經音義研究國際學術研討會論文集》,鳳凰出版社,2011 年版。
③ 徐時儀、梁曉虹、松江崇編《佛經音義研究——第三屆佛經音義研究國際學術研討會論文集》,上海辭書出版社,2015 年版。
④ 徐時儀《略論〈玄應音義〉在文字學研究上的學術價值》,《中國文字研究》第四輯,2003 年。
⑤ 王華權《試論〈一切經音義〉刻本用字的學術價值》,《黄岡師範學院學報》,2009 年第 2 期。
⑥ 王華權《〈龍龕手鏡〉所收〈一切經音義〉用字考探》,《黄岡師範學院學報》,2010 年第 1 期。
⑦ 陳萍萍《玄應〈一切經音義〉"經文作字"研究》,浙江大學碩士學位論文,2015 年。

與詞目用字爲異體字關係;從字音上看,"經文作字"與詞目用字爲通假字關係;從字義上看,"經文作字"與詞目用字爲同義換用關係。第二部分挖掘"經文作字"作爲材料在詞彙訓詁和佛經校勘方面的價值。從詞彙訓詁上看,"經文作字"客觀上保留了同一個詞的不同書寫形式,可以使研究不被詞的書寫形式迷惑,從而找到正確詞形,進而得到詞義確詁。同時,也可避免將同一個詞的不同書寫形式當作新詞,誤立新詞目。從佛經校勘方面看,"經文作字"保留了佛經的早期形態,而它所對應的詞目用字是玄應校勘的成果,可爲我們的校勘指示方向,因而在校勘大藏經方面具有很高的價值。

"近字"研究。黃仁瑄《玄應〈一切經音義〉中的近字》[1]認爲"近字"大約是指跟正體字相對應的文字,具體包括轉注字、通假字、古今字、異體字和詞語化對音字五個方面的內容。孫建偉《也談〈玄應音義〉的"近字"》[2]認爲《玄應音義》裏的"近字"是指《説文》之後產生的新字,或因同源詞的分化而新造之同源字,或爲記錄同一個詞而另造之異體字,或爲對譯佛典而新造之音譯用字。這反映魏晉南北朝至隋唐五代漢字大變革時期大量使用新字以及用字非常混亂的狀況。

"非體"字研究。毛遠明《〈玄應音義〉中的"非"類字研究》[3]認爲《玄應音義》裏的"非"類字有異體字、同形字、通假字、區別字、借音記錄外來詞等五種情況,前三種是主要的,異體字最複雜。

異體字的研究。梁曉虹、陳五雲《〈四分律音義〉俗字拾碎》[4]通過版本比勘,校正《四分律音義》中訛混異體字、誤合二字、誤拆一字、衍文、四字條目誤作二字條、錯字等文字現象,並分析其成因。徐時儀《敦煌寫卷佛經音義俗字考探》[5]研究敦煌寫卷佛經音義,主要是《玄應音義》和《可洪音義》裏的異體字,認爲寫卷大體上保存了漢魏至唐五代漢字的隸變系統和用字實況,既記載了佛經中的時俗用字,又反映了傳本用字的演變。根據敦煌寫卷佛經音義所載一些俗字,可考探近代漢字上承甲金文古文字而由小篆隸變楷化的演變脈絡,考察漢字演變的規律,提供字典編纂的依據。李圭甲

---

[1] 黃仁瑄《玄應〈一切經音義〉中的近字》,《河南師範大學學報》(哲學社會科學版),2006年第5期。
[2] 孫建偉《也談〈玄應音義〉的"近字"》,《海南師範大學學報》(社會科學版),2013年第5期。
[3] 毛遠明《〈玄應音義〉中的"非"類字研究》,載《佛經音義研究——第二屆佛經音義研究國際學術研討會論文集》,鳳凰出版社,2011年版,第52—64頁。
[4] 梁曉虹、陳五雲《〈四分律音義〉俗字拾碎》,南山大學《文學語學篇》第83號,2008年。該文研究日本宮內廳書陵部所藏的一卷本《四分律音義》,但該音義爲唐釋玄應所作,後收入《玄應音義》總一百卷之第五十九卷(在書二十五卷之第十四卷)。
[5] 徐時儀《敦煌寫卷佛經音義俗字考探》,《百家藝術》,2010年第6期。

《日本金剛寺本〈玄應音義〉的誤字與異體字》①選取日本金剛寺寫本《玄應音義》的一部分非正字,與《初雕本高麗大藏經》、敦煌寫本作比較,認爲倘若字形反復使用,致使約定俗成,或者由於各種理由,存在故意寫成其他字形的可能性,亦可視爲異體字。反之,僅僅是單純地寫成截然不同的字形,則應視爲誤字。

假借字的研究。黄仁瑄《玄應〈一切經音義〉中的"假借""借字"》②和聶宛忻《玄應〈一切經音義〉中的借音》③分別探討了《玄應音義》中明確標有"假借""借字"和"借音"字樣的語言材料,認爲玄應所謂的"假借""借字"就是現在所說的"通假";"借音"就是假借,包括"本無其字"的假借和"本有其字"的通假兩種。王華權《〈一切經音義〉通假字辨析》④從傳統同音借字、省形同音借字兩個方面對《玄應音義》中的文字通假現象作歸納和梳理。

造字法的研究。黄仁瑄《玄應〈一切經音義〉中的字意》⑤認爲該書中35 條標有"字意"的字是會意字,包括文字的構件示義和形體示義兩個方面。其造字法理論對許慎會意有推陳出新之功。

專經文字研究。耿銘《玄應〈正法念經〉音義諸版本文字的比較與分析》⑥將《玄應音義》之《正法念經音義》的麗藏本、磧砂藏本、《慧琳音義》轉錄本作對比,認爲其詞目與所述材料文字上的異文體現爲異體字、通假字、訛誤字等三種類型,這對於《玄應音義》的校勘、漢字字形演變的研究都具有重要意義。

他書引《玄應音義》文研究。趙家棟《〈翻譯名義集〉引"應法師云"文字疏證(一)》⑦利用藏經文獻資料,對《翻譯名義集》援引玄應語 38 次中的 14 則進行釋證補議。

綜合研究。主要是學位論文和專著。

張新朋《玄應〈一切經音義〉之異體字研究》⑧以漢字構形學理論爲指導,把《玄應音義》裏的異體字分爲異構字和異寫字兩類進行研究。用直接

---

① 李圭甲《日本金剛寺本〈玄應音義〉的誤字與異體字》,《語言研究》,2016 年第 2 期。
② 黄仁瑄《玄應〈一切經音義〉中的"假借""借字"》,《南陽師範學院學報》,2003 年第 7 期。
③ 聶宛忻《玄應〈一切經音義〉中的借音》,《南陽師範學院學報》,2003 年第 11 期。
④ 王華權《〈一切經音義〉通假字辨析》,《唐山師範學院學報》,2010 年第 3 期。
⑤ 黄仁瑄《玄應〈一切經音義〉中的字意》,《河南師範大學學報》(哲學社會科學版),2004 年第 4 期。
⑥ 耿銘《玄應〈正法念經〉音義諸版本文字的比較與分析》,載《佛經音義研究——第三屆佛經音義研究國際學術研討會論文集》,上海辭書出版社,2015 年版,第 112—123 頁。
⑦ 趙家棟《〈翻譯名義集〉引"應法師云"文字疏證(一)》,載《佛經音義研究——第三屆佛經音義研究國際學術研討會論文集》,上海辭書出版社,2015 年版,第 104—111 頁。
⑧ 張新朋《玄應〈一切經音義〉之異體字研究》,河北大學碩士學位論文,2005 年。

構件分析法研究異構字的構形規律，分爲採用不同的構造方法而造的異構字和採用相同的方法而造的異構字兩類研究；用歷史比較法和字形分析法研究異寫字的類型及其産生原因。

王華權《〈一切經音義〉（麗藏本）刻本用字研究》①研究《玄應音義》《慧琳音義》和《希麟音義》裏的異體字和通假字。在介紹三部《音義》刻本版本的基礎上，從三個方面展開研究：第一，研究異體字和通假字。對於異體字，歸納其訛混類型和常用訛混構件，探討其變異理據並揭示字形流變軌跡，考辨一批疑難俗字；對於通假字，分爲傳統同音通假和省形同音借字兩種類型進行探討。第二，探討《玄應音義》與《慧琳音義》《希麟音義》刻本用字之間的關係：三者用字具有共同性，具體表現爲基本俗構件和某些俗用字的分別相同；同時，三者用字具有差異性，主要表現爲變異性和交叉性。第三，通過對比，指出《玄應音義》《慧琳音義》和《希麟音義》是《龍龕手鏡》收字的主要來源，進而闡述《玄應音義》用字研究的學術價值：有助於對中古時期社會民間用字進行調查研究，也有助於近代漢字字形演變史的研究。

王華權《〈一切經音義〉文字研究》②分上、下兩編展開研究。上編第一章研究《玄應音義》文字的價值，在研究近代漢字字形方面可以提供佛經俗字字形與文字的演變綫索，在編纂大型字書辭書方面可以訂正《漢語大字典》《故訓匯纂》，可以繫聯同源字，校讀佛典文獻等。第二章研究《玄應音義》所收文字的類型，分別研究古文、籀文、或體等文字現象。第三章研究《玄應音義》所收文字與原本《玉篇》及《龍龕手鏡》的關係，指出《玄應音義》所收字與原本《玉篇》具有更直接的對應關係，許多字形多可在原本《玉篇》中找到出處，由此可知《玄應音義》中一些字形可能以原本《玉篇》爲其主要依據；其次，《龍龕手鏡》與《玄應音義》收字（詞）具有較大的共同性，但二書收字釋義有同有異，《玄應音義》當是《龍龕手鏡》收字釋義的重要來源。第四章研究玄應對佛經文字的整理與訂正，在分類辨析正體、俗體、近字、通用、時用、今作、宜作、非體、"未見所出""未詳所出"的基礎上，指出玄應研究的局限性。第五章研究《玄應音義》的文字觀，在研究該書"六書"的基礎上，指出正俗文字觀的保守性與多元性，並對其原因作探析。第六章研究《一切經音義》在唐代文字運動中的價值和地位，從性質上看，《玄應音義》是文字集大成者，也是古文運動的引領者；從價值上看，《玄應音義》是唐代以前佛典文字的全方位正形和規範，是唐代字樣學的補充與發展；當然，《玄

---

① 王華權《〈一切經音義〉（麗藏本）刻本用字研究》，上海師範大學碩士學位論文，2008年。
② 王華權《〈一切經音義〉文字研究》，上海師範大學博士學位論文，2012年。

應音義》亦有理論粗疏、實踐與理論齟齬之不足。下編爲《玄應音義》字表,按照拼音順序排序。文末附錄一爲論文《〈玄應音義〉與原本〈玉篇〉關係尋微》,附錄二爲《〈龍龕手鏡〉與〈玄應音義〉共同收字形體比較表》。

陳五雲、梁曉虹、徐時儀等《佛經音義與漢字研究》①在清理佛經音義寫本與刻本的基礎上,分別研究佛經音義中的傳承字、手頭字與訛字、借字與譯經專造字等文字現象,探討漢字形體演變並作探源研究,梳理有關文字的術語,佛經音義與漢字史的關係等。該書成爲佛經音義文字研究的理論總結書和指導性專著。

此外,還有對《玄應音義》進行介紹的書籍,主要有:
陳垣《中國佛教史籍概論》,中華書局,1962年。
白兆麟《簡明訓詁學》,浙江教育出版社,1984年。
張永言《訓詁學簡論》,華中工學院出版社,1985年。
錢劍夫《中國古代字典詞典概論》,商務印書館,1986年。
楊端志《訓詁學》,山東文藝出版社,1986年。
周大璞《訓詁學初稿》,武漢大學出版社,1987年。
劉葉秋《中國字典史略》,中華書局,1992年。
林玉山《中國辭書編纂史略》,中州古籍出版社,1992年。
張明華《中國字典詞典史話》,商務印書館,1998年。
徐時儀《古白話詞彙研究論稿》,上海教育出版社,2000年。
袁賓、徐時儀、史佩信、陳年高編著《二十世紀的近代漢語研究》,書海出版社,2001年。
李建國《漢語訓詁學史》(修訂版),上海辭書出版社,2002年。
何九盈《中國古代語言學史》(新增訂本),北京大學出版社,2006年。
楊正業《語文詞典編纂史》,中國文聯出版社,2006年。
雍和明、羅振躍、張相明《中國辭典史論》,中華書局,2006年。
徐時儀《漢語白話發展史》,北京大學出版社,2007年。
因《玄應音義》是佛教史、詞典史、訓詁學史或語言學史等不同領域的重要典籍,不同的學科都把它當作重要文獻典籍介紹和研究。

四、小結

《玄應音義》是重要的文獻學、語言學著作。對《玄應音義》的研究可以分爲國內和國外兩個方面,國外方面主要是日本、韓國和美國的學者。就研

---

① 陳五雲、梁曉虹、徐時儀《佛經音義與漢字研究》,鳳凰出版社,2010年版。

究的時間來看，1949年以前，中國對《玄應音義》的利用和研究要早於國外；1949年以後，日本學者的研究要早於中國學者，但研究的主力軍和成果仍然在中國。

就目前的研究成果來看，學術界從文獻學、語言學、文字學等角度對《玄應音義》展開了全面研究，取得了全面的成果，極大地促進了《玄應音義》研究的縱深發展。主要表現爲：

其一，文獻整理與研究方面。《玄應音義》國内外幾種版本之間的關係被清晰地梳理出來，其異同、關聯以及研究價值也被學界逐步揭示出來，徐時儀、黄仁瑄爲版本整理與研究之集大成者。

其二，語言學方面。語音上，《玄應音義》之聲紐、韻部、語音承襲關係等音系内容被較爲清晰地揭示出來；詞彙上，《玄應音義》之收詞、詞義、專類詞、疑難詞語等被成系統地整理研究；文字上，《玄應音義》之磧砂藏本、高麗藏本、《慧琳音義》本等版本的異體字、通假字、古今字等用字類型被較爲詳盡地揭示出來。

但就文字學方面來看，仍嫌不足，主要表現在以下兩個方面：

其一，未能完全用現代語言學、文字學理論對日本寫本《玄應音義》中的文字現象進行窮盡分析研究，没有科學地提取出很有價值的文字學理論。

其二，雖然學者作了共時層面的描寫分析，並使用共時材料敦煌卷子作爲參證，但未能使用簡帛、漢魏六朝碑刻材料作歷時比對，失去縱横觀照，語料利用價值未能充分掘發出來，因此，留下了大量的研究空間。

本書擬採用日本七寺本《玄應音義》爲研究材料，分類研究寫本之異體字、假借字、記錄音譯外來詞的字等文字現象；同時與《干禄字書》、敦煌卷子的文字作共時比較研究，與《説文》《玉篇》殘卷、《篆隸萬象名義》、漢魏六朝碑刻等文獻之字形作歷時比較研究，以揭示七寺本寫卷《玄應音義》之文字面貌與字形承襲規律，進而揭示該寫卷文字的特點、成因及研究價值；最後考釋標以"未見所出""未詳所出"等語的疑難字詞，爲文字學、辭書編纂與修訂、寫本學的研究提供資料。

第三節　研究的目的意義與創新點

一、研究的目的意義

第一，有利於佛經音義的整理與研究。《玄應音義》是佛經音義巔峰時期之作，體例較爲完備，是佛經音義發展史中的承前啓後者，其體例爲後世所師法，其内容多爲《慧琳音義》《可洪音義》《希麟音義》等所承襲。

第二，有利於全面瞭解唐代前期的文字面貌，理清異體字和正體字之間的關係，總結文字發展和使用的規律。七寺本《玄應音義》爲寫本文獻，係日本學問僧鈔寫而產生的唐寫本，保留了當時的書寫文字面貌，可與《篆隸萬象名義》等唐寫本對照研究。

第三，可爲普通文字學理論的構建提供材料支撑和理論參考。《玄應音義》的異體字涉及到簡體字、新造字等，可爲漢字簡化理論、構件發展理論、漢字造字理論提供字形材料上的支持。

第四，可爲辭書編纂提供字形材料上的支持。《玄應音義》手寫本裏的字形材料，保存了久已失傳的字形材料，可補《漢語大字典》字形之缺。

二、創新點

本項研究擬解決以下問題，並以此作爲研究的創新點。

第一，第一次全面清理《玄應音義》的文字問題，對《玄應音義》的文字作全面分類研究，對初唐佛經用字面貌做共時描寫。論文分爲異體字、同形字、區別字、通假字、借音記錄音譯外來詞的文字、記號字等幾類討論，分條塊、有系統地全面展示《玄應音義》的文字使用面貌。

第二，第一次對日本七寺藏《玄應音義》異體字作源流追蹤。通過對《玄應音義》的用字進行源流追溯，揭示《玄應音義》文字的繼承和發展。《玄應音義》用字既有對前代文字的繼承，能體現更早時期文字的使用狀況，許多文字形體可以上溯到漢魏六朝碑刻，甚至更早的漢魏簡帛文獻，反映出漢字的繼承性；又有《玄應音義》時代產生的新字形，反映出漢字的發展和時代特徵。通過縱橫比較，試圖尋找漢字發展的運動軌跡和演變規律。爲漢字史的研究提供科學證據，爲漢字規範、漢字改革提供理論支撑。

第三，第一次系統研究《玄應音義》所反映的各種文字現象的成因和影響，包括對日本奈良時代古寫本的文字探討。爲漢字發展史斷代研究提供實證材料，也爲漢字國際地位的評價提供科學的依據。

第四，考釋《玄應音義》存疑的疑難字詞。這些字詞，玄應法師分別標以"書無此字""未見所出""未詳何證""未詳何出""未詳何語""未詳何義立名""未詳字語所出""未詳何語立名耳"等字樣。通過分條考證，解決《玄應音義》中遺留的歷史音義問題。

第四節 研究材料

一、主要材料

本書所使用的材料是日本名古屋著名佛寺七寺藏玄應撰《一切經音義》，爲唐寫本之日本平安時代（794—1192）末期古鈔本。該書缺卷十一、卷十五、卷十九、卷二十一、卷二十二等五卷。日本國際佛教學大學院大學落合俊典教授主持的文部科學省私立大學學術研究高度化推進事業的項目正在進行"奈良平安古寫經"的整理出版工作，已經全面調查日本現存《玄應音義》寫卷，目前已出版《日本古寫經善本叢刊》共八輯，其中第一輯即影印刊布金剛寺、七寺、西方寺、東京大學史料編纂所、京都大學文學部所藏的《玄應音義》二十五卷寫卷。據徐時儀先生研究，七寺藏本大致與麗藏本相近。

本書所據的材料爲徐時儀先生贈送，徐先生在日本學術交流時，落合俊典先生贈送他七寺本《玄應音義》的影印本，與《日本古寫經善本叢刊》第一輯所刊之《玄應音義》爲同一底本的影印本。

二、補充材料

《敦煌經部文獻合集》[①]收集了英藏、法藏、俄藏、北圖藏等《敦煌文獻中》經部文獻資料，其中輯録《玄應音義》殘卷36卷，綴合爲17卷。張涌泉《敦煌本玄應〈一切經音義〉敘録》有所說明。[②]

對於這些殘缺的部分，本書採用上海師範大學古籍所徐時儀校注的《一切經音義三種校本合刊》[③]中的《玄應音義》部分來補足。該書以韓國海印寺藏麗藏本（新文豐出版公司影印本）爲底本，缺訛之處據磧砂藏本、金藏本等刻本，日本奈良正倉院、宮内廳書陵部、東京大學、京都大學、石山寺等所藏以及《慧琳音義》轉録部分補正。

《中華大藏經》中的《可洪音義》標明"經音義"或"應和尚"字樣的部分達一千多條，《可洪音義》卷二十五幾乎用了整整一卷爲《玄應音義》的詞頭

---

① 張涌泉主編、審訂《敦煌經部文獻合集》，中華書局，2011年版。
② 張涌泉《敦煌本玄應〈一切經音義〉敘録》，載張涌泉《張涌泉敦煌文獻論叢》，上海古籍出版社，2011年版。
③ 徐時儀校注《一切經音義三種校本合刊》，上海古籍出版社，2008年版。

和注釋語中的疑難字詞作音義,所釋詞條達 4000 條左右。①

三、參考材料

杏雨書屋藏玄應《一切經音義》殘卷,僅 24 行,行 17—19 字,是《玄應音義》卷一《大方廣佛華嚴經》第三卷至第六卷的內容。筆者未見殘卷原件,藉《杏雨書屋藏玄應〈一切經音義〉殘卷校釋》②得以窺見錄文。

慧琳《一切經音義》中承襲《玄應音義》的部分。惠琳在摘錄《玄應音義》部分均注明"玄應音",具體情況已見前述,徐時儀《慧琳音義研究》"《慧琳音義》與《玄應音義》"部分亦有相關論述。

四、其他材料

出土文獻材料有漢魏六朝碑刻材料、敦煌卷子、唐代石刻等,傳世文獻材料有《干禄字書》《龍龕手鏡》,域外文獻有《篆隸萬象名義》。還使用了從日本引回的唐寫本《玉篇》殘卷。

漢魏六朝碑刻材料,採用毛遠明《漢魏六朝碑刻異體字字典》中的字形和《漢魏六朝碑刻校注》中的例句。

敦煌卷子,採用黃征《敦煌俗字典》中的字形。

唐代石刻,本書把《廣碑別字》③和《唐碑俗字錄》④結合起來,以日本學者氣賀澤保規《新版唐代墓誌所在綜合目錄》爲索引,從唐代石刻拓片中提取實際碑刻字形。

唐顏元孫《干禄字書》成書於唐玄宗年間,是一部字樣書。該書按平上去入四聲分部,每部之下按部首排字每字分通、俗、正三體,收字 804 組 1656 個,⑤是初唐漢字的通用字表和規範字表。本書採用施安昌整理的明拓本《顏真卿書〈干禄字書〉》。

原本《玉篇》殘卷,南朝梁顧野王撰,反映南北朝時期的用字現狀和文字規範,現僅存原書八分之一左右篇幅。本書採用《續修四庫全書》第 228 册

---

① 韓小荆《〈可洪音義〉研究——以文字爲中心》,巴蜀書社,2009 年版,第 76 頁。
② 許建平《杏雨書屋藏玄應〈一切經音義〉殘卷校釋》,《敦煌研究》,2011 年第 5 期。
③ 秦公、劉大新《廣碑別字》,國際文化出版公司,1995 年版。
④ 吳鋼輯,吳大敏編《唐碑俗字錄》,三秦出版社,2004 年版。
⑤ 劉中富《干禄字書字類研究》,齊魯書社,2004 年版,第 4 頁。該書資料根據施安昌整理的明拓本《顏真卿書〈干禄字書〉》統計所得。又,李建國《漢語規範史略》(語文出版社,2000 年版)、范可育、王志方、丁方豪等《楷字規範史略》(華東師範大學出版社,2000 年版),施安昌《唐人〈干禄字書〉研究》(附《顏真卿書〈干禄字書〉》後,紫禁城出版社,1990 年版)均認爲收 1599 字。我們採用劉中富的統計數字。

《玉篇》,即據中國科學院圖書館藏日本昭和八年(1933)京都東方文化學院編《東方文化叢書》本影印。①

《篆隸萬象名義》,日本高僧空海(生活年代約當我國唐代)依據《玉篇》撰寫。該書體例同於《玉篇》殘卷,所收 16900 多字也與顧野王《玉篇》相當,釋文、義項也基本一致,祇是删去例證和顧氏按語,與《玉篇》殘卷互爲表裏,反映了南北朝時期的文字規範和實際的使用情況。本書採用中華書局 1995 年出版的據日本《崇文叢書》本縮印的版本(縮印比例爲 1∶0.73),後附劉尚慈所作的《校字記》。

《龍龕手鏡》,遼釋行均爲研讀佛經而編寫的一部字書。該書每字之下詳列正體、俗體、古體、今字以及或體,並予以簡單的注音、釋義,保留了漢魏六朝以來的異體字,反映了當時文字訛混的規律,爲研究異體字提供了辭書上的證據。反過來也可以幫助我們釋讀漢魏六朝碑刻文獻和敦煌文獻,研究當時的文字。本書採用中華書局 1982 年的版本,該書以高麗本爲底本,卷二上聲和缺頁用《四部叢刊續編》本補齊,缺字及模糊不清之處依據《四部叢刊續編》本作校勘記附在後面。

---

① 蘇芃認爲:"1985 年,中華書局把黎庶昌、羅振玉分別發現並集佚成書的《玉篇》殘卷和日本東方文化學院影印的卷八殘卷匯集一起影印出版,定名爲《原本玉篇殘卷》,其中大量内容來源於黎庶昌、楊守敬編印的《古逸叢書》,而《古逸叢書》所刻《影舊鈔卷子原本玉篇零卷》大都是據原卷的古寫本影寫覆刻的,對原卷做了不少改動,因而這個版本很難作爲研究的依據。日本昭和七年到十年(1931—1934 年)陸續出版的東方文化學院東方文化叢書裏曾將原本《玉篇》以卷子原裝形式用珂羅版影印,作爲第六輯出版,2002 年上海古籍出版社出版的《續修四庫全書》第 228 册《玉篇》,即據中國科學院圖書館藏日本昭和八年京都東方文化學院編東方文化叢書本影印,這是目前國内最可信賴的《玉篇》殘卷影印本,因此本文寫作使用的原本《玉篇》殘卷皆據該書。詳參拙文《原本〈玉篇〉殘卷國内影印本述評》,載《中國典籍與文化》2008 年第 4 期。"參見蘇芃《原本〈玉篇〉避諱字"統""綱"發微》,《辭書研究》,2011 年第 1 期。

第一章 《玄應音義》文字分類研究

要揭示事物自身的特點，首先必須依靠對事物内部的細緻描寫，而要描寫，就必須在一定的邏輯層面上進行，分類是顯示邏輯層次的有效方法。研究文字亦然。本章主要是對七寺本《玄應音義》的文字現象進行分類，並按類進行平面描寫。本書所研究的文字，是玄應從舊譯經和新譯經之經、律、論裏摘録出來的詞條中的文字，及其釋語裏相應的字形。這些文字爲手抄體，用行楷書寫成，較爲真實地反映了唐代的用字面貌：有承古者，有改造者，有新創者，是漢字的歷史堆積物在該時期的具體呈現。

按照性質的不同，《玄應音義》的文字現象可分爲異體字、同形字、假借字、記録音譯外來詞的文字等四類。本章從這四個方面來展開討論。

第一節 異體字研究

異體字就是形體不同，音義完全相同或部分相同，可以相互替换的字。① 異體字成因多途：漢字表意文字的性質是産生異體字的根本原因，即可以用不同的方法爲同一個詞造字，這些文字形成異體字關係。在漢字形體演變的歷史過程中，也會産生異體字形。因書寫的不同，也會産生異體字形。要對字形衆多、成因各異的異體字作梳理、研究，分類研究是必由的一步。同時，異體字分類問題也是異體字研究中的一個重大問題，它涉及字詞關係、字際關係等。

一、異體字分類問題的探討

我們在梳理異體字分類的基礎上，評述王力、裘錫圭、王寧等先生之異

---

① 關於異體字的定義與類型，李道明《異體字論》、冷玉龍《論異體字及其在辭書中的處理》皆有論述，二文均載李格非、趙振鐸主編《漢語大字典論文集》，湖北辭書出版社、四川辭書出版社，1990年版，第100—122頁、第123—137頁。

體字分類理論及其關係,討論"同化""複生異體字""符號轉寫""合文""草書楷化""武周新字""缺筆避諱""音同音近字的替代使用"等不同小類的異體字,並爲之定位,在此基礎上,提出異體字分類的三分法理論,以冀爲漢字史的研究提供資料與理論支持。

(一) 異體字的分類

按照不同的標準,異體字可作不同的分類:

1. 按照音義是否全同,可以把異體字分爲全同異體字、非全同異體字兩類。① 後者也稱部分異體字。②

2. 根據發展情況,異體字可以分爲縱向異體、橫向異體兩類。縱向異體是指同一個字在甲、金、篆、隸、楷等不同字體中出現的形體差異,橫向異體是指同一個字在同一種字體中出現的形體差異。③

3. 從時間先後的角度看,異體字可以分爲初文與後起通用字。④

4. 就形體差異而論,異體字可以分爲若干種類。王力先生分爲四類,即會意與形聲之差,改換形聲字意符,改換形聲字聲符,變換各成分位置。⑤ 裘錫圭先生分爲八類,即加不加偏旁的不同,表意(包括六書中的象形、指事、會意)、形聲等結構性質上的不同,同爲表意字而偏旁不同,同爲形聲字而偏旁不同,偏旁相同但配置方式不同,省略字形一部分跟不省略的不同,某些比較特殊的簡體跟繁體的不同,寫法略有出入或因訛變造成不同等。⑥ 李道明認爲,除了裘先生所述八類之外,還應該包括兩類:一是同爲表意字而表意方式不同,如"龜"與"黽"都是象形字,但側視與俯視不同;二是結構完全相同但個別筆形不同,如"兪"與"俞"等,⑦這種情況實爲新舊字形,冷玉龍也認爲這類字形屬於異體字。⑧

---

① 冷玉龍《論異體字及其在辭書中的處理》,載李格非、趙振鐸主編《漢語大字典論文集》,湖北辭書出版社、四川辭書出版社,1990年版,第126頁。
② 李道明《異體字論》,載李格非、趙振鐸主編《漢語大字典論文集》,湖北辭書出版社、四川辭書出版社,1990年版,第114頁。
③ 李道明《異體字論》,載李格非、趙振鐸主編《漢語大字典論文集》,湖北辭書出版社、四川辭書出版社,1990年版,第100頁。
④ 這種情況,冷玉龍稱之爲"古今字",我們這裏稱之爲初文與後起通用字。關於"古今字",具體見冷玉龍《論異體字及其在辭書中的處理》,載李格非、趙振鐸主編《漢語大字典論文集》,湖北辭書出版社、四川辭書出版社,1990年版,第127頁。
⑤ 王力主編《古代漢語》,中華書局,1962年版,第155—156頁。
⑥ 裘錫圭《文字學概要》,商務印書館,1988年版,第206—208頁。
⑦ 李道明《異體字論》,載李格非、趙振鐸主編《漢語大字典論文集》,湖北辭書出版社、四川辭書出版社,1990年版,第100頁。
⑧ 冷玉龍《論異體字及其在辭書中的處理》,載李格非、趙振鐸主編《漢語大字典論文集》,湖北辭書出版社、四川辭書出版社,1990年版,第130頁。

5. 從筆畫的多少看,可以分爲繁體字和簡體字。①

6. 從文字規範的角度看,可以分爲正字與異體字。有一部分漢字僅有一個字形,無所謂正字與異體字之分;大部分漢字有不止一個字形,其中一個被確定爲某一時間段的規範用字,也就是正字。

7. 根據異體字形成的方式,王寧先生把異體字分爲異寫字、異構字兩類,具體見下述。

上述分類,是從不同的角度觀照異體字,各得其所:

第一種分類法按照音、義對應的關係把異體字劃分爲全同異體字、非全同異體字,這樣做基於字詞對應關係。全同異體字是研究的重點。第二種至第七種分類法所分類之異體字,均爲全同異體字關係。

第二、三兩種分類法同屬於時間上的分類。第二種分類法根據發展情况把異體字分爲縱向異體、橫向異體兩類。一般來説,我們研究的異體字多是橫向異體關係,即幾個異體字同屬隸書或楷書。第三種分類法把異體字分爲初文與後起通用字,如"夂""冰"等。

第四、五兩種分類法同屬於字形上的分類。第四種分類法以形體差異爲標準,實際上是從造字法的角度對異體字作分類。第五種分類法按筆畫的多寡給異體字分類。

第六種分類法從文字規範的角度入手給異體字分類。

第七種分類法把造字法與漢字的實際書寫結合起來,把因造字法不同而形成的字叫異構字,把因書寫不同而形成的字叫異寫字。這種分類法實際上涵蓋了第四種分類法。

文字是用來記録語言的,離開了語言,文字也就無所附麗。因此第一種分類是後幾種分類的前提,即後幾種分類都是在全同異體字這一前提下展

---

① "簡體字"是與"繁體字"相對而言的概念,"簡化字"則是我國大陸地區1953—1956年間對漢字規範化的一個概念。關於二者的區别,具體可以參考毛遠明《漢魏六朝碑刻異體字研究》,商務印書館,2012年版,第392頁。黄仁壽認爲,"簡化字也是一種異體字",今之簡化字來源有二,一是採納或選取古已有之的簡筆字,二是新造簡化字。其中第二種情况是在原繁體字的基礎上簡省構件而來,是今天所用簡化字的大多數。在唐宋以來的手鈔佛經、碑别字及元、明、清時代民間刻印的話本、戲曲、小説之類的俗文學中,簡筆字俯拾皆是,如"寶"寫成"宝","學"寫成"孝","關"寫成"関","齊"寫成"斉","爾"寫成"尒"。並被當時或後世編纂的字書《干禄字書》《龍龕手鏡》《改併五音類聚四聲篇海》《古今韻會舉要》《篇海類編》《五方元音》等加以肯定下來。具體參見黄仁壽《從幾個部首談〈漢語大字典〉對異體字的處理》(載李格非、趙振鐸主編《漢語大字典論文集》,湖北辭書出版社、四川辭書出版社,1990年版,第96頁)。其實,甲骨文獻、金文文獻、簡帛文獻、碑刻文獻、敦煌文獻,尤其是漢代以來的簡帛文獻、碑刻文獻裏即大量存在簡體字,相當一部分簡體字被作爲法定簡化字使用,一直沿用至今。

開的討論。而研究歷代異體字，既可以對文字規範作研究，亦可以對文字使用和發展現狀作描寫，二者同等重要，因爲規範字是對文字使用與發展的動態選擇。① 下面重點討論王力、裘錫圭、王寧等先生之異體字分類理論及其關係。

（二）王力、裘錫圭、王寧等先生之異體字分類研究

最早對異體字作系統分類研究者爲王力先生，他的研究起到了奠基和導夫先路的作用。裘錫圭先生則是承前啓後的一位重要學者，自上個世紀八十年代《文字學概要》出版以來，我國的漢字研究進入了一個嶄新的歷史時期。其後，張涌泉、毛遠明先生分别對敦煌文獻、碑刻文獻異體字作系統研究。同時，王寧先生對異體字分類理論作探究，把異體字分爲異構字、異寫字兩類。② 下面對諸位先生之異體字分類研究作述評。

1. 王力、裘錫圭等先生之異體字分類研究

王力先生把異體字分爲四個類型，一是會意字與形聲字之差，如"泪"爲會意字，"淚"爲形聲字；二是改換意義相近的意符，如"敕"換意符作"勑"，意符"攵""力"義近；三是改換聲音相近的聲符，如"綫"換聲符作"線"；四是變換各成分的位置，如"慚""慙"。③

裘錫圭先生的異體字分類研究思想體現於《文字學概要》中，該書是在1963年以來給北大中文系上漢字課所撰寫講義的基礎上增訂而成，並於1988年8月由商務印書館出版。《文字學概要》將嚴格意義上的異體字稱爲狹義異體字，部分用法相同的稱爲部分異體字，二者合稱廣義的異體

---

① 吕冀平爲《規範語言學探索》作序："昭銘綜合古今中外語言演變的歷史和語言規範研究的得失，寫出《規範化——對語言變化的評價和抉擇》一文，首次提出規範的對象是語言的變化，規範化就是對語言變化的評價和抉擇，從而否定了單純匡謬正俗的規範工作模式，提出新型的動態規範觀念和動態規範模式。"見戴昭銘《規範語言學探索》，上海三聯書店，1998年版，序言第2頁。

② 在此期間，楊五銘、黄建中、劉慶俄等學者亦分别提出了自己的異體字分類，我們認爲最具有代表性的仍是王力、裘錫圭、王寧、張涌泉、毛遠明等先生。關於楊五銘、黄建中、劉慶俄等的異體字分類觀點，具體可參見楊五銘《漢字學》（湖南人民出版社，1986年版），黄建中、胡培俊《漢字學通論》（華中師範大學出版社，1990年版），劉慶俄《漢字學綱要》（中國和平出版社，1994年版），張玉金、夏中華《漢字學概論》（廣西教育出版社，2001年版），班吉慶《漢字學綱要》（江蘇古籍出版社，2001年版），余家驥《漢字學》（内蒙古教育出版社，2002年版），龍異騰《基礎漢字學》（巴蜀書社，2002年版），陳志明、趙變親編著《漢字學基礎》（中國書籍出版社，2002年版），劉志成《文化漢字學》（巴蜀書社，2003年版），張桂光《漢字學簡論》（廣東高等教育出版社，2004年版），秦建文《漢字學導論》（雲南人民出版社，2008年版），周克庸《漢字文字學》（貴州人民出版社，2009年版），王夢華《漢字學要論》（吉林人民出版社，2012年版）等。

③ 王力主編《古代漢語》，中華書局，1962年版，第155頁。

字。① 根據異體字在結構上或形體上的差別的性質,該書將狹義異體字分爲八類:一、加不加偏旁的不同,如"皃""貌"、"匜""籩"、"齧""嚙"等。二、表意、形聲等結構性質上的不同,如"看"(會意)、"翰"(形聲),"淚"(形聲)、"泪"(會意)等。三、同爲表意字而偏旁不同,如"尠""尟"、"羴""羺"等。四、同爲形聲字而偏旁不同,如"梧""杯""盃"、"韈""韤""襪""袜"等。五、偏旁相同但配置方式不同,如"蟹""蠏"、"棊""棋"、"鑑""鑒"等。六、省略字形一部分跟不省略的不同,如"灋""法"、"淀""澱"等。七、某些比較特殊的簡體跟繁體的不同,如"辦""办"、"歲""岁"等。八、寫法略有出入或因訛變造成不同,如"矣""侯""姊""姉""珍""珎"、"祕""秘"等,缺筆避諱字也可以看作本類的異體字,印刷體和手寫體的分類也大都可以歸入本類。② 對於這一分類,裘先生自己的評價是:"上列這八類,並沒有一個完全統一的分類標準,所以有些例子的歸類其實是兩可的。如第一類裏的'皃'和'貌',也未嘗不可以歸入第二類。"③儘管如此,裘先生第一次成系統地對異體字進行分類研究,該研究以異構字研究爲主,並且已經部分地兼顧到異寫字的情況,具有重要的啓發意義。

張涌泉先生師承裘先生,其專著《漢語俗字研究》④對敦煌文獻異體字作系統研究。該書把敦煌文獻之異體字分爲十三個類型:一、增加意符,如"隨侯"增旁作"瓏瑎","寶"加形作"瓊"。二、省略意符,如"葬"省略形符"艸"作"羿"。三、改換意符,如"牢"換形作"窂","博"換形作"愽","閙"寫作"鬧","豚"(會意)改爲"肫"(形聲)。四、改換聲符,如"搗"換聲作"搗","蹲"換聲作"踳","餒"換聲作"餧","窺"換聲作"窺"。五、類化,如"石榴"類化換形作"石磂","聆"受"盼"影響寫成"盼","體"字内類化爲"骵""軆"。六、簡省,如"嫂"簡省作"婐","佛"寫作"仏","攀"簡省作"拳","競"合并作"竞","稱"草書楷化作"秆"。七、增繁,如"刺"俗書作"刾"以區别"剌","怨"改爲"恕","休"寫作"伏","遼"爲"違"俗體之繁化。八、音近更代,如"孃"寫作"娘","義"作"义","靈"作"灵","塗"變爲"搽"。九、變换結構,如"蘇"作"蘓"。十、異形借用,如"狠"(hěn)—"狠"(yán)—"狠"(mào),"羔"(gāo)—"羔"(měi)。十一、書寫變異,如"肥"異寫作"肥"。十二、全體創造。如"聖"另造字"埕"。十三、合文,如"菩薩"合寫作"卄","涅槃"合寫作"卅""卌"。其後,黄征先生亦提出敦煌

---

① 裘錫圭《文字學概要》,商務印書館,1988年版,第205頁。
② 裘錫圭《文字學概要》,商務印書館,1988年版,第206—208頁。
③ 裘錫圭《文字學概要》,商務印書館,1988年版,第208頁。
④ 張涌泉《漢語俗字研究》,商務印書館,2010年版。

文獻異體字分類理論,把敦煌文獻異體字分爲10大類41小類:一、類化俗字,包括涉上類化、涉下類化、涉左類化、涉右類化、涉內類化、部首類化。二、簡化俗字,包括省筆簡化、省旁簡化、換旁簡化、遞減簡化、聲旁簡化、形旁簡化。三、繁化俗字,包括增筆繁化、增旁繁化、累增繁化、換旁繁化、聲旁繁化、形旁繁化、初筆點乂繁化、末筆點乂繁化。四、位移俗字,包括左右位移、上下位移、內外位移。五、避諱俗字,包括避諱缺筆、避諱變形、避諱改旁。六、隸變俗字,包括隸變增筆、隸變減筆、隸變形訛。七、楷化俗字,包括隸書楷化、草書楷化。八、新造六書俗字,包括新造象形、新造會意、新造形聲、新造指事。九、混用,包括部首混用、偏旁混用、部件混用。十、準俗字,包括合文、隸古定字、武周新字等。① 與張涌泉先生的分類法相比,黃征先生增加了避諱、隸變、武周新字等幾個類型。

毛遠明先生在整理漢魏六朝碑刻文獻的基礎上,作《漢魏六朝碑刻校注》;同時窮盡提取該書的碑刻字形圖片,做出字譜;在字譜的基礎上提取字形,抽繹出漢魏六朝碑刻異體字的理論著作《漢魏六朝碑刻異體字研究》②,該書亦研究手寫字,同時編寫出《漢魏六朝碑刻異體字典》。其中《漢魏六朝碑刻異體字研究》把碑刻異體字分爲十六類:一、源於古文字,如"兒"作 ![] 北魏元邵墓誌源於甲骨文,"善"作 ![] 北魏韓顯宗墓誌源於金文,"則"作 ![] 東漢孔宙碑源於大篆,"淵"作 ![] 北魏寇侃墓誌源於六國古文,"阜"作 ![] 北魏元暉墓誌源於小篆,"因"作 ![] 北魏弔比干文源於古隸書等。二、簡省,如"寅"簡省作 ![] 北魏元朗墓誌,"豊"簡省構件作 ![] 西晉石尠墓誌。三、增繁,如"巴"增繁作 ![] 北魏元宥墓誌,"燕"增繁作 ![] 北魏王基墓誌。四、同化,如"土""士"同形,"吉""告"同形等。五、異化,如"丘"異寫作 ![] 北魏丘哲妻鮮于仲兒墓誌,"敵"異寫作 ![] 北魏元龍墓誌。六、改換,如"劫"換形符作"刧","寶"換形符、聲符作 ![] 北魏元珍墓誌。七、記號化,如"坐"記號化作 ![] 北魏張正子爲亡父母合葬立鎮墓石,"罔"記號化作 ![] 北魏王僧男墓誌。八、構件重疊符號替代,如"斷"構件重疊符號替代作 ![] 北魏司馬悦墓誌。九、構件位移,如"舅"構件位移作 ![] 西晉王浚妻華芳墓誌,"壁"構件位移作 ![] 北齊崔芬墓誌。十、訛混,分爲兩種情況:如"博"構件訛混作 ![] 東漢楊震墓碑,"空"構件訛混作 ![] 北魏元誘墓誌。十一、造字思路和方法不同,如"老"南北朝碑刻作 ![] 北魏元繼墓誌,"黍"變作"秂","寂"異體作 ![] 北齊僧静明等修塔造像碑,改"鼓"作"皷","琴"作形聲字

---

① 黃征《敦煌俗字典》,上海教育出版社,2005年版,前言第20—33頁。
② 毛遠明《漢魏六朝碑刻異體字研究》,商務印書館,2012年版。又,陸明君亦撰有《魏晉南北朝碑別字研究》(文化藝術出版社,2009年版)一書,該書從書法學的角度而不是從文字學的角度分類研究魏晉南北朝時期的碑刻異體字,故闕而不論。

[字形]北魏元繼妃石婉墓誌，"弄"作"抃"，"歸"作[字形]東魏武定呂望表、[字形]東魏李顯族造像碑，"鳳"變"鵾"。十二、行草書楷化，如"爲"變作"为"。十三、同音替代，如"伴"代"扶"。十四、文字內部重組而爲異體，如"德"替代"悳"字。十五、符號轉寫。這種情況極少，僅"坤"一字。"坤"，《易》卦符作☷，北齊《高建妻王氏墓誌》作[符號]，東漢《石門頌》作[符號]，北魏《山公寺碑頌》作[符號]，與"坤"構成異體字。十六、合文。如東魏《戎愛洛等造像記》"上爲皇帝陛，下爲父母"，"陛"爲"陛下"之合文。

上述分類方法，從王力先生到裘錫圭先生，再到張涌泉、毛遠明先生，爲異體字所分的小類越來越多，越來越細化。

2. 王寧、李國英、李運富等先生之異體字分類研究

王寧先生師從訓詁大家陸宗達先生，在對我國漢字的各種形體作通盤考察的基礎上，最早提出漢字構形理論，即根據異體字形成的方式，把漢字分爲異寫字、異構字兩類。"異寫字是同一個字（音、義、用完全相同的字）因寫法不同而造成的形體差異。"①"異寫字主要有兩種，一種是構件寫法變異造成的異寫字；一種是構件位置不固定造成的異寫字。""不同歷史時期的漢字積澱到同一共時層面上，隸定方式不同也造成異寫字。"②"異構字是指在任何情況下音與義都相同，而在構件、構件數量、構件功能等方面起碼有一項存在差別的一組字。"③異構字包括兩種基本類型，一是因構形模式不同而形成的異構字，如"韭""韮"；二是構形模式相同，構件不同的異構字，如"灾""災"、"鯁""骾"、"綫""線"、"村""邨"等。④

李國英先生繼承王寧先生異寫字、異構字的分類理論，並對其分類內容作微調：異構字包括三種類型，一是由於採用不同的構形方式產生的異構字，二是同一種構形方式而選用的偏旁不同產生的異構字，三是用同一種構形方式且選用相同的偏旁而偏旁的位置不同產生的異構字。異寫字有三個主要來源，一是由於書寫變異造成筆畫微異的異寫字，二是由於偏旁簡省造成的異寫字，三是由於隸定造成的異寫字。⑤

李運富先生亦師承王寧先生，並有所發展：異構字分爲兩種情況，一是造字方法不同，或者說結構模式不同，如"埜"爲從林從土會意，"野"爲從里

---

① 王寧主編《漢字學概要》，北京師範大學出版社，2001年版，第91頁。
② 王寧主編《漢字學概要》，北京師範大學出版社，2001年版，第91—93頁。
③ 王寧主編《漢字學概要》，北京師範大學出版社，2001年版，第94—95頁。
④ 王寧主編《漢字學概要》，北京師範大學出版社，2001年版，第95—96頁。
⑤ 李國英《異體字的定義與類型》，《北京師範大學學報》（社會科學版），2007年第3期。

予聲的形聲字。二是造字方法相同,而其他屬性不同:有的構件數量不同,如"集"會佳止木上之意,"雧"會三佳止木上之意;有的構件選擇不同,或聲符不同,如"蚓""螾",或意符不同,如"雞""鷄"、"塵""尘",或聲符、意符皆不同,如"村""邨"。異寫字包括變體字、變形字兩類。變體字指結構屬性相同而書寫體式或風格不同的字,如"魚"字甲骨文、小篆、楷書字形均不同;變形字是指同一字體中結構屬性相同而形態樣式不同的字。有的變形字是由於書寫時所用筆畫或綫條的多少、長短、粗細、輕重、曲直和交接、離合、穿插等因素的不同而造成的,如甲骨文中"魚"字的不同寫法。有的變形字是由於寫字時構件的擺布不同而造成的,如"裏""裡";有的變形字是書寫過程中將原字的某些筆畫或構件有意(出於便寫、美觀、簡化等目的)或無意(錯訛)地加以黏連、并合、分離、減省、增繁而形成的。①

很明顯,李國英先生對王寧先生分類微調之處在於:一是把構件位移字即用同一種構形方式且選用相同的偏旁而偏旁的位置不同產生的異寫字歸入異構字;二是增加了"由於偏旁簡省造成的異寫字"小類;三是把"不同歷史時期的漢字積澱到同一共時層面上,隸定方式不同也造成異寫字"立爲一小類。毫無疑問,後兩者是對王寧先生異體字分類理論的推進,但把構件位移字歸入異構字似乎不妥,因構件位移字是書寫者對構件的臨時擺放,應該屬於異寫的範疇。李運富先生的發展之處在於:造字法相同的異構字裏分出構件數量不同小類;異寫字分爲變體字、變形字兩類,變體字即同一字的甲、金、隸、篆不同書體,變形字則等同於王寧先生分類法中之異寫字的全部,再加上增繁異體字。毫無疑問,李運富先生的研究成果擴大了王寧先生異寫字的範圍;而且李國英、李運富先生的研究成果細化了王寧先生異體字研究的小類。

兩相結合起來,把王寧先生與裘先生等人的研究成果歸類列表如下:

	王寧等	裘錫圭	張涌泉	毛遠明
異構字	1. 構形模式不同	一、加不加偏旁的不同 二、表意、形聲等結構性質上的不同	一、增加意符 五、類化(加形) 十二、全體創造	三、增繁(增加形旁、文字假借加聲符) 十一、造字思路和方法不同 十四、文字內部重組而爲異體(夂、冰)

---

① 李運富《論漢字的字際關係》,《語言》第三卷,首都師範大學出版社,2002年版,第78—79頁。

（续　表）

	王寧等	裘錫圭	張涌泉	毛遠明
異構字	2. 構形模式相同,偏旁不同	一、加不加偏旁的不同 三、同爲表意字而偏旁不同 四、同爲形聲字而偏旁不同	一、增加意符 三、改換意符 四、改換聲符 五、類化（改形）	三、增繁（增加形旁、增加構件、文字類化加形符、形聲字疊加形符、增加聲符） 六、改換（會意字構件符號改換、形聲字形符替換、形聲字聲符替換、雙形符字、雙聲符字、形聲字形聲俱換） 十四、文字内部重組而爲異體（悥、德）
異寫字	1. 書寫變異造成筆畫微異	七、某些比較特殊的簡體跟繁體的不同 八、寫法略有出入或因訛變造成不同	三、改換意符 五、類化（字内） 十、異形借用 十一、書寫變異	二、簡省（簡省筆畫） 五、異化（筆形變異、構件變異、偏旁變異） 十、訛混
	2. 由於偏旁簡省造成的異寫	六、省略字形一部分跟不省略的不同 七、某些比較特殊的簡體跟繁體的不同	二、省略意符 六、簡省	二、簡省（簡省偏旁） 七、記號化 八、構件重疊符號替代 十四、文字内部重組而爲異體（圖、畾）
	3. 構形方式相同,偏旁相同,但位置不同	五、偏旁相同但配置方式不同	九、變換結構	九、構件位移
	3. 由於隸定造成的異寫			一、源於古文字
				四、同化
			六、簡省（據草書楷化）	十二、行草書楷化

（续　表）

王寧等	裘錫圭	張涌泉	毛遠明
		七、增繁	三、增繁（增加筆畫、增加區別特徵）
		八、音近更代	十三、同音替代
			十五、符號轉寫
		十三、合文	十六、合文

由上表可知，裘先生等的分類具體細目或其主體可歸入王寧先生的分類框架之中，故王寧先生的分類框架具有總領作用，而裘錫圭先生等的分類則可看作其具體化，因此王寧先生之異體字分類理論爲目前具有最廣泛意義分類價值的分類理論。

學界廣泛運用異體字分類理論，由此產生了一批異體字研究之作：主要有馬康勤《甲骨文異體字研究》[1]、蘇文英《西周金文異體字研究》[2]、劉雲《戰國文字異體字研究——以東方六國文字爲中心》[3]、郭偉傑《戰楚簡遣策異體字研究》[4]、常麗馨《秦簡異體字整理研究》[5]、王玉蛟《兩漢簡帛異體字研究》[6]、周光子《東漢隸書異體字研究》[7]、馬秋紅《〈吐魯番出土文書〉異體字研究》[8]等對出土文獻異體字的研究成果，以及秦鳳鶴《〈説文解字〉異體字類型研究》[9]、史甲慶《王仁昫〈刊謬補缺切韻〉之異體字研究》[10]、曹志國《裴務齊正字本〈刊謬補缺切韻〉之異體字研究》[11]、孫磊《〈新修玉篇〉異體字研究》[12]、張曉鳳《〈廣韻〉異體字研究》[13]、謝微微《〈四聲篇海〉異體字研究》[14]、張青松《〈正字通〉異體字研究》[15]、張新朋《玄應〈一切經音義〉之異

---

[1]　馬康勤《甲骨文異體字研究》，浙江師範大學碩士學位論文，2016年。
[2]　蘇文英《西周金文異體字研究》，西南大學博士學位論文，2016年。
[3]　劉雲《戰國文字異體字研究——以東方六國文字爲中心》，北京大學博士學位論文，2012年。
[4]　郭偉傑《戰楚簡遣策異體字研究》，曲阜師範大學碩士學位論文，2013年。
[5]　常麗馨《秦簡異體字整理研究》，西南大學碩士學位論文，2011年。
[6]　王玉蛟《兩漢簡帛異體字研究》，西南大學碩士學位論文，2013年。
[7]　周光子《東漢隸書異體字研究》，四川師範大學碩士學位論文，2009年。
[8]　馬秋紅《〈吐魯番出土文書〉異體字研究》，西南大學碩士學位論文，2011年。
[9]　秦鳳鶴《〈説文解字〉異體字類型研究》，《中國文字學報》第五輯，2014年。
[10]　史甲慶《王仁昫〈刊謬補缺切韻〉之異體字研究》，河北大學碩士學位論文，2007年。
[11]　曹志國《裴務齊正字本〈刊謬補缺切韻〉之異體字研究》，河北大學碩士學位論文，2006年。
[12]　孫磊《〈新修玉篇〉異體字研究》，河北大學碩士學位論文，2011年。
[13]　張曉鳳《〈廣韻〉異體字研究》，湖南師範大學碩士學位論文，2011年。
[14]　謝微微《〈四聲篇海〉異體字研究》，湖南師範大學碩士學位論文，2015年。
[15]　張青松《〈正字通〉異體字研究》，語文出版社，2016年版。

體字研究》①、吳繼剛《七寺本〈玄應音義〉文字研究》②等對傳世字書中異體字之研究成果。

這些研究成果,除秦鳳鶴採用裘先生的異體字分類,常麗馨、王玉蛟、馬秋紅未注明分類標準來源,吳繼剛採用毛遠明先生的分類標準以外,馬康勤、蘇文英、劉雲、郭偉傑、周光子、史甲慶、曹志國、孫磊、張曉鳳、謝微微、張新朋、張青松均採用王寧先生的分類標準,或小類中有適當損益。就實際情況而言,即便未採用王寧先生的異體字分類理論,他們所分出的小類基本上可以歸入王寧先生的異體字理論框架之中。

同時,由上表可知,尚有王寧先生之異構字、異寫字理論所未涵蓋者,有張涌泉先生之"簡省(據草書楷化)""增繁""音近更代""合文",毛遠明先生之"同化""行草書楷化""增繁(增加筆畫、增加區別特徵)""同音替代""符號轉寫""合文",以及《〈廣韻〉異體字研究》之"複生異體字";此外"武周新字""缺筆避諱"等特殊的文字現象亦需討論。這些異體字,需要定性、歸類,下面予以討論。

(三)異寫字、異構字以外小類的研究

前述張涌泉、毛遠明等先生之未能歸入王寧先生異體字分類框架之小類,本節把它們分爲三個方面加以討論,一是"同化""複生異體字",二者均不當立爲異體字的一個類型;二是"草書楷化""增繁(增加筆畫、增加區別特徵)""缺筆避諱"等,這幾小類實則屬於異寫字;三是"音同音近字的替代使用""武周新字""符號轉寫""合文"等,這類異體字屬於"其他類"。

1. 同化、複生異體字均不當立爲異體字的類型

同化,爲《漢魏六朝碑刻異體字研究》所述異體字之第四類型,包括筆形同化、構件同化、偏旁同化三種。筆形同化如"土"寫法與"土"趨同,東漢《史晨後碑》"處土孔襃文禮","土"字同化作"土"之形體。構件同化如"彡""小""灬"同化作"小";"參",北魏《鄭君妻墓誌》作恭;"慕",北齊《高顯國妃敬氏墓誌》作慕;"寡",北魏《司馬景和妻孟敬訓墓誌》作寡。偏旁同化如"衤""禾"同化作"衤";"被",北魏《張玄墓誌》作被;"程",東漢《曹全碑》作程。這幾種類型,把不同字的異體字裏相同的筆形、構件、偏旁聚攏在一起,叫做同化現象。但若以此爲標準對異體字進行歸類,實爲不當。因爲對異體字進行分類,主要是考察異體字與正字之間的變化關係,

---

① 張新朋《玄應〈一切經音義〉之異體字研究》,河北大學碩士學位論文,2005年。
② 吳繼剛《七寺本〈玄應音義〉文字研究》,西南大學博士學位論文,2012年。

即與正字相比較,異體字究竟發生了哪些變化,從正字到異體字的變化方式相同的異體字就歸爲一類。例如"阪",北齊《邢多五十人等造像記》作阪,北齊《劉雙仁墓誌》作阪;換形作"坂",如北魏《李慶容墓誌》作坂,北齊《徐顯秀墓誌》作坂。又如"咳",北魏《元湛妻薛慧命墓誌》:"嬰咳哭我,寧不篆石。"換形作"姟",西晉《徐義墓誌》:"美人乳侍,在於嬰姟。"又換形作"孩",北魏《元文墓誌》:"生而奇骨無雙,孩而日新月就。""阪"換形作"坂",與"咳"換形作"姟""孩",均由本字更換形符變化而來,故可歸爲一類,稱爲換形異體字。上述之忝、蒸、烹,以及被、程,是基於這幾個異體字之間的構件分别相同,於是《漢魏六朝碑刻異體字研究》稱之爲"同化",這與異體字分類的出發點即考察從正字到異體字的變化關係相違背,因此同化不當立爲異體字的一個類型。當然,關注異體字之間的關係亦有價值,因爲這些異體字可能會成爲同形字關係。

複生異體字①,是指由兩種或兩種以上途徑産生的異體字。在長期的發展演變中,很多漢字的異體字並不僅僅由某一途經演變而來,往往是簡省、增繁、訛變、換位等綜合作用的結果,或是幾種異寫手段綜合作用的結果,或是異寫的手段與異構的手段綜合作用的結果,故"複生異體字"這個概念揭示了這類異體字跨類或者説兼類的實質,很有價值。例如:

[鶖—鵂](8482)

下平聲尤韻七由切:"鶖,秃鶖,鳥。亦作鵂。"

按:《説文·鳥部》:"鵂,秃鵂也。从鳥,未聲。鶖,鵂或从秋。"《玉篇·鳥部》:"鵂同鶖。"同前例,屬於替换聲符兼構件異位的情況。②

這種情況敦煌文獻、碑刻文獻異體字裏亦有大量用例。如"譬",北齊《司馬遵業墓誌》作辟,北魏《元譚妻司馬氏墓誌》作辟,北魏《楊乾墓誌》作辟。"譬"之三個異體字,均簡省構件"口",同時構件"言"移位,辟、辟之構件"辛"還增繁一横。可見"譬"之三個異體字辟、辟、辟至少是兩個因素作用的結果,是複生異體字。簡省、增筆、構件位移均屬於異寫手段,在研究這些異體字進行歸類時,我們可以把它們分別歸入異寫字之三小類中去。這樣處理,與每個異體字祇歸入一個類型的理想模式相違背,但終極原因在於這些異體字是由兩種或兩種以上的成因使然。

張曉鳳《〈廣韻〉異體字研究》把"複生異體字"與異寫字、異構字立於

---

① "複生"這個概念由孔仲温提出,具體見孔仲温《玉篇俗字研究》,學生書局,2000年版。
② 張曉鳳《〈廣韻〉異體字研究》,湖南師範大學碩士學位論文,2011年,第125頁。

等同位置,即讓"複生異體字"獨立成一類。我們認爲這樣處理不妥。因爲另立"複生異體字"一類,從表面上看,其成員似乎非常純粹,但當我們進一步分類研究時,還是要分出小類,這些小類往往與"異構字""異寫字"下的小類相重複,這樣做不免疊床架屋,重複累贅;而且還割裂了事物内部要素之間的有機聯繫。所以我們不贊成用單一的標準作一刀切,而是採用兩屬或者多屬的方法,即可以在不同類的異體字裏復現,但要作說明。

2. "草書楷化""增繁(增加筆畫、增加區別特徵)""字内類化""缺筆避諱"屬於異寫字

草書楷化,是指用楷書的筆畫轉寫草書的形體,這是一種特殊的異寫字。六朝碑刻中暫未發現典型的行書碑和草書碑,出現整通行書碑是初唐以後的事。但於碑誌中夾雜行草書,却比較常見。總體上説,六朝碑刻中的行書、草書文字數量仍然有限,所以在南北朝行草書楷化不是産生異體字的主流。《漢魏六朝碑刻異體字研究》僅舉"爲"字的草書楷化例證:

"爲"先變成"為",東漢《許卒史安國祠堂碑》作⿰,東晉《王興之及妻宋和之墓誌》作⿰,東晉《王彬長女丹虎墓誌》作⿰,構件黏合,"爫"形消失,這是重要的一步;然後曲折筆畫減少,北魏《趙寶造像記》作⿰,北魏《韓顯宗墓誌》作⿰;又四點變成一横,北魏《尹愛姜等造像記》作⿰,北魏《李謀墓誌》作⿰,這是決定性的變化;最終横變爲一點,完成"为"字,前秦《梁舒墓表》作⿰,北魏《侯□和造像記》作⿰。雖然我們所舉字例並不是嚴格按時間序列出現的,但其演變的軌跡應該是這樣。① 何山從"爫""彐""灬"等三個構件討論"爲"字的字形演變軌跡:②

構件"爫"的簡化:爲→⿰筍景墓誌 ⿰爾朱襲墓誌→⿰元顯頊墓誌 ⿰元恭墓誌→⿰穆彦墓誌 ⿰元廣墓誌→⿰元龍墓誌 ⿰寇猛墓誌→⿰侯太妃造像記 ⿰叔孫協墓誌→⿰元緒墓誌→⿰元愨墓誌 ⿰王僧墓誌

構件"彐"的簡化:爲→⿰惠藏静光造像記→⿰李次明造像記→⿰王氏女張恭敬造像記→⿰元融妃盧貴蘭墓誌→⿰范思彦墓記

構件"灬"的簡化:爲→⿰元爽墓誌 ⿰吴叔悦造像記→⿰寇猛墓誌 ⿰元廣墓誌→⿰牛景悦造浮圖記 ⿰元融妃盧貴蘭墓誌 ⿰王氏女張恭敬造像記→⿰惠藏静光造像記 ⿰李次明造像記→⿰范思彦墓記→⿰梁舒墓表

其總演變圖可圖示如下:

---

① 毛遠明《漢魏六朝碑刻異體字研究》,商務印書館,2012年版,第226—227頁。
② 何山《魏晉南北朝碑刻文字構件研究》,人民出版社,2016年版,第154頁。

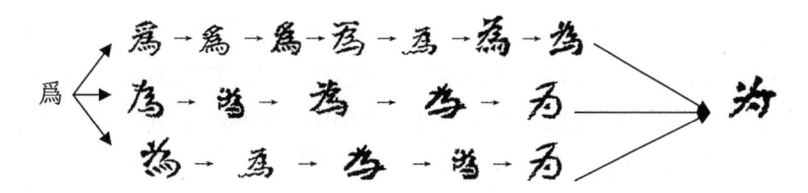

第一章 《玄應音義》文字分類研究 ·45·

爲 ⇄ 爲→爲→爲→爲→爲→爲→為
　　　爲→為→爲→爲→为 ⟶ 为
　　　爲→爲→为→爲→为

　　增筆，是指增加橫、豎、撇、點、折中的某一筆畫所形成的異體字，這是一種特殊的異寫字。與加形字一樣，增筆亦屬於增繁異體字。加形字由原來的表意字(象形字、指事字、會意字)加形後變成形聲字，改變了造字方法。而增筆字則僅是增加橫、豎、撇、點、折中的某一筆畫，增豎畫者如"巨"，西晉《臨辟雍碑》作巨，北魏《王紹墓誌》作巨，北魏《張玄墓誌》作巨；增橫畫者如"辛"，曹魏《受禪表》作辛，曹魏《曹真殘碑》作辛，北魏《元固墓誌》作辛；增點畫者如"天"，北魏《元譚妻司馬氏墓誌》作天，北魏《元義華墓誌》作天，北魏《元子直墓誌》作天；增撇畫者如"仰"，北齊《姜纂造像記》作仰，北周《李元海造像記》作仰，北魏《孫寶憘造像記》作仰；增折畫者如"三"，北魏《魏文朗造像碑》"北地郡毛原縣民陽源川忠佛弟子魏文朗"，北魏《楊縵黑造像記》"龍花毛會"，亦是"三"字。這一類型，王寧、李國英先生未曾述及，李運富先生把它歸入異寫字之變形字中，李先生的處理方法是對的。因爲這類字是原字的筆畫增繁，但該寫法並未改變原字的造字方法，當屬於異寫字。

　　字內類化，是指受本字內某一構件的影響，其他的構件變得與它相同起來。這類字於敦煌吐魯番文獻、碑刻文獻中大量存在。如敦煌文獻中 P.2292《維摩詰經講經文》："卓定深沉莫測量，心猿意馬罷顛狂。""顛"即"顛"之涉左類化字。P.3618《秋吟》："闇惡不堪重掛體，施僧功德福無疆。""體"即"體"之涉右類化字。又如碑刻文獻之"儒"，北魏《于纂墓誌》作儒；"濡"，北魏《元顯儁墓誌》作濡；"轎"，北魏《劉華仁墓誌》作轎等。構件"需"涉下類化作"需"。從造字法的角度看，類化後的字形破壞了原字的造字理據，毫無構字理據可言；但從書者的角度看，却可以得到很好的解釋：書者在寫字時受該字內某一構件的影響，不由自主地把這一構件寫成了另外一個構件的樣子，從而形成字內類化，書寫者的心理期待因素是其成因，書寫理據很直觀。這一類字，王寧、李國英、李運富等先生均未述及，我們把它歸入異寫字。

　　缺筆避諱，是通過筆畫省闕達到避諱目的的避諱方式，通過這種方式產生的字也是一種異體字。缺筆避諱方式始於唐高宗朝，敦煌文獻、碑刻文獻以及北宋以來的刻本文獻都有這種情況，它往往通過簡省文字的最後一筆以實現避諱的目的，同時也不至於因改字而造成原文獻的面目全非。敦煌文獻中缺筆避諱字用例如,S.799《隸古定尚書》:"自絕于天,結怨于民。""民"避唐太宗李世民名諱。P.3742《二教論》:"祭酒各領部衆,多者號曰'治頭'。""治"避唐高宗李治名諱。S.610《啓顔錄》:"隋文帝即以徐陵辯捷,頻有機俊,無人酬對,深以爲羞。"①"機"爲"機"之缺筆避諱字,避其同音字,即唐玄宗李隆基名諱之"基"。碑刻文獻中的用例,如唐玄宗親手書寫《靈台孝經碑》之"民",即避太宗李世民名諱。

　　草書楷化,與隸定造成的異寫字是一致的;"增筆"所增加的横、豎、撇、點、折中的某一筆畫,是出於結字美觀或者穩定性的需要;"字内類化"是書寫者在寫字時受該字内某一構件的影響,不由自主地把這一構件寫成了另外一個構件,從而形成字内類化;"缺筆避諱"實則是筆畫的簡省,這種簡省不是出於書寫的需要,而是出於"爲尊者諱"的政治需要而作出的筆畫簡省,簡省的目的不同,但結果一致。所以這幾種類型的異體字都屬於"異寫字"。

　　3. "音同音近字的替代使用""武周新字""符號轉寫""合文"可歸爲"其他類"

　　音同、音近字的替代使用,是用讀音相同或者相近的字來替代原字而產生的異體字。這種用字現象屬於假借字,張涌泉先生、毛遠明先生均以此作爲異體字的一個類型。《漢魏六朝碑刻異體字研究》"異體字"之第十三類"同音替代",如以"伴"代"夶"。《説文·夫部》:"夶,並行也。从二夫。輦字从此,讀若伴侣之伴。"《説文·人部》:"伴,大皃。从人,半聲。"可知"夶"爲"伴侣"之"伴"的本字;"伴"本爲"胖"之本字。碑刻文獻中以"伴"代"夶",爲借字記詞現象,實爲假借字;以"了"代"瞭"亦然。這種情況,《漢語俗字研究》異體字之第八類"音近更替"之例,如以"娘"代"孃",以"旧"代"舊",亦如此。這些字例,它歸入異體字的範疇,實際上混同了異體字與假借字之間的界限;當恢復其本真面目,歸入假借字之列。

　　"萬""万"之間却是另外一種情況,他們應當處理爲異體關係。《説文·内部》:"萬,蟲也。从厹,象形。"段玉裁注:"與《虫部》蠆同,象形。""叚借爲十千數名,而十千無正字,遂久叚不歸,學者昧其本義矣。"②徐灝注箋曰:"萬即蠆,字譌从厹,此古文變小篆時所亂也。因爲數名所專,俗書又加虫作蠆,遂歧而爲二。……古重唇音讀若曼,聲轉爲邁,故蠆音丑芥切。"③裘錫圭先生説,"萬"表數確是假借,但商代甲骨文中已如此用;千万之"万"始

---

① 竇懷永《敦煌文獻避諱研究》,浙江大學博士學位論文,2007 年。
② [漢] 許慎撰,[清] 段玉裁注《説文解字注》,上海古籍出版社,1981 年版,第 739 頁下。
③ [清] 徐灝《説文解字注箋》,見《續修四庫全書》第 227 册,上海古籍出版社,2002 年版,第 106 頁下。

見六國古印,也應是借字,不可能爲本字。① 裘先生的話是對的。用"萬""万"二字表數,皆爲假借字,但二字之間確實形成用不同的字形記錄同一個詞的關係,二字讀音相同,爲異體字關係。但也要承認,這是一類特殊的異體字,以"万"代"萬",因爲二字均爲假借字,意義本無關涉,並不體現漢字表意字的特點,僅是用字上的異體字。

武周新字,指的是武則天從載初元年(689)至長安四年(704)15 年間創製與使用的新字。這些新字共 17 個,其中"月"字改寫兩次,故共 18 個。②武周新字在敦煌吐魯番文獻、碑刻文獻裏有極其豐富的用例,林聰明認爲武周新字有 17 個,就是對現存敦煌文書進行測查而得出的結果。③ 而施安昌通過對現存唐代碑誌拓本測查,認爲武周新字共 18 個。下表爲齊元濤所總結之字形:④

新字	圀	〇	瞾	埊	☉	⊞	囸	厼	垒
旧字	國	星	照	地	日	月$_1$	月$_2$	天	人
新字	秊	恵	正	壐	瑿	載	稄	覀	壐
旧字	年	臣	正	聖	證	載	授	君	初

常萍從分析漢字形體結構入手,結合古代字書的記載,認爲武周新字一部分爲承襲字古文或古文的省形,"天""地""日""月""星""年""正""君"之武周新字形皆是,如"天"作 厼 唐夏日遊石淙詩刻石,源自小篆字形 $\bar{\wedge}$ 說文·一部;"地"作 埊 唐夏日遊石淙詩刻石,《玉篇·土部》收錄該字:"埊,古地字。""日"作 ☉ 漢史晨碑後馬元貞等題名爲《說文》古文 ☉ 字形的承襲;"月"作 ⊞ 漢史晨碑後馬元貞等題名,是對傳統小篆字形 ᶁ 說文·月部的改變,即變半月爲滿月之形;一部分爲新造會意字,"臣""載""初""授""證""聖""國""人""月"之武周新字形皆是,如"載",唐《獨孤卿雲墓誌銘》作 載 ;"聖",唐《昇仙太子碑》作 瑿 ;"國",武周《大周封祀壇碑》作 圀 ;"月",武周《大周封祀壇碑》作 囸 。⑤可以歸入不同的異體字類型,但這類文字具有濃重的武周時代特徵,數量有限,僅限於該時期的敦煌文獻、碑刻文獻裏,具有重要的斷代、辨僞價值,歸

---

① 轉引自張涌泉《漢語俗字研究》,商務印書館,2010 年版,第 93 頁。
② 施安昌《從院藏拓片探討武則天造字》,《故宮博物院院刊》,1983 年第 4 期。
③ 林聰明《敦煌文書學》,新文豐出版公司,1991 年版,第 421 頁。
④ 齊元濤《武周新字的構形學考察》,《陝西師範大學學報》(哲學社會科學版),2005 年第 6 期。
⑤ 常萍《武周新字的來源及在吐魯番墓誌中的變異》,《蘭州大學學報》(社會科學版),2016 年第 3 期。

爲一類，獨立於異構字、異寫字之外要好一些。

符號轉寫，是一種特殊的異體字，這種情況僅見於毛遠明先生《漢魏六朝碑刻異體字研究》異體字的第十四種類型：這類異體字僅"坤"字一例。在碑刻文字中，"坤"，北魏《元懷墓誌》作坤。據《易經》，其卦符作☷。將其豎放並變形，北齊《高建妻王氏墓誌》作〣，用作"坤"字。一般都連畫，東漢《石門頌》作〢，東漢《乙瑛碑》作〢，東漢《成陽靈臺碑》作〢，北魏《山公寺碑頌》作〣等形，與"坤"構成異體字。祇是符號轉寫成漢字，這種情況很少。《易》之坤卦符號"☷"不是文字，但在碑刻文獻中，書寫者在求異心理的作用下，採用坤卦符號的轉寫形式，應該算作異體字，是一種特殊的異體字。

合文，也稱"合書"，與"析書"相對而言，是指兩個或兩個以上的字緊密結合成一個整體，成爲一個構形單位，但仍保留原來的多音節讀法不變的文字形式。合文是一種特殊的文字現象，在甲骨文獻有部分合文，金文文獻裏合文最多，簡帛文獻裏合文大大減少。合文破壞了漢字與漢語的詞的一一對應關係，後世逐漸棄而不用。暴慧芳撰文研究甲骨文、金文、簡帛盟書裏合文的數量、類別、特點，在此基礎上討論其繼承與發展，可參看。① 但在碑刻文獻、敦煌文獻裏，這種現象依然存在。《漢語俗字研究》第十三種異體字即合文："丼"爲"菩薩"的合文，"蒩""芉"均爲"菩提"的合文，"丗""卌"均爲"涅槃"的合文，"乞"爲"某乙"的合文，"營"爲"營田"的合文等，皆是其例。《漢魏六朝碑刻異體字研究》第十五種異體字即合文，僅介紹兩例：北魏《戎愛洛等造像記》"上爲皇帝陛，下爲亡父母"之"陛"，即"陛下"二字合文。北齊《是連公妻邢阿光墓誌》誌蓋"齊故是連公妻邢夫銘"之"夫"，爲"夫人"二字合文。在漢字與漢語中的詞形成一字一詞的字詞對應關係之前，合文是從句篇文字向一字一詞發展的過渡階段，但當漢字發展成熟，形成一字一詞的格局之後，合文却又成爲簡省筆畫較多字的一種手段，可以看作異體字。但嚴格地說，它既不屬於異構字，也不屬於異寫字。

如前所述，音同音近字的替代使用，實爲假借字，但"萬""万"二字的替代使用却是異體字關係，是兩個假借字成爲異體字，故爲特殊的異體字關係，若歸入異構字、異寫字顯然都不合適。武周新字，這類字有兩個來源，一是直接承用已有之古字，二是直接創造的象形字、會意字，但這類文字具有濃重的武周時代特徵，數量有限，僅限於該時期的敦煌文獻、碑刻文獻裏，具有重要的斷代、辨僞價值，歸爲一類，獨立於異構字、異寫字之外要較好一

---

① 暴慧芳《漢語古文字合文研究》，西南大學碩士學位論文，2009年。

些。符號轉寫,《漢魏六朝碑刻異體字研究》中僅"坤"字一例,儘管是符號"〓"的轉寫,但在特定的語境中具備記錄語言的功能,宜處理爲異體字。合文,處於語篇文字到一字一詞的過渡狀態,但它畢竟具備記錄語言的功能,而且數量不多,並不衝擊漢語一字一詞的面貌,所以應該算作異體字,而且是特殊的異體字。上述四類異體字,除武周新字外,均無法歸入異構字、異寫字之列,故本書另立"其他"一類;至於命名,由於其成員的複雜性,確實無法找到一個上位詞來涵蓋,故籠統地命名爲"其他類"。

(四) 結語

王力先生、裘錫圭先生等異體字分類細目或其主體可歸入王寧先生的分類框架之中,故王寧先生的分類框架具有總領作用,而裘錫圭先生等的分類則可看作其具體化,因此王寧先生之異體字分類理論爲目前具有最廣泛意義分類價值的分類理論。張涌泉、毛遠明等先生之未能歸入王寧先生異體字分類框架之小類,其中"同化""複生異體字"均不當立爲異體字的一個類型,"草書楷化""增繁(增加筆畫、增加區別特徵)""缺筆避諱"屬於異寫字,"音同音近字的替代使用""武周新字""符號轉寫""合文"可立爲異構字、異寫字之外的第三類"其他類"。有鑒於此,我們把全同異體字分爲三大類:

一是異構字,具體包括構形方式不同的異構字、構形方式相同的異構字兩小類。前者可以細分爲包括象形字加形變爲形聲字,指事字加形變爲形聲字,會意字變爲形聲字,形聲字變爲會意字。後者可以細分爲更換構件之會意字、換形形聲字、換聲形聲字、形聲皆換形聲字、加形形聲字(包括按義加形、類化加形)、雙形符字、雙聲符字。

二是異寫字,具體包括隸古定字(包括甲骨文、金文、戰國古文、小篆、古隸等)、草書楷化,簡省筆畫或筆畫黏連或改變置向、記號化、構件訛混字,增筆繁化,字內類化,構件位移字①,缺筆避諱字,新舊字形②等。

---

① "構件位移字",王寧先生劃歸異寫字,名爲"構件位置不固定的異寫字";而李國英先生劃歸異構字,名爲"用同一種構形方式且選用相同的偏旁而偏旁的位置不同產生的異構字"。這類異體字,其構件的數量沒有變化,造字方法亦未改變,衹是結字時構件的擺放位置不同,或上下結構,或左右結構,或內外結構。這與異構字的定義"是指在任何情況下音與義都相同,而在構件、構件數量、構件功能等方面起碼有一項存在差別的一組字"不相符合,而與異寫字的定義"是同一個字(音、義、用完全相同的字)因寫法不同而造成的形體差異"正相符合。故"構件位移字"不屬於異構字。因此,我們仍然沿用王寧先生的處理方法。
② 冷玉龍認爲,一般來說,接近於手寫體風格特徵的楷書形體爲新字形;接近於《說文》篆文和古隸風格的楷書字形爲舊字形(其中也有雕版印刷體形成的問題,但不是主要的)。具體見冷玉龍《論異體字及其在辭書中的處理》,載漢語大字典編輯委員會編《漢語大字典論文集》,湖北辭書出版社、四川辭書出版社,1990年版,第129頁。

三是其他類,具體包括音同音近字的替代使用、武周新字、符號轉寫、合文等。

上面是對異體字所作的三級分類(異構字分爲三級,異寫字、其他類均分爲兩級);下面討論未盡事宜,一是二級分類名稱的問題,二是三級分類細目的問題。

分類名稱的不同,與分類標準有直接關係。關於分類命名的角度,如類化異體字,《漢語俗字研究》把它分爲三小類:一是受上下文影響的類化,二是受潛意識影響的類化,三是字的內部類化。前兩者屬於異構字,後者屬於異寫字;第一小類受上下文影響的類化又分爲類化換形旁、類化增加形旁兩小類,換形字屬於異構字,增加形旁字可能是改變造字法,也可能不改變造字法,異構字的兩種類型雜糅在一起討論。但讀者並不覺得分類混雜,而是覺得各得其所,主要原因在於類化是這些異體字產生的根本原因,於是以"類化"爲類名。《漢魏六朝碑刻異體字》之增繁異體字,情況亦類似。

給不同語料的異體字進行分類,分類時之所以大部分總體名目相同,但具體小類又不同,這是由於各自分析的字形材料不同,以及給小類命名的角度不同造成的。例如馬康勤《甲骨文異體字研究》異寫字的第二類筆畫層面的異寫字分爲九小類:一、因筆畫增繁造成的異寫字,二、因筆畫簡省造成的異寫字,三、因空間內筆畫互異造成的異寫字,四、因筆勢形態不同造成的異寫字,五、因描摹事物角度不同造成的異寫字,六、因填實與勾勒的不同造成的異寫字,七、因描摹與勾勒的不同造成的異寫字,八、因旋轉造成的異寫字,九、部分構件或筆畫的寫法不同造成的異寫字。其中第五至八小類是甲骨文異體字所特有的,所以其他字形材料也就無需這樣分類。這説明,在分小類的時候,選取的分類角度要適合於材料,這樣才能抓住事物的本質特徵,便於歸類。這種情況多出現在出土文獻異體字中。

最後還要討論一下,在實際應用中,究竟是選用王寧先生的分類方法,還是選用張涌泉、毛遠明二先生的分類方法的問題。王寧先生的分類標準是異體字形成的方式,分類最爲徹底,這是最理想的分類,其不足之處在於可能會把同一原因形成的異體字分在幾處,如"增繁"之"增加形旁""文字假借加形符"要歸入"構形方式不同",而"增繁"之"增加形旁""增加構件""文字類化加形符""形聲字疊加形符""增加聲符"等則要歸入"構形方式相同,偏旁不同"。張涌泉先生未曾述及分類標準,不討論。毛遠明先生認爲"有的異體字可能是多方面的原因造成的,是多種因素作用的結果,因此也允許有部分交叉",①其分類法之下的"源於古文字"是從來源的角度作出的劃分,其餘幾種類型則是從形成方式的角度作出的劃分,而且確有部分用例既可歸入這一分類法,又可歸入那一分類法,是其不盡如人意之處,但是毛遠明先生的分類法却可以補足王寧先生分類法下同一原因形成的異體字分在幾處的缺憾。故本書的研究採用毛遠明先生的分類方法並有所調整。

二、七寺本《玄應音義》異體字分類研究

《玄應音義》中的異體字現象也是本章所討論的四類文字現象中最複雜的一種。我們把《玄應音義》中的異體字分爲源於古文字、簡省、增繁、異化、訛混、改換、類化、位移、武周新字等九種。研究異體字,我們以通行繁體字作爲標準正體字,以構件爲單位,進行類推比較研究。

(一) 源於古文字

這裏所説的古文字,指整字或者構件出現於甲骨文、金文、籀文、戰國古文、小篆、西漢隸書②等古文字中的漢字。這些文字形體是以隸古定的形式出現的。

《玄應音義》詞條釋語中被標以"古作 X"術語的文字與我們這裏所説的古文字有所不同。該書中被標以"古作 X"術語的"古文字"主要有兩種情況:一種是唐代已不再使用的《説文》正字,一種是包括《説文》古文、籀文和唐以前的字書裏的古文字和其他異體字。這一點,我們放到第四章來討論。

1. 源於甲骨文

本書所採用的甲骨文字形,除"夭"字來自孫海波《甲骨文編》外,其餘均來自《新甲骨文編》,③因《甲骨文編》爲摹寫字形,《新甲骨文編》爲抓圖字形,更能存真。

"阜",《説文·自部》④:"𠂤,大陸,山無石者。"甲骨文作 合 20600、合 20253、合 28089 正、懷 144。戰國文字均秉承甲骨文,如"陸",珍秦展 140 作 ，陶彙 160 作 ，吉大 6 作 ；"隊",新鄭虎符作 ，璽彙 0103 作 。

---

① 毛遠明《漢魏六朝碑刻異體字研究》,商務印書館,2012 年版,第 71 頁。
② 一般來説,隸書屬於今文字的範疇;但西漢隸書仍保留有古文字較爲濃重的痕跡,故本書把西漢隸書歸入古文字範疇。
③ 劉釗、洪颺、張新俊編著《新甲骨文編》,福建人民出版社,2009 年版。
④ 如無特別説明,本書引用之《説文》均爲大徐本([漢] 許慎《説文解字》,中華書局,1963 年版)。引文中,説解字形結構仍用原書術語"从"字。本書討論中,則一般用"從"字。

《玄應音義》秉承該字形並作隸定，《大愛道般泥洹經》①作㠯。直到《說文》小篆始作㠯，後隸定作"㠯"。

"册"，甲骨文作㗊合438正、㗊合30653、㗊合28089正，《說文》小篆秉承甲骨文字形作㗊。《玄應音義》承之，《大威德陀羅尼經》作册。作構件亦類推，"鍘"，《大般涅槃經》作鍘；"栅"，《四分律》作栅；"珊"，《摩訶般若波羅蜜經》作珊；"删"，《大吉義咒經》作删；"珊"，《大吉義咒經》作珊。

"睃"，《說文》小篆作睃，左邊構件"矢"爲甲骨文矢合24279之隸變。"矢"字豎撇筆向上出頭作"失"，《大般涅槃經》作睃。從"失"之字簡省撇筆作"夫"，如"眹"，《大威德陀羅尼經》作眹；"姝"，《明度無極經》作姝；"跌"，《超日明三昧經》作跌；"挨"，《阿毗達磨俱舍論》作挨；"眹"，《太子須大拏經》作眹。

"鬼"，甲骨文作鬼合16882、鬼屯4588、鬼懷1073，金文作鬼鬼壺、鬼盂鼎，甲骨文和金文形體恰無構件"厶"，七寺本《玄應音義》秉承該形體，如"魅"，《妙法蓮華經》作魅；"魁"，《妙法蓮華經》作魁，《大方等大集菩薩念佛三昧經》作魁。《說文》小篆和古文分別作鬼、鬼，才有構件"厶"，如七寺本《玄應音義》之"塊"，《摩訶般若波羅蜜經》作塊；"塊"，《勝天王般若經》作塊；"魔"，《妙法蓮華經》作魔。

"妥"，甲骨文作妥合18175、妥合5624、妥屯1024，戰國文字作妥詛楚文·亞駝，《說文》小篆作妥，籀文或體作妥。很明顯，小篆體是對甲骨文字形的轉寫，詛楚文又加上形符"亻"作妥。《玄應音義》之《大比丘三千威儀經》作妥，是對甲骨文字形的繼承，妥則來自戰國古文。

"厎"，甲骨文作厎合6834、厎合20063，金文作厎貉侯父戊簋、厎保卣，《說文》古文作厎。《玄應音義》秉承該構件，如"傾"，《阿彌陀經》作傾。

"明"，《字彙·目部》："明，俗以爲明暗之明。"《正字通·目部》："明，田藝衡曰：'古皆從日月爲明，漢乃從目作明。'"實則甲骨文已見該字形，明合19411，其左邊構件作明，隸定作"目"。戰國末年睡虎地秦簡秉承之，其日書206作明，周家臺秦簡249作明。碑刻承之，如曹魏《陳蘊山墓誌》作明，西晉《臨辟雍碑》作明。《玄應音義》之《大方等大集經》作明。作構件亦類推，"睛"，《大莊嚴經論》作睛，與"眼睛"之"睛"成爲同形字。

---

① 爲簡潔起見，《大愛道般泥洹經音義》省稱爲《大愛道般泥洹經》，下同。這裏所用的經名爲《玄應音義》原經名，可能是簡稱，也可能是又名。

2. 源於金文

本書所採用的金文字形，主要來自容庚《金文編》。①

"番"，金文作 ▢ 魯伯鬲，戰國文字作 ▢ 老子乙前一二六上，漢隸作 ▢ 君有行鏡，北魏《元纂墓誌》作 ▢，北齊《趙征興墓誌》作 ▢，都是金文字形的隸定。《玄應音義》承之，《阿毗達磨俱舍論》作 ▢。作構件亦類推，"蕃"，《大方等大集經》作 ▢；"蟠"，《大般涅槃經》作 ▢，《觀佛三昧海經》作 ▢；"瓻"，《大方便報恩經》作 ▢；"墦"，《大方便報恩經》作 ▢；"皤"，《金光明經》作 ▢；"鼗"，《請觀音經》作 ▢。

"厭"，《說文·厂部》："厭，笮也。从厂，猒聲。一曰合也。"徐灝箋："猒者，猒飫本字，引申爲猒足、猒惡之義。俗以厭爲厭惡，別製饜爲饜飫、饜足，又从厭加土爲覆壓字。"②金文始見該字形，毛公鼎作 ▢、叔齊夷鎛 ▢，《說文》始作 ▢。西晉《石尠墓誌》作 ▢。《玄應音義》承襲金文隸定形體，《阿毗達磨俱舍論》作 ▢。

"萬"，《說文·内部》："萬，蟲也。从厹，象形。"甲骨卜辭中最大的數字爲"萬"。甲骨文作 ▢ 合6477正、▢ 合9812，金文作 ▢ 仲簋，爲蝎之象形字，後假借記録數詞"萬"，成爲假借字。段玉裁注："與《虫部》蠆同，象形"，"叚借爲十千數名，而十千無正字，遂久叚不歸，學者昧其本義矣。"③《玉篇·艸部》："萬，十千也。"④金文已有"萬"之草寫體，如古璽作 ▢，漢印承之作 ▢、▢，千万鉤作 ▢，碑刻中，漢《何君治閣道碣》作 ▢，晉《臨辟雍碑》作 ▢，《謝琰墓誌》作 ▢ 等。所以，《玉篇·方部》："万，俗萬字。十千也。"《玄應音義》承之，《妙法蓮華經》作 ▢。

3. 源於籀文

"卑"，《說文·ナ部》："卑，賤也，執事也。从ナ、甲。"朱駿聲《通訓定聲》："此字即椑之古文，圓榼也。酒器。象形。ナ持之，如今偏提，一手可攜者，其器墮圜，有柄。"⑤金文作 ▢ 或簋、▢ 余卑盤，春秋籀文作 ▢ 侯馬盟書，西漢隸書作 ▢ 老子乙二四八上，兩漢之間簡作 ▢ 武威漢簡四七，東漢《石門頌》作 ▢，字形一脈相承。《玄應音義》承之，《移識經》作 ▢。作構件亦類推，

---

① 容庚編著，張振林、馬國權摹補《金文編》，中華書局，1985年版。
② ［清］徐灝《説文解字注箋》，《續修四庫全書》第226册，上海古籍出版社，2002年版，第256頁下。
③ ［漢］許慎撰，［清］段玉裁注《説文解字注》，上海古籍出版社，1981年版，第739頁下。
④ 這裏所引用的《玉篇》爲《大廣益會玉篇》（中華書局1987年版），不同於第四章第一節比較的材料《玉篇》殘卷。下同。
⑤ ［清］朱駿聲《説文通訓定聲》，《續修四庫全書》第220册，上海古籍出版社，2002年版，第614頁上。

"俾",《放光般若經》作🀄,《月光童子經》作🀄,《悲華經》作🀄;"鼜",《月燈三昧經》作🀄;"神",《妙法蓮華經》作🀄;"蜱",《大威德陀羅尼經》作🀄,《大般涅槃經》作🀄;"髀",《摩訶般若波羅蜜經》作🀄;"稗",《大般涅槃經》作🀄;"椑",《大般涅槃經》作🀄,《佛遺曰摩尼寶經》作🀄;"埤",《維摩詰經》作🀄《須摩提經》作🀄;"鞞",《大方等大雲請雨經》作🀄;"諀",《法律三昧經》作🀄;"頳",《無盡意經》作🀄;"錍",《他真陀羅所問經》作🀄;"婢",《須彌藏經》作🀄,《孔雀王神咒經》作🀄;"痹",《觀佛三昧海經》作🀄,《罪業報應教化地獄經》作🀄,《成實論》作🀄。另外,《説文》小篆作🀄,演變爲今之形體"卑"。

4. 源於戰國古文

本書所採之戰國古文字形,來自何家興博士學位論文《戰國文字分域研究》。①

"留",戰國文字最早出現該字形體,其中秦文字作🀄陶文圖錄6·152·1、🀄睡虎地秦墓竹簡爲吏39、🀄周家臺秦簡233,隸定作"留"。漢魏六朝碑刻承用,如漢《張遷碑》作🀄,北魏《元詳造像記》作🀄。《玄應音義》承之,《立世阿毗曇論》作🀄。作構件亦類推,"瘤",《善見律》作🀄;"鶹",《罪福報應經》作🀄;"雷",《善見律》作🀄;"瑠",《阿毗達磨俱舍論》作🀄。

"兒",《説文·兒部》:"兒,頌儀也。貌,籀文兒。"戰國簡作🀄周家臺秦簡367,《説文》小篆作🀄,籀文作🀄。未見甲骨文、金文字形。從六書理論和漢字孳生過程看,當先有象形字🀄,後有形聲字🀄。《大方廣佛華嚴經》秉承"兒"之初文,並改造形體,"儿"("人"之變形)改作"八",作🀄。

"氐",秦簡作🀄睡虎地秦簡日書乙98,小篆作🀄石鼓文·汧沔,漢簡隸定作🀄老子乙前一二五上、🀄西陲簡五四·八。作構件亦類推,"底",北魏《元壽安墓誌》作🀄;"低",東魏《元顯墓誌》作🀄;"邸",《元融妃盧貴蘭墓誌》作🀄。《玄應音義》承之,"衹",《大菩薩藏經》作🀄;"坻",《法炬陀羅尼經》作🀄,《大般涅槃經》作🀄;"胝",《大般涅槃經》作🀄;"柢",《大雲經》作🀄;"羝",《菩薩本行經》作🀄;"底",《須彌藏經》作🀄。

"瓦",《説文·瓦部》:"瓦,土器已燒之總名。象形。"《説文》小篆作🀄,秦隸作🀄睡虎地秦簡一八·一四九、🀄一號墓竹簡一四一、🀄陶文圖錄6·189·2、🀄睡虎地秦墓竹簡日甲五七反、🀄周家臺秦簡330、🀄五里牌406號墓簡册·[8]134正。漢魏六朝碑刻承之,如東漢《徐州從事墓誌》作🀄,《張景碑》作🀄,北魏《孟元華墓誌》作🀄,《王君妻元華光墓誌》作🀄,《元欽墓誌》作🀄。《玄應音義》秉

---

① 何家興《戰國文字分域研究》,安徽大學博士學位論文,2010年。

承大篆以來的筆法，如《大般涅槃經》作[字形]，《妙法蓮華經》作[字形]。作構件亦類推，"甑"，《大般涅槃經》作[字形]；"坉"，《大般涅槃經》作[字形]；"甄"，《放光般若經》作[字形]，《妙法蓮華經》作[字形]；"瓶"，《幻士仁賢經》作[字形]；"甖"，《大集賢護菩薩經》作[字形]；"瓠"，《大方便報恩經》作[字形]。

"奇（竒）"，《説文·可部》："異也。一曰不耦。从大，从可。"徐灝箋引戴侗《六書故》云："奇，从立，可省聲。一足立也。別作踦"，"奇，古踦字"。① 金文作[字形]，秦隸作[字形]秦代印風211、[字形]陶文圖錄6·40·1、[字形]睡虎地秦墓竹簡日乙161，漢魏六朝碑刻承之，如東漢《婁壽墓碑》作[字形]，西晉《徐義墓誌》作[字形]，北魏《檀賓墓誌》作[字形]，《元子正墓誌》作[字形]，北周《叱羅協墓誌》作[字形]。《玄應音義》承之，《大方等頂王經》作[字形]。作構件亦類推，"騎"，《移識經》作[字形]；"綺"，《正法華經》作[字形]；"琦"，《密跡金剛力士經》作[字形]，《大方等頂王經》作[字形]；"踦"，《密跡金剛力士經》作[字形]；"齮"，《正法華經》作[字形]。

"贊"，戰國古文作[字形]秦代印風133、[字形]珍秦齋藏金展56。漢魏六朝碑刻承之，"贊"，北魏《元孟輝墓誌》作[字形]，《唐耀墓誌》作[字形]，東魏《閭伯昇及妻元仲英墓誌》作[字形]。作構件亦類推，"鄭"，西晉《郛休碑》作[字形]，北周《王鈞墓誌》作[字形]；"讚"，北魏《皮演墓誌》作[字形]；"囋"，北魏《叔孫協墓誌》作[字形]等。《玄應音義》承之，《大集賢護菩薩經》作[字形]；"櫕"，《大威德陀羅尼經》作[字形]，《法炬陀羅尼經》作[字形]；"瓚"，《立世阿毗曇論》作[字形]；"讚"，《大般涅槃經》作[字形]；"纘"，《正法華經》作[字形]。

"虎"，甲骨文作[字形]合17849、[字形]合28303，象"虎"之形，小篆簡省作[字形]《説文》大徐本，後世承之作"虎"，這是第一條路綫。第二條發展路綫呈變異趨勢，戰國文字作[字形]秦印配72、[字形]珍秦54、[字形]雲夢雜鈔25，漢魏六朝碑刻承之，並向前發展，北魏《元悌墓誌》作[字形]，《元維墓誌》作[字形]，北齊《□尜墓誌》作[字形]等。《玄應音義》承之，《大般涅槃經》作[字形]。作構件亦類推，"號"，《大般涅槃經》作[字形]；"虒"，《大般涅槃經》作[字形]；"摅"，《觀佛三昧海經》作[字形]；"唬"，《大方便報恩經》作[字形]；"篪"，《立世阿毗曇論》作[字形]等。

"曼"，《説文·又部》："曼，引也。从又，冒聲。"金文作[字形]曼龔父盨、[字形]鄧孟作鑒曼壺，《説文》小篆作[字形]；戰國楚簡作[字形]相馬經一九上，改形符"又"爲"寸"，西漢隸書承之，作[字形]天文雜占一·五，漢印作[字形]漢印徵。形符"寸"異寫，就是"方"或"万"，漢魏六朝碑刻已見該字形，如西晉《臨辟雍碑》作[字形]，北

---

① ［清］徐灝《説文解字注箋》，《續修四庫全書》第225册，上海古籍出版社，2002年版，第514頁上。

魏《弔比干文》作󰀀,《元祐妃常季繁墓誌》作󰀁。作構件亦類推,"蔓",北魏《爾朱襲墓誌》作󰀂,東魏《李挺墓誌》作󰀃;"漫",北魏《元瞻墓誌》作󰀄;"慢",北魏《元新成妃李氏墓誌》作󰀅。《龍龕手鏡·日部》:"曼、𣍘,二或。曼,正。"《正字通·日部》:"曼,俗曼字。"《敦煌俗字典》收釋"曼",如敦研187《太子瑞應本起經》作󰀆,敦研035(2-2)《妙法蓮華經》作󰀇,浙敦193《妙法蓮華經·見寶塔品》作󰀈。《玄應音義》秉承戰國楚簡文字特點,《道行般若經》作󰀉。作構件亦類推,"鬘",《大方廣佛華嚴經》作󰀊;"蔓",《大般涅槃經》作󰀋;"慢",《大般涅槃經》作󰀌;"幔",《道行般若經》作󰀍;"鏝",《大方等大集菩薩念佛三昧經》作󰀎;"漫",《四分律》作󰀏;"縵",《大般涅槃經》作󰀐;"謾",《出曜論》作󰀑。

5. 源於小篆

本節所採用的小篆字形,來自大徐本《説文》。①

"曹",《説文·日部》:"𣍘,獄之兩曹也。在廷東,从㯥;治事者,从曰。"徐鍇繫傳:"㯥音曹。曰,言詞理獄也。"②邵瑛《群經正字》:"《五經文字》云,𣍘,《説文》曹,經典相承,隸省。"③甲骨文作󰀒合36828,金文作󰀓趙曹鼎,戰國文字作󰀔睡虎地秦簡八·一三,東漢石經作󰀕三體石經·僖公,《説文》小篆作󰀖大徐本·日部,東漢《曹全碑》作󰀗,皆是金文字形的承襲。《玄應音義》之《放光般若經》作󰀘,構件"東"簡省橫筆作"朿","𣍘"簡省爲"𣍘",字書《龍龕手鏡》收該字,《日部》:"𣍘,古。昨勞反。𣍘輩也;我也;衆也;又曉明。"

"矛",《説文·矛部》:"矛,酋矛也。建於兵車,長二丈。象形。"小篆作󰀙,《玄應音義》直接將該字形轉寫爲"弟"。《放光般若經》作󰀚。作構件亦類推,"茅",《摩訶般若波羅蜜經》作󰀛;"鍪",《大方便報恩經》作󰀜;"稍",《大雲經》作󰀝;"瞀",《須真天子經》作󰀞;"楺",《月燈三昧經》作󰀟;"豫",《妙法蓮華經》作󰀠;"務",《妙法蓮華經》作󰀡;"揉",《淨業障經》作󰀢。

"帀",《説文·帀部》:"周也。从反屮而帀也。"是"屮"的倒寫,變體會意。順逆往復,義爲周遍。金文字形作󰀣師寰簋、󰀤蔡太師鼎,《説文·帀部》小篆作󰀥。《玄應音義》承之,"师",《出曜論》作󰀦。又,"帀"加形符"匚"作"匝",成爲今之同形體。

---

① [漢]許慎《説文解字》,中華書局,1963年版。
② [南唐]徐鍇《説文繫傳》,《文淵閣四庫全書》第223冊,臺灣商務印書館,1986年版,第503頁上。
③ [清]邵瑛《説文解字群經正字》,《續修四庫全書》第211冊,上海古籍出版社,2002年版,第135頁下。

"史",甲骨文作〇合20088、〇合20576正、〇合27125,《說文·史部》小篆對此作規整化處理作〇。《玄應音義》之《大菩薩藏經》秉承小篆字形,作〇。

"踅",《說文·止部》:"踅,不滑也。从四止。"唐蘭《殷虛文字記》:"疀即《說文》之踅字也。……四疊之字,或从三疊……疀象三足,踅象四足,本有周帀之意。《說文》訓不滑者,實後起之義也。"① "踅""疀"均爲會意字,甲骨文作〇合38717,《說文》小篆作〇,東漢《石門頌》作〇。《玄應音義》秉承《說文》小篆的隸定形體,《放光般若經》作〇。

6. 源自隸書

本書所採用的簡帛文字字形,主要來自《漢語大字典》(第二版)。②

"囘",西漢隸書作〇馬王堆簡文《合陰陽》,構件從"工",漢魏六朝碑承之,如北魏《弔比干文》作〇,北齊《潘景暉等造像記》作〇;構件"工"調整作"コ",北魏《曹望憘造像記》作〇,《元順墓誌》作〇。《玄應音義》承之,《大般涅槃經》作〇。作構件亦類推,"咽",《大般涅槃經》作〇;"姻",《大般涅槃經》作〇;"茵",《摩訶般若波羅蜜經》作〇;"駰",《勝天王般若經》作〇;"恩",《大方便報恩經》作〇。

"无",《說文·亡部》:"無,亡也。……兂,奇字无。"戰國文字作〇睡虎地秦簡五四·四三,西漢簡作〇老子乙前一下、〇孫臏一八,《說文》奇字作〇,漢魏碑刻文字爲其隸定,東漢《乙瑛碑》作〇,北魏《常岳等一百餘人造像碑》作〇,《李超墓誌》作〇。《玄應音義》承之,《大般涅槃經》作〇。

"師",甲骨文以"𠂤"爲"師",字形作〇合5817正、反,西周金文作〇H11:4,金文作〇盂鼎、〇傅卣,大篆作〇石鼓文,小篆作〇,今之字形"師"爲其隸定字。戰國文字作〇睡虎地秦簡一一·一一六,西漢簡〇老子乙前一四五下,漢魏六朝碑刻承之,東漢《楊著墓碑》作〇,北魏《元龍墓誌》作〇。《玄應音義》承之,《大般涅槃經》作〇。

"害",《說文·宀部》:"害,傷也。从宀,从口。宀、口,言從家起也。丯聲。"金文作〇害叔簋、〇師害簋,大篆作〇石鼓文,戰國文字作〇江陵楚簡,《說文》小篆作〇,今之字形"害"承之。秦隸作〇睡虎地秦簡一·二,西漢隸書作〇老子甲後一九三、〇孫臏一六七,漢魏六朝碑刻承之,東漢《營陵置社碑》作〇,《曹全碑》作〇,北魏《姚伯多兄弟造像碑》作〇。字書《玉篇》最早

---

① 唐蘭《殷虛文字記》,中華書局,1981年版,第17頁。
② 漢語大字典編輯委員會主編《漢語大字典》(第二版),四川辭書出版社、崇文書局,2010年版。

收該字,《宀部》:"害,俗作害。"《玄應音義》承之,《超日明三昧經》作害。作構件亦類推,"瞎",《大智度論》作瞎,《四分律》作瞎;"割",《月燈三昧經》作割;"散",《德光太子經》作散;"轄",《虛空藏經》作轄。

"辛",甲骨文作▽合6947正、▽合21021、▽合26265,金文作▽利簋、▽彔簋,西漢隸書作辛春秋事語六七,在原字形基礎上加橫增繁作"辛"。東漢《孔龢碑》承之,作辛,《熹平石經·春秋襄公廿六年》作辛,《成實論》作辛。作構件亦類推,"宰",《妙法蓮華經》作宰;"梓",《大灌頂經》作梓;"辟",《大方廣佛華嚴經》作辟,《菩薩處胎經》作辟;"薜",《放光般若經》作薜;"僻",《道行般若經》作僻;"避",《道行般若經》作避;"壁",《明度無極經》作壁;"孽",《華手經》作孽。

"幸",甲骨文作▽合5856、▽合10372、▽合20378,西漢隸書作幸老子前乙一八下、幸縱橫家書,至隸書階段,"幸"字已經被加成三橫作"幸"。漢魏以來碑刻承之,如西晉《荀岳墓誌》作幸,北涼《沮渠安周造像記》作幸,北魏《陶浚墓誌》作幸。《玄應音義》承之,《明度無極經》作幸。作構件亦類推,"蟄",《華手經》作蟄;"倖",《明度無極經》作倖。

"微",戰國文字作微石鼓文,西漢隸書作微老子甲八五、微孫子一〇九,東漢《景君碑》作微,《趙寬碑》作微。《玄應音義》之《大般涅槃經》作微,對戰國以來的字形略作改造:向右傾斜的構件"山"異寫爲"宀"構件"耳"異寫爲"歹"形,僅留下一點隸書意味。

"兆",《說文·卜部》:"𠉴,灼龜坼也。从卜、兆,象形。兆,古文𠉴省。"段玉裁注:"兆,古文𠉴省。"①《說文》古文作𠉴,西漢隸書作兆京兆官弩鐖,碑刻承之,如東漢《成陽靈臺碑》作兆,《營陵置社碑》作兆,西晉《臨辟雍碑》作兆。敦煌文獻亦見該字形,如S.388《正名要錄》作兆,S.189《老子道德經》作兆,S.167《俗務要名林》作兆。《玄應音義》繼承該字形並有所改造,如《放光般若經》作兆。作構件亦類推,"跳",《大方便報恩經》作跳;"越",《大智度論》作越;"洮",《大智度論》作洮。

(二) 簡省

用文字記錄詞,理想的辦法是盡可能在文字上把不同的詞區別開來,區別性特徵越多越好。因此當兩個或幾個字形體易混時,書寫者會適當增加區別性特徵,其結果是導致文字形體繁化。在使用文字層面,書寫者又總是追求書寫的快捷和便利,這就要求簡省文字筆畫。文字總是在增繁和簡省

---

① [漢]許慎撰,[清]段玉裁注《說文解字注》,上海古籍出版社,1981年版,第127頁下。

這一對矛盾中向前發展,永遠處於不平衡—平衡—不平衡狀態,適量原則是文字繁簡判斷的總標尺,規範化工作是文字平衡的具體體現。但總的説來,漢字發展的總趨勢是簡省。

簡省既是漢字發展的總趨勢,也是漢字形成異體的主要方式之一。漢字簡省,可以簡省筆畫,也可以簡省構件;某一構件可以省寫爲另一構件,某幾個構件組合也可以簡省爲一個構件。簡省方式雖然不同,但原則則是一定的,即不破壞漢字外在的區別性特徵。

1. 簡省筆畫

（1）簡省橫畫

字形橫畫較多者,往往簡省部分橫畫,以減輕書寫壓力,提高書寫速度。《玄應音義》中:

"帶",《摩訶般若波羅蜜經》作帶;"䏻",《大般涅槃經》作䏻。

"嫒",《地持論》作嫒;"援",《長阿含經》作援。

"龍",《舍頭諫經》作龍;"懼",《攝大乘論》作懼。

"悍",《阿毗達磨俱舍論》作悍;"捍",《阿毗達磨俱舍論》作捍,《大智度論》作桿。

"傲",《摩訶般若波羅蜜經》作傲,《大乘五蘊論》作傲,《阿毗達磨俱舍論》作傲;"嗷",《佛般泥洹經》作嗷;"勢",《妙法蓮華經》作勢。

以下字形未見構件類推者,一并列舉如下:

"曹",《放光般若經》作曹;"崖",《大乘同性經》作崖;"偃",《大智度論》作偃;"蛀",《大般涅槃經》作蛀;"瘵",《大般涅槃經》作瘵;"盦",《大般涅槃經》作盦;"蜈",《正法華經》作蜈;"迴",《大方廣佛華嚴經》作迴;"堤",《雜阿毗曇心論》作堤;"蠹",《觀佛三昧海經》作蠹;"掩",《修行道地經》作掩。

（2）簡省豎畫

字形豎畫較多者,往往簡省部分豎畫。

"曹",《放光般若經》作曹。作構件亦類推,"艚",《立世阿毗曇論》作艚;"糟",《摩訶般若波羅蜜經》作糟;"醋",《摩訶般若波羅蜜經》作醋;"遭",《善見律》作遭。

構件"止"簡省豎畫,如"企",《顯揚聖教論》作企;"歧",《阿毗曇毗婆沙論》作歧;"政",《妙法蓮華經》作政,《大方廣佛華嚴經》作政;"步",《尊婆須蜜所集論》作步;"賦",《大般涅槃經》作賦。

"餉",《大灌頂經》作餉,《盂蘭盆經》作餉。

"謏",《鼻奈耶律》作謏。

(3) 簡省撇畫

構件"舟"省撇畫作"丹"①,《大方廣佛華嚴經》作🈳。作構件亦類推,"船",《大方廣佛華嚴經》作🈳;"舶",《大方廣佛華嚴經》作🈳;"舫",《大般涅槃經》作🈳;"艇",《大智度論》作🈳;"般",《阿毗曇毗婆沙論》作🈳。

構件"失"省撇畫作"夫",如"昳",《大威德陀羅尼經》作🈳;"妷",《明度無極經》作🈳;"跌",《超日明三昧經》作🈳;"埃",《阿毗達磨俱舍論》作🈳;"昳",《太子須大拏經》作🈳;"佚",《蓮花面經》作🈳。

構件"矢"省撇畫作"天",如"矣",《妙法蓮華經》作🈳。作構件亦類推,"侯",《蓮花面經》作🈳;"㛃",《毗尼母律》作🈳;"鞅",《毗尼母律》作🈳;"唉",《大愛道比丘尼經》作🈳;"埃",《阿毗達磨俱舍論》作🈳;"族",《大智度論》作🈳。

構件"矛"省撇畫,《大般涅槃經》作🈳。作構件亦類推,"稍",《勝天王般若經》作🈳;"瞀",《大威德陀羅尼經》作🈳。

構件"生"省撇畫,《寶梁經》作🈳。作構件亦類推,"腥",《勝天王般若經》作🈳。

構件"牟"省撇畫,《須彌藏經》作🈳。作構件亦類推,"鉾",《四分律》作🈳;"眸",《大灌頂經》作🈳。

"膺"簡省兩撇畫,《菩薩見實三昧經》作🈳,"應"亦如此,《菩薩見實三昧經》作🈳。

以下字形未見構件類推者,一并列舉如下:

"詢",《佛名經》作詞,《阿毗達磨順正理論》作🈳;"懸",《阿毗達磨順正理論》作🈳;"皓",《大菩薩藏經》作🈳;"黎",《雜寶藏經》作🈳;"原",《魔逆經》作🈳;"厭",《鼻奈耶律》作🈳。

(4) 簡省點畫

"流"簡省一點,《大方廣佛華嚴經》作🈳。"㐬"作構件亦類推,"統",《菩薩見實三昧經》作🈳;"梳",《大灌頂經》作🈳;"疏",《普曜經》作🈳。

"恨"簡省一點,《大般涅槃經》作🈳,《龍施菩薩本起經》作🈳。

"梁"簡省一點,《妙法蓮華經》作🈳。

"丙"簡省一點,《摩訶般若波羅蜜經》作🈳。

構件"專"簡省一點,"傅",《大般涅槃經》作🈳;"縛",《道行般若經》作🈳;"薄",《大灌頂經》作🈳;"搏",《觀佛三昧海經》作🈳;"博",《大般涅

---

① "丹"字第二筆的上似乎有一短撇,實則橫畫之逆鋒起筆。

槃經》作愽。

"庶"簡省兩點,《大方廣佛華嚴經》作庹。作構件亦類推,"遮",《大般涅槃經》作迲;"蔗",《妙法蓮華經》作蔗。

(5) 簡省折畫

這種情況較少,僅發現"鉞"一例:

"鉞",《大般涅槃經》作钱。

2. 省略構件

省略構件"丨丨","繫",《摩訶般若波羅蜜經》作繫;"齡",《修行道地經》作齡。

省略構件"衣","壞",《摩訶般若波羅蜜經》作壊;"環",《大莊嚴經論》作瑔;"懷",《勝天王般若經》作懐。

省略構件"卯","聯",《摩訶般若波羅蜜經》作聮。

省略構件"艹","藏",《菩薩處胎經》作蔵。

省略構件"壬","聽",《超日明三昧經》作聴。

省略構件"灬","黿",《文殊師利問菩薩署經》作黿;"黽",《妙法蓮華經》作黽;"鷙",《正法華經》作鷙;"鼺",《阿耨達龍王經》作鼺;"鼲",《毗耶婆問經》作鼲。從"黑"之字多省略構件"灬"。

省略構件"又","攉",《大智度論》作攉;"钁",《四分律》作钁;"蠖",《大智度論》作蠖;"穫",《那先比丘經》作穫;"獲",《那先比丘經》作獲,《十住毗婆沙論》作獲;"攜",《鼻奈耶律》作攜,《大比丘三千威儀經》作攜。

省略構件"寸","薄",《摩訶般若波羅蜜經》作蓐。

省略構件"口":"擐",《摩訶般若波羅蜜經》作擐;"檽",《四分律》作檽,《解脫道論》作檽;"遠",《無上依經》作逺;"閽",《妙法蓮華經》作閽;"箐",《妙法蓮華經》作箐;"鑰",《妙法蓮華經》作鑰。

省略構件"吅":"藿",《修行道地經》作藿;"權",《修行道地經》作權,《生經》作權;《阿毗達磨順正理論》作權;"驩",《毗尼母律》作驩;"歡",《阿毗達磨順正理論》作歡;"觀",《大方廣佛華嚴經》作觀;"嚁",《舍頭諫經》作嚁。"曩",《尊婆須蜜所集論》作曩;"孃",《諫王經》作孃;"攘",《自愛經》作攘;"壤",《維摩經》作壤。

省略構件"皿","籥",《大般涅槃經》作籥,《妙法蓮華經》作籥;"鑰",《鼻奈耶律》作鑰;"靈",《中本起經》作靈。

省略構件"工","隱",《四分律》作隱;"隨",《菩薩處胎經》作隨;"筑",《鼻奈耶律》作筑。

省略構件"忄","㥄",《金剛般若經》作㥄。
省略構件"氵","黏",《大方等大集菩薩念佛三昧經》作黏。
省略構件"爻","欎",《四分律》作欎。
省略構件"彳","屐",《四分律》作屐。
省略構件"辶","縫",《四分律》作縫。
省略構件"日","楷",《善見律》作楷。
省略構件"宀","嫈",《大愛道比丘尼經》作嫈。
省略構件"隹","顧",《阿毗達磨順正理論》作顧。

3. 簡寫構件

"工"簡寫爲"丫","恐",《大威德陀羅尼經》作恐；"項",《七佛神咒經》作項。

"鹵",《大般涅槃經》作卤。

"嬰",《雜阿毗曇心論》作嬰,中間四畫簡省作兩點。

"食",《大威德陀羅尼經》作食；"養",《大般涅槃經》作養；"簧",《大般涅槃經》作簧；"飡",《大方便報恩經》作飡；"癢",《太子須大拏經》作癢。

"糸"簡寫爲"纟","給",《大般涅槃經》作給；"結",《摩訶般若波羅蜜經》作結；"維",《金剛般若經》作維；"紅",《等目菩薩所問經》作紅；"納",《寶納經》作納；"綢",《正法華經》作綢。該構件簡寫字最多。

有的構件簡寫,結果與另一構件相混,成爲同形構件。

4. 幾個構件黏連凝固爲一個構件

書手書寫時,會出現相鄰字使用中間共同構件的現象,或者同一字内部相鄰的筆畫共用,從而導致筆畫重組,成爲另一完全不相干的文字現象,這有點像英語截搭式的造詞法,如 smoke+fog=smog。

"朋""聶"二字是特例,是先構件的内部截搭,然後再簡省。其中"朋"字的簡省較早。

（1）朋——用

王國維《説玨朋》："殷時,玉與貝皆貨幣也。……其用爲貨幣及服御者,皆小玉、小貝,而有物焉以系之。所系之貝、玉,於玉則謂之玨,於貝則謂之朋。"①"朋",甲骨文作玨合6903、玨合14735正、玨合29694,金文作玨中作且癸鼎、玨衛盉,金文隸定爲"朋"。"朋"的中間兩豎筆黏連,兩橫分別相通,成爲近似"用"字的形體,漢魏六朝碑刻已見該字形,如北魏《李林墓誌銘》作

---

① 王國維《説玨朋》,載《王國維儒學論集》,四川大學出版社,2010 年版,第 204 頁。

㕙",東魏《封延之墓誌》作㕙,北齊《元子邃墓誌》作㕙。敦煌文獻承之,P.3873《韓朋賦》:"韓朋已死,何更再言！唯願大王有恩,以禮葬之,可得利後人?"其中,"朋"作㕙。

《玄應音義》承之,"朋",《阿毗達磨順正理論》作㕙。作構件亦類推,"棚",《成具光明定意經》作棚,《維摩詰經》作棚;"堋",《四諦論》作堋。《龍龕手鏡·土部》收釋該字:"堋",同"堋"。另外,《龍龕手鏡·鳥部》又收釋"鵬":同"鵬"。

（2）聶——冉

"聶",《説文》小篆作聶,漢代隸書作聶孫臏一五二。在碑刻文獻裹,可以見到一些過渡字形,如北魏《元願平妻王氏墓誌》作躡,《元顯魏墓誌》作躡,《元朗墓誌》作躡;在敦煌文獻裹,"躡",P.2305《妙法蓮華經講經文》作躡;"慴",S.202《傷寒論·辨脈》作慴,明顯可見"聶"字下部兩個構件靠近的豎筆已經共用,橫筆却尚未黏合,這樣的形體是過渡字形。當"聶"字下部構件平行的橫筆連在一起時,"聶"變爲"冉",如北齊《法義優婆姨等造像記》作冉。作構件亦類推,"躡",東魏《李挺墓誌》作躡;"攝",北魏《元瞻墓誌》作攝,北齊《劉碑造像銘》作攝;"慴",北魏《楊順墓誌》作慴。

《玄應音義》承之,如"矋",《大威德陀羅尼經》換聲作矋,構件"聑"的中間豎筆合并,橫筆簡省,變爲"用"字,"聶"異寫爲"冉",構件"目""日"形近訛混,"矋"異寫成矋。

作構件亦類推。"慴",《超日明三昧經》作慴,《普超三昧經》作慴,《大智度論》作慴,《普超三昧經》作慴,《大智度論》作慴;"躡",《人本欲生經》作躡;"攝",《請觀音經》作攝,《義足經》作攝;"襵",《四分律》作襵。

5. 記號化

記號字實質是簡省的特例,包括文字簡省成記號和新造純記號。簡省導致造字之初的構字理據丢失。記號就像字綴①一樣,有其形成過程,開始祇在某幾種字中使用,然後擴大,簡省是過程,記號是結果。

（1）記號"一"

① 源於"口"

構件"婁"之"口"變爲"一"。

"嘍",《大威德陀羅尼經》作嘍;"僂",《大般涅槃經》作僂;"瘻",《大般涅槃經》作瘻;"樓",《大般涅槃經》作樓;"寠",《德光太子經》作寠;

---

① 李圃認爲:"從造字結構成份的性質方面來看,造字的結構成份可以分爲兩種,即字素和字綴。"可參見李圃《甲骨文文字學》,學林出版社,1995年版,第9頁。

"縷",《不空羂索經》作䌌。

"轅",《大般涅槃經》作帳。

② 源於"吅"

構件"蒦"之"吅"變爲"一"。"權",《阿毗達磨順正理論》作㮓;"灌",《大般涅槃經》作潅,《地持論》作潅;"勸",《大般涅槃經》作勧;"嚾",《正法華經》作唯;"觀",《阿毗曇毗婆沙論》作覌;"鸛",《出曜論》作䳘。

構件"單"之"吅"變爲"一"。"禪",《大方廣佛華嚴經》作㯆;"憚",《明度無極經》作㤭,《大智度論》作㤭;"彈",《慧上菩薩問大善權經》作弾;"譂",《大灌頂經》作䛑;"簞",《菩薩處胎經》作箪;"闡",《妙法蓮華經》作閚;"癉",《阿難目佉陀羅尼經》作瘅。

③ 源於"吅吅"

構件"龠"之"吅吅"變爲"一"。"爚",《大智度論》作煠;"䦼",《迦旃延阿毗曇》作䦢。

"靈"之"吅吅"變爲"一",《出曜論》作霊。

(2) 記號"口"

① 替代"几"

"凫",《大般涅槃經》作鳬。

② 替代"丷"

"弱",《大般涅槃經》作弱;"愵",《賢劫經》作惱。

③ 替代"皿"

"謐",《佛大僧大經》作䛭。

(3) 記號"厶"

記號"厶"主要替代構件"口"。"口"作"厶",源於秦漢之際的篆隸文字,是對"口"的一種速寫。

"哭",《大般涅槃經》作㚒。

"戰",《大般涅槃經》作战。

"捐",《大般涅槃經》作捐;"狷",《大智度論》作㹴;"蜎",《大愛道比丘尼經》作蜎。

"或",《立世阿毗曇論》作戓。

(4) 記號"丷"

① 替代"口"

替代構件"品"之"口","圖",《維摩經》作圖;"鄙",《大般涅槃經》作䣘。

替代構件"邑"之"口",《攝大乘論》作邑;"扈",《正法華經》作扈。

另有，"緝"，《對法論》作緷；"娛"，《佛真陀羅所問經》作娛。

② 替代"吅"

"勸"，《放光般若經》作勸。

"單"，《大方等陀羅尼經》作單。作構件亦類推，"癉"，《大般涅槃經》作癉，《光讚般若經》作癉；"憚"，《勝天王般若經》作憚。

這裏順帶討論三點替代"吅"的相關問題。

可以用記號三點替代"吅"，如"彈"，《對法論》作彈；"潭"，《寶髻菩薩經論》作潭；"闡"，《對法論》作闡；"憚"，《攝大乘論》作憚。

可以用記號四點替代"吅"，如"瘤"，《波斯匿王太后崩塵土坌身經》作瘤、瘤；"瑠"，《攝大乘論》作瑠；"闇"，《攝大乘論》作闇。

還可以用記號一點加上一橫替代"吅"，如"闡"，《妙法蓮華經》作闡。

以上構件的變異，反映了"單"之構件"吅"記號化和"留"之構件"卯"連續記號化，二者最後趨同。由"吅""厶"代替。

"留"，上部構件"卯"之記號化，經歷了"卯→吅→厶→ソ八吅レソ八→一"的過程，"卯"與"吅"的記號化也就徹底完成，不再向前發展。這說明，筆畫組成構件是繁化的過程，但記號化則是繁化的反向，是其逆向演變過程，其核心精神是簡省。筆畫是繁化的開始，也是簡化的終結。而在這個選擇過程中，點畫和橫畫始終是筆畫中最具優勢和生命力的筆畫。

"單"上部構件"吅"，可以用兩點來替代，可以用三點來替代，可以用四點來替代，還可以用"一"替代，這是字的外在區別性特徵在起作用。因爲該字的下部構件既定的情況下，該字形數量較少，不可能成爲別的字，所以上部構件的記號化就較爲隨意。相比之下，"哭"字就不行，因爲下部構件筆畫單薄，即使區別性特徵不受損傷，信息不流失，但從審美角度看，也很難結字，所以"哭"的上部構件"吅"常選擇被"厶"代替。可見記號的選擇是有條件的自由變化。

③ 替代"垚"

"堯"，《大方廣佛華嚴經》作堯。作構件亦類推，"巘"，《大威德陀羅尼經》作巘；"嬈"，《大般涅槃經》作嬈；"撓"，《摩訶般若波羅蜜經》作撓；"澆"，《放光般若經》作澆；"僥"，《光讚般若經》作僥。

④ 替代"刀"

"召"，《勝天王般若經》作召。作構件亦類推，"超"，《太子瑞應本起經》作超；"韶"，《修行道地經》作韶；"沼"，《立世阿毗曇論》作沼，《顯揚聖教論》作沼；"韶"，《大雲請雨經》作韶；"紹"，《大般涅槃經》作紹；"照"，《攝大乘論》作照；"詔"，《妙法蓮華經》作詔。

⑤ 替代"ク"

"詭",《出曜論》作[詭],《雜寶藏經》作[詭];"脆",《賢愚經》作[脆];"跪",《妙法蓮華經》作[跪]。

"襜",《大愛道比丘尼經》作[襜],《尊勝菩薩陀羅尼經》作[襜];"蟾",《般若燈論》作[蟾];"瞻",《維摩經》作[瞻];"擔",《第一義法勝經》作[擔];"憺",《阿毗達磨俱舍論》作[憺];"澹",《放光般若經》作[澹];"贍",《立世阿毗曇論》作[贍]。

"勇",《義足經》作[勇],《顯揚聖教論》作[勇],《道行般若經》作[勇]。

"豫",《妙法蓮華經》作[豫];"麁",《顯揚聖教論》作[麁];"船",《大般涅槃經》作[船]。

有時,"丷"改變置向作"八",如"懈",《雜阿毗曇心論》作[懈]。

⑥ 替代"丝"

"濕",《大智度論》作[濕];"韉",《琉璃王經》作[韉]。

⑦ 替代"口口"

"繩",《大智度論》作[繩]。

(5) 記號"乚"

① 替代"乞"

"乾",《大方廣佛華嚴經》作[乾],《雜寶藏經》作[乾]。

② 替代"丩"

"糾",《無量壽經》作[糾],《廣百論》作[糾];"蚪",《起世經》作[蚪]。

③ 替代"夬"

"袂",《大莊嚴經論》作[袂]。

(6) 記號"又"

"凶",《阿差末經》作[凶],《阿毗達磨俱舍論》作[凶]。作構件亦類推,"酗",《梵志阿颰經》作[酗];"艾",《大般涅槃經》作[艾];"晞",《別譯阿含經》作[晞];"肴",《妙法蓮華經》作[肴];"匈",《分別功德論》作[匈],《佛般泥洹經》作[匈];"搜",《別譯阿含經》作[搜]。

"網",《菩薩夢經》作[網],《大般涅槃經》作[網];"惘",《維摩詰經》作[惘]另外,"魍",《大般涅槃經》作[魍]、[蛧]。

"囚",《生經》作[囚]。作構件亦類推,"泅",《阿毗達磨俱舍論》作[泅],《四諦論》作[泅];"納",《大菩薩藏經》作[納];"訥",《維摩經》作[訥],《阿毗達磨順正理論》作[訥]。

"收",《阿毗曇甘露味論》作[收],《勝天王般若經》作[收],《大悲分陀利經》作[收];"啓",《勝天王般若經》作[啓]。

"疑",《阿耨達龍王經》作 䟽,《佛説無垢稱經》作 䟽。作構件亦類推,"癡",《善見律》作 癡,《大菩薩藏經》作 癡;"擬",《大比丘三千威儀經》作 擬;"擬",《僧祇戒本》作 擬;"礙",《大般涅槃經》作 礙。

"鹵",《大般涅槃經》作 旬。

(7) 記號"歹"

"歹"本身是一個字,又經常作構件,與別的構件一起構成有理據的文字。同時又由其他構件訛變同形,成爲一個比較特殊的記號。

"微",《無量壽經》作 微,《大般涅槃經》作 微,《四分律》作 微、微、微。這正與《干祿字書》通行體 微 相合。

"徽",《幻士仁賢經》作 徽;"懲",《藥師本願經》作 懲;"徹",《等目菩薩所問經》作 徹;"微",《阿毗達磨俱舍論》作 微。

"辯",《阿毗達磨順正理論》作 辯、辯;"辮",《法勝阿毗曇論》作 辮。

"班",《阿毗達磨順正理論》作 班。

"欝",《干祿字書》作 欝,《修行道地經》作 欝,《欲致患經》作 欝,《雜阿毗曇心論》作 欝,《欲致患經》作 欝。"柳"作構件亦類推,"攀",《干祿字書》作 攀,《起世經》作 攀;"覺",《攝大乘論》作 覺;"樊",《掌珍論》作 樊。

由於不是構件原形,而是由其他構件訛變而來,因此由它構成的漢字,其構字理據失落。

(8) 記號"几"

這也是一個由文字變成構字部件,再由其他構件訛變混同,成爲一個較爲特殊的記號。

"瓦",《鼻奈耶律》作 几;"甄",《妙法蓮華經》作 甄。

"梵",《妙法蓮華經》作 梵;"帆",《般若燈論》作 帆;"贏",《賢愚經》作 贏。

"穀",《攝大乘論》作 穀,《成實論》作 穀。

"尫",《無量清净平等覺經》作 尫、尫、尫,《大方廣三戒經》作 尫。

"糾",《阿毗曇毗婆沙論》作 糾;"範",《毗尼母律》作 範;"舩",《大智度論》作 舩。

(9) 記號"夫"

這也是一個由能夠獨立使用的漢字變成構字部件,再由其他構件訛變混同,成爲一個較爲特殊的記號。因來源不同,這個記號已經不能從字形上去體現漢字的構字理據。

"駚",《大般涅槃經》作 駚。

"快",《大般涅槃經》作㤼。
"皾",《大智度論》作𪘏。
"缺",《法鏡經》作跌;"袂",《大莊嚴經論》作袟;"訣",《賴吒和羅經》作訣。
(10) 特殊記號字
"斷",《大般涅槃經》作断。
"繼",《摩訶般若波羅蜜經》作継,《賢愚經》作継,《法勝阿毗曇論》作継。
"震",《生經》作㲲。

(三) 增繁

儘管簡省是漢字發展的總趨勢,但在漢字的使用和發展過程中,增繁也是一種不可忽視的重要情況。和簡省一樣,它既是手段,又是結果,雖然增繁的原因各不相同:或爲美觀,或爲增加區別性特徵,或爲突出字義等。

增繁有增加筆畫和增加構件兩種。

1. 增加筆畫

通過增加筆畫繁化的字,各種情況都有,但以增加點畫爲主。

(1) 增橫

以"死"爲構件的字,内含構件"歹",加橫異化爲"死",如"怨",《大方等大集經》作怨;"駕",《大般涅槃經》作駕;"統",《摩訶般若波羅蜜經》作統;"惋",《放光般若經》作惋;"剜",《菩薩見實三昧經》作剜。

"俞"及以此爲構件的字,加橫增繁。"俞",《放光般若經》作俞,《大智度論》作俞。作構件亦類推,"踰",《大方廣佛華嚴經》作踰;"諭",《大般涅槃經》作諭;"喻",《大般涅槃經》作喻,《妙法蓮華經》作喻;"瘉",《大般涅槃經》作瘉;"愈",《摩訶般若波羅蜜經》作愈;"輸",《大威德陀羅尼經》作輸,《雜藏經》作輸;"愉",《五百弟子自説本起經》作愉;"偷",《大般涅槃經》作偷。

構件"兆"加橫作"兆",如"挑",《大般涅槃經》作挑;"桃",《妙法蓮華經》作桃;"晁",《正法華經》作晁;"鞉",《大方等大集菩薩念佛三昧經》作鞉。

"謐",《佛大僧大經》作謐;"鷂",《移識經》作鷂;"翩",《大灌頂經》作翩;"遺",《顯揚聖教論》作遺;"餒",《正法華經》作餒。

構件"鬲"加兩橫作"鬲"。"槅",《大般涅槃經》作槅;"隔",《觀佛三昧海經》作隔;"膈",《觀佛三昧海經》作膈;"翮",《摩訶摩耶經》作翮;"鬻",《大悲分利經》作鬻。"翰",《大威德陀羅尼經》作翰。

要注意的是,"辛""幸"都是在隸書階段加横增繁作"辛""幸"。
(2) 增豎

"巨"增繁作"臣"。《説文·工部》:"巨,規巨也。从工,象手持之。榘,巨或从木、矢。矢者,其中正也。𢀓,古文巨。"金文作[字形]伯矩簠、[字形]伯矩盉,戰國秦簡作[字形]睡虎地八·五,漢魏六朝碑刻已見增筆端倪,如西晉《臨辟雍碑》增一豎筆作[字形],北魏《王紹墓誌》作[字形],《元宥墓誌》則加上兩點作[字形]。作構件亦類推,"拒",東魏《志朗造像記》作[字形];"距",北齊《邢多五十人等造像記》作[字形];"詎",北齊《叱列延慶妻爾朱元静墓誌》作[字形],北周《尉遲運墓誌》作[字形];"鉅",北齊《路桼暨夫人潘氏墓誌銘》作[字形]。七寺本《玄應音義》秉承這種寫法,《仁王般若經》作[字形],《地持論》作[字形],《妙法蓮華經》作[字形]。作構件亦類推,"詎",《大般涅槃經》作[字形];"拒",《大般涅槃經》作[字形],《須彌藏經》作[字形];"渠",《菩薩見實三昧經》作[字形];"粔",《金色王經》作[字形];"距",《大智度論》作[字形];"磲",《大智度論》作[字形];"駏",《長阿含經》作[字形]。

(3) 增撇

"虫",《金光明經》加撇筆作[字形],《菩薩處胎經》作[字形]。作構件亦類推,"蛆",《大威德陀羅尼經》作[字形];"蚊",《摩訶般若波羅蜜經》作[字形],《般舟三昧經》作[字形];"蚋",《摩訶般若波羅蜜經》作[字形];"蟠",《觀佛三昧海經》作[字形];"蝗",《菩薩處胎經》作[字形];"蟥",《菩薩處胎經》作[字形];"蠱",《七佛神咒經》作[字形];"蜿",《移識經》作[字形];"蜎",《太子須大拏經》作[字形];"螭",《觀佛三昧海經》作[字形]。

"區",《法炬陀羅尼經》作[字形]。作構件亦類推,"驅",《勝天王般若經》作[字形];"軀",《海龍王經》作[字形];"樞",《菩薩見實三昧經》作[字形];"歐",《十住毗婆沙論》作[字形];"謳",《獨證自誓三昧經》作[字形]。

"繾",《菩薩見實三昧經》作[字形];"礓",《虛空孕經》作[字形]。

"扶",《成實論》作[字形];"之",《放光般若經》作[字形]。

(4) 增點

"土",《大方等大集經》作[字形],《妙法蓮華經》作[字形]。作構件亦類推,"橙",《大般涅槃經》作[字形];"全",《大般涅槃經》作[字形];"堅",《摩訶般若波羅蜜經》作[字形];"鏗",《菩薩纓絡經》作[字形];"哩",《勝天王般若經》作[字形]。

"夭",《大般涅槃經》作[字形]。作構件亦類推,"妖",《大方廣佛華嚴經》作[字形],《大灌頂經》作[字形];"沃",《大方廣佛華嚴經》作[字形];"茯",《成具光明定意經》作[字形]。

"吒",《大般涅槃經》作[字形];"詫",《大威德陀羅尼經》作[字形];"馲",《妙法蓮華經》作"駞";"跎",《光讚般若經》作"跎"。

"支",《金剛般若經》作"攴",《四分律》作"攴"。作構件亦類推,"岐",《大威德陀羅尼經》作"岐";"枝",《光讚般若經》作"枝";"芰",《大灌頂經》作"芰";"岐",《菩薩本行經》作"岐";"伎",《四分律》作"伎";"鼓",《阿毗達磨順正理論》作"鼓"。

"斂",《大般涅槃經》作"斂";"散",《大般涅槃經》作"散";"敲",《大般涅槃經》作"敲";"嗽",《大般涅槃經》作"嗽";"數",《金剛般若經》作"數";"致",《正法華經》作"致";"孜",《出曜論》作"孜"。

"友",《妙法蓮華經》作"友",《阿毗達磨順正理論》作"友"。

"步",《大般涅槃經》作"步",《修行道地經》作"步"。作構件亦類推,"頻",《勝天王般若經》作"頻";"陟",《菩薩纓絡經》作"陟"。

"牀",《大般涅槃經》作"牀";"揪",《濡首菩薩無上清淨分衛經》作"揪";"床",《善見律》作"床";"沐",《阿毗達磨俱舍論》作"沐"。

"民",《華手經》作"民"。作構件亦類推,"眠",《大般涅槃經》作"眠";"泯",《觀佛三昧海經》作"泯"。

"馱",《大般涅槃經》作"馱";"懻",《大般涅槃經》作"懻"。

"肆",《大般涅槃經》作"肆";"津",《大般涅槃經》作"津";"捭",《觀佛三昧海經》作"捭";"建",《須真天子經》作"建";"揵",《放光般若經》作"揵";"健",《道行般若經》作"健"。

"判",《大般涅槃經》作"判",加點爲了維持字形左邊部分的穩定性。

"罣",《摩訶般若波羅蜜經》作"罣";"畦",《阿毗曇毗婆沙論》作"畦"。

"拔",《放光般若經》作"拔",《正法華經》作"拔",《修行道地經》作"拔";"跋",《楞伽阿跋多羅寶經》作"跋",《大般涅槃經》作"跋",《菩薩見實三昧經》作"跋"。

"氏",《妙法蓮華經》作"氏"。作構件亦類推,"祇",《金剛般若經》作"祇";"妷",《五千五百佛名經》作"妷"。

"麟",《菩薩見實三昧經》作"麟";"驎",《菩薩見實三昧經》作"驎"。

"亡",《金光明經》作"亡";"盲",《大方便報恩經》作"盲"。

"嬉",《央掘魔羅經》作"嬉";"嘻",《大般涅槃經》作"嘻";"譆",《大般泥洹經》作"譆"。

"曳",《菩薩本行經》作"曳"。

"丹",《妙法蓮華經》作"丹";"肹",《大菩薩藏經》作"肹",《對法論》作"肹",《妙法蓮華經》作"肹"。

"几",《菩薩本行經》作"几"。作構件亦類推,"兀",《菩薩處胎經》作㐱;"炕",《仁王般若經》作炾;"秔",《菩薩見實三昧經》作秔;"坑",《長安品》作烷;"伉",《觀佛三昧海經》作伉。

（5）增折

這種類型的字,數量較少。

"夷",《大乘十輪經》作羗,《佛說無垢稱經》作羗,《阿毗達磨順正理論》作羗;"痍",《密跡金剛力士經》作癋。

"輯",《勝天王般若經》作輯。

2. 增加形符

《玄應音義》增加形符的文字裏,以象形字居多,會意字僅有"彗"變成"篲"一例,但七寺本《玄應音義》缺失該例所在之第十五卷,故闕而不論。

（1）凶——殈

殈悖："又作凶,同。許恭反,下古文誖、悉,二形同。蒲沒、補潰二反。悖,亂也,亦逆也。"(3.7.762①)

按："凶",《等集衆德三昧經》經文作殈。《說文·凶部》："凶,惡也。象地穿交陷其中也。"徐鍇繫傳："惡不可居,象地之塹也,惡可以陷人也。"② 爲强調字義,加形符"歹"作"殈"。《玉篇》首先收釋該字,《歹部》："殈,古文凶。"

（2）燕——鷰

鷰麥："又作燕,同。一見反。《爾雅》：蘥,雀麥。注云：即鷰麥也。經文作鷖,伊奚反。鷖,水鳥,非此用也。"(4.13.916)

按："燕",《五百弟子自說本起經》作燕。甲骨文作燕合5289、燕合4558、燕合12523、燕合補11038 正。《說文·燕部》："燕,玄鳥也。籋口,布翅,枝尾。象形。"可見"燕"爲象形字。但隸變後"燕"字象形意味淡化。故加形符"鳥"作"鷰"。韻書《廣韻》最早收釋"鷰"字,《霰韻》："燕,《說文》云：'玄鳥也。'……鷰,俗,今通用。""燕"之加形字,漢魏六朝碑刻已見,如北魏《王基墓誌》作鷰,北齊《庫狄業墓誌》作鷰。後調整字形作"鷰"。

（3）畺——疆、畷

畺場："古文畷、畺二形,今作疆,同。紀良反。畺,界也。下以赤反。場,畔也,畷也。《廣雅》：畺場,界也。畷音豬衛反。謂兩陌間道也。"

---

① 3.7.762 標示詞條或字形出處,第一段數字 3 是指該詞（或該字）在七寺本《玄應音義》被翻拍處理成六冊中的第 3 冊,第二段數字 7 表示其在《玄應音義》第 7 卷,第三段數字 762 表示其在總第 762 頁（六冊頁碼連續編碼）。下同,不再一一標注。

② [南唐]徐鍇《說文繫傳》,《文淵閣四庫全書》第 223 冊,臺灣商務印書館,1986 年版,第 567 頁下。

(4.13.931)

按:"畺",金文作畺毛伯簋,《説文·畕部》:"畺,界也。从畕;三,其界畫也。彊,畺或从彊土。"可知《説文》以"彊"作"畺"之異體。《玉篇·畕部》:"畺。亦作彊。"又,《玉篇》首次收釋"疆"字,《玉篇·田部》:"疆,界也。俗彊字"。"畺"由原象形字加形符增繁作形聲字"彊""疆"。

(4) 夭——殀

中殀:"又作夭,同。於矯反。《釋名》云:少壯而死曰夭。《廣雅》:夭,折也。如取物中折也。不盡天年曰夭意也。"(6.23.1104)

按:"夭",甲骨文作 𣎏 合17230 正、𣎏 合27939、𣎏 合36284 等。《説文·夭部》:"夭,屈也。从大,象形。"可知"屈也"爲"夭"之本義,後引申出"少壯而死"義,爲强調語義,加上形符"歹"作"殀"。《玉篇·歹部》:"殀,歿也。亦作夭。"

(5) 克——剋

克伏:"又作剋,同。口得反。《字林》:克,能也。《爾雅》:克,勝也。"①

剋勝:"又作克,同。口得反。《字林》:剋,能也。剋亦勝也。"(6.25.1153)

按:《説文·克部》:"克,肩也。象屋下刻木之形。"羅振玉《增訂殷虚書契考釋》以爲古文字"象人戴冑形"。② 徐鍇繫傳:"肩者,任也。……能勝此物謂之克。"③甲骨文作 𣎏 合859、𣎏 合15190、𣎏 合19875,爲象形字,義爲"勝任"。"剋",《廣雅·釋詁上》"勝也",漢隸作 剋 孫臏二一二,爲内形外聲的形聲字,與"克"同義。二字爲古今字關係。

以上形聲字爲傳承下來的加形字。同類的還有"册"與"篰","泉"與"湶""㵦","兒"與"貌","矛"與"鉾""戟","勺"與"杓","亢"與"頏","鼠"與"獵""鼶","戊"與"鉞"等幾組,以下形聲字是漢魏六朝以來産生的加形字。

(6) 斤——釿

以斤:"居銀反。《説文》:斤,斫木也。《國語》:斤,钁也。《釋名》:斤,謹也。板廣不可得削,又有節,則用此。斤之所以詳謹,令平滅斧跡也。

---

① 該詞條出自《玄應音義》第二十二卷,但七寺本已佚該卷,爲方便比較,仍採用該例句。
② 羅振玉《增訂殷虚書契考釋》,見羅繼祖主編《羅振玉學術論著集》(第一集),上海古籍出版社,2010年版,第281頁。
③ [南唐]徐鍇《説文繫傳》,《文淵閣四庫全書》第223册,臺灣商務印書館,1986年版,第561頁下。

律文作󰀀，魚斤反。《蒼頡篇》：釿，剸也。又音牛紉反。《説文》：釿，劑也。劑音子隨反。翦刀也。釿非此義。"（5.14.965）

按："斤"，甲骨文作󰀀合 3311、󰀀合 21954、󰀀坊間 4·204。《説文·斤部》："斤，斫木也。象形。"徐鍇繫傳："斫木斧也。"段玉裁注："橫者象斧頭，直者象柄，其下象所斫木。"①"斤"爲象形字，義爲"斧子"。《集韻·欣韻》："斤，《説文》：'斫木也。'或从金。"陸德明《經典釋文》："釿，本亦作斤。"②"釿"爲"斤"之加形字，二字爲古今字關係。

（7）眉——䚷

眉毛："美飢反。《説文》：目上毛也。經文作䚷、䇂，二形非也。"（2.5.670）

按："眉"，《成具光明定意經》經文作󰀀。甲骨文作󰀀合 3420、󰀀合 11689、󰀀合 19068、󰀀英 1693。《説文·眉部》："眉，目上毛也。从目，象眉之形，上象頟理也。""眉"爲象形字，"䚷"爲"眉"之加形異體字。《龍龕手鏡·毛部》："䚷，音眉。"

（8）弓——杮

弓法："居雄反。《世本》：揮作弓。宋忠注云：黃帝臣也。《山海經》：少昊生股，股始爲弓。此言是也。《説文》：以近窮遠故曰弓也。律文從木作杮，非體也。"（5.16.1003）

按："弓"，《善見律》律文作󰀀。甲骨文作󰀀合 940 正、󰀀合 7932，金文作󰀀弓父庚卣、󰀀靜卣。《説文·弓部》："弓，以近窮遠。象形。"因製作弓的材質爲木料，加形符"木"作杮。又，"弓"之加形字"杮"與"木名"之"杮"成爲同形字。

漢字造字之初主要用象形和指事兩種造字方式，這時漢字處於象形字階段；隨着漢字的增多，借字記音的假借字出現，漢字進入假借字階段，同時象形字和指事字又作爲文字構件，組合成會意字、形聲字，會意、形聲等造字方式出現；由於假借或引申使字義過多，漢字不斷分化，分化爲不同的形聲字，新產生的漢字又多以形聲字爲主，漢字進入形聲字階段。漢魏六朝以來的新造漢字主要是會意字和形聲字。改變造字方式主要指的是由原來象形字或會意字變成形聲字，以上主要討論象形字加形符增繁變成形聲字的問題。

（四）異化

所謂異化，是指由於異寫的原因，某一漢字的筆畫或者構件變得與正字

---

① ［漢］許慎撰，［清］段玉裁注《説文解字注》，上海古籍出版社，1981 年版，第 716 頁下。
② ［唐］陸德明《經典釋文》，中華書局，1983 年版，第 376 頁下。

不同。這些異體字的一部分筆畫往往因連寫變成另外一種筆畫,或者一個構件變成另外一種構件。這是變換一個角度觀察異體字與正字之間的關係。祇要異體字與正字之間既非古文字的隸定,亦非構件訛混、改換、位移等幾種類型,即可以認定爲"異化"。《漢魏六朝碑刻異體字研究》即立此類來探討這種異體字類型。①

1. 筆形異化

（1）"屰"的異化

"逆",《大般涅槃經》作䢔。

"厥",《大方便報恩經》作厥。作構件亦類推,"蹶",《大威德陀羅尼經》作蹶;"钁",《大智度論》作钁;"闕",《海龍王經》作闕。

（2）"屯"的異化

以"屯"爲構件的字,將折筆的組合"凵"拉直爲"一"。

"屯",《阿毗達磨順正理論》作屯。作構件亦類推,"純",《大方等大集經》作純;"鈍",《大菩薩藏經》作鈍;"頓",《摩訶般若波羅蜜經》作頓;"伅",《無言童子經》作伅;"鈍",《大菩薩藏經》作鈍。

（3）"灬"變爲"一"

"鳥",《薩羅國經》作鳥。作構件亦類推,"鴉",《大威德陀羅尼經》作鴉;"鶄",《大般涅槃經》作鶄;"鵠",《放光般若經》作鵠;"鵄",《妙法蓮華經》作鵄;"鳩",《正法華經》作鳩。

"燕",《光讚般若經》作燕。構件亦類推,"讌",《大方廣佛華嚴經》作讌;"醼",《大方廣佛華嚴經》作醼;"嚥",《大方廣佛華嚴經》作嚥。

"熊",《大般涅槃經》作熊。構件亦類推,"羆",《大般涅槃經》作羆。

"馬",《大般涅槃經》作馬。作構件亦類推,"騁",《大般涅槃經》作騁;"駕",《大般涅槃經》作駕;"駉",《妙法蓮華經》作駉;"馭",《法炬陀羅尼經》作馭;"驅",《勝天王般若經》作驅。

"然",《放光般若經》作然;"照",《海龍王經》作照;"烹",《立世阿毗曇論》作烹;"勳",《大方等大集經》作勳。"黑",《大智度論》作黑;"默",《妙法蓮華經》作默;"黶",《大智度論》作黶;"黜",《大智度論》作黜;"黷",《大菩薩藏經》作黷;"黵",《不思議光菩薩所説經》作黵。部分從"黑"的字簡省"灬",部分字的"灬"變成"一"。

"濕",《菩薩見實三昧經》作濕,《温室洗浴衆僧經》作濕,《解脱道論》

---

① 毛遠明《漢魏六朝碑刻異體字研究》,商務印書館,2012年版,第140—162頁。

作涅。

"盡",《諸菩薩求佛本業經》作盡;"燼",《大菩薩藏經》作燼。

"嬰",《大般涅槃經》作嬰;"鸚",《大般涅槃經》作鸚;"瘦",《孔雀王神咒經》作瘦;"纓",《溫室洗浴眾僧經》作纓;"曖",《大智度論》作曖;"瘦",《觀佛三昧海經》作瘦。

"無",《法炬陀羅尼經》作無。作構件亦類推,"憮",《法炬陀羅尼經》作憮;"廡",《月燈三昧經》作廡;"憮",《大智度論》作憮;"撫",《道行般若經》作撫。

(4)"灬"變爲"一"

"級",《大方廣佛華嚴經》作級;"羅",《大方廣佛華嚴經》作羅;"繒",《大方廣佛華嚴經》作繒;"繚",《大威德陀羅尼經》作繚;"紹",《大般涅槃經》作紹;"縮",《大般涅槃經》作縮;"組",《大般涅槃經》作組;"縵",《大般涅槃經》作縵;"給",《大般涅槃經》作給;"縹",《摩訶般若波羅蜜經》作縹;"紺",《摩訶般若波羅蜜經》作紺;"細",《密跡金剛力士經》作細;"縫",《大方等陀羅尼經》作縫。

(5)"丷"變爲"一"

"黑"之"丷"變爲"一"。"黜",《妙法蓮華經》作黜;"黧",《正法華經》作黧;"黶",《阿耨達龍王經》作黶;"黷",《毗耶婆問經》作黷。

"柬"之"丷"變爲"一"。"揀",《人本欲生經》作揀;"練",《人本欲生經》作練;"闌",《妙法蓮華經》作闌;"蘭",《法炬陀羅尼經》作蘭;"欄",《大方廣佛華嚴經》作欄;"讕",《大吉義咒經》作讕;"爛",《觀世音菩薩授記經》作爛;"斕",《正法華經》作斕。

"金"之"丷"變爲"一"。"鉢",《放光般若經》作鉢;"銚",《寶如來三昧經》作銚;"銅",《大智度論》作銅;"釿",《大威德陀羅尼經》作釿;"鈍",《大菩薩藏經》作鈍。

(6)"八"變爲"一"

"棱",《大灌頂經》作棱,《大智度論》作棱;"菱",《四分律》作菱;"鯪",《立世阿毗曇論》作鯪;"淩",《摩訶般若波羅蜜經》作淩。

"駿",《大般涅槃經》作駿;"浚",《大方廣十輪經》作浚;"畯",《大方廣十輪經》作畯;"峻",《十住毗婆娑論》作峻;"狻",《大菩薩藏經》作狻。

"繒",《大般涅槃經》作繒,《妙法蓮華經》作繒;"僧",《放光般若經》作僧;"檜",《大般涅槃經》作檜。

"唄",《妙法蓮華經》作唄。

(7)"夕"變爲"歹"

以"夗"爲構件的字,内含構件"夕",加橫異化爲"死",如"怨",《大方等大集經》作㤪;"鴛",《大般涅槃經》作鴦;"綩",《摩訶般若波羅蜜經》作綩;"惋",《放光般若經》作悔;"剜",《菩薩見實三昧經》作剬。

(8)"一"變爲"灬"

"一"異寫作"灬"。"亟",《舍利弗問經》作[字],作構件亦類推,"極",《雜阿毗曇心論》作極。當然,"一"也可以異寫作"灬",如"痘",《成實論》作[字]。

2. 構件異化

(1)"欠"變爲"頁"

"欷",《大般涅槃經》作頎;"漱",《大般涅槃經》作頹;"嗽",《大般涅槃經》作顊。

(2)"方"變爲"扌"

"於",《妙法蓮華經》作扵;"閖",《大方廣佛華嚴經》作閖;"淤",《大般涅槃經》作汙;"瘀",《正法華經》作[字];"遊",《正法華經》作遊。

(3)"弓"變爲"方"

"彌",《大方廣佛華嚴經》作㳽;"強",《大般涅槃經》作㹁;"張",《大方便報恩經》作張;"弘",《超日明三昧經》作扖。

(4)"酉"變爲"酉"

"醒",《大般涅槃經》作醒;"醛",《摩訶般若波羅蜜經》作㑐;"酷",《放光般若經》作酷;"醉",《央掘魔羅經》作醉;"醹",《妙法蓮華經》作醹;"酒",《勝天王般若經》作酒。

(5)"角"變爲"甪"

"角",《大般涅槃經》作甪。作構件亦類推,"解",《大般涅槃經》作觧;"觤",《迦葉經》作觤;"觸",《大莊嚴經論》作觸;"觚",《觀佛三昧海經》作觚;"捔",《明度無極經》作捅。

(6)"巠"變爲"巠"

"輕",《放光般若經》作輕;"莖",《妙法蓮華經》作莖;"勁",《摩訶般若波羅蜜經》作勁。

(7)"流"變爲"㐬"

"流",《大方廣佛華嚴經》作流;"統",《菩薩見實三昧經》作統;"梳",《大灌頂經》作梳;"疏",《普曜經》作疏。

(8)"留"變爲"畱"

"留",《大威德陀羅尼經》作畱。作構件亦類推,"瘤",《大方廣佛華嚴經》作庿；"鷴"，《法炬陀羅尼經》作鶋；"瑠"，《大般涅槃經》作瑠；"僭"，《金光明經》作僭；"縋"，《虛空藏經》作絪。

(9) "召"變爲"召"

"召"，《勝天王般若經》作召；"沼"，《大方廣佛華嚴經》作沼；"紹"，《大般涅槃經》作紹；"照"，《海龍王經》作照；"詔"，《大般涅槃經》作詔，《妙法蓮華經》作詔；"超"，《菩薩瓔珞經》作超；"韶"，《正法華經》作韶。

(10) "兼"變爲"衆"

"兼"，《摩訶般若波羅蜜經》作衆；"謙"，《放光般若經》作謙；"慊"，《長安品》作慊。

(11) "充"變爲"充"

"充"，《大般涅槃經》作充。

(12) "芻"變爲"多"

"趨"，《法炬陀羅尼經》作趨。
"荖"，《大般涅槃經》作荖。

(13) "犀"變爲"犀"

"遲"，《大方便報恩經》作遲，《漢語大字典》認爲《慧琳音義》最早收錄，誤。"墀"，《菩薩見實三昧經》作墀，《漢語大字典》未收。

(14) "斷"變爲"米"

"斷"，《十住斷結經》作斷。

(15) "差"變爲"差"

"差"，《四分律》作差。作構件亦類推，"嗟"，《摩訶般若波羅蜜經》作嗟；"槎"，《十住斷結經》作槎；"蹉"，《放光般若經》作蹉；"嵯"，《放光般若經》作嵯；"愴"，《密跡金剛力士經》作愴；"瑳"，《百佛名經》作瑳。

(16) "灰"變爲"灰"

"灰"，《正法華經》作灰。作構件亦類推，"恢"，《超日明三昧經》作恢；"鈓"，《超日明三昧經》作鈓；"烖"，《光讚般若經》作烖。

(17) "亦"變爲"点、之"

"亦"，《大方廣佛華嚴經》作点、之。作構件亦類推，"跡"，《方等般泥洹經》作跡；"迹"，《方等般泥洹經》作迹。

(18) "卒"變爲"卆"

"卒"，作爲構件，《玄應音義》寫"卆"，如"醉"，《央掘摩羅經》作醉，"悴"，《妙法蓮華經》作悴，"翠"，《善見律》作翠。

(19)"詹"變爲"䏢"

"詹",《大哀經》作䏢。作構件亦類推,"簷",《大灌頂經》作檐;"憺",《大菩薩藏經》作憺;"贍",《對法論》作贍;"瞻",《妙法蓮華經》作瞻;"澹",《放光般若經》作澹;"儋",《普曜經》作儋。

(20)"夷"變爲"表"

"夷",金文作夷柳鼎,《説文》小篆作夷,隸定後便是今之"夷"字。漢魏六朝碑刻異寫作另外形體,如北魏《諮議參軍元弼墓誌》作表,《元恪貴華夫人王普賢墓誌》作表,東魏《邑主造石像碑》作表。《玄應音義》承之,《大方廣佛華嚴經》作表,《大般涅槃經》作表。作構件亦類推,"洟",《大般涅槃經》作洟;"痍",《大般涅槃經》作痍;"𮧥",《菩薩本行經》作𮧥,《迦旃延阿毗曇》作𮧥;"秭",《妙法蓮華經》作秭。

(21)"幾"變爲"𢆶"

"幾",《大智度論》作𢆶。作構件亦類推,"璣",《菩薩本行經》作璣;"機",《大智度論》作機;"譏",《出曜論》作譏;"饑",《四分律》作饑。

(22)"箴"變爲"箴"

"箴",《阿毗曇毗婆沙論》作箴。

(23)"需"變爲"需"

以"需"爲構件的字,"雨"異化爲"而","需"變爲"需"。如"儒",《月燈三昧經》作儒;"濡",《勝天王般若經》作濡;"臑",《移識經》作臑;"蠕",《妙法蓮華經》作蠕;"糯",《唯識論》作糯。

(24)"顛"變爲"顛"

"顛",形符"頁"被異化爲"真",《大方便報恩經》異寫作顛。作構件亦類推,"傎",《大方便報恩經》作傎,《阿毗曇毗婆沙論》作傎;"癲",《孔雀王神咒經》作癲等。

(25)"齒"變爲"步"

"齗",《大方廣佛華嚴經》作齗;"齺",《大方廣佛華嚴經》作齺;"齩",《大威德陀羅尼經》作齩;"齽",《大威德陀羅尼經》作齽;"齝",《大威德陀羅尼經》作齝。

(26)"亥"變爲"夹、兂"

"駭",《大方廣佛華嚴經》作駭;"骸",《大威德陀羅尼經》作骸;"胲",《大般涅槃經》作胲;"欬",《大般涅槃經》作欬;"咳",《大般涅槃經》作咳、咳;"垓",《文殊師利佛土嚴淨經》作垓;"姟",《妙法蓮華經》作姟。

"交"的異化部分同於"亥"。"交",《文殊師利佛土嚴淨經》作交。作構件亦類推，"狡"，《放光般若經》作㧃；"皎"，《大威德陀羅尼經》作㿟；"骹"，《大威德陀羅尼經》作骹；"較"，《賢劫經》作較；"蛟"，《寶雲經》作䖨；"鵁"，《觀察諸法行經》作鵁；"挍"，《超日明三昧經》作㧊。

(27) "夾"變爲"𠈁、夾"

"夾"，《長阿含經》作𠈁、夾。作構件亦類推，"挾"，《賢劫經》作挾；"峽"，《大灌頂經》作峽；"浹"，《大智度論》作浹；"頰"，《泥犁經》作頰；"挾"，《賢劫經》作挾。

(28) "來"變爲"来"

"來"，《摩訶般若波羅蜜經》作来。作構件亦類推，"勑"，《大灌頂經》作勑；"賚"，《等集衆德三昧經》作賚；"睞"，《妙法蓮華經》作睞；"覯"，《發菩提心論》作覯。

(29) "刾"變爲"刾"

"刾"，《大威德陀羅尼經》作刾，《觀佛三昧海經》作刾。

(30) "鹿"變爲"鹿"

"鹿"，《鹿母經》作鹿。作構件亦類推，"麗"，《法炬陀羅尼經》作麗；"灑"，《大般涅槃經》作灑；"麒"，《大般涅槃經》作麒；"麟"，《大般涅槃經》作麟；"麂"，《大般涅槃經》作麂；"䴥"，《大般涅槃經》作䴥；"儷"，《觀佛三昧海經》作儷。

"塵"，《大灌頂經》作塵，簡省了兩點；《菩薩纓絡經》作塵，變成一橫。

(31) "侯"變爲"侯"

"侯"，《大威德陀羅尼經》作侯。作構件亦類推，"餱"，《法炬陀羅尼經》作餱；"睺"，《大般涅槃經》作睺；"猴"，《寶女經》作猴。

(32) "齊"變爲"齊"

"儕"，《法炬陀羅尼經》作儕；"齺"，《大威德陀羅尼經》作齺；"濟"，《大方便報恩經》作濟。

(33) "壽"變爲"寿"

"疇"，《法炬陀羅尼經》作疇。

(34) "鐵"變爲"鐵"

"纖"，《大薩遮尼乾子經》作纖。

(35) "䜌"變爲"䜌"

"臠"，《修行道地經》作臠；"䜌"，《四分律》作䜌，《善見律》作䜌；"變"，《大愛道比丘尼經》作變；"孿"，《阿毗曇毗婆沙論》作孿。

(36) "叔"變爲"𣂷"

"叔"，《妙法蓮華經》作𣂷。作構件亦類推，"督"，《等目菩薩所問經》

作𦙫,《無盡意經》作𦙭。

(37)"氐"變爲"𠂆、𠃌"

"氐",大篆作🐾石鼓文·沂沔,戰國簡作🐾睡虎地秦簡日書乙98,漢簡隸定作🐾老子乙前一二五上、🐾西陲簡五四·八。作爲構件使用,《玄應音義》承之,"祇",《大菩薩藏經》作𥘿;"坻",《法炬陀羅尼經》作𡊈,《大般涅槃經》作𡊈;"胝",《大般涅槃經》作𦙫;"柢",《大雲經》作𣏃;"羝",《菩薩本行經》作𦍛;"底",《須彌藏經》作𢈎。

(38)"發"變爲"𤼲"

"發",《大方廣佛華嚴經》作𤼲,《大方等陀羅尼經》作𤼲。

(39)"淵"變爲"𣶒"

"淵",《大方廣佛華嚴經》作𣶒。

(40)"鼠"變爲"𪕋"

"鼠",《大方等大集經》作𪕋,《觀佛三昧海經》作𪕋;"獵",《妙法蓮華經》作𤢖。

(41)"烏"變爲"烏"

"烏",《大般涅槃經》作烏。

(42)"收"變爲"収"

"收",《勝天王般若經》作収。

(43)"爽"變爲"𡙡"

"爽",《大般涅槃經》作𡙡,《月燈三昧經》作𡙡。

(44)"敝"變爲"敞"

"獘",《大威德陀羅尼經》作獘,《華手經》作獘;"憋",《大般涅槃經》作憋;"嫳",《大般涅槃經》作嫳;"弊",《華手經》作弊。

(45)"惡"變爲"𢙣"

"惡",《大般涅槃經》作𢙣。

(五) 訛混

訛混是指兩個或兩個以上的構件,因爲形體相近,書寫時發生形體訛變,從而可以互混書寫。衹是在具體的語境中,可以實現字詞的一一對應關係,並不造成閱讀上的障礙。

1. 雙向混用

(1) "扌""木"混用

"木"作"扌"。"欄楯",《大方廣佛華嚴經》作欄楯;"櫳檻",《大方廣佛華嚴經》作櫳檻;"榜",《大方廣佛華嚴經》作榜;"棹",《法炬陀羅尼經》作棹;"棍",《法炬陀羅尼經》作棍;"㭊",《大般涅槃經》作㭊;"槍",

《大般涅槃經》作 槍;"椑",《大般涅槃經》作桿;"樘",《大般涅槃經》作樘;"榾",《大般涅槃經》作揭;"榛",《大般涅槃經》作捺;"橋",《摩訶般若波羅蜜經》作撟;"梗",《放光般若經》作梗;"樞",《菩薩見實三昧經》作樞;"楊",《大灌頂經》作楊;"杪",《觀佛三昧海經》作杪。

反之,"扌"亦作"木"。"披",《大般涅槃經》作披;"捣",《大般涅槃經》作椊;"挑",《大般涅槃經》作桃;"捅",《明度無極經》作桶;"操",《觀佛三昧海經》作操;"攘",《觀佛三昧海經》作攘;"攫",《大方便報恩經》作攫;"擔揭",《大方便報恩經》作擔揭;"拒",《須彌藏經》作柜;"枘",《移識經》作枘;"拔",《正法華經》作枝。

以上說明,這兩個構件雖可互換使用,但"木"作"扌"者要遠遠多於"扌"作"木"者,究其原因,應是簡化在起主要作用。

(2) "扌""牛"混用

"扌"作"牛"。"拘",《勝天王般若經》作犵;"揔",《度世經》作惚;"指",《義足經》作牯;"搜",《四分律》作𤘽;"補",《阿毗曇毗婆沙論》作牰。

反之,"牛"亦作"扌",如"榛",《文殊問經》作捧;"特",《太子須大拏經》作持;"牡",《大智度論》作杜;"样",《四分律》作揉;"犢",《四分戒本》作扰。

(3) "忄""十"混用

"忄"作"十"。"慎",《大方廣佛華嚴經》作慎;"怙",《大方廣佛華嚴經》作怙;"切",《大般涅槃經》作切;"悟",《大般涅槃經》作悟;"怖",《大般涅槃經》作怖;"性",《大般涅槃經》作性。

反之,"十"亦作"忄","博",《大般涅槃經》作博。

(4) "亻""彳"混用

"彳"作"亻"。"彶",《濟諸方等學經》作伋;"役",《大方等大集菩薩念佛三昧經》作侵;"懲",《藥師本願經》作悠;"徬",《菩薩睒子經》作傍;"徽",《鼻奈耶律》作傲。

反之,"亻"亦可作"彳"。"修",《正法華經》作修;"偉",《義足經》作俳;"儒",《善見律》作㣴。

(5) "厂""广"混用

"厂"作"广"。"厭",《大灌頂經》作厭;"壓",《大般涅槃經》作壓;"魘",《阿耨達龍王經》作魘,《大智度論》作魘;"鴈",《鼻奈耶律》作鴈;"厲",《立世阿毗曇論》作厲。

反之,"广"亦作"厂","床",《四分律》作厏。

(6)"日""月""目"混用

"月"作"日"。"冐",《大般涅槃經》作冒,《大方等大集菩薩念佛三昧經》作冒;"瘠",《大般涅槃經》作瘠;"喟",《普超三昧經》作喟;"肺",《觀佛三昧海經》作晞;"脆",《賢愚經》作晥。

反之,"日"亦作"月"。"暒",《佛遺曰摩尼寶經》作腥;"晡",《大智度論》作脯。

"目"作"月"。"瞢",《大般涅槃經》作瞢;"眩",《大般涅槃經》作胘;"盲",《大方便報恩經》作育;"瞬",《不思議切德經》作胖。反之,"月"亦作"目",《大般涅槃經》作刖;"脊",《觀佛三昧海經》作眷;"睹"《正法華經》作脂;"遯",《月光童子經》作遁;"肚",《阿毗達磨俱舍論》作貼。

"目"省作"日"。"睭",《大方便報恩經》作晭;"矚",《央掘魔羅經》作曙;"瞽",《須真天子經》作暓;"睞",《妙法蓮華經》作昧;"憤",《阿差末經》作惷。反之,"日"亦作"目"。"昕",《勝天王般若經》作昕;"曜",《賢劫經》作瞱;"曀",《菩薩纓絡經》作臆;"暉",《大方便報恩經》作瞋;"暸",《大方便報恩經》作暸;"晧",《大哀經》作皓。

(7)"夊""辶"混用

"夊""辶"形近義通,可以互換使用。"夊"作"辶"。"延",《大方廣佛華嚴經》作延;"建",《須真天子經》作逮;"健",《道行般若經》作健;"霆",《月燈三昧經》作運;"犍",《四分律》作健。

反之,"辶"亦作"夊"。"遮",《大方廣佛華嚴經》作遮;"遮",《大般涅槃經》作遮。

(8)"匚""辶"混用

"匚"作"辶"。"偃",《摩訶般若波羅蜜經》作偃;"匣",《月燈三昧經》作運;"匱",《密跡金剛力士經》作遙,《四分律》作送;"區",《大集賢護菩薩經》作遝;"篋",《普超三昧經》作遙;"匱",《妙法蓮華經》作遺;"匝",《兜沙經》作迊;"繼",《摩訶般若波羅蜜經》作继。

反之,"辶"亦作"匚"。"瘖",《佛阿毗曇》作瘂;"遺",《四分律》作匱;"繼",《立世阿毗曇論》作繼。

(9)"犭""亻"混用

"犭"作"亻"。"猜",《燈指因緣經》作猜,《勝天王般若經》作倩,《阿毗達磨俱舍論》作倩;"猪",《修行道地經》作猪,《廣百論》作猪;"狸",《梵網經》作俚,《阿毗達磨俱舍論》作俚;"犹",《梵網經》作优,《大般泥洹經》作优;"猫",《阿毗達磨俱舍論》作猫;"狎",《阿毗達磨順正理論》作㺉，《道行般若經》作㺉；"猏"，《大智度論》作㹒；"猶"，《妙法華嚴經》作㹑；"狗"，《成實論》作㹐，《善見律》作㹐，《解脫道論》作㹐；"猴"，《成實論》作㺅；"獵"，《雜阿毗曇心論》作獵；"珈"，《十住毗婆沙論》作㹳；"玃"，《十住毗婆沙論》作㹳；"猎"，《玉耶經》作㹢；"後"，《阿毗達磨順正理論》作㺅；"猖"，《薩婆多毗尼毗婆沙》作㺊，《廣百論》作㺊，《阿毗達磨俱舍論》作㺊；"狂"，《薩婆多毗尼毗婆沙》作狂，《阿毗達磨俱舍論》作狂，《中本起經》作狂；"誑"，《阿毗曇毗婆沙論》作㹢；"狾"，《玉耶經》作㹢；"獰"，《鼻奈耶律》作㹢；"狡"，《解脫道論》作㹢；"獪"，《解脫道論》作㹢；"猗"，《雜阿毗曇心論》作㹢；"媛"，《成實論》作㹢；"犯"，《攝大乘論》作犯；"狼"，《阿毗達磨俱舍論》作狼。

反之，"彳"亦作"犭"。"徯"，《持心梵天所問經》作㹢；"很"，《放光般若經》作狠。

(10) "犭""扌" 混用

"犭" 作 "扌"。"猊"，《阿毗達磨順正理論》作揑；"狎"，《道行般若經》作押；"獦"，《善見律》作㩴；"媛"，《地持論》作授；"玃"，《大灌頂經》作攉，《鼻奈耶律》作攉；"猩"，《華手經》作㹢。

反之，"扌"亦作"犭"。"拘"，《雜阿毗曇心論》作㹢；"捍"，《阿毗達磨俱舍論》作㹢。

(11) "力""刀" 混用

"力" 作 "刀"。"劦"，《放光般若經》作刕；"荔"，《放光般若經》作荔；"憯"，《琉璃王經》作㤉；"協"，《佛説無垢稱經》作㣉；"颸"，《佛説無垢稱經》作㣉；"功"，《等集衆德三昧經》作㣎；"劫"，《光讚般若經》作劫；"呦"，《鹿子經》作呦，《如來興顯經》作㕤；"仂"，《哀泣經》作仂；"勁"，《阿毗達磨順正理論》作勁。

反之，"刀"亦作"力"。"刀"，《阿毗達磨順正理論》作力；"劈"，《觀佛三昧海經》作㔹；"勢"，《妙法蓮華經》作勢；"剡"，《正法華經》作㓼；"叨"，《正法華經》作叨；"剏"，《正法華經》作剏。

(12) "火""艹""大" 混用

"火" 作 "大"。"火"，《閻羅王五天使者經》作大；"灾"，《菩薩本行經》作㚑；"熨"，《四分律》作㷉；"荻"，《舍利弗阿毗曇論》作㭉；"啾"，《分別功德論》作㭉。

反之，"大"亦作"火"。"奕"，《正法華經》作㚑；"楔"，《入楞伽經》作㯰。

"艹" 作 "大"。"弊"，《華手經》作㢠。

反之,"大"亦作"廾"。"楔",《攝大乘論》作㮒;"㗻",《薩婆多毗尼毗婆沙》作㮵。

(13)"旦""且"混用

"旦"作"且"。"咀",《大般涅槃經》作咀;"檀",《觀佛三昧海經》作檀;"蛆",《正法華經》作蛆;"祖",《一向出生菩薩經》作祖;"笡",《阿毗達磨俱舍論》作笡。

反之,"且"亦作"旦"。"蛆",《大威德陀羅尼經》作胆。

(14)"朿""束"混用

"朿"作"束"。"棨",《大般涅槃經》作棨;"瘶",《大般涅槃經》作瘶。

反之,"朿"亦作"束"。"剌",《阿毗達磨俱舍論》作剌。

(15)"占""古"訛混

"占"作"古"。"沾",《長安品》作沽;"霑",《勝天王般若經》作霑;"玷",《大智度論》作玷;"苫",《四分律》作苦;"鉆",《四分律》作鈷;"粘",《大方等大集菩薩念佛三昧經》作粘。

反之,"古"亦作"占"。"鴣",《善見律》作鴣。

(16)"戈""弋"混用

"弋"作"戈"。"弋",《阿毗達磨俱舍論》作戈。作構件亦類推,"杙",《大智度論》作杙,《阿毗達磨俱舍論》作杙。

反之,"戈"亦作"弋"。"伐",《對法論》作代;"筏",《金剛般若經》作筏,《阿毗曇毗婆沙論》作筏;"枷",《金剛般若經》作枷。

(17)"寸""刂"混用

"刂"作"寸"。"罰",《妙法蓮華經》作罸;"刖",《菩薩本行經》作肘;"剋",《大方等大集經》作尅,《琉璃王經》作尅,《阿毗達磨順正理論》作尅;"剛",《度世經》作尉,《大智度論》作尉;"剽",《大莊嚴經論》作對。

反之,"寸"亦作"刂"。"討",《妙法蓮華經》作訒,《大般涅槃經》作訒。

(18)"禾""礻"混用

"禾"作"礻"。"稼",《舍利弗阿毗曇論》作禘;"稽",《舍利弗阿毗曇論》作禘。

反之,"礻"亦作"禾"。"袟",《五千五百佛名經》作秩。

2. 單向混用

(1)"礻""忄"作"扌","礻"作"木"

"礻"作"扌"。"袷",《大灌頂經》作拾。

"忄"作"扌"。"慢",《大方廣佛華嚴經》作㨃;"悁",《海龍王經》作捐。

"衤"作"木"。"祇",《五千五百佛名經》作枛;"襠",《四分律》作檔。

(2) "忄""木"作"牛"

"忄"作"牛"。"快",《分別功德論》作牪;"恃",《摩訶般若波羅蜜經》作特。

"木"作"牛"。"根",《大方等大集菩薩念佛三昧經》作䑕。

(3) "巾"作"忄""十"

"巾"作"忄"。"幛",《摩訶般若波羅蜜經》作憧;"帷",《摩訶般若波羅蜜經》作惟;"幅",《道行般若經》作愊;"幔,《道行般若經》作慢;"峽",《大灌頂經》作悏;"帳",《大方便報恩經》作悵。

"巾"作"十"。"幡",《大方廣佛華嚴經》作㚼;"帆",《法炬陀羅尼經》作杬;"幟",《太子須大拏經》作㦲;"帖",《太子須大拏經》作怗;"幢",《虛空藏經》作憧。

(4) "匚"作"辶""乚"

"匚"作"辶"。"匜",《摩訶般若波羅蜜經》作迤,《大莊嚴經論》作迤;"愜",《勝天王般若經》作㦛;"篋",《大集賢護菩薩經》作邃;"區",《妙法蓮華經》作遍;"恇",《正法華經》作㤗;"暭",《鼻奈耶律》作暷。

"匚"作"乚"。"愜",《大威燈光仙人問經》作慉;"偃",《大智度論》作偃。

(5) "廾"作"火","丌"作"大"

"廾"作"火"。"弈",《大般涅槃經》作奕。

"丌"作"大"。"鼻",《菩薩處胎經》作臬;"劓",《大般涅槃經》作劓;"齁",《七佛神咒經》作䶗;"齁",《正法華經》作䶘。

(6) "母"作"毋"

"母",《孔雀王神咒經》作毋;"每",《妙法蓮華經》作每;"侮",《勝天王般若經》作侮;"賄",《郁伽長者所問經》作賄;"毒",《大灌頂經》作毒。

(7) "兆"作"非"

"跳",《大般涅槃經》作跳,《觀察諸法行經》作跳;"逃",《妙法蓮華經》作逃;"眺",《正法華經》作眺;"鞀",《大方等大集菩薩念佛三昧經》作鞑;"銚",《寶如來三昧經》作銚。

(8) "啇"作"商"

"啇",《妙法蓮華經》作商。作構件亦類推,"滴",《大般涅槃經》作滴;"適",《大般涅槃經》作適;"嫡",《大方便報恩經》作嫡;"敵",《妙法

蓮華經》作 [字], ;"蹢",《郁伽長者所問經》作 [字];"鏑",《大智度論》作 [字];
"謫",《地持論》作 [字]。

(9)"爪"作"爫"

"孤",《大方廣佛華嚴經》作 [字];"狐",《大方等大集經》作 [字],《正法華經》作 [字];"柧",《觀佛三昧海經》作 [字];"弧",《須真天子經》作 [字];"觚",《大智度論》作 [字];"窳",《大智度論》作 [字]。

(10)"丫"作"彳"

"冶",《菩薩處胎經》作 [字]。

(六）改換

所謂"改換",是指某字的異體或改變結構方式,或結構方式不變,僅是更換構件。具體包括象形字變爲形聲字,會意字改換構件仍爲會意字,會意字變爲形聲字,形聲字改換形符,形聲字改換聲符,形聲字形符、聲符皆換等幾種情況。

這裏討論的對象包括詞條裏的字形、"古文 X"裏的字形,以及"非體"字裏的字形。

1. 象形字變爲形聲字

這裏所討論的象形字變成形聲字,不包括前面討論的象形字加形符變成形聲字的情況,而且就數量上看,這一類型的字遠比前面象形字直接加形符變爲形聲字的要少得多。

(1) 囟——胴、脭

頂囟:"古文胴、脭,二形同。先進、先恣二反。《説文》:腦蓋顖空也。"(2.4.630)

按:《説文·囟部》:"囟,頭會匘蓋也。象形。……脭,或从肉、宰。"西周甲骨文作 [字] H11:21、[字] H11:1、[字] FQ2④,"囟"爲象形字,正象小兒頭頂囟門之形;異體作"脭",爲形聲字。《玉篇·囟部》:"囟,先進切。《説文》云:象人頭會腦蓋也。或作顖、脭。"《玉篇·肉部》:"胴,同脭。""顖""胴"皆爲"囟"之異體,均爲形聲字。由最初的象形字"囟"變爲後起的異體"脭""顖""胴",改用形聲造字法。

(2) 㐭——廩

倉廩:"又作㐭,同。力甚反。藏穀曰倉,藏米曰廩。"(3.7.748)

按:"禀",金文作 [字] 孟鼎、[字] 農卣、[字] 邵伯簋,金文字形三個,孟鼎上的字形爲糧倉之形,農卣和邵伯簋上的字形分別加上形符"米"或"禾",成爲形聲字,《説文》小篆秉承邵伯簋上的字形作 [字] 亦是形聲字。《説文·禾部》:"禀,賜穀也。从㐭、从禾。"《説文》當析形爲"从禾,㐭聲"。由"㐭"到

"稟",由象形字變成形聲字,再加形符"广"作"廩",變爲雙形符字。

（3）傘——繖

作繖:"又作傘,同。桑爛反。謂繖蓋也。"（5.16.1003）

按:《玉篇·平部》:"傘,音散。蓋也。"《篆隸萬象名義·糸部》:"繖,思爛切。繖蓋也。"《説文新附·糸部》:"繖,蓋也。从糸,散聲。"三部字書分別解釋"傘""繖"二字。《龍龕手鏡》則第一次溝通二字關係,《人部》:"繖、傘、糁、傘,四俗。傘,古文,音散,蓋也。今作繖字。""傘""繖"爲異體關係。"傘"爲象形字,"繖"改變造字法,變爲形聲字。

2. 會意字改換構件

原字和異體字都是會意字。這種類型的字數量也較少。

（1）巷——衖

街巷:"古鞋反。《説文》:街,四通道也。下又作衖,同,胡絳反。《三蒼》:街,交道也;衖,里中別道也。"（1.3.566）

按:《説文·䢅部》:"䢅,里中道。从䢅,从共。皆在邑中所共也。巷,篆文,从䢅省。""皆在邑中所共也",正是"䢅"之會意所在。"巷"儘管簡省,但仍不失會意的要素。"衖"爲"巷"進一步簡省形體。

（2）企——䟆

企望:"古文跂、䟆二形,同。墟弭反。《通俗文》:舉跟曰企也。"（4.12.888）

按:《説文·人部》:"企,舉踵也。从人,止聲。䟆,古文企从足。""止""足"義近替換,同爲會意字。

（3）鬧——吏

憒吏:"公對反,下尼孝反。《説文》:憒,亂也。《韻集》:吏,猥也。猥,眔也。律文作鬧,俗字也。"（5.14.969）

按:"吏",上文《四分律》詞條裏作丙。《説文新附·門部》:"鬧,不静也。从市、門。"他例如《摩訶般若波羅蜜經音義》作丙,是"吏"之簡省,與"丙"成爲同形字。《妙法蓮華經》作吊,係書手豎行抄寫時把"吏"的上下兩部分誤分的結果。

3. 形聲字變爲會意字

這種情況較少。

（1）觸——隼

樘觸:"音紂庚反。《説文》:樘拄也。何承天《纂文》云:樘,觸也。又作敞、敲二形也。經文多作棠,徒當反。《三蒼》:棠,杜梨也。《爾雅》'杜,甘棠'是也。棠非此義。"（1.2.530）

按：《說文·角部》："觸，抵也。从角，蜀聲。""觸"爲左形右聲的形聲字。《玉篇·角部》："羋，觸古文。""羋"，會用"牛角"抵觸之意，爲會意字。《大般涅槃經》作羋。

（2）嚇——閱

脅嚇："《方言》作閱，同。呼隔反。謂以威力恐人也。"（2.5.658）

按：《月上女經》作閱，《奮迅王菩薩所問經》作閱，同。其他版本字形作"閱"，《方言》卷一："脅閱，懼也。齊楚之間曰脅閱。"《集韻·錫韻》："閱，惶恐也。"本爲形聲字，七寺本作閱，字形從"兒"異寫爲"鬼"，會門裏有鬼導致內心恐懼之意。該字爲《玄應音義》裏出現的新字形。

（3）闚——闚

闚看："又作窺，同。丘規反。《字林》：小視也。《方言》：凡相竊視南楚謂之窺也。"（2.6.705）

按：《說文·門部》："闚，閃也。从門，規聲。""闚"爲"从門，規聲"的形聲字，"閃"即"門中偷看"之意。《龍龕手鏡·門部》以"闚"爲"闚"的俗字。"闚"爲從門、從視的會意字。該字形是漢魏六朝碑刻出現的新字形。北魏《弔比干文》作闚，《元端墓誌》作闚。

4. 會意字變成形聲字

（1）芻——蒭

蒭摩："古文芻，同。測俱反。正言蒭摩。蒭音叉拘反。此譯云麻衣，舊云草衣。案：其麻形似荊芥花青也。"（1.2.515）

按："芻"，《大般涅槃經》經文作蒭，爲加形字"蒭"的異寫。《說文·艸部》："芻，刈艸也。象包束艸之形。"甲骨文作𠂂合11409、𠂃合95、𠂄合97、𠂄合974正。羅振玉《增訂殷虛書契考釋》："从又，持斷艸，是芻也。"①因隸變後，"艸"義不彰顯，故加形符"艸"作"蒭"。《玉篇·艸部》："芻，楚俱切。茭草。《說文》云：'刈艸也。'俗作蒭。"《篆隸萬象名義·艸部》："蒭，楚俱反。刈乾草，畜食。""蒭"字形，漢印作蒭。魏碑亦有該字形，如北魏《元維墓誌》作蒭，進一步簡省，《元毓墓誌》作芻。芻變形，則有字形蒭。

（2）灾——烖、烖

災禍："又作烖、灾、烖，三形同。則才反。《說文》：天火曰灾也。"（2.5.653）

---

① 羅振玉《增訂殷虛書契考釋》，見羅繼祖主編《羅振玉學術論著集》（第一集），上海古籍出版社，2010年版，第214頁。

按：《説文·火部》："烖,天火曰烖。从火,戈聲。灾,或从宀、火。災,籀文从巛。"甲骨文作 ![] 合 8955、![] 合 18741,可隸定爲"灾",爲會意字,![] 合 19622 隸定作"烖",爲形聲字;訛寫作"扶",仍是形聲字。

（3）焚——炎

焚燒："古文炎、燌,二形同。扶雲反。《廣雅》：焚,燒也。《説文》：焚,燒田也。字從火,燒林意也。"（2.6.699）

按：《説文·火部》："燓,燒田也。从火、棥,棥亦聲。"甲骨文作 ![] 合 10681、![] 合 10408 正、![] 合 10685,從甲骨文字形可知,"焚"會火燒林或草之意,不是形聲字,段玉裁注改"燓"作"焚"①爲是,商承祚在《殷虛文字類編》也證明了這一點。②《妙法蓮華經》作 ![],改構件"林"爲"分",變成形聲字。

（4）采——穗

生穗："又作采,同。辭醉反。《説文》：禾成秀人所收者也。"（3.8.807）

按：《説文·禾部》："采,禾成秀也,人所以收。从爪、禾。穗,采或从禾,惠聲。""采"爲"从爪、禾"的會意字,"穗"爲从禾、惠聲的形聲字。

（5）彗——篲、簹

彗星："古文篲、簹二形,同。囚芮反。《爾雅》：彗星爲欃槍。《釋名》云：星光稍稍似彗也。律文作簡閲之閲,非也。欃音叉銜反。槍,叉衡反。"（5.14.994）

按：《説文·又部》："彗,掃竹也。从又持甡。篲,古文彗,从竹从習。簹,彗或从竹。""彗"爲"从又持甡"的會意字,"篲""簹"二字則是形聲字。

（6）飢——飫

飢饉："古文作飫,同。几治反,下奇鎮反。《爾雅》：穀不熟爲飢,蔬不熟爲饉。蔬,菜也。李巡注云：凡可食之菜皆不熟曰饉。又《春秋穀梁傳》曰：二穀不叔曰飢,三穀不叔曰饉,五穀不叔謂之大飢。叔,登也。登,成也。"（5.18.1055）

按：《説文·食部》："飢,餓也。从食,几聲。"《玉篇·食部》："飫,古文飢。""飫",會"乏食"之意,是會意字,"飢"則是"从食,几聲"的形聲字。

5. 形聲字改換形符

形聲字由形符和聲符兩部分構成,形符來源於能夠獨立使用的單字。當形符意義相近或相通時,可以互換;當聲符音同或音近時,可以互換;一個形聲字也可能因爲形符和聲符都替換,從而產生新的異體。一般説來,就數

---

① [漢]許慎撰,[清]段玉裁注《説文解字注》,上海古籍出版社,1981 年版,第 484 頁上。
② 商承祚《殷虛文字類編》(第十卷),1923 年決定不移軒刻本,第 10 頁。

量上看,换形異體字最多,换聲異體字次之,形聲皆换的異體字最少。

七寺本《玄應音義》裏有一些歷時傳承異體字,也有一些新產生的换形異體字。

(1) 讌——醼、嚥

讌集:"又作晏、燕二形,同。於薦反。小會也。《國語》:親戚宴饗。賈逵曰:不脱履升堂曰晏。經文有從酉作醼、嚥,二形並非也。"(1.1.493)

按:"讌"與"嚥",從"言"與從"口",可以互通。"醼"與"嚥"在飲食義上"酉"與"口"可以互通。形符"言""口""酉"换用,"讌""嚥""醼"互爲異體字關係。

(2) 鼓——皷

雷鼓:"力迥反。《周禮》:雷鼓,鼓神也。鄭玄曰:雷鼓八面者也。"(1.1.496)

按:"鼓",《説文·攴部》:"鼓,擊鼓也。从攴,从壴,壴亦聲。"爲右形左聲的形聲字,因鼓外蒙以牛皮,故改形符爲"皮"。以"皮"爲形符的换形字,漢魏六朝碑刻已出現,如東漢《韓勑造孔廟禮器碑》作皷,《張景碑》作皷,西晉《石定墓誌》作皷。

(3) 寥——廫

寥廓:"或作廫,同。力彫反。《埤蒼》:寂廖無人也。《廣雅》:廖,深也。經文作遼遠之遼,非體也。"(1.1.504)

按:《説文新附·广部》:"廖,人姓。从广,未詳。當是省廫字爾。"鄭珍《説文新附考》:"《説文》:'廫,空虛也。'後省作廖,又改作寥。"①《説文·宀部》:"宀,交覆深屋也。象形。"《説文·广部》:"广,因广爲屋,象對刺高屋之形。"

(4) 惏——婪

貪惏:"《字書》或作啉,今亦作婪,同。力南反。惏亦貪也。《楚辭》:衆皆競進而貪惏。王逸曰:愛財曰貪,愛食曰惏。"(1.1.504)

按:《説文·心部》:"惏,河内之北謂貪曰惏。从心,林聲。"《説文·女部》:"婪,貪也。从女,林聲。"形符"忄"與"女"之間本無意義聯繫,乃是構字思路不同,人們從不同的認知角度切入,造出改换形符異體字。

(5) 筏——栰

船筏:"扶月反。桴,編竹木也。大者曰筏,小者曰桴,音定于反。江南名簰,音父佳反。經文從木作栰,非體也。"(1.2.545)

按:《篇海類編·花木類·木部》:"栰,大曰栰,小曰桴,乘之渡水。與

---

① [清] 鄭珍《説文新附考》,中華書局,1985年版,第173頁。

筏同。"《論語·公冶長》："乘桴浮於海。"何晏集解："桴,編竹木,大者曰栰,小者曰桴。"①"筏"強調其製造材料爲竹子,"栰"強調其製造材料爲木材,竹、木皆是製造船隻的材料,可以互換。"筏""栰"爲換形異體字。

(6) 麒麟——騏驎

麒麟："渠之反,下理真反。仁獸也。《說文》：麋身牛尾一角,角頭有肉。經文作騏。《說文》：馬文如綦曰騏。下力振反。《爾雅》：白馬黑脣曰驎。二形並非此義。麋,居貧反。"(2.4.603)

按：《說文·鹿部》："麒,仁獸也。麋身牛尾,一角。从鹿,其聲。"《說文·鹿部》："麟,大牝鹿也。从鹿,粦聲。"《說文·馬部》："騏,馬青驪,文如博棊也。从馬,其聲。"因"鹿"與"馬"都是獸類,皆可供乘騎,"麒麟"改換形符作"騏驎"。又,"騏驎"中的"騏"字和《說文》中的"騏"字同形。

(7) 料——科

料量："力條反。《說文》：料,量也。字從斗。經文作科,苦和反,非也。"(2.4.614)

按：《說文·斗部》："料,量也。从斗,米在其中。"因形符"米""禾"義通換用,"料"又作"科"。形符"米""禾"換用之例尚有"穀"字,《四分律》換形作穀。"料"與"科"成爲同形字。

(8) 瘇——踵

瘦瘇："《字詁》今作尰,同。時勇反。《通俗文》：腫足曰瘇。瘇,腳病也。經文從足作踵,非也。"(2.4.622)

按：《說文·疒部》："瘇,脛气足腫。从疒,童聲。"《通俗文》："腫足曰瘇。""瘇""尰"爲換聲異體關係。與經中作"踵",因爲"瘇"字有"足"義,於是換形作"踵"。與表"腳後跟"之義的"踵"構成同形字。

(9) 黚黸——䵖䵝

䵖黸："古旱反,下與證反。通俗文：面梨黑曰䵖黸。面點黑也。經文作䵖䵝,非也。"(4.12.907)

按：《廣雅·釋器》："黸,黑也。"《廣韻·證韻》："黸,面黑子。"因"黸"爲面上的黑斑點,改形符爲"面",爲因義換形字。

(10) 股——骰

三股："又作骰,同。公户反。《說文》：股,髀也。謂脛本曰股,今取其義。律文作骰,非體也。"(5.16.1003)

按：《說文·肉部》："股,髀也。从肉,殳聲。"《玉篇·骨部》："骰,

---

① [清] 阮元校刻《十三經注疏》,中華書局,1980年版,第2473頁中。

或股字。脛本也。""股""骰"二字形符"骨""肉"義近互換,爲換形異體關係。

(11) 覢——䀐

覢爍:"又作䀐,同。式冉反。《説文》:暫見也。不定也。下舒若反。爍,光明也。"(5.16.1015)

按:《説文·見部》:"覢,暫見也。从見,炎聲。"《目部》:"䀐,暫視皃。从目,炎聲。""覢""䀐",《説文》二字均收,意義相同,形符"目""見"義通換用,實爲異體關係,但《説文》未溝通二字。

(12) 齲——㿗

蟲齲:"又作㿗,同。丘禹反。《説文》:齲,齒蠹也。"(5.17.1037)

按:《説文·牙部》:"㿗,齒蠹也。从牙,禹聲。齲,㿗或从齒。"《説文》以"㿗"爲正體,"齲"爲異體。

《説文·牙部》:"牙,牡齒也。象上下相錯之形。"鈕樹玉校録:"《九經字樣》作'壯齒也'。"①金文作 𠄏 戻敔簋、𠄐 十三年癲壺、𠄑 師克盨,象形字。馬敘倫《説文解字六書疏證》卷四認爲,"壯齒"即大齒,"即今所謂盤齒","象上下相錯之形"當爲後人由"象形"妄改所致。② 也有人認爲"𠄏"是盤齒面上的凸凹槽痕的實際描摹,姑備一説。

《説文·齒部》:"齒,口齗骨也。象口齒之形。止聲。𠚕,古文齒字。"甲骨文作 ▨ 合 3523、▨ 合 17300 正、▨ 合 17302 等,金文作 ▨ 中山王壺,于省吾《甲骨文字詁林》中認爲甲骨文齒字,象口内齒牙形。晚周璽文齒字作𠚕,加止爲音符,遂變成形聲字。③ 顔師古説:"齒者,總謂口中之骨,主斷齧者也。"④析言之,"齒"爲門齒,"牙"爲壯齒;統言之,"皆稱齒,稱牙"。⑤ 這説明"牙""齒"二字均可作爲牙齒的總名,但漢字中"齒"部字要明顯多於"牙"部字:《漢語大字典》"牙"部字僅十餘個,"齒部"字一百多個,以齒部字爲常見。現在,"㿗""齲"二者地位調換,字書以"齲"爲正體,"㿗"爲異體且少用。

(13) 猨——蝯

猨猴:"又作蝯,同。雨煩反。似獼猴而大,臂長,其色有黑有黄,鳴聲甚哀。《古今注》云:猨五百歲化爲玃,玃壽千歲。玃音居縛反。"(5.18.1048)

---

① [清]鈕樹玉《説文解字校録》,《續修四庫全書》第 212 册,上海古籍出版社,2002 年版,第 298 頁下。
② 馬敘倫《説文解字六書疏證》,上海書店出版社,1985 年版,第 91 頁。
③ 于省吾主編《甲骨文字詁林》,中華書局,1996 年版,第 2146—2150 頁。
④ [唐]顔師古《急就篇》,《四部叢刊續編》,上海書店出版社,1984 年版,第 927 頁。
⑤ [漢]許慎撰,[清]段玉裁注《説文解字注》,上海古籍出版社,1981 年版,第 80 頁下。

按：《説文·虫部》："猨，善援，禺屬。从虫，爰聲。"《集韻·元韻》："猨，或作猿。"邵瑛《群經正字》："今經典多作猨，亦作猿。"①"猨"爲"猨""猿"之《説文》本字，古行今替。

要注意的是，還有一類字，形符更換後，變爲雙聲符字。如"敲"，《大乘十輪經》作𣪍。

寇敲："口候反。《尚書》：寇賊姦宄。范甯《集解》曰：寇謂群行攻刻者也。《説文》：寇，暴也。《廣雅》：寇，鈔也。刻音芳妙反。"(6.21.1083)

按："敲"，《説文·攴部》："仇也。从攴，啻聲。"金文作[字]虛鼎、[字]中山王鼎，小篆作[字]三體石經·君奭、[字]説文·攴部，漢隸作[字]老子甲七〇、[字]孫子五二。由字形可知，容庚《金文編》"敲不从攴"②的話是對的。自小篆起，[字]加"攴"作[字]，隸定作"敲"。

在《玄應音義》《大乘十輪經》裏，"敲"作𣪍。因形符"攴""皮"形近訛混，"敲"寫作𣪍。"啻"屬錫韻，"皮"屬支韻，二字韻近，成爲雙聲符字。

6. 形聲字改換聲符

當形聲字的聲符換成一個音同或音近字時，產生換聲異體字。古往今來，許多異體字是通過更換聲符產生的。漢字裏存在大量的音同、音近字，爲換聲異體字的產生提供了豐富的構形材料。七寺本《玄應音義》裏有一些歷時傳承異體字，也有一些新產生的換聲異體字。

（1）鐵——鐵

鐵砧："又作椹、椹，二形同。豬金反。鐵砧也。經文作碪、鈊二形，非體也。"(2.4.622)

按：《説文·金部》："鐵，黑金也。从金，𢦒聲。鐵，鐵或省。銕，古文鐵从夷。"更換聲符"𢦒"爲"截"。該字漢魏六朝碑刻已存在，如北魏《元昭墓誌》作鐵，北齊《石佛寺迦葉經碑》作鐵。

（2）瘡——瘡

瘡瘢："薄蘭反。《蒼頡篇》：瘢，痕也。痕，胡根反。"(2.5.653)

按：《玉篇·疒部》："瘡，瘡痍也。古作創。""倉""蒼"二字中古音均爲清紐唐韻，故"瘡"可換聲符作瘡。

（3）愕——愕

傷愕："烏喚反。《字略》云：愕歎驚異也。"(5.17.1037)

---

① ［清］邵瑛《説文解字群經正字》，《續修四庫全書》第 211 册，上海古籍出版社，2002 年版，第 333 頁上。
② 容庚編著，張振林、馬國權摹補《金文編》，中華書局，1985 年版，第 216 頁。

按：聲符"宛"之中古音爲影紐阮韻，"完"爲匣紐桓韻，阮、桓二韻音近，影、匣分屬喉、牙音，互爲鄰紐，故聲符"宛""完"讀音相近，可以互換。

（4）吟——哙

啾吟："子由反，下牛金反。《蒼頡篇》：啾，衆聲也。《説文》：啾，小兒聲也。吟，歎也，諷詠也。論文作哙，非也。"（5.18.1063）

按：《字彙補·口部》："哙，《字學指南》與吟同。"實則《玄應音義》最早收録該字。"今"的中古音爲見紐侵韻，"吟"爲疑母侵韻，見、疑二紐同爲牙音，爲準雙聲，二字聲近韻同，"琴"可以作爲聲符替換"今"。"吟""哙"二字爲換聲異體關係。

（5）賄——賄

財賄："古文賄，同。呼罪反。《通俗文》：財帛曰賄。《周禮》：通貨賄。鄭玄曰：金玉曰貨，布帛曰賄。"（5.18.1064）

按：《玉篇·貝部》："賄"，同"賄"。《集韻·賄韻》："賄，或從每。""有"的中古音爲云紐有韻，"每"爲明紐賄韻，有、賄二韻音近，"每"可以作爲聲符替換"有"，"賄""賄"二字爲換聲異體關係。

7. 形聲字形聲皆換

形聲字形聲皆換是指一對異體字皆採用形聲造字法，形符義同、義近或義通，聲符音同或音近。從數量上看，七寺本《玄應音義》裏的形聲皆換異體字僅次於換形異體字和換聲異體字。這些形聲皆換的異體字，一部分是歷時傳承異體字，一部分是《玄應音義》裏出現的新生異體字。

（1）扣——敂

相扣："哭後反。《論語》：以杖扣其脛。注云：扣，擊也。《三蒼》作敂。"（1.1.489）

按：《説文·手部》："扣，牽馬也。从手，口聲。"《玉篇·手部》："扣，擊也。"《説文·攴部》："敂，擊也。从攴，句聲。""敂"，後作"扣"。二字形符、聲符均不同。

（2）瓌——傀

瓌異："又作傀，同。古回反。傀，美也。《方言》：傀，盛也。《説文》：傀，偉也。偉，奇也。《廣雅》：傀偉奇玩也。"（1.2.533）

按：《説文·人部》："傀，偉也。从人，鬼聲。《周禮》曰：'大傀異。'瓌，傀或从玉，褱聲。"可知，"瓌"爲《説文》正字"傀"之形聲皆換異體字。

（3）秔——粳

秔米："俗作粳，同。加衡反。不黏稻也。江南呼粳爲秈。"（2.4.604）

按：《説文·禾部》："秔,稻屬。从禾,亢聲。"《玉篇·米部》："粳,不黏稻。"《集韻·庚韻》溝通二字關係："秔,《説文》：'稻屬。'或作稉、粳。"形符"禾""米"義近相通,聲符"亢""更"音近互換,"秔""粳"二字爲形聲皆換異體關係。

(4) 猣——豼

嵩猣："思隆反,下又作豼,同。婢尸反。國名也。"(3.7.770)

按：《説文·豸部》："貔,豹屬,出貉國。从豸,毘聲。《詩》曰：'獻其貔皮。'《周書》曰：'如虎如貔。'貔,猛獸。豼,或從比。"《龍龕手鏡·犬部》："猣,俗。正作貔。"可見,"豼""猣"皆爲"貔"之異體,"豼""猣"二字形聲皆換。

(5) 籢——匲、槏

香匲："又作籢、槏二形,同。力占反。《韻集》云：匲,斂也。收斂物也。《三蒼》：盛鏡器名也。今粉匲、某匲皆是也。"(4.10.864)

按：《説文·竹部》："籢,鏡籢也。从竹,斂聲。"朱駿聲《説文通訓定聲》："籢,字亦作匲。"①《玉篇·匚部》："匲,盛香器。""匲",從匚,僉聲。《廣韻·鹽韻》："匲,盛香器也。又鏡匲也。俗作奩。""奩"爲"匲"之構件異寫字。

"籢""匲"爲形聲皆換異體關係；"槏"亦然,該字從木,廉聲,《玄應音義》首見,《中華字海》收釋,《漢語大字典》未收。

(七) 類化

類化指的是由於受到上下文字形的影響,某字被加上形符,或改換原有形符,與鄰近字的形符相同；或者字内構件類化變得相同。類化現象是漢字特有的一種文字現象。如"鳳皇"後作"鳳凰","胡蝶"後作"蝴蝶","螽斯"後作"螽蜇"等,都是文字類化的結果。

1. 類化加形字

(1) 蹇——僡

偃蹇："居免、紀偃、巨偃三反。《左傳》：偃蹇,驕傲也。《廣雅》：偃蹇,夭撟也。謂自高大兒也。《釋名》：偃,偃息而卧不執事也。蹇,跛蹇也。病不能作事,今託似此也。撟音几小反。經文從人作僡,誤也。"(1.3.563)

按：《説文·足部》："蹇,跛也。从足,寒省聲。"在《摩訶般若波羅蜜經》中,因與"偃"連用類化,"蹇"加形符"亻"作僡。

(2) 弱——愵

怯弱："如斫反。弱,尫劣也。經文作愵,奴的反。思也,傷也。愵非此

---

① [清]朱駿聲《説文通訓定聲》,《續修四庫全書》第220冊,上海古籍出版社,2002年版,第211頁上。

義。"(2.2.605)

按:《説文·彡部》:"弱,橈也。上象橈曲,彡象毛氂橈弱也。弱物并,故從二弓。"段玉裁注:"曲似弓,故以弓像之;弱似毛氂,故以彡像之。"① 在《賢劫經》中,因與"怯"連用類化,"弱"加形符"忄"作 㥶。

(3) 樂——爍

娛樂:"語俱反,下力各反。《説文》:娛,樂也。樂,喜也。經文從女作爍,非也。"(2.5.673)

按:《説文·木部》:"樂,五聲八音總名。象鼓鞞。木,虡也。"在《須賴經》中,因與"娛"連用類化,"樂"加形符"女"作 爍。

(4) 巷——港

溝巷:"胡絳反。謂須陀洹人也。此言入流,或言至流。今言溝巷者,取其流水處也。經文作港,古項反。《字略》云:水分流也。即經中云'分布果'是其義也。"(2.5.682)

按:《説文·𨛜部》:"𨛜,里中道。从𨛜,从共。皆在邑中所共也。巷,篆文,从𨛜省。"段玉裁注:"巷爲小篆,則知𨛜爲古文籒文也。"② "巷"在隸變過程中,簡省作"巷"。在《除恐災横經》中,因與"溝"連用類化,"巷"加形符"氵"作 港。

(5) 加——跏

加趺:"古遐反。《爾雅》:加,重也。今取其義則交足坐也。《除災横經》毗婆沙等云'結交趺坐'是也。經文作跏,文字所無。按:俗典江南謂開膝坐爲跱跨,山東謂之甲趺坐也。跱音平患反。跨音口瓜反。"(2.6.691)

按:《説文·力部》:"加,語相增加也。从力,从口。"在《妙法蓮華經》中,因與"趺"連用類化,"加"加形符"足"作 跏。

(6) 延——莚

蔓延:"《西京》云:其形蔓莚。李洪範音士怨、餘戰反。《廣雅》:蔓,長也。延,遍也。王延壽云:軒檻蔓莚謂長不絶也。"(2.6.705)

按:《説文·延部》:"延,長行也。从延,丿聲。"在《妙法蓮華經》中,因與"蔓"連用類化,"延"加形符"艹"作 莚。

(7) 翕——瞼

翕眼:"呼及反。猶眨眼也。翕,合也,亦斂也。經文從目作瞼,書無此字。眨音莊狹反。"(4.12.903)

---

① [漢]許慎撰,[清]段玉裁注《説文解字注》,上海古籍出版社,1981年版,第425頁上。
② [漢]許慎撰,[清]段玉裁注《説文解字注》,上海古籍出版社,1981年版,第301頁上。

按：《說文·羽部》："翕,起也。从羽,合聲。"在《生經》中,因與"眼"連用類化,"翕"加形符"目"作瞶。

（8）向——肑

户向："許亮反。《三蒼》：北出户也。律文作肑,古熒反。開鈕也。肑非此用。"（5.16.1003）

按：《說文·宀部》："向,北出牖也。从宀,从口。"在《善見律》中,因與"户"連用類化,"向"加形符"户"作肑。

（9）烹——㡣

烹鴈："普羹反。烹,煑也。《方言》：烹,熟也。凡煑於鑊中曰烹,於鼎曰煮。"（5.16.1007）

按：《說文·鳥部》："鴈,䳑也。从鳥、人,厂聲。"徐鉉注："从人、从厂義無所取,當从雁省聲。"構件"厂""广"形近訛混,"鴈"異寫作"鴈"。因與"鴈"連用,"烹""亠"類化變爲"广",簡省構件"灬"作㡣。

2. 類化换形字

（1）楅——輻

轅楅："居賁反。謂轅端頭曲木也。《釋名》云：楅,軶也。所以軶牛頭也。經文從車作輻,傳寫誤也。"（1.2.515）

按：《說文·木部》："楅,大車枙也。从木,畐聲。"在《大般涅槃經》中,因與"轅"連用類化,"楅"改形符"木"爲"車"作輻。

（2）蔓——漫

滋蔓："古文孳、孨,二形同。子夷反,下無願反。《左傳》：無使滋蔓。服虔曰：滋,益也。蔓,延也。謂無使其惡益延長也。經文作漫,謨喚反。《方言》：漫,敗也。漫非經義。"（1.2.524）

按：《玉篇·水部》："漫,水漫漫平遠貌。""漫",從水,曼聲。在《大般涅槃經》中,因與"滋"連用類化,"蔓"改形符"艹"爲作"氵"作"漫"。

（3）牒——鍱

金牒："徒頰反。簡牒也。《說文》：牒,札也。《小品經》作'金鍱'。鍱,音以涉反。"（1.3.567）

按：《說文·片部》："牒,札也。从片,枽聲。"在《摩訶般若波羅蜜經》中,因與"金"連用類化,"牒"改形符"片"爲"金"作鍱。

（4）冤——寃

霓冤："於元反。冤猶屈也。雌曰霓。經文作俛,非體也。"（2.4.620）

按：《說文·兔部》："冤,屈也。从兔,从冂。兔在冂下,不得走,益屈折也。"在《觀佛三昧海經》中,因與"霓"連用類化,"冤"改形符"冂"爲"雨"

作宪。

(5) 攘——蘘

攘草:"而羊反。《説文》:黍治竟者也。經文作蘘,荷也。蘘非此用。"(2.4.630)

按:《説文·手部》:"攘,推也。从手,襄聲。"在《寶雲經》中,因與"草"連用類化,"攘"改形符"扌"爲"艹"作蘘。

(6) 淡——惔

恬淡:"徒兼反。方言:恬,静也。下宜作淡,徒濫反。淡,安也,謂安静也。經文從心作惔,徒甘反。憂心如惔。惔,憂也。惔非此用。"(2.5.660)

按:《説文·水部》:"淡,薄味也。从水,炎聲。"在《文殊師利佛土嚴浄經》中,因與"恬"連用類化,"淡"更換形符"氵"爲"忄"作惔。

(7) 謌——緺

謌羅:"古河反。"(2.5.664)

按:《説文·欠部》:"歌,詠也。从欠,哥聲。謌或从言。"在《孔雀王神咒經》中,因與"羅"連用類化,"謌"改形符"言"爲"糸"作緺。

(8) 捕——浦

漁捕:"古文歔,或作鮫,同。語居反。《説文》:漁,捕魚也。"(2.6.718)

按:《説文·手部》:"捕,取也。从手,甫聲。"在《妙法蓮華經》中,因與"漁"連用類化,"捕"改形符"扌"爲"氵"作浦。

(9) 㦗——㦟

㦗㦟:"丘方反,下而羊反。《説文》:㦗㦟,煩擾也。謂煩恐惶遽也。經文從心作㦟,人向反。㦟,憚也,難也。㦟非此義。正作勴勸。"(3.7.737)

按:《説文·女部》:"㦟,煩擾也。一曰肥大也。从女,襄聲。"在《正法華經》中,因與"㦗"連用類化,"㦟"改形符"女"爲"忄"作㦟。

(10) 嬻——纘

綺嬻:"徂旦反。《説文》:白好也。《聲類》:嬻,綺也。《通俗文》:服飾鮮盛謂之嬶嬻。經文作纘,非也。"(3.7.742)

按:《説文·女部》:"嬻,白好也。从女,贊聲。"在《正法華經》中,因與"綺"連用類化,"嬻"改形符"女"爲"糸"作纘。

(11) 張——倀

侏張:"宜作譸張。又作譸、嚋、倄,三形同。竹尤反。譸張,誑也,謂相欺惑也。經文作侏,音朱,侏儒也。下倀,勑良反。倀,狂也。並非字體。"(3.7.756)

按:《説文·弓部》:"張,施弓弦也。从弓,長聲。"在《正法華經》中,因與"侏"連用類化,"張"改形符"弓"爲"亻"作長。

（12）撻——韃

鞭撻:"比縣反。以革朴罪人者也。下又作𩍂,同。他達反。撻,笞也。以荊捶之曰撻。經文從革作韃,非也。"(3.8.814)

按:《説文·手部》:"撻,鄉飲酒,罰不敬,撻其背。从手,達聲。""撻",在《重譯優婆塞戒經》中,因與"鞭"連用類化,改形符"扌"爲"革"作韃。

（13）懑——㒼

抵懑:"莫蘭反。《説文》:忘滿兜也。"(3.8.814)

按:《説文·心部》:"懑,忘也。懑兜也。从心,㒼聲。"在《重譯優婆塞戒經》中,因與"抵"連用類化,"懑"改形符"忄"爲"扌"作㨍。

（14）橛——鐝

銅橛:"巨月反。《説文》:橛,杙也。論文作鐝。《通俗文》云:磨齊曰鐝。鐝非經義。"(3.9.839)

按:《廣雅·釋宮》:"橛,杙也。"王念孫疏證:"凡木形之直而短者謂之橛。"①"橛",從木,厥聲。在《大智度論》中,因與"銅"連用類化,改形符"木"爲"金"作鐝。

（15）胗——疹

癮疹:"於近、之忍反。皮上小起痕跡也。今俗亦謂肉斗腫起爲癮疹,或言癮胗。《説文》:胗,瘢也。音丈忍反。論文作隱軫,非體也。"(3.9.849)

按:《説文·肉部》:"胗,脣瘍也。从肉,㐱聲。"在《大智度論》中,因與"癮"連用類化,"胗"改形符"月"爲"疒"作疹。

另外,在其他詞條裏,"胗"亦改換形符,如《阿蘭若習禪法經》作疹,《妙法蓮華經》作疹。

（16）頓——蹎

蹎頓:"古文𧻹、蹎二形,今作𧾷,同。陟利反,謂挫辱之也。《廣雅》:蹎,踢也。"(4.12.897)

按:《説文·頁部》:"頓,下首也。从頁,屯聲。""頓",因與"蹎"連用,形聲字以左形右聲者居多,在抄寫《雜寶藏經》時,書手誤以聲符爲形符,改聲符"屯"爲"足",成爲純粹的雙形符字頓。

（17）洞——烔

洞然:"古文術、迵二形,同。徒涷反。謂洞徹也。經文作烔,徒東反。烔,熱也。烔非此義也。"(4.12.906)

---

① [清]王念孫著,鍾宇訊點校《廣雅疏證》,中華書局,1983年版,第214頁上。

按：《説文·水部》："洞，疾流也。从水，同聲。"在《義足經》中，因與"然"連用類化，"洞"改形符"氵"爲"火"作 烔 。

（18）狙——衵

捕狙："又作覰，同。千絮反。《三蒼》：狙，伺也。《通俗文》'伏伺曰狙'是也。狙亦觀視也，謂相候視也。論文作佃，此字習誤已久，人莫辯正也。"（5.17.1024）

按：《説文·犬部》："狙，玃屬。从犬，且聲。一曰狙，犬也，暫齧人者。一曰犬不齧人也。"因構件"犭""牜"混用，"捕"異寫作 捕 。在《出曜論》中，因與 捕 連用類化，"狙"改形符"犭"爲"牜"作 牰 。

（19）鉤——鴝

鉤鴝："古侯反，下加領反。《爾雅》：鴝，忌欺。郭璞曰：今江東呼䳡鵒爲鉤鴝，音格。《廣雅》：䳡鵒，鳩鵒也。亦恠鳥也。晝盲夜視，關西呼訓侯，山東謂之訓狐。論文作鵒，字與鸜同。音具揄反。鵒鴝鳥也。鴝非此義。"（5.17.1031）

按：《説文·金部》："鉤，曲也。从金，从句，句亦聲。"在《阿毗達磨俱舍論》中，因與"鴝"連用類化，"鉤"改形符"金"爲"鳥"作"鴝"。

3. 字內類化

（1）萌——萠

群萌："古文氓，同。麥耕反。萌芽也。《廣雅》：萌，始也。案萌，冥昧皃也，言衆庶无知也。《漢書》'氓氓群黎'是也。"（1.1.484）

按：《説文·艸部》："萌，艸芽也。从艸，明聲。"在《大方廣佛華嚴經》中，"萌"字內類化作 萠 。

（2）叜——叜

老叜："又作叟、傁，二形同。蘇走反。《方言》：叜，父長老也。東齊、魯、衛之間凡尊老者謂之叜。字從灾從又。"（2.4.610）

按：《説文·又部》："叜，老也。从又，从灾。"實則从宀、从火、从又。甲骨文作 ⌘ 合8185反、⌘ 合5624、⌘ 合2670反，爲"搜"之本字，會以"又"（手）打火把在"宀"（房屋）内搜索之意。後借作"老叜"之"叜"，於是爲本義另造新字"搜"。在《大灌頂經》中，"叜"字內類化作 叜 。

（3）景——曡

景則："羇影反。《詩》云：介爾景福。《傳》曰：景，大也。則，法也。"（2.5.661）

按：《説文·日部》："景，光也。从日，京聲。"在《文殊師利佛土嚴淨經》中，"景"字內類化作 曡 。

（4）叡——[字形]

溝壑：“呼各反。《說文》：溝，水瀆也。廣四尺，深四尺。《爾雅》：流水深則成壑。壑亦溝池也。”（2.6.714）

按：《說文·叡部》：“叡，溝也。从叔，从谷。”在《妙法蓮華經》中，“叡”字內類化作[字形]。

（5）岻——[字形]

崖底：“丁礼反。底猶下也。經文作岻，音直移反，山名也。又作岊，子結反。《說文》：陬隅而高山之節也。”（3.7.743）

按：“岻”為“岻”之異寫字，《篇海類編·地理類·山部》：“岻，或作岻。譌。”戰國以來，“氏”主要寫作“互”形體，從“氏”之字皆然。再進一步異寫作“互”。在《正法華經》中，“岻”字內類化作[字形]。

（6）懿——[字形]

勒懿：“乙利反。美也。”（3.7.767）

按：《說文·壹部》：“懿，專久而美也。从壹，从恣省聲。”在《漸備經》中，“懿”字內類化並異寫作[字形]。

（7）蠹——[字形]

蠹蟲：“丁故反。《字林》：木中虫也。穿食人器物者也。”（3.7.772）

按：《說文·蚰部》：“蠹，木中蟲。从蚰，橐聲。”在《文殊師利現寶藏經》中，“蠹”字內類化並異寫作[字形]。

（8）顧——[字形]

嬲固：“又作嬲，諸經作嬈，同。奴了反。嬲，擾戲弄也。嬲，惱也。《摩登伽經》：作擾蠱，謂厭蠱也。經中有作顧，非體也。蠱音古。《字林》：音故。”（3.7.772）

按：《說文·頁部》：“顧，還視也。从頁，雇聲。”在《文殊師利現寶藏經》中，“顧”字內類化作[字形]。

（9）䭫——[字形]

稽顙：“《字詁》：古文䭫，同。苦礼反。《說文》：首也。《三蒼》：稽首、頓首也。顙，額也。《白虎通》曰：所以稽首何？稽，至也。言頭至地。首，頭也。《周禮》：太祝辯九拜，一曰稽首是也。”（3.8.795）

按：《切韻·薺韻》：“䭫，首至地。”《周禮·春官·大祝》：“辨九拜，一曰稽首，二曰頓首。”陸德明《經典釋文》：“䭫，本又作稽。”①在《月光童子經》中，“䭫”字內類化作[字形]。

---

① ［唐］陸德明《經典釋文》，中華書局，1983年版，第123頁下。

（10）術——[術]

術藝：“食聿反。術，法也，亦道也。《字林》：邑中道曰術。道術者，通也。言人達解者无所不通也。”（4.10.873）

按：《説文·行部》：“術，邑中道也。从行，术聲。”在《地持論》中，“術”字內類化作[術]。

（11）欲——[欲]

欲躃：“脾赤反。謂躃倒也。”（4.12.909）

按：《説文·欠部》：“欲，貪欲也。从欠，谷聲。”在《那先比丘經》中，“欲”字內類化作[欲]。構件“谷”的演變是關鍵：在漢碑字形中，將構件“人”拉直作“一”，如《石門頌》作[谷]，《西陝頌》作[谷]，《曹全碑》作[谷]。其後，兩點再類化作“口”，[欲]字形成。

（12）寱——[寱]

寱語：“音藝。《説文》：寱，眠言也。《聲類》：不覺妄言也。舊《律》本多作䁈、讆二形。《三蒼》：于劇反。謊言也。又音牛例反。《廣雅》：䁈，寱也。謊音呼光反。”（5.14.979）

按：《説文·寱部》：“寱，瞑言也。从寱省，臬聲。”在《四分律》中，“寱”作[寱]，不是一次性完成：先是構件“自”變成“目”；“目”又替換掉“丬”；然後改變構件結構方式作[寱]。

（13）繭——[繭]

以繭：“古文絸，同。古典反。縈蠶絲者也。《蒼頡解詁》云：繭未繰也。字從虫從糸芇聲。芇音眠。”（5.17.1027）

按：《説文·糸部》：“繭，蠶衣也。从糸，从虫，芇省。”“繭”的構件“虫”受“糸”影響，字內類化變爲“糸”，上部構件[ ]爲“艹”與“宀”異寫的組合。

（14）含——[唅]

含以：“字體作唅，胡紺反。謂資人含與也。”（5.17.1033）

按：《説文·口部》：“含，嗛也。从口，今聲。”“含”本是形聲字，但上下結構的形聲字不如左右結構的形聲字的形符明顯，故加形符“口”作“唅”。《集韻·勘韻》：“唅，哺也。”“哺”義爲“吃”。“唅”爲雙形符字。在《阿毗達磨俱舍論》中，“唅”字構件“丂”被下面構件“口”類化，“唅”變爲[唅]。

（15）倏——[倏]

摩儵：“又作倏、儵，二形同。書育反。人名也。”（5.17.1033）

按：在《阿毗達磨俱舍論》中，“倏”字右部構件“攵”受“火”類化變爲

"火","灸"變爲"炎","倏"字内類化爲㶯。

（16）膙——膙

膙濺："又作濽,同。子旦反。《三蒼》：濽,污灑也。江南言濽,山東言濺。音子見反。"（5.18.1058）

按：《說文·匕部》："匘,頭髓也。"段玉裁注："俗作腦。"《玉篇·肉部》："腦,頭腦也。"《集韻·晧韻》："匘,或作膙、腦。"初以"匘"爲正字，"膙、腦"爲異體,現以"腦"爲正體。在《立世阿毗曇論》中,"膙"之右上部構件"巛"被右下部構件"山"字類化,變成"出","膙"變成字内類化字膙。（"膙",《大般涅槃經》作膙。）

（17）盟——盟

盟誓："靡京反。《禮記》：諸侯莅牲。凡國有疑,會同則常其盟。約之大事曰盟。"（5.18.1060）

按：《說文·囧部》："盟,《周禮》曰：'國有疑則盟。諸侯再相與會,十二歲一盟。北面詔天之司愼司命。盟,殺牲歃血,朱盤玉敦,以立牛耳。'从囧,从血。盟,篆文,从朙。盟,古文从明。"盟,《說文》古文从皿,明聲,在《尊婆須蜜所集論》中,"明"發生内部類化："月""目"形近易混,"月"寫作"目"；"日"被類化作"眲","盟"變作盟。

（18）需——需

儒德："而俱反。《說文》：儒,柔也。術士之稱也。"（2.4.615）

按：在七寺本《玄應音義》裏,"需"字本身不内部類化,"需"作構件時,則有類化爲"需"的。上例中的"儒",文中字内類化作儒。如"濡",《勝天王般若經》作濡；"臑",《移識經》作臑；"蠕",《妙法蓮華經》作蠕；"糯",《唯識論》作糯。從各字所處的上下文來看,不存在類化的外部條件,爲内部類化造成。

要注意的是,"耎"（《妙法蓮華經》）字内類化作"需",再按照意義加上形符"氵",作"濡",與"濡"字内類化形成之"濡"成爲同形字。

柔耎："而兗反。《廣雅》：柔,弱也。《通俗文》：物柔曰耎,作耎。《漢書》'軟不勝任者'作軟,二形通用,經文多作濡。按：《說文》《三蒼》皆人于反,水名也。出涿郡東,入漆。又耎也。或作渜,乃本反。《說文》：渜,湯也。二形並非經義。"（2.6.692－693）

（19）顛——顛

按：《說文·頁部》："顛,頂也。从頁,真聲。"在《大方便報恩經》中,"顛"字内類化作顛。作構件亦類推,"巔",《大方便報恩經》作巔,《阿毗曇毗婆沙論》作巔；"癲",《孔雀王神咒經》作癲等。

(20) 毚——毚

按：《說文·㲋部》："毚，狡兔也，兔之駿者。从㲋、兔。"從㲋、從兔會意。"㲋""兔"形近，在類推作用下，而"兔"形比較簡省，受其影響，用形體簡省者"兔"替換"㲋"，寫作"毚"。這種現象，漢魏六朝碑刻即有，如北魏《元瓛妃李媛華墓誌》作毚，點畫變爲"厶"。"毚"，北齊《唐邕刻經記》作毚，北周《王鈞墓誌》作毚，點畫皆被簡省。《玄應音義》承之，"毚"，《大般涅槃經》作毚；"攙"，《阿毗達磨俱舍論》作攙；"巉"，《十住毗婆娑論》作巉；"讒"，《生經》作讒；"鑱"，《阿毗達磨順正理論》作鑱。點畫亦皆簡省。

(21) 顩——頿

阿顩底迦："此云畢竟，謂畢竟无有善心也。"(6.23.1103)

按：《說文·頁部》："顩，大頭也。从頁，原聲。"在《對法論》中，"顩"字內類化字並筆畫異寫作頿。

(八) 位移

所謂位移，指的是某字的某一構件或幾個構件發生位置移動，重新組合成一個新的形體，與構件位移前的文字構成異體關係。位移是構件的結構組合關係發生了改變。由於結構改變，爲了文字形體美觀，或者爲了書寫方便，有時還會對原來的構件作某些形體的改變。

1. 承古

(1) 庭——庭、庭

庭燎："力炤反。《周禮》：供墳燭庭燎。鄭玄曰：墳，大也。樹於門外曰大燭，於內曰庭燎。"(1.2.546)

按：《說文·广部》："庭，宮中也。从广，廷聲。""庭"，《大般涅槃經》構件位移作庭，另外，《大菩薩藏經》作庭。漢魏六朝碑刻已出現該字形，如北魏《李蘙墓誌》作庭，《司馬悅墓誌》作庭，《宇文永妻韓氏墓誌》作庭。

(2) 蘇——蘇

疏蘇："又作穌、蘇，二形同。力周反。"(2.4.602)

按：《菩薩見實三昧經》作蘇。該字形最早見於戰國文字蘇孫子一二八，爲戰國古文之孑遺。漢魏六朝碑刻已出現該字形，如北魏《鄴乾墓誌銘》作蘇，《王誦墓誌》作蘇，北齊《高肱墓誌》作蘇。

(3) 蝌——蚪

蚪斗："苦禾反。《字書》：蚪斗，水虫也。《爾雅》：蚪斗，蝦蟇子也。"(2.4.618)

按："蚪"，《觀佛三昧海經》作蚪。《集韻·戈韻》："蝌，蝌斗。或書作蚪。"蚪爲"蝌"之構件位移字。

(4) 惹——惹

惹頭："又作惹,同。而者、而斫二反。佛刹名也,依字。《方言》：惹,語亂也。粘,惹也。"(3.8.811)

按：《放鉢經》作[惹]。《玉篇·心部》："惹,亂也。惹,同上。"可見,"惹"爲"惹"之構件位移字。

(5) 秋——秌

千秋鳥。(5.18.1049)

按：《鞞婆沙阿毗曇論》僅收詞條名"千秋鳥",未有釋義,"秋"作[秌]。《廣韻·尤韻》："秌,古文。"曹魏《三體石經·僖公》作[秌],北魏《浄悟浮圖記》作[秌]。[秌]爲"秋"之構件位移字。

(6) 飄——飇

飇薄："捕莫反。薄,迫也。風近迫之曰薄。"(5.18.1054)

按：《説文·風部》："飄,回風也。从風,票聲。""飄",《雜阿毗曇心論》構件位移作[飇],《龍龕手鏡·風部》以"飇"爲"飄"的俗字。漢魏六朝碑刻已見該字形,如北涼《沮渠安周造像記》作[飇],北魏《元囧墓誌》作[飇],《侯掌墓誌》作[飇],《長樂長公主元瑛墓誌》作[飇]。

2. 新造

(1) 嘔——[嘔]

嘔多："烏後反。"(1.1.500)

按：《廣韻·厚韻》："歐,吐也。或作嘔。"《説文·匚部》："區,踦區,藏匿也。从品在匚中。品,衆也。"在《大威德陀羅尼經》中,"區"之構件"品"構件位移,改變排列形式,"品"字結構變成上中下結構而作[嘔]。

(2) 呵——哥

呵叱："蚩逸反。叱亦呵也。《方言》：呵,怒也。陳謂之呵。亦叱咄也。"(1.1.505)

按：《玉篇·口部》："呵,責也。與訶同。""呵"字左形右聲,在《法炬陀羅尼經》中,構件"口"位移至"可"上面作[哥]。

(3) 騗——騳

騗騎："匹面反。謂躍上馬也。今俗謂不躡隥上馬爲騳。"(2.5.666)

按：《集韻·綫韻》："騳,躍而乘馬也,或書作騗。""騳"字右形左聲,在《移識經》中,構件位移作[騳]。

(4) 捺——禁

捺髀："古文踔,同。蒲米反。《説文》：股外也。北人用此音。又音方爾反,江南行此音。律文作胜,俗字也。"(5.14.959)

按：《玉篇·手部》："捺，搦也。""捺"字左形右聲。因構件"扌""木"形近訛混，"捺"寫作"㮏"。"㮏"之形符"木"位移至"示"的上部，變成"禁"。

又，《說文·示部》："禁，吉凶之忌也。从示，林聲。""㮏"之構件位移字"禁"，與"吉凶之忌也"義之"禁"成爲同形字。

（5）黏——黐

餅黏："女廉反。《說文》：黏，相著也。《三蒼》：黏，合也。"（5.14.971）

按：《說文·黍部》："黏，相箸也。从黍，占聲。""黏"字左形右聲，在《四分律》中，構件"㐁"位移至下方，該字變爲左右結構黐。

另外，在《顯揚聖教論》中，"黏"亦構件位移作黐。

（6）蕤——萟

蕤汁："汝誰反。《爾雅》：棫，白桵。郭璞曰：小木，叢生，有刺，實紫赤，可食。《本草》作蕤，今桵核是也。字從生，豖聲。棫音域。"（5.14.972）

按：《說文·艸部》："蕤，艸木華垂皃。从艸，甤聲。""蕤"字上形下聲，在《四分律》中，構件"生"位移出來，字形變作左右結構萟。

（7）臂——㾟

掉臂："徒吊反。《廣雅》：掉，動也。《說文》：掉，搖也。"（5.14.972）

按：《說文·肉部》："臂，手上也。从肉，辟聲。""臂"爲下形上聲的形聲字，在《四分律》中，該字簡省構件"口"，構件"肉"位移至"尸"下作㾟。

另外，"臂"還有三種寫法，《不思議功德經》作䏶，由原來的下形上聲變爲左形右聲結構；《大般泥洹經》作䏹，《四分戒本》作㾟，皆由形上聲變爲形占一角結構，聲符"辟"分別簡省了構件"口"與"十"。

（8）洟——洀

洟唾："古文鮷，同。敕計反。《三蒼》：洟，鼻液也。《周易》：齎咨涕洟。自目曰涕，自鼻曰洟。論文從口作洀，又作洟，並非體也。"（5.14.972）

按：《說文·水部》："洟，鼻液也。从水，夷聲。"《說文·水部》："涕，泣也。从水，弟聲。"《說文》"洟""涕"並收，詞義不同："洟"指鼻涕，"涕"指眼淚，語義場分工明確，彼此不混。後"淚"字產生，用來專指眼淚，《玉篇》："淚，涕淚也。""涕"字向語義場附近成員靠攏，沾染"鼻涕"意義，導致語義場成員分工發生變化，達到新的平衡。

"洀"爲"洟"之換形異體。在《阿毗曇毗婆沙論》中，"洀"之形符"口"位移至"弟"上部，"丷"異寫成"口"，異寫作洀。

（9）鷺——鷀

白鷺："《字書》作鷀，同。来故反。白鳥也。頭、翅、背上皆有長翰毛

也。論文有作鴮,胡骨反。"(5.17.1037)

按:《説文·鳥部》:"鷺,白鷺也。从鳥,路聲。""鷺"爲從鳥、路聲的形聲字,上下結構。在《出曜論》中,"鷺"之聲符"路"位移至形符"鳥"字左邊作䮛,由原來的上下結構變成了左右結構。《玄應音義》最早收録該字形,《字彙補·鳥部》亦收:"䮛,與鷺同。樊宗師《絳守居園池記》'提鶡挈䮛'。"

(10)呟——咒

使呟:"似兗反。《韻集》音弋選反。《説文》:呟,嗽也。"(5.18.1061)

按:《説文·口部》:"呟,嗽也。从口,允聲。""呟"爲從口、允聲的形聲字,左右結構。在《尊婆須蜜所集論》中,"呟"字構件"口"發生位移,與"厶"之訛混字"口"並列,處於"儿"之訛混體"几"上,成爲咒形。

(九)武周新字

武周新字指的是武則天從載初元年(689)至長安四年(704)十五年間創製和使用的新字。這些新字共17個,其中"月"字改寫兩次,故共18個。但通讀七寺本《玄應音義》,僅發現有武周新字一個:"圀"。

該字出現在《玄應音義》卷二十五《阿毗達磨順正理論》卷廿三詞條"縛喝國":"呼曷反。北臨縛蒭河。其國中有如來澡灌,可受一斗餘。衆色炫焔,金石難名。又有佛牙,又有佛掃帚,迦奢草作也。長二尺,餘圍七寸。其把雜寶飾之也。"(6.25.1150)詞條"縛喝國"之"國",原字作圀,正是"圀"字。該詞條釋語"國"字却寫作囯,正是新中國所使用的簡化字"国"。

據施安昌考證,"圀"字創製於證聖元年(695),①時萬國頌德天樞建成,武則天於天樞上自書"大周萬國頌德天樞",武三思撰文,百官、鄰國首領及耆老並刻姓名。然遍索原本《玉篇》殘卷,該書未存口部,更無"圀"字。《篆隸萬象名義·口部》共收録40字,亦未見"圀"字。由此可以推知原本《玉篇》並未收録該字。成書於唐高宗上元元年(674)的孫强《上元本玉篇·口部》②共收録62字,始收録"圀""囯"二字:"圀囯,二。古文國字。"③宋本《玉篇》(即《大廣益會玉篇》)因之。

---

① 施安昌《武周新字"圀"制定的時間——兼談新字通行時的例外》,《故宮博物院院刊》,1991年第1期。
② 據業師楊正業先生研究,金人邢準把唐人孫强之《上元本玉篇》一字不漏地保留在《新修篇海》裏。具體見楊正業、馮舒冉、魏現軍、楊濤輯校、點校《古佚三書:上元本玉篇、韻、小學鉤沉三編》,四川辭書出版社,2013年版,《總序》第1頁。
③ 楊正業、馮舒冉、魏現軍、楊濤輯校、點校《古佚三書:上元本玉篇、韻、小學鉤沉三編》,四川辭書出版社,2013年版,第524頁。

第二節　同形字研究

所謂同形字,指的是形體完全相同的漢字記録音義完全不同的詞的文字現象。漢字的隸變、異體字的產生,文字形體的俗訛,任何一種方式都可能發生字形的偶合,從而產生同形字。

一、漢字隸變產生同形字

(1) 矛——弟

矛箭:"古文㦽、鉾、釫,三形同。莫侯反。《方言》:楚謂戟爲矛。《説文》:矛長二丈,建於兵車也。"(1.3.574)

按:"矛",《説文·矛部》小篆字形作🦴,《放光般若經》作弟,爲小篆字形🦴之直接轉寫,與"弟"同形。

二、簡省產生同形字

(1) 㐺——丙

憒㐺:"公對反,下女孝反。《説文》:憒,亂也。《韻集》:㐺,猥也。猥,眾也。字從市,從人。經文從門作閙,俗字也。"(1.3.564)

按:《龍龕手鏡·雜部》:"㐺,同叒。"《玉篇·人部》:"叒,與閙同。""閙"、"鬧"之構件訛混字,因構件"門""鬥"形近易混,且"門"比"鬥"常見,使用頻率高,低頻構件向高頻構件看齊,導致構件替換,"閙"字變得易寫易認,却又失去會意的造字理據。《説文新附·門部》:"閙,不静也。从市、門。"《集韻·效韻》《古今韻會舉要》均作"閙"。《正字通·門部》"閙,鬧字之譌。《説文》載《鬥部》,舊本音義同'鬧',附《門部》,非",指出"閙"爲"鬧"字之誤;周祖謨校勘《廣韻·效韻》"閙,同叒"條:"閙,當作鬧。"①《正字通》、周祖謨指出"閙"爲"鬧"之誤,却未對其致誤原因作探討。

在《玄應音義·摩訶般若波羅蜜經》裏,"㐺"簡省點畫作丙,與天干的第三位"丙"成爲同形字。

(2) 跌——跌

蹉跌:"千何反,下徒結反。蹉跎也。失躡曰跌。跌差也。"(2.5.658)

按:《方言》:"跌,躛也。"《玉篇·足部》:"跌,仆也。"可知"跌"義爲失

---

① 周祖謨《廣韻校本》(下册),中華書局,2006年版,第450頁。

足摔倒。由《說文·足部》"從足,失聲"可知"跌"從"失"。《超日明三昧經》作𨆪,因構件"失"簡省撇筆作"夫"所致。

(3) 鹿——庶

鹿子母:"梵言蜜利伽羅,此云鹿。磨多,此云母。跛羅娑馱,此云堂,亦言殿也。舊云磨伽羅母堂者,訛略也。"(5.18.1055)

按:《立世阿毗曇論》作庶。"鹿"字構件"比"異寫爲"从""灬",在書寫過程中和"庶"混同,構成同形字。"麂鹿",《尊婆須蜜所集論》作麂鹿。

三、增繁產生同形字

(1) 弓——朽

弓法:"居雄反。《世本》:揮作弓。宋忠注云:黄帝臣也。《山海經》:少昊生般,般始爲弓。此言是也。《説文》:以近窮遠故曰弓也。律文從木作朽,非體也。"(5.16.1003)

按:《説文·弓部》"弓,以近窮遠。象形"。甲骨文作𢎨合940正、𢎨合7932,金文作𢎨弓父庚卣、𢎨静卣。因製作弓的材質爲木料,加形符"木"作朽,變成形聲字。又,《集韻·東韻》:"朽,木名。""弓"之加形字朽,與"木名"義之"朽"成爲同形字。

四、異化產生同形字

(1) 兩——雨

兩闢:"脾亦反。《説文》:闢,開也。經文有作僻,疋亦反。避也。又作辟,卑亦反。辟,法也,理也。辟非此義。"(1.1.492)

按:兩,《大方廣佛華嚴經》作雨,與"雨"同形。作構件亦類推,如"魎",《妙法蓮華經》作魎、蛹;"滿",《四分律》作滿;"瞞",《阿毗達磨俱舍論》作瞞;"魎",《大般涅槃經》作魎、蛹。

(2) 匕——上

匕嘶:"卑以反,下斯奚反。"(1.2.525)

按:《説文·匕部》"匕,亦所以用比取飯,一名柶",甲骨文作𠤎合19833、𠤎合2359、𠤎合27909,正象取飯用具"匕"之形狀。"匕"爲象形字,《大威德陀羅尼經》異寫作上,與"上下"之"上"字同形。

(3) 角——甬

角力:"古文斛,同。古卓反。《禮記》:習射御角力。《廣雅》:角,量也。高誘注《吕氏春秋》云:角,試心。《月令》:角,升角。《説文》:平升斛也。並單作角。經文作捔,古文粗字,音在古反。《漢書·班固敘傳》云:捔

舉職僚。韋昭《音義》曰：捔，略也。《周禮注》音亦粗，捔非此用。"(1.2.525)

按：《說文·角部》："角，獸角也。象形，角與刀、魚相似。"甲骨文作 🔲 合 20533、🔲 合 5495、🔲 合 671 正、🔲 屯 2688，"角"爲象形字，《大般涅槃經》異寫作甬，與"古代鐘柄名"之"甬"成爲同形字。

（4）匄——白

乞匄："古賴反。《蒼頡篇》：匄，乞行請求也。"(1.3.562)

按：《說文·亡部》："匄，气也。逯安説：亡人爲匄。"甲骨文作 🔲 合 13038、🔲 合 6154、🔲 合 17056、🔲 合 6472 正，字形從人、從亡。《摩訶般若波羅蜜經》異寫作白，與"白"同形。構件"亡"異寫作"上"時，"匄"之異體"白"，與表顏色義之"白"成爲同形字。同理，"喝"，《勝天王般若經》作唱，與"唱"成爲同形字，見"嘶喝"條（1.3.590）。

（5）跂——跂

跂羅："又作趍，同。墟跂、渠支二反。跂，登也，履也。"(2.5.668)

按：《說文·足部》："跂，足多指也。从足，支聲。"《大吉義咒經》異寫作跂，與"跂"同形。

（6）友——支

親友："于久反。《説文》：友，同志也。《廣雅》：友，親也。《禮記》：僚友稱其悌，執友稱其仁。鄭玄曰：僚友，同官也。執友，同志也。"(2.6.715)

按：《說文·又部》："友，同志爲友。从二又。相交友也。"《妙法蓮華經》增繁，異寫作支，與"支"的加點增繁字同形。

（7）宍——完

癭肉："《方言》作膇，同。思力反。《説文》：癭，奇肉也。《三蒼》：惡肉也。論文作息，非體也。"(5.18.1053)

按："宍"，魏碑已出現該字形，如北魏《孫遼浮圖銘記》作宍，東魏《崔鴻妻張玉憐墓誌》作宍，北齊《石佛寺迦葉經碑》作宍。《干禄字書·入聲》："宍、肉，上俗下正。"《通雅·身體》："或古籀之形訛邪？諸書不收，惟孫愐收之，以爲俗作宍。"《風雅逸篇·彈歌》："斷竹，續竹。飛土，逐宍。"七寺本用"肉"之古字"宍"，書手將該字最後一筆撇筆變成折筆作宍，與"完"字同形。

五、構件訛混產生同形字

（1）捔——桶

麤捔："《漢書》班固敘傳云：捔舉職僚。孟康注云：捔，古文粗字。音才古反。韋昭曰：粗，略也。"(1.3.588)

按：因構件"扌""木"形近訛混，"捔"異寫作甪(參前述"異化產生同形字"類)，"捅"，《明度無極經》異寫作桶，與"水桶"之"桶"字同形。

（2）樞——摳

門樞："齒榆反。《爾雅》：樞謂之椳。郭璞曰：門戶扇樞也。《廣雅》：樞，本也。樞，機製動轉之主也。根音五迴反。"（2.4.602）

按：《説文·木部》："樞，戶樞也。从木，區聲。"因構件"木""扌"形近訛混，"樞"，《菩薩見實三昧經》異寫作摳，與"提起"義之"摳"成爲同形字。

（3）楊——揚

齓楊："又作齰，同。仕白反。齓，齧也。經文作咋，莊白反。咋咋，聲也。咋非此用。"（2.4.610）

按：《説文·木部》："楊，木也。从木，易聲。"因構件"木""扌"形近訛混，"楊"，《大灌頂經》異寫作揚，與"飛起"義之"揚"成爲同形字。

（4）杪——抄

髮杪："彌繞反。樹鋒曰杪，今取其義謂髮鋒頭也。"（2.4.620）

按：《説文·木部》："杪，木標末也。从木，少聲。"因構件"木""扌"形近混用，"杪"，《觀佛三昧海經》異寫作抄，與"叉取"義之"抄"同形。

（5）拔——枝

拔扈："蒲沫反，下胡古反。《漢書音義》曰：扈，拔扈也。謂自縱恣也。"（3.7.737）

按：《説文·手部》："拔，擢也。从手，犮聲。"因構件"扌""木"形近訛混，"拔"，《正法華經》異寫作枝，與"枝"之加點增繁字同形。

（6）沾——沽

沾濡："又作霑，同。致廉反。《廣雅》：沾，漬也。濡，濕也。"（1.3.590）

按：《説文·水部》："沾，水。出壺關，東入淇。一曰沾，益也。从水，占聲。"因構件"占""古"形近訛混，"沾"，《勝天王般若經》異寫作沽，與"沽酒"之"沽"成爲同形字。

（7）昕——盺

智昕："虛殷反。《小爾雅》：昕，明也。《爾雅》：昕，察也。"（1.3.594）

按：《説文·日部》："昕，旦明，日將出也。从日，斤聲。"因構件"目""日"形近訛混，"昕"，《勝天王般若經》異寫作盺，與"視不明貌"義之"盺"成爲同形字。

（8）曜——曜

光燿："古文曜，同。餘照反。《廣雅》：曜，照也，明也。"（2.4.604）

按：《廣韻·笑韻》："曜，日光也。"因構件"目""日"形近訛混，"曜"，《賢劫經》異寫作䁌，與"目眩"義之"曜"同形。

（9）袷——拾

白袷："古洽反。《説文》：衣無絮也。《廣雅》：袷，重也。經文作㧺。古洽反。帽也。㧺非此用，又作袷，非也。"（2.4.608）

按：《説文·衣部》："袷，衣無絮。从衣，合聲。"因構件"衤""扌"形近混用，"袷"，《大灌頂經》異寫作拾，與"撿取"義之"拾"成爲同形字。

（10）料——科

料量："力條反。《説文》：料，量也。字從斗。經文作科，苦和反，非也。"（2.4.614）

按：《説文·米部》："料，量也。从斗，米在其中。"因構件"米""禾"義通，"料"，《菩薩纓絡經》異寫作科，與"品類、等級"義之"科"成爲同形字。

（11）犛——扰

分犛："亡江反。《考工記》：公圭用犛。注云：犛，雜也。《説文》：白黑雜毛牛也。《戒》文作尨，犬多毛也。《詩》云'無使尨也吠'是也。"（2.4.614）

按：《説文·牛部》："犛，白黑雜毛牛。从牛，尨聲。"因形符"牜""扌"混用，且簡省三撇筆，"犛"，《四分戒本》異寫作扰，與見於《玉篇》"福也"義之"扰"成爲同形字。

六、構件類化產生同形字

（1）胗——疹

癮胗："於近、之忍反。皮上小起痕跡也。今俗亦謂肉斗腫起爲癮胗，或言癮胐。《説文》：胐，癟也。音丈忍反。論文作隱軫，非體也。"（3.9.849）

按：《説文·肉部》："胗，脣瘍也。从肉，㐱聲。"因"癮""胗"連用，"胗"改換原形符"肉"作"疒"，字形變爲疹。

另外，在其他詞條裏，"胗"亦改換形符，如《阿蘭若習禪法經》作疹，《妙法蓮華經》作疹，不過這兩個字形的最後撇筆異寫作點畫。"疹"，《釋名·釋疾病》："疹，診也，有結聚可得診見也。"《玉篇·疒部》："疹，癮疹，皮外小起也。""胗"之類化換形字"疹"，與"皮外小起"義之"疹"成爲同形字。

（2）向——扃

户向："許亮反。《三蒼》：北出户也。律文作扃，古熒反。開鈕也。扃非此用。"（5.16.1003）

按："向"，《説文·宀部》："北出牖也。从宀，从口。"《善見律》作扃，因與"户"連用而類化加形符"户"作"扁"。又,《玉篇·户部》:"扁,書掌切。户耳也。""向"之類化加形字㕔,與"户耳"義之"扁"成爲同形字。

又,《阿毗曇毗婆沙論》中詞條"窓向":"又作牖、牕、窗,三形同。楚江反。正窓也。旁窓曰牖,以助明也。下許亮反。《三蒼》:向北出牖也。向亦窓也。論文作扁,古螢反。扁,鈕也,外閇者也。扁非今義。"(5.17.1026)"向"作㕔,因"向"本義"北出牖也"(《説文·宀部》),在稱説時門窗往往相連,看作同類事物,故加類義形符"户"作㕔。在這裏,"向"按類義加形符作"扁",成爲形聲字。與《善見律》中的㕔成因不同,形體相同。

(3) 鉤——鴝

鉤鵒:"古侯反,下加領反。《爾雅》:鵒,忌欺。《郭璞》曰:今江東呼鴝鵒爲鉤鵒,音格。《廣雅》:鴝鵒,鳩鴝也。亦恠鳥也。晝盲夜視,關西呼訓侯,山東謂之訓狐。論文作鴝,字與鸜同。音具揄反。鴝鵒鳥也。鴝非此義。"(5.17.1031)

按:因"鉤""鵒"連用,皆爲鳥名用字,被類化換形符"金"爲"鳥"作"鴝"。又,《説文·鳥部》:"鴝,鴝鵒也。从鳥,句聲。"段玉裁注:"今之八哥也。"①"鉤"之類化換形字"鴝",與"鴝鵒"之"鴝"成爲同形字。

七、構件位移産生同形字

(1) 捺——禁

捺髀:"古文踔,同。蒲米反。《説文》:股外也。北人用此音。又音方爾反,江南行此音。律文作膑,俗字也。"(5.14.959)

按:《玉篇·手部》:"捺,搦也。"《廣韻·曷韻》:"捺,手按。"因構件"扌""木"形近訛混,"捺"寫作"榇"。"榇"之形符"木"位移至"示"的上部,變成"禁"。又,《説文·示部》:"禁,吉凶之忌也。从示,林聲。""榇"之構件位移字禁,與"吉凶之忌也"義之"禁"成爲同形字。

(2) 吮——咒

使吮:"似兗反。《韻集》音弋選反。《説文》:吮,嗽也。"(5.18.1061)

按:"吮"字構件"口"發生位移,與"厶"之訛混字"口"並列,處於"儿"之訛混體"几"上,成爲呪形。又,《廣韻·宥韻》:"呪,詛。"《正字通·口部》:"呪,呪與咒形體小變,其義則一也。""吮"之構件訛混、位移字呪與"咒詛"義之"咒"成爲同形字。

---

① [漢]許慎撰,[清]段玉裁注《説文解字注》,上海古籍出版社,1981年版,第155頁上。

八、成因不明的同形字

（1）"纲"——"纲"（網）、"䍏"（泅）、"䍏"（納）

"泅"，《阿毗達磨俱舍論》作䍏。

罾網："子恒反。罾網之總名也。樹四植束水以掛網曰罾。"（2.5.669）

㪯泅："《説文》汓或從囚，作泅，音似流反，謂浮水上也。江南言拍浮。"（5.17.1035）

摩納婆："亦言摩納縛迦，此云儒童。舊言摩郁婆，或作郁羅摩郁，又作摩納，翻爲年少净行。《五分律》名郁羅摩納，譯爲人，皆一也。"（6.21.1072）

按：《説文·网部》："网，庖犧所結繩以漁。从冂，下象网交文。"甲骨文作 ㄇ 合10514、㄀ 合10967 正、㓁 英783、㓁 懷319。商承祚《殷虚文字類編》認爲甲骨文"象張網形"，①是。所以《正字通·网部》："网，網本字。"《龍龕手鏡·糸部》："纲，網罟也。"《字彙補·糸部》："纲，與網同。""纲"爲"網"之構件"亡"簡省字，漢魏六朝碑刻多次出現該字形及"纲"字，如北魏《元騰及妻程法珠墓誌銘》作纲，《爾朱紹墓誌》作纲，《元液墓誌》作纲；北齊《司馬遵業墓誌》作纲，《封子繪墓誌》作纲，《張海翼墓誌》作纲。敦煌文獻亦有該字形，如甘博003《佛説觀海三昧海經》作纲，敦研365《大般涅槃經》作纲，P.2695《佛説生經》作纲，Φ096《雙恩記》作纲等。2.5.669之"網"亦作纲。

因構件"糸"有"糸→糹→纟"的簡省過程，"纟"可以連寫"氵"，故"糹""氵"可以互混使用。又因構件"人"可以寫作"又"，"泅"可以異寫作䍏（5.17.1035）。

"納"，"内"之構件"人"異寫作"又"，"納"字異寫作䍏。

"網"異體纲，與"泅"的異寫字䍏、"納"的異寫字䍏三者成爲同形字。

"魍"，《大般涅槃經》作魍、蚵。

"魑"，《大般涅槃經》作魑、蛹。

第三節　假借字研究

假借字，是用音同字或音近字來記録意義完全無聯繫的兩個詞的現

---

① 商承祚《殷虚文字類編》（第七卷），1923年決定不移軒刻本，第15頁。

象,這是表意文字裏的一種重要文字現象。《説文解字·敘》最早爲之下定義:"假借者,本無其字,依聲託事,令長是也。"許慎定義爲是,但舉例不當,"令""長"二字實則引申義,而非假借義。後人從《説文》中找出"來""烏""韋""西"四字爲例。這是"本無其字"的假借字。其後,鄭玄亦提出"假借"的概念:"其始書之也,倉卒無其字,或以音類比方假借爲之,趣於近之而已。"①這是"本有其字"的假借字,侯康《説文假借例釋》稱之爲"通假":"製字之假借,無其字而依託一字之聲或事以當之,以一字爲二字者也。用字之假借,是既有此字,復有彼字,音義略同,因而通假,合二字爲一字者也。"②後世承用該名。"本無其字"的假借與"本有其字"的假借是假借的兩種類型。目前,學界區分二者,把前者叫做"假借字",把後者叫做"通假字"。我們採用傳統的名稱,把假借字和通假字合稱假借字。

　　假借的性質是借字記詞。關於是否要區分這兩種"假借",學界意見不一。劉又辛先生認爲没有必要區分:"叫做假借或通假都可以,但必須承認這二者本無區别。因爲,第一,本無其字的假借和已有其字的假借這兩種假借很難區分;第二,這二者的性質並無不同,没有區分的必要。"③許嘉璐則持相反意見:"前人把用字通假也叫'假借',其實它與六書説中的假借是不同的。""六書説中的假借字,其形體與意義的結合關係是固定的,即使脱離具體語句也照樣存在;而通假字的形體與意義的結合關係是臨時的,不固定的,祇有在具體語句中,它纔作爲具有通假字的音義關係。"④但劉先生又認爲漢字發展經過形意字、假借字和形聲字三個階段。形意字的時間下限是商代甲骨文,假借字階段時間從商代甲骨文至秦統一,形聲字階段從秦漢到現在。⑤這一點已爲學界接受。但從使用情況來看,假借字"借而不還",通假字則"臨時借用",二者還是不同。不過二者性質相同,都是借字表音,借字記詞。本書沿用傳統的稱呼,一律叫做"假借字"。

　　假借的判定條件有二:一是理論標準,即音同音近,二是要有書證。音同音近,即聲韻皆同或皆近。王力先生説:"有時候假借字與本字雖然也可以祇是雙聲或疊韻,但是如果韻部相差很遠,即使是雙聲,也不能假借;如果聲母相差很遠,即使是疊韻,也不能假借。……可見假借字必須是同音字,

---

① [唐]陸德明《經典釋文·引》,中華書局,1983年版,引言頁。
② 侯康《説文假借例釋》,見丁福保編纂《説文解字詁林》,中華書局,1988年版,第653—658頁。
③ 劉又辛《通假概説》,巴蜀書社,1988年版,第21頁。
④ 許嘉璐主編《古代漢語》,高等教育出版社,1992年版,第66頁。
⑤ 劉又辛《論假借》,見《通假概説》,巴蜀書社,1988年版,第132頁。

至少也要是聲音十分相近的字。"①關於書證,王力先生説:"兩個字完全同音,或者聲音十分相近,古音通假的可能性雖然大,但是仍舊不可以濫用。如果没有任何證據,没有其他例子,古音通假的解釋仍然有穿鑿附會的危險。"②《玄應音義》裏承用上古的假借字,我們採用上古的例證;《玄應音義》裏中古産生的假借字,則僅溝通其聲韻關係,實無例證則不額外舉例。

關於假借字的讀音,我們分期標注:如果承用上古時期産生的假借字,則標以上古時期字音的聲紐、韻部;如果是中古時期産生的假借字,則標以中古時期的聲紐、韻部。對於上古音,我們採用大多數學者認同的王力先生的上古三十韻部和三十二聲類系統,具體字的歸部歸類,以郭錫良先生的《漢字古音手册》爲準。中古音同樣以郭錫良先生的《漢字古音手册》爲準。

《玄應音義》裏的假借字有四種情況:一是玄應標以"假借耳""借字"等術語的假借字;二是玄應標以"借音"的假借字;三是玄應標以"近字"的假借字;四是玄應釋語中標以"非體也""誤字耳"等術語的假借字。這四類字,第四類最多,第三類最少。

一、標以"假借耳""借字"等術語的假借字

《玄應音義》中標以"假借耳""借字"等術語的文字共 24 個,標明"假借耳"19 個,標明"借字"者 5 個。多數是假借字,還有少部分異體字。

(一) 承古假借字

這種類型僅有 2 例。

(1) 矢溺:"又作屎。《説文》作菌,同。式旨反。糞矢也。下正體作㞙、尿二形同。乃吊反。經文作溺,假借耳。"(4.13.946)

屎尾:"又作菌,古書亦作矢,同。失旨反。《説文》:菌,糞也。下又作尿,同。乃吊反。《通俗文》:出脬曰尿。《字林》:屄,小便也。醫方多作矢溺,假借也。論文作屎,香伊反。殿屎,呻吟也。屎非此義。"(5.17.1023)

按:《説文·艸部》:"菌,糞也。从艸,胃省。"《玉篇·艸部》:"菌,糞也。亦作'矢',俗爲'屎'。""屎",甲骨文作 ⿱ 合 13625 正、⿱ 合 9480、⿱ 合 9574,爲象形字。

《説文·水部》:"尿,人小便也。从尾,从水。"甲骨文作 ⿱ 合 577、⿱ 合 4305、⿱ 合 13887,象形字。《集韻·嘯韻》:"尿,亦作溺。"

"矢",書紐脂韻,"屎",書紐脂韻;"溺",泥紐宵韻,"尿",泥紐宵韻。

---

① 王力主編《古代漢語》(校訂重排本),中華書局,1999 年版,第 550—551 頁。
② 王力《訓詁學上的一些問題》,見《龍蟲並雕齋文集》(一),中華書局,1980 年版,第 339 頁。

"矢""屎"雙聲疊韻,音同假借;"溺""尿"雙聲疊韻,音同假借。

"屎""尿"二字使用假借字而不用本字由來已久。"矢",《左傳·文公十八年》:"(襄)仲以君命召惠伯……乃入,殺而埋之馬矢之中。"另《莊子·人間世》《史記·廉頗藺相如列傳》等都有大量例證可參。"溺",《莊子·人間世》:"夫愛馬者,以筐盛矢,以蜄盛溺。"上古漢語例證甚夥,不煩列舉。

(2)礧——雷

礧石:"《韻集》音力輩反。謂以石投物也。今守城者下石擊賊曰礧。論文作雷,假借音也。"(5.17.1038)

按:"礧",來紐灰韻,"雷",來紐灰韻。二字雙聲疊韻,音同假借。《周禮·秋官·職金》:"凡國有大故而用金石。"鄭玄注:"用金石者,作槍、雷、椎、椁之屬。"①

(二)新生假借字

以下均爲《玄應音義》中新出現的假借字。

(1)梐——箄

金梐:"案苟揩《誥幼文字》宜作箄,音方奚反。經文多作梐,假借耳。"(1.2.529)

按:"梐",並紐齊韻;"箄",幫紐齊韻。並、幫二紐同組雙聲,二字雙聲疊韻,音同假借。

(2)酖——般

酖黨:"補單反。《字林》云:酖,部也。謂酖,類也。又作般,假借也。"(3.7.764)

酖比:"補丹反。翻,類也。經文作般,假借也。"(4.12.895)

按:"酖",幫紐桓韻;"般",並紐麥韻。並、幫二紐同組雙聲,桓、麥二韻相近,二字聲韻相近,音近假借。

(3)臭——冒

欎臭:"於勿反。《爾雅》:欎,氣也。亦哀思也。下古文皃、貌二形,今作貌,同。莫效反。容臭也,亦見也。又作瞀,謂眩瞀也,音莫報反。經文作冒覆之冒,假借也。"(4.12.901)

按:"臭",明紐效韻;"冒",明紐號韻。二字聲同韻近,音近假借。

(4)鞔——滿

鞔著:"莫干反。《蒼頡篇》:鞔,覆也。今謂覆蓋爲鞔。《周禮》'棧車

---

① [清]阮元校刻《十三經注疏》,中華書局,1980年版,第882頁上。

無革鞥'是也。律文作縍、潒二形,假借也。"(5.14.991)

綱鞥:"莫槃反。《蒼頡篇》:鞥,覆也。今亦謂覆蓋物爲鞥,或作縍、潒二形,借字耳。"(6.21.1071)

按:"鞥",明紐桓韻;"潒",明紐換韻。二字聲同韻近,音近假借。

(5) 攎——梂

一攎:"虛奇反。《方言》:陳楚宋魏之間謂蝨爲攎。郭璞曰:攎,蝨瓠勺也。今江東呼勺爲攎。律文作梂,假借也。正音虛衣反。梂,木名,汁可食。梂非此義。"(5.16.1002)

按:"攎",曉紐支韻;"梂",曉紐微韻。支、微對轉,二字聲同韻近,可以假借。

由上可知,《玄應音義》裏標以"假借耳"術語的假借字以唐代新產生者爲多。

二、標以"借音"的假借字

《玄應音義》中標以"借音"術語的文字共 36 個,多數是假借字,還有少部分異體字。

(1) 姚——陶

陶家:"又作匋。《字林》:大牢反。案:西域無窯,但露燒之耳。《史記》:陶,瓦器也。《蒼頡篇》:陶作瓦家也。舜始爲陶,諸書亦借音爲姚。"(1.2.524)

按:"姚",以紐宵韻;"陶",定母豪韻。中古以母上古屬於定母,二字音近假借。

(2) 棠——撐

相棠:"借音丈庚反。字宜作撐、敦、根、敝,四形同。丈衡反。謂相觸也。"(2.5.660)

按:"棠",定紐唐韻;"撐",定紐唐韻。二字雙聲疊韻,同音假借。

(3) 炎——焰、燄

洪炎:"借音以贍反。正字作焰,又作燄,光焰也。《説文》:火微燄燄然也。"(3.8.796)

按:"炎",云紐鹽韻;"焰",以紐鹽韻。二者聲近韻同,音近假借。如《漢書·藝文志》引《春秋》:"人之所忌,其氣炎以取之。"顏師古注:"炎,讀與燄同。"①《後漢書·任光傳》:"(世祖)使騎各持炬火,彌滿澤中,光炎燭

---

① [漢]班固《漢書》,中華書局,1962 年版,第 1773—1774 頁。

（4）殷

殷皮："於斤反。《詩》云：殷其盈矣。《傳》曰：殷，衆也。殷，大也。又於艱反。赤黑色爲殷，此借音耳。"（4.13.917）

按：《説文・肙部》："殷，作樂之盛稱殷。从肙，从殳。"又，《左傳・成公二年》："左輪朱殷，豈敢言病。"杜預注："殷，音近烟，今人謂赤黑爲殷色。"①可知二詞義本無涉，僅是音近借字記詞，是本無其字的假借。

（5）頗

頗有："借音，普我反，謂語辭也。"（5.17.1024）

按：《説文・頁部》："頗，頭偏也。从頁，皮聲。"又，《廣雅・釋詁三》："頗，少也。"表示"少也"義的副詞"頗"，本無其字，因音近而借"頭偏也"義之"頗"。爲本無其字的假借。

由上可知，《玄應音義》中標以"借音"中假借，包括"本無其字"的假借和"本有其字"的假借兩種。

三、標以"近字"的假借字

《玄應音義》中標以"近字"術語的文字共 39 個，包括轉注字、假借字。古今字、異體字和詞語化對音字等，其中假借字 5 個，現舉例如下。

（1）腷胇——區匧

區匧："《韻集》方殄、他奚反。《篆文》云：區匧，薄也。今俗呼廣薄爲區匧。關中呼辨區。辨，補迷反。經文作腷胇，近字也。"（2.6.721）

按："腷"，幫紐軫韻；"區"，幫紐銑韻。二字聲同韻近，音近假借。"胇"，定紐屑韻；"匧"，並紐銑韻。定、並同類準雙聲，胇、匧雙聲疊韻，可以假借。

（2）刨——掊

如掊："蒲交反。《通俗文》：手把曰掊。經文作刨，近字也。"（4.12.893）

按："刨"，並紐肴韻；"掊"，並紐侯韻。肴、侯同部疊韻，因此，"刨""掊"二字雙聲疊韻，音同假借。

（3）濾——漉

漉著："或作淥，同。力木反。水下皃也。漉，浚也。律文作濾，近字也。"（5.16.1009）

按："濾"，來紐御韻；"漉"，來紐屋韻。二字音近假借。

---

① ［清］阮元校刻《十三經注疏》，中華書局，1980 年版，第 1894 頁中。

四、標以"非體也""誤字耳"等術語的假借字

在對佛典經、律、論裏的部分用字,玄應常以"某非經義也""某非也""某誤也""某訛也""某非體也""某非經旨也""某傳寫誤也""某非字體也""某非正體也""某偽①字耳"等語進行按斷。這種情況最多。這些與"正體"相對之"非體"字,有異體字、假借字、同形字、區別字、借音記錄外來詞等五種情況,其中以前兩類爲主,而異體字又最複雜。

(一) 承古假借字

(1) 猗——倚

倚狀:"於蟻反。《説文》:倚猶依也。《廣雅》:倚,因也。謂因倚而卧也。字從人,經文多作猗。一奇反。美也。猗非此義。"(1.2.517)

按:"猗",影紐支韻;"倚",影紐紙韻。二字雙聲疊韻,音同假借。清朱駿聲《説文通訓定聲·隨部》:"猗,叚借爲倚。"②《詩·小雅·車攻》:"四黄既駕,兩驂不猗。"孔穎達疏:"兩驂之馬不相依猗。"③《廣韻·支韻》:"猗,倚也。"漢張衡《四愁詩》:"路遠莫致倚逍遥。"余冠英注:"倚,通'猗',語助詞,無意義。"④

(2) 鎮——填

鎮煞:"陟陳反。《説文》:鎮,壓也。經文作填,音田。填非此義。"(4.12.894)

按:"鎮",知紐真韻;"填",知紐震韻。二字雙聲疊韻,音同假借。《開元占經·填星占篇》引《荆州占》云:"填星其行歲填一宿,故名填星。"《資治通鑑·漢武帝元封元年》:"望氣王朔言:'候獨見填星出如瓜,食頃,復入。'"胡三省注:"填星,土星也。填,讀曰鎮。"⑤《廣雅·釋天》:"鎮星謂之地侯。"王念孫疏證:"鎮,或作填。"⑥《廣韻·真韻》:"填,壓也。"清朱駿聲《説文通訓定聲·坤部》:"填,叚借爲鎮。"⑦《史記·吴王濞列傳》:"上患

---

① "偽",僅見於七寺本《玄應音義》卷二釋《大般涅槃經》卷一"號哭"條釋語,原字形作"偽",其他版本亦作"偽"字,爲"譌"字之誤。
② [清] 朱駿聲《説文通訓定聲》,《續修四庫全書》第 220 册,上海古籍出版社,2002 年版,第 578 頁上。
③ [清] 阮元校刻《十三經注疏》,中華書局,1980 年版,第 429 頁上。
④ 余冠英選注《漢魏六朝詩選》,人民文學出版社,1978 年版,第 8 頁。
⑤ [宋] 司馬光編《資治通鑑》,中華書局,1956 年版,第 681 頁。
⑥ [清] 王念孫著,鍾宇訊點校《廣雅疏證》,中華書局,1983 年版,第 286 頁下。
⑦ [清] 朱駿聲《説文通訓定聲》,《續修四庫全書》第 221 册,上海古籍出版社,2002 年版,第 280 頁上。

吴、會稽輕悍，無壯王以填之。"司馬貞索隱："填，音鎮。"①《新唐書·劉潼傳》："時李福討南詔，兵不利，潼至，填以恩信，蠻皆如約。"

（3）瑶——搖

步搖："《釋名》云：上有垂珠，步則搖動者也。經文作瑶，非也。"（4.12.902）

按："瑶"，以紐宵韻；"搖"，以紐宵韻。二字雙聲疊韻，音同假借。《楚辭·九歌·東君》："緪瑟兮交鼓，簫鐘兮瑶簴，鳴篪兮吹竽。"王念孫雜志："瑶讀爲搖。搖，動也。《招魂》曰：'鏗鐘搖簴。'王注曰：'鏗，撞也。搖，動也。'《文選》張銑注曰：'言擊鐘則搖動其格，撚撫也。'義與此同。作瑶者借字耳。"②《吕氏春秋·本味》："水之美者：三危之露，崑崙之井，沮江之丘，名曰搖水。"陳奇猷校釋："猶言沮江之丘，其中所積之水名曰搖水。搖，疑假爲'瑶漿玉露'之瑶。搖水即瑶水，亦即瑶漿也。"③

（4）啻——翅

不啻："施豉反。更多也。經文作翅羽之翅，非也。"（4.13.916）

按："啻"，書紐寘韻；"翅"，書紐寘韻。二字雙聲疊韻，音同假借。《孟子·告子下》："取色之重者，與禮之輕者而比之，奚翅色重？"朱熹集注："翅，與啻同。"④《莊子·大宗師》："陰陽於人，不翅於父母。"劉武補正引王引之曰："翅與啻同。"⑤宋蘇軾《蒜山松林》："魏王大瓠無人識，種成何翅實五石。"清朱駿聲《説文通訓定聲·解部》："翅，叚借爲啻。"⑥

（5）疊——㡤

四疊："徒頰反。《三蒼》：疊，重也。又作褻，《字林》：重衣也。二形通用。律文作㡤，簡牒也。牒非字義。"（5.14.962）

按："疊"，定紐帖韻；"㡤"，定紐帖韻。二字雙聲疊韻，音同假借。

（二）新生假借字

更多的是新産生的通假字。

（1）流——瘤

六瘤："力周反。《通俗文》：肉胅曰瘤。《三蒼》：瘤，小腫也。尾即無瘤。經文作流注之流，非也。胅音徒結反。"（1.1.489）

---

① ［漢］司馬遷《史記》，中華書局，1959 年版，第 2822 頁。
② ［清］王念孫《讀書雜志》，中國書店，1985 年版，第 61 頁。
③ 陳奇猷《吕氏春秋校釋》，學林出版社，1984 年版，第 762 頁。
④ ［宋］朱熹《四書章句集注》，中華書局，1983 年版，第 338 頁。
⑤ 劉武撰，沈嘯寰點校《莊子集解內篇補正》，中華書局，1987 年版，第 166 頁。
⑥ ［清］朱駿聲《説文通訓定聲》，《續修四庫全書》第 220 册，上海古籍出版社，2002 年版，第 597 頁下。

按:"流",來紐尤韻;"瘤",來紐尤韻。二字雙聲疊韻,音同假借。《釋名·釋疾病》:"瘤,流也,血流聚所生瘤腫也。"

(2) 刃——仞

七仞:"如振反。《説文》:仞謂申臂一尋也。故《論語》:夫子之牆數仞。包咸曰:七尺曰仞。今皆作刃,非也。"(1.1.490)

按:"刃",日紐震韻;"仞",日紐震韻。二字雙聲疊韻,音同假借。《隋書·禮儀志五》:"旌杠,皇帝六刃,諸侯五刃,大夫四刃,士三刃。"清李賡芸《炳燭編·古字通假舉例》:"仞爲刃。《考工記》《士喪禮》疏引《禮緯》:'天子之旗九刃。'"①《敦煌變文集·蘇武李陵執別詞》:"遂向腰間取仞。"《正字通·人部》:"仞,通作刃。"清朱駿聲《説文通訓定聲·屯部》:"刃,叚借爲仞。《無極山碑》:'浚谷千刃。'"②

(3) 諭——諛

諛諂:"以珠反。下又作讇,同。丑冉反。不擇是非而言謂之諛,希其意道其言謂之諂。《周書》:面從曰諛,《三蒼》'佞言曰諂'是也。經文有作諭,古文諭,今作喻,同。翼樹反。喻,告也,譬諫也。諭非經旨。"(1.2.519)

按:"諭",以紐遇韻;"諛",以紐虞韻。二字聲同韻近,音同假借。

(4) 旋——鏇

鏇師:"似絹反。《説文》:鏇,圜鑪也。周成難字作摱,謂以繩轉軸裁木爲器者也。經文作旋,非體也。"(1.3.560)

按:"旋",邪紐仙韻;"鏇",邪紐線韻。二字聲同韻近,音同假借。

(5) 壺——胡

垂胡:"又作頡、㗅二形,同。户孤反。《説文》:胡謂牛頜垂下者也。論文作壺,非體也。"(4.10.857)

按:"壺",匣紐模韻;"胡",匣紐模韻。二字雙聲疊韻,音同假借。

以上假借字,有的是秉承上古漢語的,有漢魏六朝以來新產生的,而又以唐初新產生的爲主。但就文字性質看,漢魏六朝以來新產生的假借字性質不同上古漢語階段:上古漢語裏的假借字體現的是漢字發展的一個重要階段,其性質是漢字向表音方向發展的文字變化現象。而漢魏六朝以來新產生的假借字則純粹是寫別字。

---

① [清] 李賡芸《炳燭編》,中華書局,1985 年版,第 39 頁。
② [清] 朱駿聲《説文通訓定聲》,《續修四庫全書》第 221 册,上海古籍出版社,2002 年版,第 256 頁下。

第四節　記録音譯外來詞的字研究

外來詞①是不同語言接觸時產生的詞語借用現象，有音譯外來詞、意譯外來詞兩類。與意譯詞、音譯兼意譯詞、字母詞相比，音譯外來詞既是外來詞的最初形式，也是低級形式：它把源語言的詞語連音帶義一起借入。由於受到母語類型特徵的影響，這些詞往往會經過改造，以後可能被意譯詞所取代。祇有一部分可能在形式上適應了母語的形式要求，也會永遠保持音譯詞的身份，在語言接觸中，它的信息損失量最小。從某種程度上説，當没有更合適的意譯詞來取代它時，它既是語言借用的最初形式，也是最好形式，大量的佛教詞語至今仍是音譯詞便是明證。

漢字是意音體系的文字，見形知意，音義相連。而記録音譯外來詞音節的漢字不反映外來詞意義，所以佛經翻譯者盡可能選取較爲中性的漢字，以免讀者望文生義，引起歧義。但對於一部分音譯詞，却又充分利用漢字以形示意的特點，選取一部分形聲字來記音，同時還可以示意。當這些音譯詞節譯爲單音節後，該形聲字負載起全譯音譯詞的讀音和意義，該字既可以作單音詞，獨立成詞，也可以作爲語素使用，參與構造新的複合詞。這類字有借用已有形聲字和新造形聲字兩類。

一、借字記詞②

借一個意義完全無涉的已有漢字來記録音譯外來詞的節譯形式，這樣，該字不僅記録造字之初所記録的原詞，而且還記録另一外來詞。這個字的讀音與節譯後的外來詞讀音相近，但意義完全無涉。

（1）鉢

盪鉢："古文潒，又作蕩，同。徒朗反。盪滌洒器也。"（卷十一，七寺本缺）

購鉢："古候反。《説文》：以財有所求也。《廣雅》：購，償也。"（4.13.922）

---

① 一般説來，教學和研究時，我國大陸地區使用狹義的外來詞概念，即外來詞指音譯詞；香港地區則使用廣義的外來詞概念，即外來詞既包括音譯詞，又包括意譯詞。我們採用廣義的外來詞概念。

② 梁曉虹《佛教詞語的構造與漢語詞彙的發展》，北京語言學院出版社，1994年版，第9—10頁。

挾鉢："胡頰反。《説文》：挾,持也。《爾雅》：挾,藏也。亦懷挾也。"（5.14.992）

按：《説文新附·皿部》："盋,盋器。盂屬。从皿,犮聲。或从金,从本。"《玉篇·金部》："鉢,器也。"《廣韻·末韻》："鉢,鉢器也。亦作盋。"可見,最初"鉢"爲"盋"之異體,至《廣韻》時代,"鉢"取代"盋"的正體地位。

"波多羅",梵語 pātra、巴利語 patta 的全譯,節譯爲"鉢"。僧尼常持道具之一,一般作爲食器。至晉法顯《佛國記》時已節譯成詞："昔月氏王大興兵衆,來伐此國,欲取佛鉢。"唐玄奘《大唐西域記·僧伽羅國》："食時既至,僧徒持鉢受饌。"字書收釋該詞始於《正字通》,其《金部》："鉢,食器。梵語'鉢多羅'。此云應量器,謂體色量三俱應法。故體用鐵、瓦二物,色以藥煙熏治,量則分上中下。釋氏皆用鐵,形圓,上有蓋。或用瓦,形亦如之。"

（2）佛

臘佛："謂坐臘、臘餅,謂今七月十五日夏罷獻供之餅也。"（5.16.1015）

呈佛："馳京反。呈,見也,謂示見於佛也。論文作程法之程,非體也。或作俚,非也。"（5.18.1062）

按：《説文·人部》："佛,見不審也。从人,弗聲。"

"佛陀",梵語 buddha、巴利語 buddha 的全譯,節譯爲"佛"。意譯爲"覺""覺者"。覺悟真理者之意。該詞輸入漢語後,以"佛"字記錄音節"bud",後節譯爲"佛"。借以記錄佛陀。"佛"爲敷紐字,當時未從並紐中分化出來。至晉袁宏《後漢紀·明帝紀下》時已節譯成詞："浮屠者,佛也,西域天竺有佛道焉。佛者,漢言覺,將悟群生也。"《後漢書·西域傳》："西方有神,名曰佛。"字書收釋該詞始於《字彙》,其《人部》："佛,西方聖人名。"

（3）劫

垓劫："古文姟、奊二形,今作姟,同。古才反。數名也。《風俗通》曰：十億曰兆,十兆曰經,十經曰姟。姟猶大數也。"（1.3.579）

一劫："梵言劫簸,此譯云分別時節,經文有作庚,音子葉反,此語音訛也。"（1.3.583）

按：《説文·力部》："劫,人欲去以力脅止曰劫。或曰：以力止去曰劫。"段玉裁據《韻會》補"从力、去"。①

"劫波""劫簸",梵語 kalpa、巴利語 kappa 的全譯,節譯爲"劫"。意譯爲"分別時分""分別時節""長時""時"。天地的形成到毀滅爲一劫。唐代

---

① ［漢］許慎撰,［清］段玉裁注《説文解字注》,上海古籍出版社,1981年版,第701頁上。

道世《法苑珠林》:"皁劫者,蓋是紀時之名,猶年號耳。"《敦煌變文集·溫室經講唱押座文》:"百年(千)萬劫作輪王,不樂王宮恩愛事。捨命捨身千萬劫,直至今身證菩提。"字書收釋該詞始於玄應《大方廣佛華嚴經音義》,具體見上面詞條"一劫"。

(4) 鬘

華鬘:"梵言。俱蘇摩,此譯云華。摩羅,此譯云鬘,音蠻。案西國結鬘師多用蘇摩那華行列結之,以爲條貫,无問男女貴賤,皆此莊嚴,或首或身,以爲飾好。則諸經中有'華鬘''市天鬘''寶鬘'等同其事也。字體從髟音所銜反,鼻聲。鼻音彌然反。經文作鬘,非體也。"(1.1.482–483)

齒鬘:"莫班反。言齒形行列狀如花鬘,因以名也。"(卷二十二,七寺本缺)

按:《集韻·桓韻》:"鬘,髮美皃。"

"蘇摩那華""須摩那花""蘇曼那花",梵語 sumanas、巴利語 sumanā 的全譯,節譯爲"鬘"。意譯爲"悦意花""稱意花"。義爲用蘇曼那花做成的裝飾物,進而引指纓絡之類的裝飾物。字書收釋該詞始於專書辭典《玄應音義》卷一《大方廣佛華嚴經音義》"華鬘"條;①語文詞典則始於《韻集·先韻》:"鬘,纓絡也。"《正字通》則基本直接移錄《玄應音義》釋語。

(5) 釋

釋氏:"經中或作姓瞿曇氏。案:氏,姓別也,生也。姓者所以繫統百世使不別也,感靈而生也。氏者所以別子孫之所出也,或因地或因官爵也。故世本云:言姓即在上,言氏即在下。"(2.6.719)

按:《説文·釆部》:"釋,解也。从釆,釆,取其分別物也。从睪聲。"

"釋迦",梵名 Sākya 的全譯,節譯爲"釋"。意譯爲"能仁"。族名,仁,佛教之簡稱。南朝梁慧皎《高僧傳·義解二·釋道安》:"初,魏晉沙門,依師爲姓,故姓各不同。安以爲大師之本,莫尊釋迦,乃以'釋'命氏。"

(6) 梵

八梵:"八種梵音者。案《十住斷結經》云:一不男音,二不女音,三不强音,四不奭音,五不清音,六不濁音,七不雄音,八不雌音。"(1.1.487)

梵天:"梵言梵摩,此譯云寂靜,或云清净,或曰净潔。葛洪《字苑音》凡泛反。梵,潔也。取其義矣。"(2.6.690)

梵行:"凡泛反。梵言梵摩,此云清净,或曰清潔,正言寂靜。葛洪《字苑》云:梵,潔也。取其義矣。"(5.14.954)

---

① 《漢語大字典》第一、二版均認爲《慧琳音義》首次收釋該詞,誤,當爲《玄應音義》。

按:"梵覽摩",梵語 Brahman 的全譯,節譯爲"梵"。意譯爲"寂静""清浄""離欲"。義爲清浄,離欲。

《説文新附·林部》:"梵,出自西域釋書。未詳意義。"鄭珍新附考:"漢《衛彈碑》'梵梵黍稷',即《詩》'芃芃黍苗'之異文,知漢人書'芃'或別從'林'。"①清鈕樹玉《説文新附考·林部》:"梵,即芃之俗體。"②以上爲説解了"梵"之字形,晉葛洪《要用字苑》首釋該詞:"梵,潔也。"元代熊忠《古今韻會舉要》亦云:"梵,西域種號,此云清净,正言寂静。"

(7) 刹

方刹:"初鎋反。梵言差多羅,譯言田。田,土田也。或言國,或言土者,義言也。按:刹,字書所無,刾字略也。刾,《説文》:楚乙反。傷也。《字體》從桼,音七。"(2.6.695)

金刹:"梵言掣多羅。案西域無别旛竿,即於塔覆鉢柱頭懸旛。今言刹者,應訛略也。"(2.6.713)

按:"刹多羅",梵語 ksetra 的全譯,節譯爲"刹"。意譯爲"土田""土""國""處"。義爲國土。《華嚴經·入法界品》:"嚴浄一切刹,滅除三惡道。"

《説文新附·刀部》:"刹,柱也。从刀。未詳。殺省聲。"鄭珍新附考:"字出梵書。《衆經音義》云:'按:刹,書無此字,即刾字略也。'"③可見,字書收釋該字始於專書詞典《玄應音義》,語文詞典收釋此字始於大徐本《説文》。

二、新造漢字記録外來詞

漢語裏本來没有這種事物,也没有相應的概念,在漢字字庫裏本來就没有這個字,在引入外來詞時,自然便没有合適的漢字可供借用,於是祇好創造一個新的漢字來記録該音譯外來詞。

(1) 唄

歌唄:"蒲芥反。梵言婆師,此言讚歎,或言唄匿,疑訛也。婆音蒲賀反。案:宣驗記云,'魏陳思王曹植曾登漁山,忽聞巖岫有誦經,聲清婉逈亮,遠谷流響,遂依擬其聲而製梵唄,至今傳之'是也。唄亦近字耳。"(2.6.698)

按:"唄匿""婆師",梵語 Pātha 的全譯,節譯爲"唄"。意譯爲"止息"

---

① [清]鄭珍《説文新附考》,中華書局,1985 年版,第 93—94 頁。
② [清]鈕樹玉《説文新附考》,中華書局,1985 年版,第 90 頁。
③ [清]鄭珍《説文新附考》,中華書局,1985 年版,第 74 頁。

"讚歎"。指佛經中讚頌佛法的短偈。唐代道世《法苑珠林》:"西方之有唄,猶東國之有讚。讚者,從文以結章;唄者,短偈以流頌。比其事義,名異實同。"南朝梁代蕭綱《吳郡石像碑》:"頂禮歸依,歌唄贊德。"南朝梁慧皎《高僧傳·經師論》:"天竺方俗,凡是歌詠法言,皆稱爲唄。至於此土,詠經則稱爲轉讀,歌讚則號爲梵唄。"

字書收釋該字始於《玉篇·口部》:"唄,梵音聲。"《集韻·夬韻》:"唄,西域謂誦曰唄。"

(2) 僧

僧伽藍:"舊譯云村,此應訛也,正言僧伽羅磨,此云衆園也。"(卷一,七寺本缺)

僧坊:"甫房反。《字林》:坊,別屋也。"(1.2.535)

按:"僧伽",梵語 samgha、巴利語 samgha 的全譯,節譯爲"僧"。意譯爲"和""衆"。義爲和合。《魏書·釋老志》:"僧譯爲和命衆,桑門爲息心,比丘爲行乞。"

字書收釋該字始於《説文新附·人部》:"僧,浮屠道人也。从人,曾聲。"《廣韻·登韻》:"僧,沙門也。梵音云'僧伽'。"《正字通·人部》:"僧,從浮屠教者,或稱上人。梵語僧伽邪三合音,今俗取一字,名曰僧。"

(3) 塔

窣堵波:"蘇没反,下都古反。此云廟,或云墳,或言聚相,謂累石等高以爲相也。舊言藪斗波,或云偷婆,又言塔婆,皆方夏輕重耳。"(6.21.1078)

佛塔:"他盍反。或云塔婆,或作偷婆,此云方墳,亦言廟,一義也。經文從革作鞳,公帀反。橐也,亦防汗也。鞳非此義。"(2.5.679)

寶塔:"他盍反。諸經論中或作藪斗波,或作塔婆,或云兜婆,或言偷婆,或言蘇偷婆,或言脂帝浮都,亦言支提浮圖,皆訛略也。正言窣都波,此譯云廟,或云方墳,此義翻也。或云大聚,或云聚相,謂累石等高以爲相也。按:塔字諸書所無,唯葛洪《字苑》云:塔,佛堂也。音他合反。"(2.6.692)

塔廟:"塔婆或義譯爲廟,古文庿。《白虎通》曰:廟者,皃也。先祖尊皃也。今取其義矣。"(2.6.695)

塔寺:"梵言毗訶羅,此云遊行處,謂僧所遊履處也。今以寺代之。言寺者,《説文》廷也,有法度者。《廣雅》:寺,治也。《釋名》云:寺,嗣也。治事者相嗣續於其中也。字體從寸㞢聲。"(2.6.720)

按:"窣堵波""塔婆",梵語 stūpa、巴利語 thūpa 的全譯,節譯爲"塔"。意譯爲"高顯處""功德聚""方墳""聚相""靈廟"。義爲頂、堆土。《魏書·釋老志》:"弟子收奉,置之寶瓶,竭香花,致敬慕,建宫宇,謂爲'塔'。塔亦胡言,猶宗廟也。"

《説文新附·土部》:"塔,西域浮屠也。从土,苔聲。"王玉樹拈字:"塔字諸書所無,惟見於葛洪《字苑》,是晉以前尚無此字也。"①鄭珍新附考:"塔初止借轖,齊梁間乃有塔字,葛洪始收之。"②《玉篇·土部》:"塔,他盍切。字書塔物聲。《説文》云:'西域浮屠也。'"可知,字書收釋該字始於晉代葛洪《字苑》,《玉篇》《説文新附》承之。

(4) 懺

懺悔:"此言訛略也。書无懺字,應言叉磨,此云忍,謂容恕我罪也。半月叉磨增長戒根,逋沙他,此云增長,戒名鉢羅帝。提舍耶寐,此云我對説,謂相向説罪也。舊名布薩者,訛略也。譯爲净住者,義翻也。"(5.14.966)

按:"懺摩",梵語 ksama 的全譯,節譯爲"懺"。義爲追悔罪過,達到滅罪的目的。《華嚴經·普賢行願品》:"衆生煩惱盡,我懺乃盡。"《晉書·藝術傳·佛圖澄》:"佐始入,澄逆笑曰:'昨夜爾與法常交車共説汝師邪?'佐愕然愧懺。"

字書收釋該字始於《廣韻·鑒韻》:"懺,自陳悔也。"《集韻·艷韻》:"懺,悔也。或从言。"

(5) 魔

破魔:"梵言磨羅,此云煞者,是其位處也。斷慧命故名爲魔也。言魔波旬者,訛也。正言波卑夜。此云惡者,謂常有惡意,成就惡法也。或言惡魔波旬,存二音也。"(2.6.694)

天魔:"莫何反。書无此字,譯人義作。梵言魔羅,此翻名障,能爲修道作障导故。亦言煞者,常行放逸,斷慧命故。或云惡者,多愛欲故。"(6.21.1070)

按:"摩羅",梵語 māra、巴利語 māra 的全譯,節譯爲"魔"。意譯爲"殺者""奪命""障礙"。指能奪取人生命,妨礙善事之惡神。《大智度論》卷五:"問曰:'何以名魔?'答曰:'奪慧命,壞道法、功德、善本,是故名爲魔。'"

字書收釋該字始於《説文新附·鬼部》:"魔,鬼也。从鬼,麻聲。"《正字通·鬼部》:"魔,狂鬼能眩人。"

(6) 櫬

達櫬:"义觀反。案《尊婆須蜜論》亦作檀櫬,此云財施。解言報施之法名曰達櫬,導引福地亦名達櫬,復次割意所愛,成彼施度,於今所益,義是檀

---

① [清]王玉樹《説文拈字》卷五,嘉慶八年(1803)仲秋芳椶堂刊本。
② [清]鄭珍《説文新附考》,中華書局,1985年版,第271頁。

榇。又《西域記》云正言達櫬拏,或云馱器尼,以用右手受他所施,爲其生福,故從之立名也。"(1.1.492)

達嚫:"叉覲反。經中或作大榇,梵言訛也。案:《尊婆須蜜論》亦作檀攊,此云財施解,言報施之法名曰達攊。導引福地亦名達攊。又《西域記》云:達攊拏者,右也。或言馱器尼以用右手受人,所施爲其生福,故從之立名也。經中言福田者是也。律文從口作嚫,近字也。"(5.14.989)

檀嚫:"或言達嚫。又覲反。此云財施。報施之法名曰達嚫。又案:《西域記》云正云達櫬拏,或云馱器尼。以用右手受他所施,爲其生福,故從之立身。"(卷十八,七寺本缺)

按:"達嚫",梵語 daksinā、巴利語 dakkhinā 的全譯,節譯爲"嚫"。意譯爲"財施""施頌"。指布施金銀等財物。隋煬帝《法諱奉智書》:"弟子一日恭嚫,猶以陋薄,不稱宿心。"《釋氏要覽·中食》:"梵語達嚫拏,此云財施。今略'達拏',但云'嚫'。"

字書收釋該字始於《玉篇》,《口部》:"嚫,嚫施也。"《廣韻·震韻》:"嚫,嚫施。"

以上或爲借用已有漢字,或爲新造漢字,來記錄節譯的音譯詞,在語音、文字和文字運用等方面有着明顯的同一性。並且,它們經歷了"音節→詞→語素"的過程,即音節語素化。這主要受漢語自身特點約束,也與文字一定要適應它所記錄語言的特點相適應。

第一,漢語是單音節語言,一個音節表示一個詞,或者一個語素。漢語詞的語義内容要通過單音節語音形式表現出來。遠古漢語至上古漢語是典型的單音節語言,一個音節對應一個詞,一個詞用一個漢字來記錄,是原初的一一對應關係。雖然有部分雙音節詞或三音節詞,但多數仍可以分解爲單音節語素。進入中古漢語時期,雙音節詞大發展。到近代漢語初期,①漢語已經成爲雙音節詞占主體的語言,這與漢語是單音節語言的特點並不矛盾:這些複音詞並非凝固成詞形和詞義不可分解,多數詞語仍然可以離析成單音節語素,這些語素可以自由拼裝組合,重複使用。梵語外來詞的原始材料由於受漢語單音節詞的影響,顯得不協調,祗能作出讓步和改造,保留一個音節,這就解決了外來詞的多音節和漢語詞的單音節之間的矛盾。除"鬘""嚫"兩個外,"鉢""佛""懺""魔"等均取自原詞的首音節,這既是外來詞適應單音節語的需要,同時還説明一個事物給人印象最爲深刻,也最能代

---

① 在現代漢語口語中,動詞多爲單音節的,名詞和形容詞多爲雙音節。這和現代漢語以複音詞爲主的特點並不衝突。

表該事物的是事物的開頭部分，這也是詞的外在區别特徵中最重要的部分。這時，縮略後的單音節代表的對象是多音節的外來詞，是多音節的單音化，在漢語裏它已經成爲單音詞，但它們在原梵語裏仍然僅僅是一個音節而已，這個過程是音節成詞的過程，其前提是由一種多音節語言進入另一種單音節語言。

　　成詞後的節譯詞獲得了漢語的語音形式和語義内容，成爲一個能够獨立運用的最小的音義結合體，參與構造新的短語，如《玄應音義》中的詞條"購鉢、盪鉢、挾鉢、臘佛、呈佛"等都是短語，不是詞；即便是"一劫、垓劫、八梵、梵天、寶塔、佛塔"等最初都衹是短語，還没有獲得詞的資格。這些新的漢語詞，可以和已有的"盪、挾、呈、八、天、形"等單音詞按照語義關係和語法結構關係組合成短語，來稱説事物或表達概念；也可與新成員組成"佛刹、佛塔、佛鉢、唄佛、梵僧"等短語。

　　第二，與漢字的單音節特點和漢字以形聲字爲主的特點相適應。從讀音的角度看，漢字是單音節的，可以記録單音化後的梵語音譯外來詞。從漢字結構特點看，到《説文解字》時，形聲字已占漢字的80%以上。這些梵語節譯詞的讀音通過聲符體現出來，其意義通過形符固化到相對應的漢字裏，讓它更加漢化，這與形聲字是漢字成熟階段①代表結構樣式的特點是一致的，形符表意，聲符表音，在維持表意文字性質的同時，積極體現讀音，以完善漢字記録語言的能力。在這些新詞的使用過程中，漢字的配備使字詞對應得以實現，爲它在漢語中徹底立足提供了關鍵性的保障：没有漢字記録的詞，最終很難確立它作爲詞的地位，雖然這些字形或是借用，或是新創，或是改造。而且，有了漢字的參與，節譯詞徹底改頭換面，以全新的面貌出現在漢語裏，漢語的使用者也不再覺得它是外來音譯詞了。

　　第三，從這些外來詞的地位來看，它們是佛教文化中的核心詞，也是高頻詞。"佛"是佛教的創始人，涅槃成佛也是廣大修行者的終極願望，一切佛事皆與佛有關。"僧"與"佛""法"共同構成佛界之"三寶"，也是佛法的弘揚者和實踐者的主體。"鉢"是佛與僧的食器，"唄"是僧對佛的讚頌，"懺"是僧侣在修煉中的改過自新，"嚫"是僧衆生活的經濟來源和生存保障，"魔"是僧在修煉過程中要克服的障礙，"塔"是佛和僧最終涅槃後的墳塋。這些詞語所涉及的事物囊括了僧衆修身成佛的全過程，是僧衆最基本生活的主旋律和體現。其使用率自然最高，其構詞能力也最强，構成一大批詞，這些節譯詞也相應降低語法級别，成爲構成詞的語素，换言之，已經語素化。

---

　　① 漢字的發展經歷象形字階段、假借字階段和形聲字階段三個大的階段。

以下是語素化後的節譯詞構成複音詞的正序和逆序情況,這些詞摘自《漢語大詞典》《中文大辭典》《佛光大辭典》。

鉢: 鉢盂　鉢袋　鉢授　鉢單　鉢錢　鉢器　鉢囊　＊　佛鉢
　　四鉢　行鉢　家鉢　寶鉢　展鉢　木鉢　杖鉢　瓦鉢　瓶鉢
　　法鉢　托鉢　持鉢　石鉢　衣鉢　雲鉢　鐵鉢　齋鉢

佛: 佛人　佛力　佛土　佛子　佛天　佛牙　佛日　佛手　佛化
　　佛氏　佛火　佛心　佛印　佛母　佛宇　佛老　佛地　佛光
　　佛曲　佛旨　佛衣　佛汗　佛宇　佛戒　佛位　佛事　佛果
　　佛典　佛刹　佛舍　佛法　佛性　佛門　佛面　佛界　佛骨
　　佛律　佛跡　佛宮　佛扃　佛祖　佛祠　佛院　佛珠　佛氣
　　佛乘　佛記　佛座　佛海　佛家　佛書　佛理　佛教　佛堂
　　佛眼　佛國　佛偈　佛婆　佛塔　佛場　佛爺　佛傘　佛道
　　佛畫　佛粥　佛號　佛幌　佛像　佛鉢　佛會　佛義　佛窟
　　佛殿　佛經　佛境　佛幔　佛種　佛說　佛閣　佛慧　佛髮
　　佛齒　佛影　佛幡　佛儀　佛盤　佛廟　佛壇　佛髻　佛樹
　　佛頭　佛學　佛諦　佛燈　佛藏　佛螺　佛櫃　佛證　佛寶
　　佛龕　佛山　佛月　佛寺　佛見　佛吼　佛社　佛具　＊
　　七佛　仙佛　侫佛　供佛　依佛　報佛　古佛　和佛　唄佛
　　嘆佛　後佛　得佛　學佛　玉佛　木佛　成佛　泥佛　活佛
　　浴佛　心佛　念佛　悟佛　神佛　禮佛　臥佛　繡佛　轉佛
　　送佛　邈佛　設佛　讚佛　頂佛

劫: 劫火　劫灰　劫風　劫會　劫數　劫曆　劫爐　劫難　劫水
　　劫初　劫災　劫海　劫焰　劫樹　劫濁　劫盡火　　劫外天
　　＊　一劫　中劫　九劫　千劫　來劫　億劫　塵劫　壞劫
　　大劫　小劫　庶劫　幻劫　末劫　歷劫　曠劫　永劫　浩劫
　　濁劫　火劫　灰劫　燒劫　慘劫　石劫　空劫　萬劫　重劫
　　遐劫　一大劫

鬘: 鬘花　鬘飾　＊　妙鬘　華鬘　寶鬘

釋: 釋子　釋氏　釋老　釋旨　釋事　釋典　釋侶　釋宗　釋門
　　釋部　釋流　釋家　釋教　釋像　釋義　釋種　釋學　釋藏
　　＊　仙釋　儒釋　帝釋　孔釋　道釋

梵: 梵心　梵王　梵天　梵夾　梵身　梵刹　梵服　梵帝　梵音
　　梵衲　梵界　梵皇　梵侶　梵家　梵宮　梵書　梵城　梵唄
　　梵氣　梵師　梵堂　梵唱　梵處　梵偈　梵道　梵殿　梵經

	梵嫂	梵閣	梵僧	梵牒	梵輪	梵壏	梵磬	梵學	梵聲
	梵鐘	梵釋	梵響	梵土	*	仙梵	作梵	午梵	四梵
	曉梵	清梵	演梵	貝梵	釋梵	讚梵	鐘梵	高梵	魚梵
刹：	刹土	刹末	刹寺	刹柱	刹竿	刹海	刹塵	*	寶刹
	山刹	佛刹	僧刹	列刹	利刹	塵刹	寺刹	古刹	名刹
	幡刹	孤刹	玉刹	梵刹	禪刹	畫刹	霞刹	靈刹	金刹
	鐵刹	香刹	麗刹	鳳刹					
唄：	唄佛	唄音	唄唱	唄偈	唄士	唄聲	唄讚	唄師	唄頌
	*	仙唄	吟唄	梵唄	清唄	膜唄	歌唄	螺唄	讚唄
	誦唄	諷唄	鍾唄	魚唄					
僧：	僧人	僧巾	僧戶	僧尼	僧正	僧宇	僧衣	僧寺	僧行
	僧房	僧坊	僧官	僧舍	僧社	僧林	僧刹	僧供	僧相
	僧英	僧侶	僧律	僧家	僧袍	僧旗	僧院	僧徒	僧宿
	僧庵	僧堂	僧跌	僧窗	僧帽	僧衆	僧統	僧號	僧盟
	僧會	僧寮	僧厨	僧髮	僧鞋	僧磬	僧錄	僧籍	*
	主僧	内僧	供僧	依僧	俗僧	真僧	凡僧	土僧	小僧
	名僧	吟僧	山僧	律僧	定僧	客僧	尼僧	女僧	學僧
	林僧	枯僧	梵僧	游僧	漢僧	胡僧	番僧	老僧	聖僧
	西僧	竺僧	衲僧	貧僧	野僧	逸僧	道僧	講僧	雲僧
	門僧	飯僧	髡僧	高僧	齋僧				
塔：	塔林	塔院	塔座	塔鈴	塔廟	塔頭	*	化塔	佛塔
	像塔	僧塔	卵塔	師塔	寶塔	梵塔	祖塔	磚塔	白塔
	經塔	貝塔	踴塔	身塔	遺塔	靈塔	雁塔	髮塔	髭塔
	沙塔	題塔	鐵塔						
懺：	懺法	懺洗	懺悔	懺除	懺禮	懺七	懺拔	懺事	懺祈
	懺度	懺陳	懺滌	懺謝	*	寶懺	水懺	拜懺	愧懺
	祈懺	禮懺	皇懺	經懺	起懺	開懺			
魔：	魔王	魔母	魔外	魔戒	魔法	魔軍	魔界	魔宮	魔鬼
	魔梵	魔道	魔鄉	魔境	魔障	魔魅	魔頭	魔力	魔女
	魔天	魔心	魔民	魔行	魔君	魔事	魔怪	魔家	魔媼
	魔窟	魔漿	魔魁	*	十魔	天魔	夢魔	妖魔	惡魔
	群魔	邪魔	陰魔	鬼魔	病魔				
嚫：	嚫物	嚫金	嚫珠	嚫施					

從使用頻率看，上述詞語中的"佛""僧"兩個語素複現的頻率最高，這

是其核心地位決定的。而且,在佛教詞彙的語義場裏,"佛"是上位詞,涉及内容也最多,構詞能力也强,"僧"則是下位詞中的重要上位詞,同樣涉及的内容較多,構詞能力也較强。

從組合的要素看,既可以與漢語原生語素構成新詞,如"鉢盂、唄頌、懺悔、魔鬼、嚫施"等詞,還可以與新産生的語素構成新詞,如"佛刹、佛塔、佛鉢、唄佛、梵刹、梵唄、梵釋、釋梵、僧刹、僧佛、僧塔、梵塔、魔梵"等。

當然,"佛、僧、鉢、魔"仍然可以單獨成詞使用。

第四,音譯詞的語素化,這也是語言、文字經濟性的體現。語言的經濟性體現在構成要素的有限性和結構規則的有定性。對於漢語詞彙來説,其語音形式通過有限的聲母、韻母和聲調來組合實現。雖然上古漢語階段的語音系統比中古漢語以來的複雜,但其音節數量畢竟是有限的,總比多音節語言的梵語要簡單得多,多音節詞簡化爲相應的單音節詞後,僅是使用漢語原有的音節結構,没有增加字形的形式和内容,簡化了進入漢語的梵語語音。從文字的層面來看,借用已有漢字記録音譯詞,衹是讓原有的少部分字增加了新義項,負擔更多的意義;新造的形聲字,用的是已有的漢字構件來構設新字,不違背漢字結構方式,較少的數量也並不造成多少記憶的負擔。

第五,從意義上看,隨着意義的引申,部分詞語已經脱去明顯的宗教色彩,脱落部分語義,如不溯源,根本看不出其佛教的基本義素。主要體現在"塔""魔""劫"等字上。

"塔",本指"高顯處""功德聚""方墳""聚相""靈廟"等,後亦用來指"塔形的物體",如塔弔、松塔、燈塔、水塔、炮塔、鑽塔等,已經脱掉[+佛]的義素,如同"保姆""阿姨"等詞在特定的語境中脱去義素[+女性],"先生""光棍""强人""主人"在特定的環境中脱去義素[+男性]一樣。

"劫",本指"分别時節",後引申爲"災難"。因佛説世界有"成、住、壞、空"四個時期,稱爲"四劫",到壞劫時,水、風、火三災共現,世界歸於毁滅。因此人們把天災人禍稱爲"劫"。如稱"文革"爲"十年浩劫"。

"魔",本指"指能奪取人生命,妨礙善事之惡神",後可以用來指以下意義:"能迷惑人、害人性命的鬼怪";"比喻惡勢力,如魔爪、魔掌";"神奇、奇異,如魔力";"愛好入迷,如詩魔";"精神錯亂,失去理智,如瘋魔"等,其引申綫索可以圖示如下:

māra,能奪取人生命,妨礙善事之惡神 → 能迷惑人、害人性命的鬼怪 → 比喻惡勢力

↘ 神奇、奇異 → 愛好入迷 → 精神錯亂失去理智

可見，上述三字，以"魔"字記錄的詞，其引申義最多。從表面上看，是由其使用頻率造成的：和人們的客觀生活越緊密，其使用率就越高，其引申義自然也就越多。但從深層看，却是由這個詞所隱含的義素決定的。

當然，多數梵語外來詞是以意譯詞的面貌進入漢語的，這符合漢語的類型特點，即用漢語的構詞語素和構詞方式重新組合成新詞。過多的外來詞以原本的形式或略加改造的形式進入漢語，會對漢語造成很大的衝擊。漢語有兩種選擇：一是接受外來的語音、詞彙和語法，漢語放棄自己的部分特點，吸納新特點，變成克里奧爾語；二是堅持自己特點的同時，部分地吸納外來詞彙並加以改造，讓自己不斷地豐富起來，不斷發展。漢語選擇了後者，這是漢語的自然選擇。

第二章 《玄應音義》文字共時比較研究

要揭示事物自身特點，僅僅依靠内部平面描寫還不够，因爲事物的特徵，此事物與他事物的異同之處，不通過比較是難以顯示出來的。祇有在比較中纔能發現事物之間的共性，也祇有通過比較纔能凸顯事物的個性。從横的方面看，漢字在不同歷史時期都有共時使用的狀態；從縱的方面看，漢字有自身的歷時演變發展的脈絡。因此，外部比較包括共時比較和歷時比較兩個方面。其中共時比較是首要的，也是最主要的，它有助於對該時期的文字定性；歷時比較也很有必要，它可以揭示出漢字形體演變中的繼承和發展，展現其在漢字發展史上的地位。

共時比較，主要選擇《干禄字書》、敦煌卷子文字兩種有代表性的文字材料和《玄應音義》對比。這兩種文獻與《玄應音義》相比，或載體不同，或文體不同，却是同質的文字，在字形方面具有高度的一致性和可比較性。

異體字是漢字字庫龐大堆積物中數量最大、問題最多、關係最爲複雜的文字現象，因此我們把比較的重點放在異體字上。

第一節 與《干禄字書》文字比較研究

唐顔元孫《干禄字書》成書於唐玄宗年間，是一部字樣書。該書按平上去入四聲分部，每部之下按韻部、部首排字，每字分通、俗、正三體，收字804組1656個，①是初唐漢字的通用字表和規範字表。本書採用施安昌整理的

---

① 劉中富《干禄字書字類研究》，齊魯書社，2004年版，第4頁。該書資料根據施安昌整理的明拓本《顔真卿書〈干禄字書〉》統計所得。又，李建國《漢語規範史略》（語文出版社，2000年版），范可育、王志方、丁方豪等《楷字規範史略》（華東師範大學出版社，2000年版），施安昌《唐人〈干禄字書〉研究》（附《顔真卿書〈干禄字書〉》後，紫禁城出版社，1990年版）均認爲收1599字。我們採用劉中富的統計數字。

明拓本《顔真卿書〈干禄字書〉》。

下面按照"正""通""俗"的順序各舉《干禄字書》若干組例字,與《玄應音義》文字進行比較。同時,也對《玄應音義》繼承《説文》的文字進行比較研究。

與《干禄字書》文字的比較,我們重在求同,意在對七寺本《玄應音義》的文字性質①進行定位。

一、正

《干禄字書》共收正字 780 個,其中繼承《説文》673 個。七寺本《玄應音義》與《干禄字書》重複者 299 字。

(一) 繼承《説文》正字

1. 大部分字與《説文》正字結構一致

"雄",《説文·隹部》:"雄,鳥父也。从隹,厷聲。"《干禄字書》作雄。《海龍王經》②作雄。

"凶",《説文·凵部》:"凶,惡也。象地穿交陷其中也。"《干禄字書》作凶。《阿差末經》作凶。

"獵",《説文·犬部》:"獵,放獵逐禽也,从犬,巤聲。"《干禄字書》作獵。《妙法蓮華經》作獵,《雜阿毗曇心論》作獵。

"突",《説文·穴部》:"突,犬从穴中暫出也。从犬在穴中。一曰滑也。"《干禄字書》作突。《大智度論》作突、突。

"泛",《説文·水部》:"泛,浮也。从水,乏聲。"《干禄字書》作泛。《大般涅槃經》作泛,《四分律》作泛。

"完",《説文·宀部》:"完,全也。从宀,元聲。古文以爲寬字。"《干禄字書》作完。《道行般若經》作完。作構件亦類推,"睆",《七佛神咒經》作睆;"浣",《出曜論》作浣。

"單",《説文·吅部》:"單,大也。从吅、甲,吅亦聲。闕。"《干禄字書》作單。《雜寶藏經》作單。作構件亦類推,"鱓",《善見律》作鱓;"戰",《欲致患經》作戰;"憚",《顯揚聖教論》作憚。

"操",《説文·手部》:"操,把持也。从手,喿聲。"《干禄字書》作操。《阿毗曇毗婆沙論》作操,《出曜論》作操。作構件亦類推,"躁",《干禄字

---

① 我們這裏所説的"文字性質",不是表意文字和表音文字的性質區别,而是七寺本《玄應音義》究竟反映哪個時代、哪個地區的文字等。
② 爲簡潔起見,《海龍王經》前面不加《玄應音義》,後面不加"音義"二字。下同。

書》作【】；《四分律》作【】，《大般涅槃經》作【】；"燥"，《正法華經》作【】。

"兒"，《說文·兒部》："兒，孺子也。从儿，象小兒頭囟未合。"《干祿字書》作【】。《阿毗達磨俱舍論》作【】。作構件亦類推，"倪"，《月光童子經》作【】；"猊"，《阿毗達磨順正理論》作【】；"蜺"，《干祿字書》作【】、【】，《觀佛三昧海經》作【】；"鯢"，《五千五百佛名經》作【】；"麑"，《密跡金剛力士經》作【】。

"尼"，《說文·尸部》："尼，從後近之。从尸，匕聲。"《干祿字書》作【】。《勝天王般若經》作【】。作構件亦類推，"泥"，《干祿字書》作【】、【】；《大般涅槃經》作【】，《立世阿毗曇論》作【】；"昵"，《無量門破魔陀羅尼經》作【】，《阿彌陀鼓音聲陀羅尼經》作【】，《大莊嚴經論》作【】；"怩"，《太子慕魄經》作【】；"柅"，《金光明經》作【】。

"僉"，《說文·亼部》："僉，皆也。从亼，从吅，从从。"《干祿字書》作【】。《大方廣佛華嚴經》作【】，《勝天王般若經》作【】。作構件亦類推，"匲"，《阿毗達磨俱舍論》作【】；"劍"，《中陰經》作【】；"籤"，《四分律》作【】；"瞼"，《四分律》作【】；"斂"，《佛滅度後金棺葬送經》作【】，《義足經》作【】；"薟"，《阿毗達磨俱舍論》作【】；"撿"，《大般涅槃經》作【】；"嶮"，《菩薩凈行經》作【】。

2. 一部分正字是《說文》正字的異寫

"寇"，《說文·攴部》："寇，暴也。从攴，从完。"《干祿字書》作【】。《大般泥洹經》作【】，《阿毗曇甘露味論》作【】，《超日明三昧經》作【】。

"貿"，《說文·貝部》："貿，易財也。从貝，卯聲。"《干祿字書》作【】。《四分律》作【】，《妙法蓮華經》作【】。作構件亦類推，"劉"，《干祿字書》作【】。

"發"，《說文·弓部》："發，躲發也。从弓，癹聲。"《干祿字書》作【】。《大般涅槃經》作【】，爲正字【發】異寫。作構件亦類推，"廢"，《正法華經》作【】；"撥"，《善見律》作【】。

"析"，《說文·木部》："析，破木也。一曰折也。从木，从斤。"《干祿字書》作【】。《顯揚聖教論》作【】，《阿毗達磨俱舍論》作【】，《阿毗達磨俱舍論》作【】。

"跖"，《說文·足部》："跖，足下也。从足，石聲。"《說文·足部》："蹠，楚人謂跳躍曰蹠。从足，庶聲。"可知"跖""蹠"不同義，故段玉裁云："今所謂腳掌也。……跖或借蹠爲之。"①《干祿字書》："【蹠】、【跖】，並正。"《阿毗

---

① [漢] 許慎撰，[清] 段玉裁注《說文解字注》，上海古籍出版社，1981年版，第81頁上。

達磨俱舍論》作 [字]、[字]。

3. 還有一部分正字由《說文》異體變來

"躬",《說文·身部》:"躳,身也。從身,從呂。躬,躳或從弓。"《干祿字書》作 躬。《雜寶藏經》作 躬。

"哲",《說文·口部》:"哲,知也。從口,折聲。悊,哲或從心。嚞,古文哲,從三吉。"《干祿字書》:"悊、拃,並正。"《地持論》作 悊,《毗尼母律》作 㧗。

"塊",《說文·土部》:"凷,墣也。從土,一屈象形。塊,凷或從鬼。"《干祿字書》作 塊。《大般涅槃經》作 塊,《阿毗達磨順正理論》作 塊。

(二) 非《說文》來源正字

1. 非《說文》來源字與《說文》來源字並正

"迹",《說文·辵部》:"迹,步處也。從辵,亦聲。""跡",字見《左傳·昭公十二年》,韻書《廣韻》收釋該字,並溝通二字關係,《昔韻》:"迹,足迹。跡,上同。"《干祿字書》:"跡、迹,並正。"《鞞婆沙阿毗曇論》作 跡,《大方廣佛華嚴經》作 迹,《鞞婆沙阿毗曇論》作 迹。

"瓮",《說文·瓦部》:"瓮,罌也。從瓦,公聲。""甕",字見《周易》,《玉篇》收釋。《干祿字書》:"瓮、甕,並正。"《大威德陀羅尼經》作 甕。

2. 非《說文》來源正字

"衿",《方言》卷四:"衿謂之交。""襟",《爾雅·釋器》"衣眥謂之襟"。《干祿字書》:"衿、襟,並正。"《阿毗達磨順正理論》作 襟。

"矟",《釋名·釋兵》最早收釋該字:"矛長丈八尺曰矟。"《干祿字書》作 矟。《大般涅槃經》作 矟,《勝天王般若經》作 矟,《大雲經》作 矟,《大菩薩藏經》作 矟,《廣百論》作 矟。

"鞭",字見《廣雅·釋詁一》:"鞭,掔也。"王念孫疏證:"各本掔下俱脫'堅'字。"①《干祿字書》作 鞭。《普門品經》作 鞭,《阿毗達磨順正理論》作 鞭。

"丙",字見《玉篇·人部》:"丙,與閼同。"《干祿字書》作 丙。《妙法蓮華經》作 丙、丙,《四分律》作 丙,《摩訶般若波羅蜜經》作 丙,《對法論》作 丙。

"留",字見《玉篇·田部》:"留,止也,久也。"《干祿字書》作 留。《摩訶般若波羅蜜經》作 留。

"葦",漢魏六朝碑刻最早使用該字形,如北魏《孫秋生等造像記》作 葦,

---

① 〔清〕王念孫著,鍾宇訊點校《廣雅疏證》,中華書局,1983 年版,第 40 頁下。

東魏《房悦墓誌》作䇳,北齊《□乑墓誌》作䇳。《干祿字書》作䇳。《妙法蓮華經》作䇳。

通過比較,可以得出以下幾點結論:

第一,就字形來源上看,《干祿字書》共收780個正字,673個源於《説文》,其中《説文》正字623個,《説文》異體50個;就字形上看,大部分形體不變,源於《説文》正字異寫者121個,非源於《説文》正字異寫者35個。可知,《干祿字書》正字的主流是秉承《説文》。

這主要是兩個原因在起作用,一是由意音文字的性質決定的,最初的表意體系的文字大部分被沿用下來;二是由文字使用的一貫性決定的。顏元孫没有死抱《説文》不放,因爲源於《説文》正字異寫者121個,非《説文》來源字107個,其中異寫者35個。材料説明,顏元孫在一定程度上具有漢字發展觀。

第二,《干祿字書》共收正字780個,七寺本《玄應音義》與《干祿字書》重複者299字,占《干祿字書》正字二分之一弱。這透露出一些消息:官方正統正字與民間實際用字之間的差異是比較大的,《玄應音義》能夠基本反映唐代文字的實際使用面貌。

二、通

《干祿字書》共收通行字383個,其中繼承《説文》32個,其餘來源多途,但又主要源於漢魏六朝碑刻文字。

(一) 少數繼承《説文》正字

1. 繼承《説文》正字

"兇",《説文·凶部》:"兇,擾恐也。从人在凶下。"《干祿字書》作兇。《阿毗達磨俱舍論》作兇。

"巢",《説文·巢部》:"巢,鳥在木上曰巢,在穴曰窠。从木,象形。"《干祿字書》作巢。《雜寶藏經》作巢,《大威德陀羅尼經》作巢。作構件亦類推,"勦",《業報差別經》作勦,《大般涅槃經》作勦;"操",《觀佛三昧海經》作操、操。

"光",《説文·火部》:"光,明也。从火在人上,光明意也。"《干祿字書》作光。《大方廣佛華嚴經》作光,《維摩詰經》作光。

"並",由《説文》正字"竝"隸變而來。《説文·立部》:"竝,併也。从二立。"《干祿字書》作並。《金光明經》作並。

2. 《説文》正字異寫

"兹",《説文·艸部》:"兹,艸木多益。从艸,絲省聲。"《干祿字書》作兹。《無量壽經》作茲，《大方等大雲請雨經》作茲。

"齩"，《説文·齒部》："齩，齧骨也。从齒，交聲。"《干禄字書》作齩。《大威德陀羅尼經》作䶩。

"兒"，《説文·兒部》："兒，孺子也。从儿，象小兒頭囟未合。"《干禄字書》作兒。《修行道地經》作兒。

"走"，《説文·走部》："走，趨也。从夭、止。"《干禄字書》作走、赱。《大般涅槃經》作走，《大般涅槃經》作走，《五百弟子自説本起經》作赱。作構件亦類推，"徒"，《干禄字書》作徒，《四分律》作徒；"趣"，《法炬陀羅尼經》作趣；"超"，《菩薩瓔珞經》作超；"跂"，《大吉義咒經》作趌；"趙"，《獨證自誓三昧經》作趙，《出曜論》作趙，《別譯阿含經》作趙；"迸"，《四分律》作迸；"趣"，《四分律》作趣；"趨"，《四分律》作趨；"躁"，《四分律》作趮；"孚"，《五百弟子自説本起經》作趗；"趑"，《四分比丘尼戒本》作趑；"越"，《生經》作越；"起"，《明了論》作《大智度論》作起；"趁"，《大威德陀羅尼經》作趁。

（二）少數繼承《玉篇》文字

"狸"，《玉篇·犬部》："狸，似猫。"《干禄字書》作狸。《梵網經》作狸，《拔陂經》作狸，《阿毗達磨俱舍論》作狸。

"溪"，《玉篇·水部》："溪，溪澗。"《干禄字書》作溪。《顯揚聖教論》作溪。

"壃"，《玉篇·土部》謂"壃"同"疆"。《干禄字書》作壃。《阿毗達磨順正理論》作壃。

"准"，《玉篇·冫部》："准，俗準字"。《干禄字書》作准。《賢劫經》作准。

"懇"，《玉篇·心部》："懇，悲也，誠也，信也。"《干禄字書》作懇。《大灌頂經》作懇。

"寶"，《玉篇·宀部》："寶，珍也。"《干禄字書》作寶。《四分律》作寶。

"飼"，《玉篇·食部》謂"飼"同"飤"。《干禄字書》作飼。《大般涅槃經》作飼。

（三）散見於其他典籍、字書

由於版刻傳世典籍出現較晚，其文字很難反映用字的實際情況，且屢經後世改動，遠非原貌。下面所舉傳世典籍中的文字，祇能作爲一種參考。

"鞋"，該字形見《顏氏家訓·治家篇》："麻鞋一屋，弊衣數庫，其餘財寶，不可勝言。"《干禄字書》作鞋。《移識經》作鞋。

"礦",該字見《周禮·地官·序官》"卝人"鄭玄注:"卝之言礦也,金玉未成器曰礦。"《干禄字書》作礦。《大般涅槃經》作礦。

"懭",該字見《漢書·武帝紀》:"秋,匈奴入鴈門,太守坐畏懭棄市。"《干禄字書》作懭。《大般涅槃經》作懭,《顯揚聖教論》作懭。

"咲",該字見《漢書·外戚傳下·孝成許皇后傳》:"《易》曰:'鳥焚其巢,旅人先咲後號咷。……'"顏師古注:"咲,古笑字也。"①《干禄字書》作咲。《阿毗達磨俱舍論》作笑。

"耄",該字見《釋名·釋長幼》:"七十曰耄,頭髮白,耄耄然也。"《干禄字書》作耄。《成具光明定意經》作耄、耄。

"襪",該字見《釋名·釋衣服》:"襪,末也,在脚末也。"《集韻》溝通二字關係,《月韻》:"韈,《説文》:'足衣也。'或……从衣。"《干禄字書》作襪。《四分律》作襪。

(四)少數字形源於簡帛

"足",《老子》甲二〇作足。《干禄字書》作足。《大菩薩藏經》作足,《大菩薩藏經》作足。作構件亦類推,"捉",《維摩詰經》作捉;"踅",《大威德陀羅尼經》作踅;"踅",《大雲經》作踅;"躓",《賢劫經》作躓;"輕",《般舟三昧經》作輕;"魘",《摩登伽經》作魘;"蹇",《普曜經》作蹇;"躄",《大智度論》作躄。

"節",《老子》甲後三六九作節。《干禄字書》作節。《解脱道論》作節,《立世阿毗曇論》作節。

"或",《武威漢簡·有司》一二作或。《干禄字書》作或,《大方廣佛華嚴經》作或,《大菩薩藏經》作或。作構件亦類推,"域",《顯揚聖教論》作域,《阿毗達磨順正理論》作域,《四分律》作域;"棫",《大方便報恩經》作棫;"國",《四分律》作國,《十住斷結經》作國;"國",《賴吒和羅經》作國,《攝大乘論》作國;"惑",《長阿含經》作惑。

"切",《武威漢簡·有司》一二作切。《干禄字書》作切。《賢愚經》作切,《鼻奈耶律》作切,《大乘十輪經》作切。

"若",《武威漢簡·服傳》七作若。《干禄字書》作若。《正法華經》作若,《無言童子經》作若。作構件亦類推,"諾",《大菩薩藏經》作諾;"惹",《大菩薩藏經》作惹;"匿",《密跡金剛力士經》作匿;"暱",《鼻奈耶律》作暱。

"屬",《武威漢簡·服傳》四二作屬。《干禄字書》作屬。《妙法蓮華

---

① 〔漢〕班固《漢書》,中華書局,1962年版,第3979—3980頁。

經》作屠，《普曜經》作厇。作構件亦類推，"矖"，《央掘魔羅經》作瞴。

（五）多數字形源於漢魏六朝碑刻①

"猪"，北魏《蔡氏等造像記》作猪。《干祿字書》作猪。《華手經》作猪。

"強"，東漢《李固殘碑》作強，北魏《薛孝通敘家世券》作強，東魏《李次明造像記》作強，北周《二聖廟碑》作強。《干祿字書》作強。《妙法蓮華經》作強，《法鏡經》作強。

"延"，西魏《陳神姜等人造像記》作延。《干祿字書》作延。《大方廣佛華嚴經》作延。作構件亦類推，"誕"，《阿毗達磨順正理論》作誕，《解深密經》作誕；"埏"，《大菩薩藏經》作埏；"挺"，《百論》作挺。

"龍"，東漢《韓勑造孔廟禮器碑》作龍，《封龍山頌》作龍，《西狭頌》作龍。《干祿字書》作龍。《般舟三昧經》作龍，《大般涅槃經》作龍。作構件亦類推，"儱"，《維摩經》作儱；"籠"，《維摩經》作籠；"聾"，《奮迅王菩薩所問經》作聾；"蠱"，《大智度論》作蠱；"襲"，《辟支佛因緣論》作襲；"櫳"，《普曜經》作櫳、櫳；"攏"，《般若燈論》作攏；"聾"，《大乘莊嚴經論》作聾；"嚨"，《觀佛三昧海經》作嚨。

"本"，東漢《白石神君碑》作本，東晉《謝琨墓誌》作本，北魏《元融妃穆氏墓誌》作本，《元略墓誌》作本。《干祿字書》作本，《正法華經》作本，作構件亦類推，"鉢"，《大菩薩藏經》作鉢。

"軌"，南朝梁《蕭融太妃王慕韶墓誌》作軌，北魏《元思墓誌》作軌，《元顯儁墓誌》作軌，《寇侃墓誌》作軌。《干祿字書》作軌。《阿毗達磨俱舍論》作軌，作構件亦類推，"仇"，《維摩詰經》作仇；"虓"，《央掘魔羅經》作虓。

"從"，東漢《桐柏淮源廟碑》作從，《史晨前碑》作從。《干祿字書》作從。《大威德陀羅尼經》作從。作構件亦類推，"縱"，《妙法華嚴經》作縱；"聳"，《末羅王經》作聳；"屣"，《大般涅槃經》作屣，《阿毗曇毗婆沙論》作屣；"鞦"，《大般涅槃經》作鞦；"徙"，《阿毗達磨俱舍論》作徙。

"能"，東漢《賈武仲妻馬姜墓記》作能，西晉《王浚妻華芳墓誌》作能，北魏《暉福寺碑》作能，《比丘尼慧静墓誌》作能。《干祿字書》作能。《大般涅槃經》作能。作構件亦類推，"熊"，《阿毗達磨俱舍論》作

---

① 今天我們稱漢魏六朝碑刻文字時多稱"碑刻異體字"，這是以今天通行繁體字的角度看待和稱說的。實際上，碑刻異體字的主體恰是當時的通行字，相當一部分字甚至是當時的正字。

熊";"罷",《阿閦佛國經》作羆";"羆",《阿毗達磨俱舍論》作羆;"擺",《大莊嚴經論》作擺;"態",《海龍王經》作態。

"陵",東漢《何君治道造閣碑》作陵,《桐柏淮源廟碑》作陵,《華山廟碑》作陵,《趙寬墓碑》作陵。《干祿字書》作陵。《佛滅度後金棺葬送經》作陵,作構件亦類推,"凌",《阿毗達磨俱舍論》作淩。

"鋤",北魏《法義兄弟姊妹等造像記》作鋤。《干祿字書》作鋤。《濡首菩薩無上清淨分衛經》作鋤。"助",東漢《樊敏碑》作助,北魏《元平墓誌》作助,東魏《元澄妃馮令華墓誌》作助。《須摩提經》作助。

"聰",北魏《寇演墓誌》作聰,《劉華仁墓誌》作聰,《王僧男墓誌》作聰。《干祿字書》作聰,《大般涅槃經》作聰。

"鐵",北魏《元昭墓誌》作鐵,北齊《石佛寺迦葉經碑》作鐵。《干祿字書》作鐵。《觀佛三昧海經》作鐵,《正法華經》作鐵,《大智度論》作鐵,《十住毗婆沙論》作鐵,《善見律》作鐵,《阿毗達磨俱舍論》作鐵,《鞞婆沙阿毗曇論》作鐵。

"聽",東漢《石門頌》作聽,北魏《王僧男墓誌》作聽,《元信墓誌》作聽。《干祿字書》作聽。《超日明三昧經》作聽,《正法華經》作聽,《地持論》作聽。

"鬧",北魏《元悅墓誌》作鬧。《干祿字書》作鬧。《大般涅槃經》作鬧,《摩訶般若波羅蜜經》作鬧,《四分律》作鬧。

"牟",東漢《乙瑛碑》作牟,《曹全碑》作牟,東晉《高句麗好太王碑》作牟,北魏《光州靈山寺塔下銘》作牟。《干祿字書》作牟。《須彌藏經》作牟。作構件亦類推,"鉾",《四分律》作鉾;"眸",《大灌頂經》作眸。

"鉛",北魏《元仙墓誌》作鉛,北齊《司馬遵業墓誌》作鉛。《干祿字書》作鉛。《妙法蓮華經》作鉛,《阿毗曇毗婆沙論》作鉛。"船",《大方廣佛華嚴經》作船。

"賴",東漢《孔宙墓碑》作賴,《成陽靈臺碑》作賴,北魏《□伯超墓誌》作賴,《元朗墓誌》作賴。《干祿字書》作賴。《立世阿毗曇論》作賴。作構件亦類推,"獺",《立世阿毗曇論》作獺,《四分律》作獺;"癩",《孔雀王神咒經》作癩。

"幾",北魏《王禎墓誌》作幾,《敬羽高衡造像記》作幾,東魏《李挺妻劉幼妃墓誌》作幾。《干祿字書》作幾。《大智度論》作幾。作構件亦類推,"譏",《鞞婆沙阿毗曇論》作譏;"璣",《菩薩本行經》作璣;"機",《大智度論》作機;"譏",《出曜論》作譏;"饑",《四分律》作饑。

比較表明,七寺本《玄應音義》中的通行字與《干祿字書》的通行字一樣，主要沿用漢魏六朝碑刻文字的形體。

三、俗

《干禄字書》共收俗字 335 個，其中繼承《説文》15 個，《玉篇》11 個，其餘字形多來自漢魏六朝碑刻。

（一）少數字形源於《説文》

"澌"，《説文·水部》："澌，水索也。从水，斯聲。"《干禄字書》作澌。《别譯阿含經》作断。

"俛"，《説文·頁部》："頫，低頭也。从頁，逃省。……俛，頫或从人、免。"《干禄字書》作俛。《央掘魔羅經》作俛，《維摩詰所説經》作俛，《大智度論》作俛。

"虫"，《説文·虫部》："虫……物之微細，或行，或毛，或蠃，或介，或鱗，以虫爲象。"《干禄字書》作虫。《大般涅槃經》作虫。

"堤"，《説文·土部》："堤，滯也。从土，是聲。"《干禄字書》作堤。《雜阿毗曇心論》異寫作堤。

"与"，《説文·勺部》："与，賜予也。一勺爲与。此与與同。""與"，《説文·舁部》："與，黨與也。从舁，从与。""與"，由本義"黨與"引申出"給予"義後，"与"成爲非全同異體字。《干禄字書》作与。《善見律》作与。

"嘆"，《説文·口部》："嘆，吞歎也。从口，歎省聲。一曰太息也。"漢魏六朝碑刻裏，"嘆""歎"混用。《干禄字書》作嘆。《正法華經》作嘆，《長阿含經》作嘆。

"恙"，《説文·心部》："恙，憂也。从心，羊聲。"《干禄字書》作恙。《未曾有經》作恙。

（二）少數字形源於《玉篇》

"惣"，《玉篇·心部》："惣，惣柱。"《干禄字書》作惣。《義足經》異寫作惣。

"餚"，《玉篇·食部》："餚，饌也。"《干禄字書》作餚。《妙法蓮華經》作餚。

"恠"，《玉篇·心部》謂"恠"同"怪"。《干禄字書》作恠。《妙法蓮華經》作恠。

（三）少數字形源於其他典籍、字書等

"蕪"，《孫子》一二八作蕪。《干禄字書》作蕪。《大乘十輪經》作蕪。

"峙"，《列子·湯問》："五山始峙。"《玉篇·山韻》："峙，峻峙。"《干禄

第二章 《玄應音義》文字共時比較研究 ·145·

字書》作〇。《大方廣佛華嚴經》作〇。
（四）多數字形源於漢魏六朝碑刻
"鳳"，東漢《景君碑》作〇，北周《叱羅協墓誌》作〇、〇。《干祿字書》作〇。《妙法蓮華經》作〇。
"功"，東漢《許卒史安國祠堂碑》作〇，《鮮于璜墓碑》作〇，北魏《楊大眼造像記》作〇，《元詮墓誌》作〇。《干祿字書》作〇。《阿闍世王經》作〇。
"肉"，北魏《孫遼浮圖銘記》作〇，東魏《崔鴻妻張玉憐墓誌》作〇，北齊《石佛寺迦葉經碑》作〇。《干祿字書》作〇。《雜阿毗曇心論》作〇。
"堯"，北齊《暈禪師等五十人造像記》作〇，北周《二聖廟碑》作〇。《干祿字書》作〇，《鼻奈耶律》作〇。作構件亦類推，"鐃"，《正法華經》作〇；"燒"，《正法華經》作〇、〇；"驍"，《琉璃王經》作〇；"巁"，《阿毗達磨順正理論》作〇；"嬈"，《阿毗達磨順正理論》作〇；"撓"，《大般涅槃經》作〇；"譊"，《無量清凈平等覺經》作〇；"鐃"，《無量門微密持經》作〇；"翹"，《大般涅槃經》作〇；"磽"，《對法論》作〇；"澆"，《放光般若經》作〇等。
"穑"，東漢《三公山碑》作〇，北魏《弔比干文》作〇。《干祿字書》作〇，《舍利弗阿毗曇論》作〇，《阿毗達磨俱舍論》作〇。作構件亦類推，"墻"，《干祿字書》作〇；"歟"，《大智度論》作〇，《七佛神咒經》作〇；"憎"，《大智度論》作〇；"嗇"，《正法華經》作〇、〇。
"惡"，北魏《丘穆陵亮妻尉遲氏造像記》作〇，《王君妻元華光墓誌》作〇，北齊《庫狄業墓誌》作〇。《干祿字書》作〇。《大般涅槃經》作〇，《摩訶般若波羅蜜經》作〇，《四分律》作〇。
"嫡"，北魏《元熙墓誌》作〇，《長孫季及夫人慕容氏墓誌》作〇。《干祿字書》作〇。《大方便報恩經》作〇，《大乘十輪經》作〇。
"發"，北魏《弔比干文》作〇，《長樂長公主元瑛墓誌》作〇，《元液墓誌》作〇，北周《傅孝德造像記》作〇。《干祿字書》作〇。《大方廣佛華嚴經》作〇，《大方便報恩經》作〇，《大方等陀羅尼經》作〇，《入楞伽經》作〇，《達磨多羅禪經》作〇，《四分律》作〇，《對法論》作〇。作構件亦類推，"橃"，《阿毗達磨俱舍論》作〇。
"欝"，北魏《弔比干文》作〇，《員外散騎侍郎元舉墓誌》作〇，《干祿字書》作〇。《修行道地經》作〇，《欲致患經》作〇，《雜阿毗曇心論》作〇，《欲致患經》作〇。作構件亦類推，"攀"，《干祿字書》作〇，《起世經》作〇；"樊"，《干祿字書》作〇，《掌珍論》作〇。
"率"，北魏《僧暈造像記》作〇，《吐谷渾璣墓誌》作〇，《元曄墓誌》作寧。《干禄字書》作寕。《不空羂索經》作寍，《四分律》作寕，《分別功德論》作寍。

"俞"，北魏《元悅墓誌》作俞。《干禄字書》作俞。《大智度論》作俞。

"悉"，北魏《王禎墓誌》作悉。《干禄字書》作悉。《華積陀羅尼經》作悉。

"貿"，北魏《元子直墓誌》作貿，《元纂墓誌》作貿，北齊《元子邃墓誌》作貿。《干禄字書》作貿。《大灌頂經》作貿，《四分律》作貿。

"差"，北魏《元欽墓誌》作差，《張玄墓誌》作差。《干禄字書》作差。《妙法蓮華經》作差，《四分律》作差。作構件亦類推，"醝"，《摩訶般若波羅蜜經》作醝；"槎"，《十住斷結經》作槎；"蹉"，《放光般若經》作蹉；"嵯"，《放光般若經》作嵯；"傞"，《密跡金剛力士經》作傞；"瑳"，《百佛名經》作瑳；"磋"，《法鏡經》作磋。"工"訛混爲"匕"，作構件亦類推，"左"《出曜論》作左；"捨"，《大莊嚴經論》作捨；"壃"，《四分律》作壃。

"尼"，北魏《法文、法隆等造像記》作尼，《高英墓誌》作尼，《慈慶墓誌》作尼。《干禄字書》作尼。《大菩薩藏經》作尼。作構件亦類推，"泥"，《稱讚淨土經》作泥；"坭"，《七佛神咒經》作坭。

"因"，南朝梁《晃藏造像記》作因，北魏《馮迎男墓誌》作因，北周《李府君妻祖夫人墓誌銘》作因。《干禄字書》作因。《大般涅槃經》作因。作構件亦類推，"姻"，《大菩薩藏經》作姻。

"完"，東漢《山東蒼山元嘉畫像石墓題記》作完，北魏《李璧墓誌》作完。《干禄字書》作完。《道行般若經》作完。

"喬"，南朝齊《劉岱墓誌》作喬，北魏《常岳等一百餘人造像碑》作喬，北齊《庫狄迴洛墓誌銘》作喬。《干禄字書》作喬。《阿毗達磨俱舍論》作喬。作構件亦類推，"撟"，《對法論》作撟；"矯"，《阿毗達磨俱舍論》作矯，《十住毗婆沙論》作矯；"憍"，《阿毗達磨俱舍論》作憍，《地持論》作憍；"僑"，《菩薩本業經》作僑，《出曜論》作僑；"蹻"，《阿毗曇毗婆沙論》作蹻。

"坐"，北魏《侯剛墓誌》作坐，北齊《魏懿墓誌》作坐，北周《趙富洛等二十八人造像記》作坐。《干禄字書》作坐。《大般涅槃經》作坐。作構件亦類推，"睉"，《大威德陀羅尼經》作睉；"矬"，《大般涅槃經》作矬；"痤"，《大般涅槃經》作痤；"剉"，《四分律》作剉，《三法度論》作剉。

"逢"，北齊《趙道德墓誌》作逢，北周《步六孤須蜜多墓誌》作逢。《干禄字書》作逢。《薩婆多毗尼毗婆沙》作逢。作構件亦類推，"蓬"，《妙法蓮華經》作𨓜；"峯"，《大菩薩藏經》作峯；"蜂"，《大般涅槃經》作蜂；"鋒"，《大般涅槃經》作鋒，《須真天子經》作䤾。

"臧"，北魏《元玹妻穆玉容墓誌》作臧，《法義九十人等造塔記》作臧，北齊《趙奉伯妻傅華墓誌》作臧。《干禄字書》作臧，《大菩薩藏經》作臧。作構件亦類推，"藏"，《月光童子經》作藏。

"寫"，北魏《劉根四十一人等造像記》作寫，《元邵墓誌》作寫，北周《張子開造像記》作寫。《干禄字書》作寫。《大般涅槃經》作寫。構件"臼"亦類推，如"稻"，《摩訶般若波羅蜜經》作稻；"掐"，《大莊嚴經論》作掐；"陷"，《大莊嚴經論》作陷；"毀"，《大莊嚴經論》作毀；"舂"，《四分律》作舂；"蹈"，《妙法蓮華經》作蹈；"滔"，《月光童子經》作滔；"韜"，《優填王經》作韜；"蓞"，《大乘十輪經》作蓞。

比較表明，七寺本《玄應音義》中的俗字與《干禄字書》的俗字一樣，主要沿用漢魏六朝碑刻文字的形體，是六朝文字的繼承。

通過比較，可以得出以下幾點結論：

第一，通過與唐代的正字標準《干禄字書》的比較，我們可以對七寺本《玄應音義》所使用的文字作如下定性：文字來源多途，其正字堅持以《説文》爲標準，其中少部分字略有異寫；其通行字和俗字主要沿用漢魏六朝碑刻的異體字，可見六朝文字對後世的影響巨大。

第二，《玄應音義》繼承《説文》的字形，説明《説文》文字所反映的造字之初的構字理念經受住了時代的考驗，沒有被淘汰出文字系統。六書的理論歸納，能夠比較客觀地反映漢字的造字原則。

第三，《玄應音義》繼承漢魏六朝碑刻異體字的字形，説明文字的使用是滾動向前發展的。這些形體，從今天的眼光看是異體、俗體，但就當時的歷史事實而論，應是漢魏六朝的文字實際使用面貌，當時是作爲通行體在使用，反映出一定歷史時期的漢字規範標準。

比較表明，《玄應音義》文字能夠基本反映唐代文字的實際使用面貌，在一定程度上體現出當時社會的書寫規範原則，這就是它的文字性質。

第二節　與敦煌卷子文字比較研究

敦煌卷子爲十六國時期西涼建初二年（406）至北宋咸平五年（1002）共約六百年間的古代文獻。其大部分爲漢文文獻，大部分漢文寫本寫于中唐至宋初，它主要反映唐代的書寫面貌。

我們分出幾種類型,把《玄應音義》的文字與敦煌卷子文字做個比較,以便發現異同,客觀描寫七寺本《玄應音義》文字的特點。

一、分類字形比較

下面的字形比較,我們分出類型,從求同的角度看《玄應音義》與敦煌卷子文字的共同點。

(一)古文字

"册",字形源于甲骨文。"珊",P.3906《碎金》作珊,"珊",浙敦027《大智度論》作珊,P.2305《妙法蓮華經講經文》作珊。《玄應音義》同於敦煌卷子,"册",《大威德陀羅尼經》作册。作構件亦類推,"鋤",《大般涅槃經》作鋤;"栅",《四分律》作栅;"删",《摩訶般若波羅蜜經》作删;"删",《大吉義咒經》作删;"珊",《大吉義咒經》作珊。

"番",字形源於金文。"藩",Φ096《雙恩記》作藩;"幡",浙敦193《妙法蓮華經·見寶塔品》作幡,敦研105(5-4)《妙法蓮華經》作幡;"翻",S.2073《廬山遠公話》作翻;"燔",S.388《正名要録》作燔;"審",S.512《歸三十字母例》作審;"磻",P.3906《碎金》作磻。《玄應音義》同於敦煌卷子,"番",《阿毗達磨俱舍論》作番。作構件亦類推,"蕃",《大方等大集經》作蕃;"蟠",《大般涅槃經》作蟠,《觀佛三昧海經》作蟠;"瓠",《大方便報恩經》作瓠;"播",《大方便報恩經》作播;"幡",《金光明經》作幡;"皤",《請觀音經》作皤。

"卑",字形源於籀文,敦研032(3-2)《四分律》作卑,S.6659《太上洞玄靈寶妙經衆篇序章》作卑,S.388《正名要録》作卑;《移識經》作卑,《方等般泥洹經》作卑。作構件亦類推,"婢",P.3906《碎金》作婢;"俾",S.388《正名要録》作俾;"婢",敦研257《賢愚經》作婢,浙敦026《普賢菩薩説證明經》作婢;"脾",P.2717《碎金》作脾;"痺",S.388《正名要録》作痺,S.76《食療本草》作痺;"禆",S.388《正名要録》作禆;"剥",S.5431《開蒙要訓》作剥;"鄿",S.388《正名要録》作鄿;"陴",S.388《正名要録》作陴。S.388《正名要録》:"鑿、鑿:右字形雖別,音義是同。古而典者居上,今而要者居下。"《玄應音義》同於敦煌卷子,"卑",《移識經》作卑。作構件亦類推,"俾",《放光般若經》作俾;"鑿",《月燈三昧經》作鑿;"禆",《妙法蓮華經》作禆;"蜱",《大威德陀羅尼經》作蜱;"髀",《摩訶般若波羅蜜經》作髀。

"氐",字形源於戰國古文,作構件亦類推,如"鴟",S.610《啓顔録》作鴟,S.617《俗務要名林》作鴟;"坻",P.2491《燕子賦》作坻;"低",甘博

003《佛説觀佛三昧海經》卷第五作〔氐〕，Φ096《雙恩記》作〔氐〕，S.2073《廬山遠公話》作〔氐〕，S.2832《願文等範本·十二月時景兼陰晴雲雪諸節》作〔伝〕；"厎"，S.799《隸古定尚書》作〔底〕；"抵"，P.2305《妙法蓮華經講經文》作〔抠〕，S.5431《開蒙要訓》作〔扺〕；"砥"，S.388《正名要録》作〔砳〕；"邸"，P.2524《對語》作〔邙〕、〔邛〕；"胝"，天津市文物公司藏卷15號《佛頂尊勝陀羅尼經》作〔胚〕，S.610《啓顔録》作〔胚〕；"舐"，S.617《俗務要名林》作〔舥〕；"祇"，胡適藏卷《降魔變文》作〔祖〕，P.2319《大目乾連冥間救母變文》作〔祖〕，P.214《燕子賦》作〔祖〕，S.76v《長興五年正月一日行首陳魯修牒》作〔祖〕，S.799《隸古定尚書》作〔伍〕。《玄應音義》同於敦煌卷子，如"祇"，《大菩薩藏經》作〔板〕；"坻"，《法炬陀羅尼經》作〔她〕，《大般涅槃經》作〔坦〕；"胝"，《大般涅槃經》作〔胚〕；"柢"，《大雲經》作〔柩〕；"羝"，《菩薩本行經》作〔羖〕；"底"，《須彌藏經》作〔庒〕。

"害"，古隸書字形作〔害〕孫臏一六七，甘博003《佛説觀佛三昧海經》卷第五作〔害〕，敦博072《妙法蓮華經》卷第四作〔害〕，敦研361《佛經》作〔害〕，敦研365《大般涅槃經》卷第十六作〔害〕，S.799《隸古定尚書》作〔害〕，S.6983《妙法蓮華經·觀世音顯聖圖》作〔害〕，S.189《老子道德經》作〔害〕。作構件亦類推，"轄"，P.2524《語對》作〔轄〕。S.388《正名要録》："〔鎋〕、〔轄〕：右字形雖別，音義是同。古而典者居上，今而要者居下。""割"，甘博003《佛説觀佛三昧海經》作〔割〕，S.6537vd《兄弟分家契》作〔割〕，S.189《老子道德經》作〔割〕；"豁"，S.6659《太上洞玄靈寶妙經衆篇序章》作〔豁〕。《玄應音義》同於敦煌卷子，"害"，《超日明三昧經》作〔害〕。作構件亦類推，"瞎"，《大智度論》作〔瞎〕，《四分律》作〔瞎〕。"割"，《月燈三昧經》作〔割〕。"豛"，《德光太子經》作〔豛〕。"轄"，《虛空藏經》作〔轄〕。

"曼"，字形源於戰國楚文字。敦研187《太子本起瑞應經》作〔曼〕，浙敦193《妙法蓮華經·見寶塔品》作〔曼〕，S.5584《開蒙要訓》作〔曼〕。作構件亦類推，"蔓"，S.617《俗務要名林》作〔蔓〕，S.5431《開蒙要訓》作〔蔓〕；"慢"，敦研020(9-9)《大般涅槃經》作〔慢〕，敦博072《妙法蓮華經》卷第四作〔慢〕，敦研016《自在王菩薩經》作〔慢〕，S.800《論語》作〔慢〕，S.2832《願文等範本·公》作〔慢〕，雲24《八相變》作〔慢〕；"謾"，Φ096《雙恩記》作〔謾〕；"漫"，S.2073《廬山遠公話》作〔漫〕；"鬘"，天津市文物公司藏卷15號《佛頂尊勝陀羅尼經》作〔鬘〕；"縵"，浙敦027《大智度論》作〔縵〕，甘博136《道行般若經》作〔縵〕；"鰻"，S.5431《開蒙要訓》作〔鰻〕。無一例外。

(二) 簡省

"曹"簡省豎筆作"曺"。P.2536《春秋穀梁經傳》作〔曺〕。作構件亦類推，

"漕",S.610《启颜录》作㯪;"槽",S.617《俗务要名林》作㯪;"遭",S.462《金光明经果报记》作遭,成96《目连变文》作遭。《玄应音义》同于敦煌卷子,"曹",《放光般若经》作曹。作构件亦类推,"艚",《立世阿毗昙论》作艚;"糟",《摩诃般若波罗蜜经》作糟;"醋",《摩诃般若波罗蜜经》作醋;"遭",《善见律》作遭。

构件"矣"简省撇笔作"天"。S.6825V 想尔注《老子道经》作矣,S.2832《愿文等范本·因产亡事》作矣。作构件亦类推,"挨",P.3906《碎金》作挨;"骏",P.3906《碎金》作骏,P.2965《佛说生经》作骏,Φ096《双恩记》作骏;"蒺",P.2305《妙法莲华经讲经文》作蒺,Φ096《双恩记》作蒺;"俟",P.2536《春秋穀梁经传》作俟,S.799《隶古定尚书》作俟;甘博003《佛说观佛三昧海经》作侯;"睽",甘博003《佛说观佛三昧海经》作睽;"糇",S.338《正名要录》作糇,S.545《失名类书》作糇。《玄应音义》同于敦煌卷子,"矣",《妙法莲华经》作矣。作构件亦类推,"埃",《阿毗达磨俱舍论》作埃;"俟",《莲花面经》作俟;"竢",《毗尼母律》作竢;"糇",《毗尼母律》作糇;"唉",《大爱道比丘尼经》作唉。

"衤"简省作"礻"。如"裥",P.3906《碎金》作裥;"袄",S.4642《发愿文范本等》作袄;"补",P.2536《春秋穀梁经传》作补,P.2173《御注金刚般若波罗蜜经宣演卷上》作补;"襜",S.338《正名要录》作襜、襦;"襟",S.2832《愿文等范本·十二月》作襟;"衿",S.2832《愿文等范本·女》作衿;S.338《正名要录》:"裙:衣。"S.338《正名要录》:"裯:单被。""褴",S.338《正名要录》作褴;"裙",P.2524《语对》作裙;"袖",Φ096《双恩记》作袖。《玄应音义》同于敦煌卷子,"被",《大般涅槃经》作被;"初",《月灯三昧经》作初;"裕",《明度无极经》作裕;"裨",《须摩提经》作裨;"褫",《无言童子经》作褫;"碇",《宝梁经》作碇;"褋",《四分律》作褋。

其他简省用例很多,大多同于《玄应音义》。如"傲",P.3906《碎金》作傲;"鏊",S.5431《开蒙要训》作鏊;"熬",S.5431《开蒙要训》作熬。

"糹"简省为"纟"。"缭",敦研196《妙法莲华经》卷第七《普贤菩萨劝发品》作缭;"纲",敦研365《大般涅槃经》卷第十五作纲,敦研123(2-1)《思益梵天所问经》作纲;"统",甘博136《道行般若经》卷第九作统;"綖",甘博136《道行般若经》卷第九作綖;"终",S.2832《愿文等范本·脱服》作终;"纯",S.2832《愿文等范本·律师事》作纯;"缚",S.2832《愿文等范本·律》作缚;"纲",S.2832《愿文等范本》作纲;"缕",甘博136《道行般若经》作缕;"细",P.2160《摩诃摩耶经卷上》作细;"绕",S.2832《愿文等範本·十二月時景兼陰晴雲雪諸節》作繞；"繩"，甘博003《佛説觀佛三昧海經》卷第五作繩；"繡"，甘博136《道行般若經》作繡。《玄應音義》此類現象亦有，如"給"，《大般涅槃經》作給；"結"，《摩訶般若波羅蜜經》作結；"維"，《金剛般若經》作維；"紅"，《等目菩薩所問經》作紅；"納"，《寶納經》作納；"綢"，《正法華經》作綢。不同的是，敦煌文獻裏大部分不簡省，同於碑刻文獻。《玄應音義》裏此類簡省更多。該書所有在字左的形符"糸"都簡省爲"纟"。

記號"口"代替"人"。在敦煌卷子裏，構件"人"異化作記號"口"，如"坐"，敦研042（2-1）《妙法蓮華經》作坐，P.3627+P.3867《漢將王陵變》作坐。"座"，P.2173《御注金剛般若波羅蜜經宣演卷上》作座，Φ096《雙恩記》作座；"挫"，S.189《老子道德經》作挫，S.1086《兔園策府》作挫；"剉"，S.2614《大目乾連冥間救母變文》作剉；"矬"，S.5431《開蒙要訓》作矬；"哭"，S.2832《願文等範本》作哭；"趖"，P.3906《碎金》作趖。《玄應音義》同於敦煌卷子，如"坐"，《大般涅槃經》作坐。作構件亦類推，"脞"，《大威德陀羅尼經》作脞；"矬"，《大般涅槃經》作矬；"痤"，《大般涅槃經》作痤；"怾"，《賢劫經》作怾。

記號"厶"。在敦煌寫卷裏，構件"口"異化作記號"厶"，如"涓"，P.2173《御注金剛般若波羅蜜經宣演卷上》作涓，P.2614《大目乾連冥間救母變文》作涓；"捐"，敦研219《道行般若經》作捐；"絹"，S.76《食療本草》作絹，S.5584《開蒙要訓》作絹；"鞘"，S.388《正名要録》作鞘；"損"，浙敦026《黃仕强傳》作損；"揎"，S.6659《太上洞玄靈寶妙經衆篇序章》作揎；"隕"，S.134《詩·豳風·七月》作隕。《玄應音義》同於敦煌卷子，如"捐"，《大般涅槃經》作捐；"狷"，《大智度論》作狷；"蜎"，《大愛道比丘尼經》作蜎。

（三）增繁

"土"加點增繁，Φ096《雙恩記》作土，S.6981《禮懺文》作土。作構件亦類推，"杜"，S.1153《諸雜人名一本》作杜，P.2173《御注金剛般若波羅蜜經宣演卷上》作杜；"肚"，S.5431《開蒙要訓》作肚；"墮"，S.6983《妙法蓮華經·觀世音顯聖圖》作墮；"惰"，P.2305《妙法蓮華經講經文》作惰；"坙"，P.2536《春秋穀梁經傳》作坙；"閏"，S.2832《願文等範本·滿月事》作閏；"輊"，S.1086《兔園策府》作輊；"基"，S.799《隸古定尚書》作基；"堅"，S.6825V想爾注《老子道經》作堅；"墓"，S.799《隸古定尚書》作墓；"泥"，甘博003《佛説觀佛三昧海經》作泥；"社"，S.799《隸古定尚書》作社，Φ096《雙恩記》作社；"吐"，S.6981V《十恩德》作吐。《玄應音義》同於敦煌卷子，"土"，《妙法蓮華經》作土，作構件亦類推，"橙"，《大般涅槃經》作檀；"坌"，《大般涅槃經》作坓，"堅"，《摩訶般若波羅蜜經》作堅。

"步"加點增繁，P.2524《語對》作歨，敦研 031（5-3）《大般涅槃經》作歩；"涉"，S.799《隸古定尚書》作渉；"陟"，S.2832《願文等範本》作崅。《玄應音義》同於敦煌卷子，"步"，《大般涅槃經》作歩，《修行道地經》作歩。作構件亦類推，"頻"，《勝天王般若經》作頻；"陟"，《菩薩瓔珞經》作陟。

（四）異化

構件"亶"形體異化。如"檀"，浙敦 027《大智度論》作檀，P.3906《碎金》作檀，S.617《俗務要名林》作檀，敦研 365《大般涅槃經》卷第十五作檀，敦研 018《佛說阿難律經》作檀；"氈"，S.610《啓顏錄》作氈；"氈"，S.1776《顯德五年十一月十三日某寺判官與法律尼戒性等一伴交曆》作氈。《玄應音義》同於敦煌卷子，如"檀"，《觀佛三昧海經》作檀，《太子須大拏經》作檀；"檀"，《阿毗達磨順正理論》作檀；"憺"，《阿老末經》作憺；"顫"，《起世經》作顫。

構件"歹"形體異化。如"賓"，S.6659《太上洞玄靈寶妙經衆篇序章》作賓，P.2524《語對》作賓。作構件亦類推，"續"，P.2170《太玄真一本際經·聖行品》作續，S.512《歸三十字母例》作續，S.6836《葉淨能詩》作續；"殯"，成 96《目連變文》作殯；"擯"，浙敦 193《妙法蓮華經·見寶塔品》作擯。《玄應音義》同於敦煌卷子，"賓"，《阿彌陀經》作賓，《四分律》作賓。作構件亦類推，"續"，《摩訶般若波羅蜜經》作續，《妙法蓮華經》作續；"殯"，《大般涅槃經》作殯；"擯"，《阿毗達磨順正理論》作擯。

"齒"，敦研 187《太子瑞應本起經》作齒，S.238《金真玉光八景飛經》作齒，S.203《度仙靈錄儀》等作齒，P.3906《碎金》作齒，S.328《伍子胥變文》作齒。《玄應音義》同於敦煌卷子，《四分律》作齒，《大菩薩藏經》作齒，《阿毗達磨順正理論》作齒。

構件"夷"形體異化。"夷"，S.6659《太上洞玄靈寶妙經衆篇序章》作夷，S.800《論語》作夷，S.2832《願文等範本》作夷。《玄應音義》同於敦煌卷子，《大般涅槃經》作夷。作構件亦類推，"洟"，《大般涅槃經》作洟；"痍"，《大般涅槃經》作痍；"羠"，《菩薩本行經》作羠；"稊"，《妙法蓮華經》作稊。

構件"幾"形體異化。"機"，S.388《正名要錄》作機，Φ096《雙恩記》作機；"璣"，P.2965《佛說生經》作璣。《玄應音義》同於敦煌卷子，如《大智度論》作機。作構件亦類推，"璣"，《菩薩本行經》作璣；"機"，《大智度論》作機；"譏"，《出曜論》作譏；"饑"，《四分律》作饑。

（五）訛混

《玄應音義》裏的訛混字同敦煌寫卷異體字一樣，類型豐富，數量衆多。

（1）"扌""木"混用。總的來說，"木"混作"扌"的字數要多得多。這個規律在兩種文獻裏高度一致。

敦煌寫卷中"木"混作"扌"。"村"，Φ096《雙恩記》作村；"棣"，S.2832《願文等範本·亡兄弟》作棣；"杚"，S.2832《願文等範本·夫人》作杚；"枂"，S.5431《開蒙要訓》作枂；"杆"，Φ096《雙恩記》作杆；"根"，Φ096《雙恩記》作根；"栱"，浙敦026《普賢菩薩説證明經》作栱；"構"，S.5431《開蒙要訓》作構；"槨"，S.6537Vh《放妻書》作槨；"械"，S.3491《破魔變押座文》作械；"橫"，浙敦026《普賢菩薩説證明經》作橫；"機"，Φ096《雙恩記》作機；"机"，S.6659《太上洞玄靈寶妙經》作机；"極"，S.610《啓顏錄》作極；"檢"，S.462《金光明經果報記》作檢；"校"，P.2173《御注金剛般若波羅蜜經宣演卷上》作校；"栲"，S.2144《韓擒虎話本》作栲；"枯"，S.2832《願文等範本·十二月》作枯；"欄"，S.2073《廬山遠公話》作欄；"櫚"，Φ096《雙恩記》作櫚；"楞"，Φ096《雙恩記》作楞；"棬"，S.202《傷寒論·辨脉》作棬；"權"，S.6557《南洋和尚問答雜徵義》作權；"霜"，S.2832《願文等範本·十二月》作霜。

"扌"混作"木"。"打"，《廬山遠公話》作打；"抵"，S.5431《開蒙要訓》作抵；"掛"，Φ096《雙恩記》作掛；"捍"，S.5431《開蒙要訓》作捍；"接"，成96《目連變文》作接；"拒"，S.5431《開蒙要訓》作拒；"括"，S.1086《兔園策府》作括；"撩"，P.3666《燕子賦》作撩；"折"，敦研032（3-1）《四分律》作折；"拄"，P.3906《碎金》作拄；"撰"，P.2170《太玄真一際經·聖行品》作撰。

《玄應音義》中情況亦然。"木"混作"扌"。"榜"，《大方廣佛華嚴經》作榜；"棹"，《法炬陀羅尼經》作棹；"棍"，《法炬陀羅尼經》作棍；"晰"，《大般涅槃經》作晰；"槍"，《大般涅槃經》作槍；"椑"，《大般涅槃經》作椑；"樘"，《大般涅槃經》作樘。"扌"混作"木"。"挎"，《大般涅槃經》作挎；"挑"，《大般涅槃經》作挑；"捅"，《明度無極經》作捅；"操"，《觀佛三昧海經》作操；"攘"，《觀佛三昧海經》作攘；"攫"，《大方便報恩經》作攫。

（2）"亻""彳"混用。總的來說，"彳"混作"亻"的字數更多一些。

敦煌寫卷中"彳"混作"亻"。"得"，Φ096《雙恩記》作得；"德"，敦研365《大般涅槃經》卷第十五作德，S.6825V 想爾注《老子道經》作德；"行"，S.6825V 想爾注《老子道經》作行；"衒"，P.3906《碎金》作衒；"役"，S.6631Vg《辭父母讚文一本》作役。

"亻"混作"彳"。"滌"，S.338《正名要錄》作滌；"佛"，甘博004-1《賢愚經》作佛，S.4624《受八關齋戒文》作佛；"健"，浙敦026《黃仕强傳》作，S.76《食療本草》作 健；"俱"，甘博 004－13《賢愚經》作 俱；"傍"，甘博 004－3《賢愚經》作 傍；"侵"，S.223《發願文》作 侵；"僧"，甘博 004－5《賢愚經》作 僧；"使"，甘博 004－3《賢愚經》作 使；"優"，敦研 365《大般涅槃經》作 優；"倍"，甘博 004－8《賢愚經》作 倍。

《玄應音義》中情況亦然。"彳"混作"亻"，如"伋"，《濟諸方等學經》作 伋；"役"，《大方等大集菩薩念佛三昧經》作 役；"懲"，《藥師本願經》作 懲；"徬"，《菩薩睒子經》作 徬；"徹"，《鼻奈耶律》作 徹。"亻"混作"彳"，如"修"，《正法華經》作 修；"偉"，《義足經》作 偉；"儒"，《善見律》作 儒。

(3) "力""刀"混用。

"力"混作"刀"。"坳"，P.3906《碎金》作 坳；"拗"，S.214《燕子賦》作 拗，S.5431《開蒙要訓》作 拗；"功"，津藝 38《大方廣佛華嚴經》作 功；"劫"，S.2073《廬山遠公話》作 劫；"勁"，P.3906《碎金》作 勁；"牞"，S.5431《開蒙要訓》作 牞。

"刀"混作"力"。"韌"，P.3906《碎金》作 韌；"切"，敦研 306《小品般若波羅蜜經》作 切。《玄應音義》亦然，如"刀"，《阿毗達磨順正理論》作 力，"劈"，《觀佛三昧海經》作 劈；"勢"，《妙法蓮華經》作 勢；"剡"，《正法華經》作 剡；"叨"，《正法華經》作 叨；"刱"，《正法華經》作 刱。

(六) 改換

"闚"，改變構件作"闚"，由形聲字變為會意字。如 S.189《老子道德經》作 闚，敦研 118《大般涅槃經》作 闚，S.610《啓顔錄》作 闚。《玄應音義》之《妙法蓮華經》"闚"作 闚。

"鼓"，敦煌寫卷裏構件"支"全部寫作"皮"。如 S.76《食療本草》作 鼓，甘博 005《大般涅槃經》作 鼓，Φ096《雙恩記》作 鼓，P.2524《語對》作 鼓。"瞽"，S.203《度仙靈錄儀》等作 瞽，P.2721《舜子變》作 瞽。《玄應音義》亦然，"鼓"，《大方等大集經》作 鼓。

(七) 類化

《玄應音義》裏的類化字包括字際類化、字內類化兩種類型。由於造成字際類化的上下文不同，《玄應音義》裏的字際類化字不同於敦煌卷子；由於字內類化不需要上下文，《玄應音義》裏的字內類化部分地同於敦煌卷子。

"需"作為構件使用時，字內類化成"需"。"儒"，P.2173《御注金剛般若波羅蜜經宣演卷上》作 儒，S.388《正名要錄》作 儒；"擩"，P.3906《碎金》作 擩；"濡"，浙敦 027《大智度論》作 濡。《玄應音義》亦如是，如"儒"，《月燈三昧經》作 儒；"濡"，《勝天王般若經》作 濡；"臑"，《移識經》作 臑；

"蠕",《妙法蓮華經》作▨;"糯",《唯識論》作▨。

"毚"作爲構件使用時,字内類化成"毚"。"纔",Φ096《雙恩記》作▨,S.2832《願文等範本·十二月時景兼陰晴雲雪諸節》作▨;"讒",S.2614《大目乾連冥間救母變文》作▨;"攙",S.4642《發願文範本等》作▨;"饞",P.3906《碎金》作▨;"鑱",S.5431《開蒙要訓》作▨。《玄應音義》同於敦煌卷子,如"纔",《大般涅槃經》作▨;"巉",《十住毗婆娑論》作▨;"攙",《阿毗達磨俱舍論》作▨;"讒",《生經》作▨;"鑱",《阿毗達磨順正理論》作▨。點畫亦皆簡省。

"顛"獨立成字或作爲構件使用時,字内類化成"顚"。"顛",浙敦027《大智度論》作▨,P.2173《御注金剛般若波羅蜜經宣演卷上》作▨。《玄應音義》同於敦煌卷子,"顛",《央掘魔羅經》作▨;"癲",《孔雀王神咒經》作▨。

（八）位移

《玄應音義》裏的構件位移字部分同於敦煌卷子,袛有少數相同,體現了文字的繼承性。

"庭",構件重新組合,由原"广"部變爲"辶"部。從空間位置上看,是構件位移;從内容上看,是構件的替換。兩個因素共同作用産生新字形。"庭",S.6659《太上洞玄靈寶妙經衆篇序章》作▨、▨,《大菩薩藏經》作▨。

"孼",該字形最早見於戰國文字▨孫子一二八,爲戰國古文之孑遺。S.6981v《十恩德》作▨。《玄應音義》亦然,如《菩薩見實三昧經》作▨,《起世經》作▨,《大菩薩藏經》作▨,《大乘十輪經》作▨。

"飍",《龍龕手鏡·風部》以"飍"爲"飄"的俗字。S.6659《太上洞玄靈寶妙經衆篇序章》作▨,S.2073《廬山遠公話》作▨。《玄應音義》亦然,如《放光般若經》作▨,《雜阿毗曇心論》作▨。

二、構件舉例比較

上一小節的分類字形比較意在最大限度的求同,本小節的構件舉例比較則是意在最大限度的求異,充分體現《玄應音義》的文字與敦煌卷子文字之間的差異,同時,也可體現二者的相同點。

（1）鬼

"鬼",敦煌卷子文字有三種形體。其一,作"鬼",如P.2305《妙法蓮華經講經文》作▨。作構件亦類推,"魁",P.2965《佛說生經》作▨;"愧",甘博005《優婆塞戒經》作▨。其二,作"鬼",如S.318《洞淵神咒經·斬鬼品》作𬁨。作構件亦類推,"魂",S.170《失名道經》作𩴂;"傀",P.3906《碎金》作伿;"嵬",P.3906《碎金》作𡸫;"巍",浙敦026《普賢菩薩說證明經》作𩕳。其三,作"𫝀",如敦研009《佛說灌頂章句拔除過罪生死得度經》俗字作𫝀。作構件亦類推,"魁",敦博072《妙法蓮華經》作魁;"媿",S.388《正名要錄》作媿、愧;"餽",S.388《正名要錄》作餽。

"鬼",《玄應音義》祇有敦煌卷子字形的前兩種。其一,作"𫝀",如"魅",《妙法蓮華經》作魅;"魁",《妙法蓮華經》作魁,《大方等大集菩薩念佛三昧經》作魁。其二,作"鬼",如"瑰",《摩訶般若波羅蜜經》作瑰;"塊",《勝天王般若經》作塊;"魔",《妙法蓮華經》作魔。

(2) 古

"古",敦煌卷子有兩種寫法。其一,"辜",S.388《正名要錄》作辜,"蛄",S.388《正名要錄》作蛄;"故",敦研235《小品般若波羅蜜經》作故。其二,"辜",S.318《洞淵神咒經·斬鬼品》作辜;"故",敦研196《妙法蓮華經》作故。

"古",《玄應音義》異寫祇有一種,如《大方廣佛華嚴經》作右。作構件亦類推,"蛄",《大方廣佛華嚴經》作蛄;"辜",《無量清淨平等覺經》作辜;"酤",《勝天王般若經》作酤、沽;"蛄",《菩薩處胎經》作蛄;"估",《妙法蓮華經》作估。

(3) 瓜

"瓜",敦煌卷子有五種字形。其一,S.388《正名要錄》作瓜、瓜,S.5448《敦煌錄》作瓜。作構件亦類推,"孤",S.388《正名要錄》作孤;"昫",S.617《俗務要名林》作昫,S.610《啓顔錄》作昫。其二,S.76《食療本草》作瓜。其三,S.617《俗務要名林》作瓜作構件亦類推,"弧",S.388《正名要錄》作弧。其四,S.388《正名要錄》作瓜。作構件亦類推,"瓠",S.388《正名要錄》作瓠;"孤",S.4642《傷寒論·辨脈》作孤;"狐",甘博003《佛說觀佛三昧海經》作狐。其五,作"爪"。作構件亦類推,"孤",S.4642《發願文範本等》作孤;"騧",S.5431《開蒙要訓》作騧。

"瓜",《玄應音義》字形全部寫作"爪",如《大般涅槃經》作爪。作構件亦類推,"孤",《大方廣佛華嚴經》作孤,《金剛般若經》作孤;"柧",《觀佛三昧海經》作柧;"筑",《善見律》作筑;"瓠",《善見律》作瓠。

(4) 魚

"魚",敦煌卷子有六種寫法。其一,作"魚"原形,S.338《正名要錄》作魚。其二,用記號"〃"代替"灬",S.6983《妙法蓮華經·觀世音顯聖圖》作魚,S.78《失名類書》作魚,S.2073《廬山遠公話》作魚。作構件亦類推，"蟹"，S.2073《廬山遠公話》作🐟；"鯨"，S.4642《發願文範本等》作🐟；"鱗"，P.2524《語對》作🐟；"蘇"，S.4642《發願文範本等》作蘇。其三，"灬"變爲"大"，如"魚"，Φ096《雙恩記》作奐、奐，"鱗"，P.2524《語對》作🐟；"鮮"，P.2721《舜子變》作🐟；"蝦"，S.2073《廬山遠公話》作🐟；"鮮"，S.2832《願文等範本‧亡禪師》作鮮。其四，"灬"變爲"小"，如"魚"，S.6825V想爾注《老子道經》卷上作魚。其五，"灬"變爲"ˇ"，如"鯶"，S.338《正名要錄》作🐟，S.5584《開蒙要訓》作🐟；"鮮"，S.338《正名要錄》作鮮；"鮫"，S.338《正名要錄》作鮫；"鮓"，S.338《正名要錄》作鮓。其六，"灬"變爲"一"，如P.3742《二教論》作蘇。

"魚"，《玄應音義》祇有三種寫法。其一，"魚"之"灬"記號化作"一"。如"鯖"，《大般涅槃經》作鯖；"鼇"，《妙法蓮華經》作鼇。其二，"灬"變爲"大"，同時，"ク"變爲"亠"，這是《玄應音義》的主體。如《大方等大集經》作奐，"鯁"，《大般涅槃經》作鯁，"鮫"，《寶雲經》作鮫，"鯨"，《孔雀王神咒經》作鯨；"漁"，《妙法蓮華經》作漁，"鱣"，《十住毗婆娑論》作鱣。其三，簡省筆畫。如"鯁"，《大般涅槃經》作鯁。

"魚"在敦煌寫卷裏字形最豐富，與《玄應音義》相比，最大的不同是上部構件"ク"在敦煌寫卷裏多用記號"ˇ"代替，而《玄應音義》裏多用記號"亠"代替。最大的相同是構件"灬"都用"大"代替。

(5) 角

"角"，敦煌卷子字形不變。如"觸"，敦研301《妙法蓮華經》作觸，敦研207《大般涅槃經》作觸，S.617《俗務要名林》作斛，敦研365《大般涅槃經》作角，敦研033(3-1)《大般涅槃經》作角，S.338《正名要錄》："觸、角，右正行者楷，腳注稍訛。""解"，P.2173《御注金剛般若波羅蜜經宣演卷上》作解；"斛"，S.617《俗務要名林》作斛；"觸"，P.3561蔣善進臨摹《千字文》作觸。

"角"，《玄應音義》均寫作"甪"，如《大般涅槃經》作甪。作構件亦類推，"解"，《大般涅槃經》作解；"觳"，《迦葉經》作觳；"觸"，《大莊嚴經論》作觸；"捅"，《明度無極經》作捅；"觚"，《觀佛三昧海經》作觚。

"角"在兩種文獻中字形最大區別在上部構件"ク"寫法不同。

(6) 金

在敦煌卷子裏，"金"有兩種寫法。其一，用"金"原形，這是大多數。如"礦"，S.6557《南陽和尚問答雜徵義》作礦；"籙"，S.338《正名要錄》作籙；"鐵"，S.338《正名要錄》作鐵；"鐵"，S.338《正名要錄》作鐵；"鑊"，S.

5431《開蒙要訓》作 ；"鑰"，S.338《正名要錄》作 ；"鑽"，P.3906《碎金》作 ；"鎖"，Φ096《雙恩記》作 ，《金光明經果報記》作 ，P.2160《摩訶摩耶經卷上》作 ；"鑐"，S.338《正名要錄》作 ；"鐮"，S.610《啓顏錄》作 ；"鏝"，S.5431《開蒙要訓》作 ；"鍾"，S.2832《願文等範本·亡兄弟》作 ；"轄"，S.338《正名要錄》作 。其二，構件"丷"變爲"一"。如"爐"，S.338《正名要錄》作 ；"鐵"，敦研 256《佛經》作 ，敦研 358《佛經》作 ；"鏤"，甘博 136《道行般若經》作 ；"鑊"，甘博 003《佛説觀佛三昧海經》卷第五作 。

"金"，在《玄應音義》裏，構件"丷"無一例外變爲"一"。如"鉢"，《放光般若經》作 ；"銚"，《寶如來三昧經》作 ；"銅"，《大智度論》作 ；"釿"，《大威德陀羅尼經》作 ；"鈍"，《大菩薩藏經》作 。

（7）巨

"巨"，敦煌卷子有三種寫法。其一，作"巨"，如"拒"，S.2832《願文等範本·公》作 ，S.5431《開蒙要訓》作 ；"渠"，浙敦 193《妙法蓮華經·見寶塔品》作 。其二，作"臣"，S.388《正名要錄》作 ，敦研 020（9-6）《大般涅槃經》作 。作構件亦類推，"距"，敦研 361《佛經》作 ；"拒"，P.3742《二教論》作 ；"詎"，P.3742《二教論》作 ；"炬"，P.2965《佛説生經》作 。其三，作"臣"，S.799《隸古定尚書》作 。

"巨"，《玄應音義》均增繁作"臣"。如《仁王般若經》作 ，《地持論》作 ，《妙法蓮華經》作 。作構件亦類推，"詎"，《大般涅槃經》作 ；"拒"，《大般涅槃經》作 ，《須彌藏經》作 ；"渠"，《菩薩見實三昧經》作 ；"粔"，《金色王經》作 ；"距"，《大智度論》作 ；"磲"，《大智度論》作 ；"駏"，《長阿含經》作 ；"矩"，《阿毗達磨俱舍論》作 ；"炬"，《阿毗達磨順正理論》作 。

（8）宀

"宀"，敦煌寫卷有兩種寫法，其一，作"宀"。"溟"，P.2173《御注金剛般若波羅蜜經宣演》卷上作 ，S.453《禮懺文》作 ；"冥"，S.6659《太上洞玄靈寶妙經衆篇序章》作 ，P.3742《二教論》作 。其二，作"穴"。"冥"，S.2614《大目乾連冥間救母變文》作 ，S.170《失名道經》作 ；"瞑"，S.5584《開蒙要訓》作 。

在《玄應音義》裏，"宀"有三種寫法。其一，"冤"，《觀佛三昧海經》作 。其二，"宀"作"穴"。如"冤"，《觀佛三昧海經》作 ，《大方便報恩經》作 ，《義足經》作 、 。其三，"宀"作" 亠 "，如"螟"，《大薩遮尼乾子經》作 ；"揮"，《十住斷結經》作 。

值得注意的是,構件"⺊"在兩種文獻裏,都還可以代替其他構件,已經記號化。如代替"刀","魚",《大般涅槃經》作奐,《大方廣佛華嚴經》作奐,《寶雲經》作奐,《摩登伽經》作奐;"漁",《妙法蓮華經》作潊;"鮫",《寶雲經》作鮫;"鞁",《大菩薩藏經》作鞁。代替"匕","詣",《大般涅槃經》作詣,P.2965《佛説生經》作詣。代替"宀","宜",《正法華經》作宜;"誼",《放光般若經》作誼。

(9) 虍

"虍",敦煌卷子有五種寫法。其一,作"虍"原形。"虎",S.238《金真玉光八景飛經》作虎,P.3906《碎金》作虎;"虣",S.5431《開蒙要訓》作虣,S.5584《開蒙要訓》作虣;"處",S.388《正名要録》作處;"瘧",S.76《食療本草》作瘧;"嚴",P.3906《碎金》作嚴;"戲",P.3906《碎金》作戲。其二,作"业"。"虎",敦研151《道行般若經》作虎;"處",敦研151《道行般若經》作處。其三,作"严",這是大多數。如"處",S.388《正名要録》作處;"盧",S.388《正名要録》作盧;"櫨",浙敦026《普賢菩薩説證明經》作櫨;"爐",S.388《正名要録》作爐,浙敦026《普賢菩薩説證明經》作爐;"驢",S.610《啓顔録》作驢;"虜",S.610《啓顔録》作虜;"慮",S.6825V想爾注《老子道經》作慮;"虐",S.610《啓顔録》作虐。其四,作"圭"。"處",敦研044(2-1)《鞞婆沙論》作處;"驢",P.3906《碎金》作驢;"爐",甘博003《佛説觀佛三昧海經》作爐;"虐",敦研020(9-4)《大般涅槃經》作虐。其五,作"虐"。S.799《隸古定尚書》作宦。

在《玄應音義》裏,其一,簡省折筆作卢。"鱸",《菩薩善戒經》作鱸;"謔",《菩提資糧論》作謔;"虜",《大智度論》作虜。其二,簡省撇筆作与。"號",《大智度論》作號、號。其三,作"严",這是大多數。"虎",《妙法蓮華經》作虎;"盧",《正法華經》作盧,《大方等大雲請雨經》作盧;"蘆",《密跡金剛力士經》作蘆;"嚧",《百佛名經》作嚧;"櫨",《大灌頂經》作櫨;"攄",《大哀經》作攄;"臚",《雜藏經》作臚;"慮",《大菩薩藏經》作慮;"鑪",《大般涅槃經》作鑪,《大集賢護菩薩經》作鑪;"顱",《光讚般若經》作顱;"鸕",《德光太子經》作鸕。

另外,在兩種文獻裏,"唐""涙"等字構件位移重組後上部變爲严。如"唐",《摩訶般若波羅蜜經》作唐,《妙法蓮華經》作唐,《阿毗達磨順正理論》作唐;"塘",《欲致患經》作塘;"糖",《十住斷結經》作糖,《罪業報應教化地獄經》作糖;"糖",《善見律》作糖;"涙",《十住斷結經》作涙;"破",《大方等大雲請雨經》作破;"傭",《大般涅槃經》作傭,《妙法蓮華經》作傭。另外,"礓",《三具足論》作礓。

敦煌寫卷如"傭", S.5431《開蒙要訓》作[字]; "慵", P.3906《碎金》作[字], P.2305《妙法蓮華經講經文》作[字]; "臃", P.3906《碎金》作[字]。
總之,從總體上看,兩種文獻構件異寫字形主體一致。

(10) 夌

"夌",敦煌卷子有兩種寫法。其一,作"夌"。如"駿", P.3906《碎金》作[字]; "稜", S.388《正名要錄》作[字]。其二,作"麥",這是多數。如"稜", S.1086《兔園策府》作[字]; "凌", P.2305《妙法蓮華經講經文》作[字]; "陵", P.3742《二教論》作[字], S.2832《願文等範本·滿月事》作[字]; "綾", P.2305《妙法蓮華經講經文》作[字], Φ096《雙恩記》作[字]。

在《玄應音義》中, "夌"無一例外寫作"麥",如"掕",《大灌頂經》作[字]; "稜",《立世阿毗曇論》作[字]; "陵",《佛滅度後金棺葬送經》作[字]; "凌",《大智度論》作[字],《對法論》作[字],《阿毗達磨俱舍論》作[字]; "鯪",《立世阿毗曇論》作[字]; "菱",《四分律》作[字]。

(11) 留

在敦煌卷子裏, "留"有三種寫法。其一, S.388《正名要錄》作[字], P.2305《妙法蓮華經講經文》作[字]; "驑", S.388《正名要錄》作[字]; "榴", S.610《啓顏錄》作[字]; "劉", S.318《洞淵神咒經·斬鬼品》作[字]。其二作"留",這是多數。S.202《傷寒論·辨脉》作[字]; "遛",浙敦026《黃仕強傳》作[字], S.2614《大目乾連冥間救母變文》作[字]; "瑠",浙敦193《妙法蓮華經·見寶塔品》作[字]; "飀", S.464《願文等範本·十二月》作[字]; "縮", S.2832《發願文範本等》作[字], S.6631Vg《辭父母讚文一本》作[字]。其三,作"㽞"。雲24《八相變》作[字]。

在《玄應音義》裏, "留"字上部有兩種寫法,其一,作"叩",這是多數。《立世阿毗曇論》作[字]。作構件亦類推, "瘤",《善見律》作[字]; "鶹",《罪福報應經》作[字]; "雷",《善見律》作[字]; "瑠",《阿毗達磨俱舍論》作[字]。其二,作三點。"留",《大威德陀羅尼經》作[字]。作構件亦類推, "瘤",《大方廣佛華嚴經》作[字]; "鶹",《法炬陀羅尼經》作[字]; "瑠",《大般涅槃經》作[字]; "偘",《金光明經》作[字]; "縮",《虛空藏經》作[字]; "瑠",《十住毗婆沙論》作[字]。

(12) 婁

在敦煌寫卷中, "婁"有三種寫法。其一,作[字]。"髏", P.2614《大目乾連冥間救母變文》作[字]; "獲", P.3906《碎金》作[字]; "僂", S.126《十無常》作[字]。其二,作[字]。"鏤",甘博136《道行般若經》作[字]; "樓",敦研125《大般涅槃經》作[字]。其三,作[字]。"蔞", S.2144《韓擒虎話本》作[字];

"樓"，S.388《正名要録》作 樓；"嘍"，P.2614《大目乾連冥間救母變文》作 嘍；"㩻"，S.388《正名要録》作 慺。

在《玄應音義》裏，構件進一步簡省，與敦煌寫卷略有差異。其一，作 婁，這是多數。"慺"，《漸備經》作 慺、慺；"樓"，《大灌頂經》作 樓，《佛遺日摩尼寶經》作 樓；"嘍"，《大威德陀羅尼經》作 嘍；"髏"，《大智度論》作 髏；"瘦"，《佛阿毗曇》作 瘦、瘦。其二，作 婁，"瘦"，《立世阿毗曇論》作 瘦，《阿毗曇毗婆沙論》作 瘦；"僂"，《佛説無垢稱經》作 僂；"樓"，《琉璃王經》作 樓，《優婆塞五戒威儀經》作 樓；"鏤"，《毗尼母律》作 鏤。

(13) 鹿

"鹿"，敦煌卷子祇有一種寫法，S.799《隸古定尚書》作 鹿；"麂"，S.388《正名要録》作 麂；"灑"，P.2524《語對》作 灑；"曬"，P.2999《太子成道行經》作 曬；"躪"，S.388《正名要録》作 躪；"麤"，S.388《正名要録》作 麤；"鱗"，S.388《正名要録》作 鱗；"麗"，S.2832《願文等範本·公》作 麗。

在《玄應音義》中，"鹿"字作構件有四種寫法，均不同於敦煌卷子。其一，《鹿母經》作 鹿；"曬"，《法炬陀羅尼經》作 曬；"灑"，《大般涅槃經》作 灑；"麒"，《大般涅槃經》作 麒；"麟"，《大般涅槃經》作 麟；"麂"，《大般涅槃經》作 麂；"轤"，《大般涅槃經》作 轤；"儷"，《觀佛三昧海經》作 儷。其二，"麗"，《尊婆須蜜所集論》作 麗。其三，"鸝"，《大菩薩藏經》作 鸝。其四，《尊婆須蜜所集論》作 麤。

(14) 贏

在敦煌卷子裏，除了"口"均異寫作"罒"外，構件"贏"有三種寫法。其一，"亡""凡"均不變。如"贏"，敦研365《大般涅槃經》作 贏，S.6825V想爾注《老子道經》作 贏；"嬴"，敦研186《道行般若波羅蜜經》作 嬴。"贏"，S.5431《開蒙要訓》作 贏，P.2524《語對》作 贏。其二，"亡"不變，"凡"異寫作"九"。如"驘"，S.388《正名要録》作 驘。其三，"亡"不變，"凡"異寫作"冃"。如"贏"，甘博001《法句經》作 贏。

在《玄應音義》裏，構件"口"多數異寫作"罒"，僅有《阿毗曇毗婆沙論》中的"贏"之字形異寫作 贏。"贏"共有四種寫法。其一，"亡"不變，"凡"簡省點畫。如"贏"，《施燈功德經》作 贏，《正法華經》作 贏，《般若燈論》作 贏。其二，"亡"加點增繁，"凡"簡省點畫。如"贏"，《大般涅槃經》作 贏，《大灌頂經》作 贏，《大方便報恩經》作 贏，《寶髻菩薩經論》作 贏；"贏"，《賢愚經》作 贏；"贏"，《大般涅槃經》作 贏。其三，"亡"加點增繁，"凡"異寫作"欠"。如"贏"，《見正經》作 贏。其四，"亡"加點增繁，構件"贏"的整個下部異寫作一個整體。如"鑛",《毗尼母律》作[字]。

(15) 亐

"亐"在敦煌寫卷裏有三種寫法。其一,折筆貫穿長橫,作亐。如"謣",S.388《正名要録》:"[字]:直。"S.388《正名要録》:"[字]:驚。"S.5431《開蒙要訓》作[字],"污",敦研036(2-2)《金光明經》作[字]。其二,折筆貫穿長橫並拉直,作于。如"謣",S.388《正名要録》:"[字]、[字],二同。"其三,簡省短橫,作丂。如"愕",P.2299《太子成道經》作[字];"尊",S.2319《大目乾連冥間救母變文》作[字],P.2524《語對》作[字],S.2832《願文等範本·公》作[字]。

在《玄應音義》中,"亐"有三種寫法,其中第二種寫法與敦煌卷子的第一種寫法相同。其一,作"亐"原形。如"鍔",《善見律》作[字];"跨",《賢愚經》作[字]。其二,折筆貫穿長橫,作于。如"誇",《阿毗達磨順正理論》作[字]。其三,作"丂",①這是大多數。如"咢",《太子須大拏經》作[字],《菩薩善戒經》作[字];"愕",《太子須大拏經》作[字];"尊",《佛阿毗曇》作[字];"腭",《菩薩善戒經》作[字];"跨",《賢愚經》作[字]、[字];"誇",《出曜論》作[字]。

總體看來,敦煌文獻與《玄應音義》字形構件特點大同小異。

結論:

第一,就類型上看,《玄應音義》與敦煌卷子文字類型基本一致;就數量上看,簡省、記號化、增繁、異化、訛混是二者最重要的異體字類型,數量衆多,這是二者爲同一時期文字的性質決定的。

第二,《玄應音義》異體字與敦煌卷子異體字也有很明顯的不同點:相當一部分構件明顯不同,如"瓜、魚、巨、金"等。

---

① 在《玄應音義》裏,構件"弓"也可寫作"丂",如"弩",《觀察諸法行經》作"[字]"。

第三章 《玄應音義》文字歷時比較研究

本章對《玄應音義》文字進行歷時比較研究。從歷時層面看,《玄應音義》中的文字上承甲金以來的古文字、《玉篇》以來的今文字、漢魏六朝以來的手寫字,但《説文》、漢魏六朝碑刻文字、《玉篇》與《篆隸萬象名義》是最主要的,因爲七寺本《玄應音義》所使用的漢字形體主要來源於後幾種文獻用字。

爲了能够反映事物之間的傳承關係及其主體,我們按照《玉篇》與《篆隸萬象名義》、漢魏六朝碑刻文字、《説文》大徐本的順序討論,以便清楚地顯示出字形來源和源流關係。我們仍然把比較的重點放在異體字上。

第一節 與《玉篇》殘卷、《篆隸萬象名義》文字的比較研究

《玉篇》已佚,現存殘卷僅爲原書的八分之一,不足之處,主要與《篆隸萬象名義》比較,因爲《篆隸萬象名義》爲日本高僧空海依據《玉篇》編寫,分部列字與《玉篇》殘卷一致,收字 16 900 多個也基本同於原本《玉篇》,義項也基本一致。所以,該書雖是唐時的字書,却反映六朝時期的用字面貌,文字體態則反映唐朝的書寫面貌。

一、與《玉篇》殘卷文字的比較

南朝梁顧野王編撰的《玉篇》,反映南北朝時期的用字面貌和文字規範,現僅存原書八分之一左右篇幅。本研究採用《續修四庫全書》第 228 册《玉篇》,據中國科學院圖書館藏日本昭和八年京都東方文化學院編東方文化叢書本影印。①

---

① 蘇芃認爲:"1985 年,中華書局把黎庶昌、羅振玉分别發現並集佚成書的《玉篇》(轉下頁)

《玉篇》殘卷爲唐時日本手鈔本,和漢魏六朝碑刻文字一樣,都是我們進行歷時比較的重要文字材料。我們以構件爲基本單位,選擇《玉篇》殘卷裏類推較多的字,分成幾個大類進行比較,求其共同點,以期探知七寺本《玄應音義》文字對原本《玉篇》所反映的南朝梁代時期文字的承襲狀況。

(一) 源於古文字

"鬼"之異寫"鬼"源於甲骨文。"餽",《玉篇》殘卷《食部》作【字形】;"嵬",《嵬部》作【字形】;"巍",《山部》作【字形】;"魂",《言部》作【字形】;"隗",《阜部》作【字形】。《玄應音義》裏一部分以"鬼"爲構件之字亦如是,如"瑰",《摩訶般若波羅蜜經》作【字形】;"塊",《勝天王般若經》作【字形】;"魔",《妙法蓮華經》作【字形】。

"番"之異寫"畨"源於金文。"譒",《玉篇》殘卷《言部》作【字形】;"潘",《水部》作【字形】;"瀋",《水部》作【字形】;"嶓",《山部》作【字形】;"廝",《广部》作【字形】;"磻",《石部》作【字形】;"繙",《糸部》作【字形】。《玄應音義》形體亦同,如"蕃",《大方等大集經》作【字形】;"蟠",《大般涅槃經》作【字形】,《觀佛三昧海經》作【字形】;"瓻",《大方便報恩經》作【字形】;"播",《大方便報恩經》作【字形】;"皤",《金光明經》作【字形】;"齳",《請觀音經》作【字形】。

"卑"之異寫"畁"源於籀文。"崥",《玉篇》殘卷《山部》作【字形】;"庳",《广部》作【字形】;"諀",《言部》作【字形】;"碑",《石部》作【字形】;"陴",《阜部》作【字形】;"綼",《糸部》作【字形】。《玄應音義》亦如是,"卑",《移識經》作【字形】。作構件亦類推,"俾",《放光般若經》作【字形】;"鞞",《月燈三昧經》作【字形】;"裨",《妙法蓮華經》作【字形】;"蜱",《大威德陀羅尼經》作【字形】;"髀",《摩訶般若波羅蜜經》作【字形】。

"留"之異寫"畱"源於秦隸。"餾",《玉篇》殘卷《食部》作【字形】。《玄應音義》亦如是,"留",《立世阿毗曇論》作【字形】。作構件亦類推,"瘤",《善見律》作【字形】。

"氏"之異寫"互"源於秦隸。"舐",《玉篇》殘卷《食部》作【字形】;"祇",

(接上頁)殘卷和日本東方文化學院影印的卷八殘卷匯集一起影印出版,定名爲《原本玉篇殘卷》,其中大量內容來源於黎庶昌、楊守敬編印的《古逸叢書》,而《古逸叢書》所刻《影舊鈔卷子原本玉篇零卷》大都是據原卷的古寫本影寫覆刻的,對原卷做了不少改動,因而這個版本很難作爲研究的依據。日本昭和七年到十年(1931—1934 年)陸續出版的東方文化學院東方文化叢書裏曾將原本《玉篇》以卷子原裝形式用珂羅版影印,作爲第六輯出版,2002 年上海古籍出版社出版的《續修四庫全書》第 228 册《玉篇》,即據中國科學院圖書館藏日本昭和八年京都東方文化學院編東方文化叢書本影印,這是目前國內最可信賴的《玉篇》殘卷影印本,因此本文寫作使用的原本《玉篇》殘卷皆據該書。詳參拙文《原本〈玉篇〉殘卷國內影印本述評》,載《中國典籍與文化》,2008 年第 4 期。"參見蘇芃《原本〈玉篇〉避諱字"統""綱"發微》,《辭書研究》,2011 年第 1 期。

《山部》作㞢;"厎",《厂部》作㡳;"砥",《石部》作砥;"阺",《阜部》作阺。《玄應音義》亦如是,如"祇",《大菩薩藏經》作祇;"坻",《大般涅槃經》作坻;"胝",《大般涅槃經》作胝;"柢",《大雲經》作柢。

"奇"之異寫"奇"源於秦隸,《玉篇》殘卷《可部》作奇。作構件亦類推,"欹",《欠部》作欹;"輢",《車部》作輢;"崎",《山部》作崎;"碕",《石部》作碕;"陭",《阜部》作陭;"綺",《糸部》作綺。《玄應音義》亦如是,"奇",《大方等頂王經》作奇。作構件亦類推,"騎",《移識經》作騎;"綺",《正法華經》作綺;"琦",《密跡金剛力士經》作琦,《大方等頂王經》作琦;"踦",《密跡金剛力士經》作踦;"齮",《正法華經》作齮。

"贊"之異寫"贅"源於秦隸。"讚",《玉篇》殘卷《言部》作讚;"饡",《食部》作饡;"巑",《山部》作巑;"纘",《糸部》作纘。《玄應音義》亦如是,"贊",《大集賢護菩薩經》作贅。作構件亦類推,"禶",《大威德陀羅尼經》作禶;"穳",《法炬陀羅尼經》作穳;"瓉",《立世阿毗曇論》作瓉;"讚",《大般涅槃經》作讚;"纘",《正法華經》作纘。

"虎"之異寫"乕"源於秦隸。"諕",《玉篇》殘卷《言部》作諕;"饕",《食部》作饕;"魱",《龠部》作魱。《玄應音義》亦如是,"虎",《大般涅槃經》作乕。作構件亦類推,"號",《大般涅槃經》作號;"唬",《大般涅槃經》作唬;"摅",《觀佛三昧海經》作摅;"唬",《大方便報恩經》作唬;"簴",《立世阿毗曇論》作簴。

"曼"之異寫"曼"源於戰國楚文字。"謾",《玉篇》殘卷《言部》作謾;"縵",《糸部》作縵。《玄應音義》亦如是,"曼",《道行般若經》作曼。作構件亦類推,"鬘",《大方廣佛華嚴經》作鬘;"蔓",《大般涅槃經》作蔓;"慢",《大般涅槃經》作慢;"幔",《道行般若經》作幔;"鏝",《大方等大集菩薩念佛三昧經》作鏝。

"因"之異寫"囙"源於隸書。"綑",《玉篇》殘卷《糸部》作綑;"欭",《欠部》作欭。《玄應音義》亦如是,"因",《大般涅槃經》作囙,作構件亦類推,"咽",《大般涅槃經》作咽;"姻",《大般涅槃經》作姻;"茵",《摩訶般若波羅蜜經》作茵;"駰",《勝天王般若經》作駰;"恩",《大方便報恩經》作恩。

"害"之異寫"害"源於隸書。"磍",《玉篇》殘卷《石部》作磍。《玄應音義》亦如是,"害",《超日明三昧經》作害。作構件亦類推,"瞎",《大智度論》作瞎;"瞎",《四分律》作瞎;"割",《月燈三昧經》作割;"豁",《德光太子經》作豁;"轄",《虛空藏經》作轄。

"辛"之異寫"辛"源於隸書。"滓",《玉篇》殘卷《水部》作滓;"辮",

《糸部》作辮；"縡"，《糸部》作繂；"岸"，《山部》作㟁；"廦"，《广部》作廦，"庠"，《厂部》作厈；"縈"，《糸部》作縈。《玄應音義》亦如是，如"宰"，《妙法蓮華經》作寀；"梓"，《大灌頂經》作華；"辟"，《大方廣佛華嚴經》作碎，《菩薩處胎經》作碎；"薜"，《放光般若經》作薜；"僻"，《道行般若經》作僻；"避"，《道行般若經》作避；"壁"，《明度無極經》作壁。

(二) 簡省

1. 單一筆畫簡省

"帶"簡省横筆。"滯"，《玉篇》殘卷《水部》作滯；"譖"，《言部》作譖；"嵴"，《山部》作嵴；"䑸"，《舟部》作䑸。《玄應音義》亦如是，"帶"，《摩訶般若波羅蜜經》作帶。作構件亦類推，"䑱"，《大般涅槃經》作䑱。

"舟"簡省撇筆。"舩"，《玉篇》殘卷《舟部》作舩；"舳"，《舟部》作舳；"艫"，《舟部》作艫；"舸"，《舟部》作舸。《玄應音義》亦如是，"舟"，《大方廣佛華嚴經》作舟。作構件亦類推，"船"，《大方廣佛華嚴經》作船，"舶"，《大方廣佛華嚴經》作舶；"舫"，《大般涅槃經》作舫；"舥"，《大智度論》作舥；"般"，《阿毗曇毗婆沙論》作般。

"矣"簡省撇筆。"欸"，《玉篇》殘卷《言部》作欸；"誒"，《言部》作誒；"嶷"，《山部》作嶷；"譺"，《言部》作譺；"庡"，《广部》作庡；"礙"，《石部》作碍。《玄應音義》亦如是，如"矣"，《妙法蓮華經》作矣；"俟"，《蓮花面經》作俟；"唉"，《毗尼母律》作唉；"欸"，《毗尼母律》作欸；"咳"，《大愛道比丘尼經》作咲。

2. 簡省的特殊類型：記號化

(1) "灬"連寫為記號"一"

"糹"變為作"纟"。這些字全在《玉篇》殘卷《糸部》，而且僅是一少部分字如此，如"綸"作纶，"縺"作缝，"紆"作纡，"繞"作绕，"綊"作纹，"紳"作绅，"總"作总，"紷"作终。《玄應音義》則是所有在左之"糹"均連寫作"纟"，如"綸"，《大方觀佛華嚴經》作纶；"綜"，《大方廣佛華嚴經》作综；"級"，《大方廣佛華嚴經》作级；"繒"，《大方廣佛華嚴經》作缯；"纘"，《大方廣佛華嚴經》作缵；"純"，《大方廣佛華嚴經》作纯；"繚"，《大方廣佛華嚴經》作缭；"羅"，《大般涅槃經》作罗。

(2) 記號"厶"代替"口"

"員"之構件"口"異寫作"厶"，如"韻"，《玉篇》殘卷《音部》作韻；"隕"，《阜部》作隕；"縜"，《糸部》作縜；"絹"，《糸部》作絹。《玄應音義》亦如此，如"捐"，《大般涅槃經》作捐；"狷"，《大智度論》作狷；"蜎"，

《大愛道比丘尼經》作蜎。

"單"之構件"口"異寫作"厶",如"輧",《玉篇》殘卷《車部》作輧;"嶂",《山部》作嶂;"碑",《石部》作碑;"障",《阜部》作障;"繟",《糸部》作繟。《玄應音義》亦如此,如"戰",《大般涅槃經》作戰。

(3) 記號"ソ"由構件"±"變來

"堯"之構件"±"變爲"ソ",如"譊",《玉篇》殘卷《言部》作譊;"饒",《食部》作饒;"澆",《水部》作澆;"嶢",《山部》作嶢;"轈",《車部》作轈;"嶤",《户部》作嶤;"磽",《石部》作磽;"繞",《糸部》作繞。《玄應音義》亦如此,"堯",《大方廣佛華嚴經》作堯。作構件亦類推,"驍",《大威德陀羅尼經》作驍;"嬈",《大般涅槃經》作嬈;"撓",《摩訶般若波羅蜜經》作撓;"澆",《放光般若經》作澆;"饒",《光讚般若經》作饒;"譊",《無量清净平等覺經》作譊。

(三) 增繁

1. 加點增繁

"毛"加點增繁,如"託",《玉篇》殘卷《言部》作託;"詫",《言部》作詫;"庀",《广部》作庀;"砨",《石部》作砨。《玄應音義》亦如此,如"吒",《大般涅槃經》作吒;"詫",《大威德陀羅尼經》作詫;"馱",《妙法蓮華經》作馱;"跢",《光讚般若經》作跢。

"民"加點增繁,如"崏",《玉篇》殘卷《山部》作崏;"紙",《糸部》作紙。《玄應音義》亦如此,"民",《華手經》作民。作構件亦類推,"眠",《大般涅槃經》作眠;"泯",《觀佛三昧海經》作泯。

"支"加點增繁,如"緻",《玉篇》殘卷《糸部》作緻;"攱",《言部》作攱;"庋",《广部》作庋;"攱",《危部》作攱。《玄應音義》亦如此,"支",《金剛般若經》作支,《四分律》作支。作構件亦類推,"岐",《大威德陀羅尼經》作岐;"枝",《光讚般若經》作枝;"芰",《大灌頂經》作芰;"歧",《菩薩本行經》作歧;"伎",《四分律》作伎;"鼓",《阿毗達磨順正理論》作鼓。

2. 加横增繁

"俞"加横增繁,如"輸",《玉篇》殘卷《車部》作輸;"喻",《阜部》作喻。《玄應音義》亦如此,"俞",《放光般若經》作俞;"踰",《大方廣佛華嚴經》作踰;"諭",《大般涅槃經》作諭;"喻",《大般涅槃經》作喻;"瘉",《大般涅槃經》作瘉;"愈",《摩訶般若波羅蜜經》作愈。

(四) 異化

"从"異寫作"𠆢"。"夾""來"皆如此。

"夾"異化作"夹",如"詃",《玉篇》殘卷《言部》作 誄;"欯",《欠部》作 欸;"厌",《厂部》作 厌;"綊",《糸部》作 袷。《玄應音義》亦如是,"夾",《善見律》作 夬,《解脱導論》作 夹。作構件亦類推,"浹",《大智度論》作 淶;"頰",《泥犁經》作 頰;"挾",《賢劫經》作 挟。

"來"異化作"来",如"詙",《玉篇》殘卷《言部》作 詃;"俫",《石部》作 硃。《玄應音義》亦如此,"來",《摩訶般若波羅蜜經》作 来,《妙法蓮華經》作 来。作構件亦類推,"賚",《等集衆德三昧經》作 賮;"勑",《義足經》作 勅;"睞",《妙法蓮華經》作 睐;"觀",《發菩提心論》作 覩。

構件"八""从""丷"異寫作"一"。

"夋"之構件"八"異寫作"一"。如"浚",《玉篇》殘卷《水部》作 浚;"峻",《山部》作 峻;"餕",《食部》作 餕;"陵",《阜部》作 陵。

"夌"之構件"八"異寫作"一"。如"廄",《玉篇》殘卷《广部》作 廄;"陵",《阜部》作 陵;"綾",《糸部》作 綾。

"嗇"之構件"从"異寫作"一"。如"轖",《車部》作 轖;"歠",《欠部》作 歠;"繬",《糸部》作 繬。《玄應音義》亦如此,"嗇",《大智度論》作 嗇,《正法華經》作 嗇。作構件亦類推,"濇",《放光般若經》作 澝;"歠",《七佛神咒經》作 歠;"牆",《七佛神咒經》作 牆。

"闌"之構件"丷"變爲"一"。如"讕",《玉篇》殘卷《言部》作 讕;"瀾",《水部》作 瀾。《玄應音義》亦如是,如"揀",《人本欲生經》作 揀;"練",《人本欲生經》作 练。"闌",《妙法蓮華經》作 闌;"蘭",《法炬陀羅尼經》作 蘭;"欄",《大方廣佛華嚴經》作 欄;"囒",《大吉義咒經》作 囒;"爛",《觀世音菩薩授記經》作 爛;"斕",《正法華經》作 斕。

"巠"之三折異寫爲"八"。如"誙",《玉篇》殘卷《音部》作 誙;"硜",《石部》作 硜。《玄應音義》亦如是,如"輕",《放光般若經》作 輕;"莖",《妙法蓮華經》作 莖;"勁",《摩訶般若波羅蜜經》作 勁。

以下構件均異化。

"乞"。"訖",《玉篇》殘卷《言部》作 訖;"欥",《欠部》作 欥;"飭",《食部》作 飭;"砼",《石部》作 砼;"紇",《糸部》作 紇。《玄應音義》中,"訖",《攝大乘論》作 訖。

"彦"。"諺",《玉篇》殘卷《言部》作 諺。《玄應音義》中,《成具光明定意經》作 諺,《賢愚經》作 諺。

"幾"。"饑",《玉篇》殘卷《食部》作 饑;"譏",《言部》作 譏;"磯",《石部》作 磯。《玄應音義》亦如是,"幾",《大智度論》作 幾。作構件亦類推,"璣",《菩薩本行經》作 璣;"機",《大智度論》作 機;"譏",《出曜論》作

第三章　《玄應音義》文字歷時比較研究　·169·

㸚";"饑",《四分律》作䬩。

"亥"。"該",《玉篇》殘卷《言部》作䛫;"欸",《欠部》作㪆;"餩",《食部》作䬥;"輆",《車部》作䡖;"峐",《山部》作峳;"絯",《糸部》作紋。《玄應音義》亦如是,"駭",《大方廣佛華嚴經》作駮;"骸",《大威德陀羅尼經》作骸;"欬",《大般涅槃經》作㱂;"咳",《大般涅槃經》作㕽。

"召"。"詔",《玉篇》殘卷《言部》作詔;"韶",《音部》作韶;"紹",《糸部》作紹;"縈",《糸部》作縈。《玄應音義》亦如是,"召",《勝天王般若經》作召。作構件亦類推,"沼",《大方廣佛華嚴經》作沼;"紹",《大般涅槃經》作紹;"照",《海龍王經》作照;"詔",《大般涅槃經》作詔,《妙法蓮華經》作詔;"超",《菩薩纓絡經》作超;"韶",《正法華經》作韶。

"兼"。"濂",《玉篇》殘卷《水部》作濂;"廉",《广部》作廉;"磏",《石部》作磏;"𨽞",《阜部》作𨽞。《玄應音義》"兼"之部分寫法亦如此,"兼",《摩訶般若波羅蜜經》作兼。作構件亦類推,"謙",《放光般若經》作謙;"慊",《長安品》作慊。

"齊"。"臍",《玉篇》殘卷《食部》作臍;"隮",《阜部》作隮。《玄應音義》亦如是,"儕",《法炬陀羅尼經》作儕;"齏",《大威德陀羅尼經》作齏;"濟",《大方便報恩經》作濟。

"差"。《玉篇》殘卷《𠂇部》作差、差;"諀",《言部》作諀;"嵯",《山部》作嵯;"磋",《石部》作磋;"縒",《糸部》作縒。《玄應音義》亦如是,"差",《四分律》作差。作構件亦類推,"醝",《摩訶般若波羅蜜經》作醝;"槎",《十住斷結經》作槎;"蹉",《放光般若經》作蹉;"嵯",《放光般若經》作嵯;"傞",《密跡金剛力士經》作傞;"瑳",《百佛名經》作瑳。

"爽"。《玉篇》殘卷《爻部》作爽;"縔",《糸部》作縔。《玄應音義》亦如是,"爽",《大般涅槃經》作爽,《月燈三昧經》作爽。

"鹿"。"漉",《玉篇》殘卷《水部》作漉;"纙",《糸部》作纙;"漉",《水部》作漉;"麁",《广部》作麁;"麋",《糸部》作麋。《玄應音義》亦如是,"鹿",《鹿母經》作鹿。作構件亦類推,"矖",《法炬陀羅尼經》作矖;"灑",《大般涅槃經》作灑;"麒",《大般涅槃經》作麒;"麟",《大般涅槃經》作麟;"麂",《大般涅槃經》作麂;"轣",《大般涅槃經》作轣;"儷",《觀佛三昧海經》作儷。

"卒"。"淬",《玉篇》殘卷《水部》作淬;"碎",《石部》作碎;"綷",《糸部》作綷。《玄應音義》亦如是,如"醉",《央掘摩羅經》作醉;"悴",《妙法蓮華經》作悴;"翠",《善見律》作翠。

（五）訛混

因《玉篇》是字書，所以，其規範性決定它不可能大規模地訛混字形，否則，就不具有規範作用。《玉篇》殘卷裏的訛混字衹有"辶""辶"混用，"木""扌"混用兩種情況，且是單向混用。

"辶"與"辶"形近義通，混作"辶"，如"廷"，"綎"，《糸部》作 綖 ；"誕"，《言部》作 誔 。《玄應音義》亦如是，如"延"，《大方廣佛華嚴經》作 迺 ；"建"，《須真天子經》作 逮 ；"健"，《道行般若經》作 健 ；"霆"，《月燈三昧經》作 逼 ；"犍"，《四分律》作 犍 。

"木"混作"扌"，如"浙"，《水部》作 㭍 。《玄應音義》裏這種情況特別多，如"橋"，《摩訶般若波羅蜜經》作 㧅 ；"梗，"《放光般若經》作 㩽 ；"樞"，《菩薩見實三昧經》作 㩀 ；"楊"，《大灌頂經》作 㧟 ；"杪"，《觀佛三昧海經》作 㧞 ；"棹"，《法炬陀羅尼經》作 㧷 ；"棍"，《法炬陀羅尼經》作 㧗 ；"㭊"，《大般涅槃經》作 㭊 ；"槍"，《大般涅槃經》作 㩱 ；"椑"，《大般涅槃經》作 㨰 ；"橙"，《大般涅槃經》作 㨤 。

（六）類化

《玉篇》是字書，沒有具體的文字使用環境可以參照，討論其類化僅限於字內類化，且數量相當有限，僅有"毚""需"兩個構件。

"毚"，字內類化作"毚"，如"讒"，《原本玉篇殘卷·言部》作 譏 ；"巉"，《山部》作 巇 ；"纔"，《糸部》作 繌 。《玄應音義》亦如是，如"纔"，《大般涅槃經》作 繌 ；"攙"，《阿毗達磨俱舍論》作 㩀 ；"巉"，《十住毗婆沙論》作 巇 ；"讒"，《生經》作 譏 ；"鑱"，《阿毗達磨順正理論》作 鑱 。

"需"，字內類化作"需"，如"譙"，《言部》作 譙 ；"饌"，《食部》作 饌 ；"鱬"，《魚部》作 鱬 ；"繻"，《糸部》作 繻 。《玄應音義》亦如是，如"儒"，《月燈三昧經》作 儒 ；"濡"，《勝天王般若經》作 濡 ；"臑"，《移識經》作 臑 ；"蠕"，《妙法蓮華經》作 蠕 ；"糯"，《唯識論》作 糯 。

通過上述比較，可以得出以下兩點結論：

第一，就異體字的大類上看，《玉篇》殘卷裏的異體字以簡省、記號化、增繁、異化等類型爲主，換言之，主要是異寫字；七寺本《玄應音義》則各種類型都非常豐富，異寫字和異構字數量都很龐大。這主要因爲《玉篇》是該時代規範性的語文字典，而七寺本《玄應音義》則是解釋佛典的專書詞典的手鈔本，字形自然豐富多樣，無所不包。

第二，雖然《玉篇》殘卷和七寺本《玄應音義》收字有所不同，但相當一部分字是重合的，其寫法完全一致。即使不同的字，其主要構件相同，書寫一致，也會表現出極強的共同性。這表明七寺本《玄應音義》對南朝梁《玉篇》時代的文字面貌的繼承。

二、與《篆隸萬象名義》文字的比較

《篆隸萬象名義》，日本高僧空海（774—835）依據《玉篇》撰寫。該書體例同於《玉篇》殘卷，所收 16 900 多字也與顧野王《玉篇》相當，釋文、義項也基本一致，衹是删去例證和顧氏按語。與《玉篇》殘卷互爲表裏，在一定程度上反映了南北朝時期的文字規範和使用的實際情况。本書採用中華書局 1995 年出版的據日本《崇文叢書》本縮印的版本（縮印比例爲 1∶0.73），後附有劉尚慈所作的《檢字表》和《校字記》。下面列表展示《篆隸萬象名義》與《玉篇》殘卷二書內容上的承襲關係：

《玉篇》殘卷共有 63 部，其中 50 部收字完好，13 部收字已不全。我們把《玉篇》殘卷與《篆隸萬象名義》列表對比，《玉篇》殘卷收字不全的部首也用文字作説明。

《玉篇》部首	排序	收 字 數	《名義》部首	排序	收字數
心部	88	今存 5 字	心部	88	433
言部	91	羅本存 313 字，黎本存 320 字	言部	91	350
詰部	92	6	詰部	92	5
日部	93	11	日部	93	9
乃部	94	5	乃部	94	2
丂部	95	4	丂部	95	4
可部	96	4	可部	96	4
兮部	97	6	兮部	97	7
号部	98	今存 1 字	号部	98	2
亐部	99	凡 6 字，今存 5 字	亐部	99	4
云部	100	2	云部	100	2
音部	101	16	音部	101	16
告部	102	2	告部	102	2
丁部	103	1	丁部	103	1
皿部	104	13	皿部	104	11
品部	105	4	品部	105	4

（续　表）

《玉篇》部首	排序	收　字　数	《名义》部首	排序	收字数
槀部	106	3	槀部	106	3
龠部	107	9	龠部	107	9
册部	108	凡 4 字,羅本一存 1 字,另一存 3 字	册部	108	4
昍部	109	9	昍部	109	7
只部	110	2	只部	110	2
囟部	111	6	囟部	111	3
欠部	112	凡 103 字,羅本一存 61 字,另一存 40 字,黎本存 61 字	欠部	112	96
食部	113	144	食部	113	122
甘部	114	12	甘部	114	9
盲部	115	3	盲部	115	2
次部	116	5	次部	116	4
幸部	117	3	幸部	117	7
放部	271	3	放部	271	3
丌部	272	11	丌部	272	9
左部	273	3	左部	273	3
工部	274	凡 6 字,今存 3 字	工部	274	5
卜部	277	今存 7 字	卜部	277	7
兆部	278	2	兆部	278	2
用部	279	7	用部	279	6
爻部	280	3	爻部	280	3
叕部	281	4	叕部	281	4
車部	282	凡 175 字,今存 97 字	車部	282	163
舟部	283	凡 64 字,今存 27 字	舟部	283	63
方部	284	4	方部	284	4
水部	285	今存 144 字	水部	285	634
山部	343	142	屾部	343	142

（续　表）

《玉篇》部首	排序	收字數	《名義》部首	排序	收字數
屾部	344	2	屾部	344	2
嵬部	345	2	嵬部	345	2
庐部	346	10	庐部	346	10
广部	347	96	广部	347	95
厂部	348	40	厂部	348	40
高部	349	7	高部	349	7
危部	350	4	危部	350	4
石部	351	160	石部	351	155
磬部	352	8	磬部	352	8
自部	353	2	自部	353	2
阜部	354	143	阜部	354	140
𨸏部	355	5	𨸏部	355	5
厽部	356	4	厽部	356	4
魚部	397	今存20字	魚部	397	219
糸部	425	今存121字	糸部	425	383
系部	426	5	系部	426	5
素部	427	8	素部	427	8
絲部	428	7	繭部	428	7
繭部	429	7	繭部	429	7
䜌部	430	1	䜌部	430	2
紫部	431	3	紫部	431	2

把上表中《玉篇》殘卷收字完好的部首與《篆隸萬象名義》對比可知：

第一，從部首名稱及其排列順序上看，《篆隸萬象名義》完全同於《玉篇》殘卷。

第二，從每部收釋字數來看，有《丂部》《可部》《云部》等32部，二書所收字數一致，祇是在《兮部》《幸部》與《䜌部》上，《篆隸萬象名義》分別比《玉篇》殘卷多收 1、4、1 字，在其他15部上，《篆隸萬象名義》收字均略少於《玉篇》殘卷。

第三，從總體上看，《篆隸萬象名義》的部首數量、排列方式同於《玉篇》殘卷，衹是收字略少於《玉篇》殘卷，基本能夠反映南北朝時期的漢字規範面貌。

下面將《篆隸萬象名義》的文字與七寺本《玄應音義》文字作比較研究：

《篆隸萬象名義》收字 16 900 多個，七寺本《玄應音義》用字也不下 10 000 個。限於篇幅，我們衹能以構件爲單位，抽取其中的 21 組進行抽樣調查比較。我們的比較重在求同，意在發現七寺本《玄應音義》文字對前代文字的繼承。

(1)"氐"，《篆隸萬象名義·氐部》作氐，但以"氐"爲構件的字，都使用秦隸形體𠄨 睡虎地秦簡日書乙98 之異寫作"互"。如"祇"，《示部》作祗；"低"，《人部》作伍；"胝"，《肉部》作胝；"羝"，《羊部》作羝；"鴟"，《鳥部》作鴟。這些字形，《玄應音義》分別爲："祇"，《大菩薩藏經》作祗；"低"，《阿闍世王經》作伍；"胝"，《大般涅槃經》作胝；"羝"，《菩薩本行經》作羝；"鴟"，《妙法蓮華經》作鴟。《玄應音義》另外尚有"坻"，《大般涅槃經》作坻；"柢"，《大雲經》作柢；"底"，《須彌藏經》作底等。

(2)"幾"，《篆隸萬象名義·幺部》作幾。作構件亦類推，"璣"，《玉部》作璣；"譏"，《言部》作譏；"饑"，《食部》作饑；"機"，《木部》作機；"蟣"，《虫部》作蟣。這些字形，《玄應音義》分別爲："幾"，《大智度論》作幾；"璣"，《菩薩本行經》作璣；"譏"，《出曜論》作譏；"饑"，《四分律》作饑；"機"，《大智度論》作機。

(3)"卒"，《篆隸萬象名義·衣部》作卒，不異寫作卆。但構件"卒"異寫作卆，如"祽"，《示部》作祽；"悴"，《心部》作悴；"瘁"，《疒部》作瘁；"淬"，《水部》作淬；"焠"，《火部》作焠；"碎"，《石部》作碎；"醉"，《酉部》作醉；"猝"，《犬部》作猝。《玄應音義》所收之以"卒"爲構件之字多如此，如"醉"，《央掘摩羅經》作醉；"悴"，《妙法蓮華經》作悴；"翠"，《善見律》作翠。

(4)"番"，《篆隸萬象名義》採用金文番 魯伯鬲 形體之隸定，《采部》作番。作構件亦類推，"璠"，《玉部》作璠；"鄱"，《邑部》作鄱；"播"，《手部》作播；"蹯"，《足部》作蹯；"膰"，《肉部》作膰；"蕃"，《艸部》作蕃；"藩"，《艸部》作藩；"潘"，《水部》作潘；"燔"，《火部》作燔；"翻"，《羽部》作翻；"幡"，《巾部》作幡。《玄應音義》所收以"番"爲構件的字亦然，"番"，《阿毗達磨俱舍論》作番；"播"，《等集衆德三昧經》作播；"蕃"，《大方等大集經》作蕃；"燔"，《大愛道比丘尼經》作燔；"蟠"，《大般涅槃經》作蟠；《觀佛三昧海經》作蟠；"瓣"，《大方便報恩經》作瓣；"播"，《大方便報恩經》作【幡】;"旛",《金光明經》作【旛】;"譀",《請觀音經》作【譀】。

(5)"鬼",《篆隸萬象名義·鬼部》作【鬼】。作構件亦類推,"瑰",《玉部》作【瑰】;"塊",《土部》作【塊】;"傀",《人部》作【傀】;"媿",《女部》作【媿】;"愧",《心部》作【愧】;"餽",《食部》作【餽】;"槐",《木部》作【槐】;"魁",《斗部》作【魁】;"魂",《鬼部》作【魂】;"魄",《鬼部》作【魄】。《玄應音義》所收之字不全同於《篆隸萬象名義》,但構件的類推性相同,如"瑰",《摩訶般若波羅蜜經》作【瑰】;"塊",《勝天王般若經》作【塊】;"愧",《大莊嚴經論》作【愧】;"餽",《菩薩本業經》作【餽】;"魄",《妙法蓮華經》作【魄】。在《玄應音義》中,"鬼"有作甲骨文【🦴】合 16882 隸定者,如"魅",《妙法蓮華經》作【魅】;"魁",《大方等大集菩薩念佛三昧經》作【魁】。

(6)"册",《篆隸萬象名義》秉承甲骨文,《册部》作【册】。作構件亦類推,"珊",《玉部》作【珊】;"姍",《女部》作【姍】;"跚",《足部》作【跚】;"册",《肉部》作【册】;"栅",《木部》作【栅】;"删",《刀部》作【删】。在《玄應音義》裏,《大威德陀羅尼經》"册"作【册】;"珊",《大吉義咒經》作【珊】;"册",《摩訶般若波羅蜜經》作【册】;"栅",《四分律》作【栅】;"删",《大吉義咒經》作【删】;"鉏",《大般涅槃經》作【鉏】。

(7)"危",在《篆隸萬象名義》裏,《危部》異寫作【危】,不異寫作【危】,①但作爲構件使用則異寫,如"垝",《土部》作【垝】;"跪",《足部》作【跪】;"脆",《肉部》作【脆】;"悸",《心部》作【悸】;"詭",《言部》作【詭】;"桅",《木部》作【桅】。在《玄應音義》裏,"跪",《妙法蓮華經》作【跪】;"詭",《道行般若經》作【詭】;"脆",《中心經》作【脆】。

(8)構件"褱",在《篆隸萬象名義》裏,通常簡省構件"衣",如"壞",《土部》作【壞】;"懷",《心部》作【懷】;"瀼",《水部》作【瀼】。在《玄應音義》裏亦如此,如"壞",《摩訶般若波羅蜜經》作【壞】;"懷",《勝天王般若經》作【懷】;"環",《大莊嚴經論》作【環】。

(9)"矣",《篆隸萬象名義·矢部》異寫作【矣】,不簡省撇筆,但作爲構件使用則簡省撇筆,如"埃",《土部》作【埃】;"俟",《人部》作【俟】;"唉",《口部》作【唉】;"欸",《欠部》作【欸】;"浂",《水部》作【浂】。在《玄應音義》裏,"矣"簡省撇筆,《妙法蓮華經》作【矣】。作構件亦類推,"埃",《阿毗達磨俱舍論》作【埃】;"俟",《蓮花面經》作【俟】;"唉",《大愛道比丘尼經》作【唉】;"娭",《毗尼母律》作【娭】;"𥹩",《毗尼母律》作【𥹩】。

(10)"垂",《篆隸萬象名義·土部》作【垂】。作構件亦類推,"郵",《邑

---

① 《篆隸萬象名義》第 338 頁檢字表部首"危"寫作【危】,正文部首作【危】,檢字表誤。

部》作㔊";"睡",《目部》作䀎";"唾",《口部》作㖒。《玄應音義》與之相同,"垂",《大威德陀羅尼經》作垂;"郵",《大灌頂經》作邒;"睡",《陰持入經》作䀎;"唾",《阿毗達磨俱舍論》作唾。

(11)"卑",《篆隸萬象名義》秉承籀文字形甲侯馬盟書,《卑部》作甲。作構件亦類推,"俾",《人部》作俾;"婢",《女部》作婢;"髀",《骨部》作髀";"脾",《肉部》作脾;"萆",《艹部》作萆;"稗",《禾部》作稗;"豍",《豆部》作豍;"錍",《金部》作錍;"碑",《石部》作碑。《玄應音義》承之,"卑",《移識經》作甲;"俾",《放光般若經》作俾;"婢",《中陰經》作婢;"髀",《摩訶般若波羅蜜經》作髀;"萆",《大灌頂經》作萆;"稗",《四分律》作稗;"豍",《須彌藏經》作豍;"錍",《大灌頂經》作錍;"碑",《大灌頂經》作碑;"錍",《月燈三昧經》作錍;"裨",《妙法蓮華經》作裨;"蜱",《大威德陀羅尼經》作蜱。

(12)構件"堇"也異寫且類推,如"瑾",《篆隸萬象名義·玉部》作瑾;"僅",《人部》作僅;"謹",《言部》作謹;"饉",《食部》作饉;"槿",《木部》作槿;"廑",《广部》作廑。《玄應音義》亦如是,"僅",《大方廣佛華嚴經》作僅;"謹",《大般涅槃經》作謹;"饉",《明度無極經》作饉;"槿",《善見律》作槿。

(13)"兆",《篆隸萬象名義·兆部》作兆。作構件亦類推,"佻",《人部》作佻;"眺",《目部》作眺;"姚",《女部》作姚;"挑",《手部》作挑;"咷",《口部》作咷;"跳",《足部》作跳;"朓",《肉部》作朓;"窕",《穴部》作窕;"桃",《木部》作桃;"銚",《金部》作銚;"洮",《水部》作洮。在《玄應音義》裏,有一部分"兆"加橫作"兆",如"挑",《大般涅槃經》作桃;"桃",《妙法蓮華經》作桃;"咷",《正法華經》作眺;"鞉",《大方等大集菩薩念佛三昧經》作鞉。還有一部分"兆"作"非",如"跳",《大般涅槃經》作跳,《觀察諸法行經》作排;"逃",《妙法蓮華經》作逃;"眺",《正法華經》作眺;"鞉",《大方等大集菩薩念佛三昧經》作鞉。還有一部分"兆"異寫作兆(《放光般若經》),"跳",《大方便報恩經》作跳;"洮",《大智度論》作洮。

(14)"俞",《篆隸萬象名義·舟部》作俞,不加橫筆異寫,但以"俞"為構件的字却橫筆異寫,而且類推,如"瑜",《玉部》作瑜;"覦",《見部》作覦;"踰",《足部》作踰;"諭",《言部》作諭;"瘉",《广部》作瘉。《玄應音義》亦如是,"俞",《放光般若經》作俞;"瑜",《大菩薩藏經》作瑜;"踰",《大方廣佛華嚴經》作踰;"諭",《大般涅槃經》作諭;"喻",《大般涅槃經》作喻;"瘉",《大般涅槃經》作瘉;"愈",《摩訶般若波羅蜜經》作愈。

（15）"堯"，《篆隸萬象名義·垚部》作\[堯\]，不簡省構件，但整體作為構件使用則簡省構件，如"齯"，《齒部》作\[齯\]；"撓"，《手部》作\[撓\]；"髐"，《骨部》作\[髐\]；"饒"，《食部》作\[饒\]；"燒"，《火部》作\[燒\]；"驍"，《馬部》作\[驍\]；"翹"，《羽部》作\[翹\]；"繞"，《糸部》作\[繞\]。《玄應音義》亦如是，"堯"，《大方廣佛華嚴經》作\[堯\]；"齯"，《大威德陀羅尼經》作\[齯\]；"撓"，《摩訶般若波羅蜜經》作\[撓\]；"燒"，《大般涅槃經》作\[燒\]；"饒"，《無量門微蜜持經》作\[饒\]；"燒"，《正法華經》作\[燒\]；"翹"，《四分律》作\[翹\]；"澆"，《放光般若經》作\[澆\]；"僥"，《光讚般若經》作\[僥\]。

（16）"召"，《篆隸萬象名義·口部》作\[召\]，構件"刀"不異寫作"〵"。以"召"為構件的字則異寫，而且類推，如"邵"，《邑部》作\[邵\]；"髫"，《髟部》作\[髫\]；"詔"，《言部》作\[詔\]；"韶"，《音部》作\[韶\]；"超"，《走部》作\[超\]；"沼"，《水部》作\[沼\]；"昭"，《日部》作\[昭\]；"照"，《火部》作\[照\]；"紹"，《糸部》作\[紹\]。《玄應音義》亦如是，"召"，《勝天王般若經》作\[召\]，"詔"，《大般涅槃經》作\[詔\]；"韶"，《正法華經》作\[韶\]；"超"，《菩薩瓔珞經》作\[超\]；"沼"，《大方廣佛嚴經》作\[沼\]；"照"，《海龍王經》作\[照\]；"紹"，《大般涅槃經》作\[紹\]。

（17）"夷"，《篆隸萬象名義》秉承金文\[夷\]柳鼎以來的形體，《戈部》作\[夷\]。作構件亦類推，"姨"，《女部》作\[姨\]；"咦"，《口部》作\[咦\]；"痍"，《疒部》作\[痍\]；"荑"，《艸部》作\[荑\]；"羠"，《羊部》作\[羠\]。《玄應音義》亦如是，"夷"，《大方廣佛華嚴經》作\[夷\]；"痍"，《大般涅槃經》作\[痍\]；"荑"，《阿毗達磨俱舍論》作\[荑\]；"羠"，《菩薩本行經》作\[羠\]；"洟"，《大般涅槃經》作\[洟\]；"稦"，《妙法蓮華經》作\[稦\]。

（18）構件"商"異寫作"啇"，如"嫡"，《篆隸萬象名義·女部》作\[嫡\]；"適"，《辵部》作\[適\]。《玄應音義》亦如是，"商"，《妙法蓮華經》作\[商\]；"嫡"，《大方便報恩經》作\[嫡\]；"適"，《大般涅槃經》作\[適\]；"滴"，《大般涅槃經》作\[滴\]；"敵"，《妙法蓮華經》作\[敵\]；"蹢"，《郁伽長者所問經》作\[蹢\]；"鏑"，《大智度論》作\[鏑\]；"謫"，《地持論》作\[謫\]。

（19）"敝"，《篆隸萬象名義·尚部》作\[敝\]，不異寫作"敞"，但以"敝"為構件的字異寫作"敞"。如"弊"，《廾部》作\[弊\]；"斃"，《死部》作\[斃\]；"鼈"，《黽部》作\[鼈\]；"幣"，《巾部》作\[幣\]。《玄應音義》亦如是，如"弊"，《華手經》作\[弊\]；"斃"，《大威德陀羅尼經》作\[斃\]；《華手經》作\[斃\]；"憋"，《大般涅槃經》作\[憋\]；"獘"，《大般涅槃經》作\[獘\]。

（20）《篆隸萬象名義》未收"乞"字。① 以"乞"為構件的字，皆異寫作

---

① 《篆隸萬象名義》第335頁檢字表部首"气"寫作\[气\]，正文部首作\[气\]，檢字表誤。

氕",如"吃",《口部》作"𠯮";"齕",《齒部》作"齕";"仡",《人部》作"仡";"訖",《言部》作"訖";"紇",《糸部》作"紇";"乾",《乙部》作"乾"。《玄應音義》亦如是,"乞",《阿毗達磨俱舍論》作"气";"吃",《大智度論》作"吃","訖",《攝大乘論》作"訖";"紇",《德護長者經》作"紇","疙",《善見律》作"疙"。

(21)"屯",《篆隸萬象名義·十部》異寫作"屯"。作構件亦類推,"佃",《人部》作"佃";"忳",《心部》作"忳";"飩",《食部》作"飩";"鈍",《金部》作"鈍","沌",《水部》作"沌";"純",《糸部》作"純"。《玄應音義》亦如是,"屯",《阿毗達磨順正理論》作"屯";"佃",《無言童子經》作"佃";"鈍",《大菩薩藏經》作"鈍";"純",《大方等大集經》作"純";"鈍",《大菩薩藏經》作"鈍";"頓",《摩訶般若波羅蜜經》作"頓"。

通過對上述 21 組例字的比較,可以得出以下兩點結論:

第一,構件在漢字系統中具有特別重要的作用。《篆隸萬象名義》和《玄應音義》中的文字都是以構件爲單位,同一構件具有類推性,按照不同的結構和表意需求組合成不同的文字,以記錄漢語中的詞。"氐、卒、幾、番、鬼、冊、危"等 21 個構件,其本身就是一個個的漢字,可以記錄詞;同時又可以與其他構件一起,通過一定的結構方式構成新字。雖然《篆隸萬象名義》反映南北朝時期的文字規範面貌,《玄應音義》反映唐代的用字面貌,兩個時代的文字學家都没有提出構件理論,其所書之字却處處體現出漢字產生以來的構件組合理念,即用有限的構件拼裝組合出無限的漢字。在現代,人們也有意識地把這一客觀規律運用到其他領域中去。

第二,文字的書寫具有高度的同一性。在這 21 組構件裏,除了"鬼"有"鬼""鬼"另兩種不同寫法,"兆"有"兆""兆"另兩種寫法外,寫法都是唯一的,具有高度的同一性。究其原因,七寺本《玄應音義》是唐朝時傳至日本並抄寫入藏,體現中國唐代的書法特點;《篆隸萬象名義》是日本高僧空海在中國唐代時來華留學(804—806),參照歸國攜去的南北朝字書《玉篇》而寫的一部字書,該書雖然反映南北朝時期的文字規範面貌,却用的是唐代的書法習慣書寫,所以,該書體現南朝時期的文字規範,却反映唐代的書寫實際情況,這是《篆隸萬象名義》穿越三維時空的重要原因。

第二節　與漢魏六朝碑刻文字的比較研究

漢魏六朝文字的載體較多,但就目前來看,碑刻文字不僅反映當時的文字書寫面貌,而且易於斷代,文字量大,是可資比較的上佳材料。該時期的碑刻文字既繼承了甲金文以來的漢字形體,更重要的是產生了一批新字形,是《玄應音義》異體字的源頭。本節分爲字形比較和新字形舉例兩個部分。我們的比較重在求同。

一、字形比較

爲了反映《玄應音義》對漢魏六朝碑刻文字的傳承關係,本節按照第二章平面描寫的順序,分成若干類型,每一類型下各舉若干組例字。

(一) 古文字

"册",字形源于甲骨文。漢魏六朝碑刻承之,北魏《元新成妃李氏墓誌》作冊,東魏《崔鷫墓誌》作册。作構件亦類推,"删",北魏《楊熙儇墓誌》作删;"珊",北齊《赫連子悦妻閭炫墓誌》作珊;"栅",北魏《元端墓誌》作栅,《元襲墓誌》作栅。《玄應音義》承之,《大威德陀羅尼經》作册。作構件亦類推,"鉶",《大般涅槃經》作鉶;"栅",《四分律》作栅;"册",《摩訶般若波羅蜜經》作册;"删",《大吉義咒經》作删;"珊",《大吉義咒經》作珊。

"番",字形源於金文。漢魏六朝碑刻承之,北魏《元纂墓誌》作番,北齊《趙征興墓誌》作番。作構件亦類推,"燔",東漢《曹全碑》作燔;"播",西晉《臨辟雍碑》作播;"蕃",北魏《元嵩墓誌》作蕃;"璠",《元嵩墓誌》作璠;"潘",《王紹墓誌》作潘;"藩",《元恪嬪司馬顯姿墓誌》作藩;"轓",《公孫猗墓誌》作轓;"蟠",《邢巒妻元純陀墓誌》作蟠;"翻",北齊《劉洪徽墓誌蓋》及妻《高阿難墓誌》作翻。《玄應音義》承之,《阿毗達磨俱舍論》作番。作構件亦類推,"蕃",《大方等大集經》作蕃;"蟠",《大般涅槃經》作蟠,《觀佛三昧海經》作蟠;"瓻",《大方便報恩經》作瓻;"燔",《大方便報恩經》作燔;"幡",《金光明經》作幡;"飜",《請觀音經》作飜。

"卑",字形源於籀文。東漢《石門頌》作卑,北魏《元彦墓誌》作卑。作構件亦類推,"碑",北魏《寇臻墓誌》作碑;"裨",《毌丘儉紀功殘碑》作裨;"埤",《李遵墓誌》作埤;"陴",北齊《徐徹墓誌》作陴;"鞞",《竇泰墓誌》作鞞;"婢",《逢遷造像記》作婢;"俾",北周《元壽安墓誌》作俾。《玄應音義》承之,《移識經》作卑。作構件亦類推,"俾",《放光般若經》作俾;"鼙",《月燈三昧經》作鼙;"裨",《妙法蓮華經》作裨;"蜱",《大威德陀羅尼經》作蜱;"髀",《摩訶般若波羅蜜經》作髀。

"氐",字形源於秦隸。東漢《山東蒼山元嘉畫像石墓題記》作氐,北魏《席盛墓誌》作氐。作構件亦類推,"底",北魏《元壽安墓誌》作底;"低",

東魏《元顯墓誌》作[图]，東魏《崔混墓誌》作[图]，北齊《魯思明等造像記》作[图]；"邸"，北魏《元誘妻薛伯徽墓誌》作[图]，東魏《元融妃盧貴蘭墓誌》作[图]；"柢"，北魏《弔比干文》作[图]，《王誦墓誌》作[图]；"砥"，北魏《元煥墓誌》作[图]；"祇"，西晉《臨辟雍碑》作[图]，北魏《張整墓誌》作[图]。《玄應音義》承之，如"祇"，《大菩薩藏經》作[图]；"坻"，《法炬陀羅尼經》作[图]，《大般涅槃經》作[图]；"胝"，《大般涅槃經》作[图]；"柢"，《大雲經》作[图]；"瓶"，《菩薩本行經》作[图]；"底"，《須彌藏經》作[图]。

"史"，源於小篆字形作[图]。東漢《祀三公山碑》作[图]，東魏《王偃墓誌》作[图]，北齊《封子繪墓誌》作[图]，北周《叱羅協墓誌》作[图]。《玄應音義》承之，《大菩薩藏經》作[图]。

"害"，秦隸書字形作[图]孫臏一六七。漢魏六朝碑刻承之，東漢《營陵置社碑》作[图]，《曹全碑》作[图]，北魏《姚伯多兄弟造像碑》作[图]。作構件亦類推，"轄"，北魏《元珍墓誌》作[图]；"割"，北齊《道建造像記》作[图]。《玄應音義》承之，《超日明三昧經》作[图]。作構件亦類推，"瞎"，《大智度論》作[图]，《四分律》作[图]；"割"，《月燈三昧經》作[图]；"毂"，《德光太子經》作[图]；"轄"，《虛空藏經》作[图]。

（二）簡省

"曹"簡省豎筆作"曺"。"曹"，東漢《營陵置社碑》作[图]，北魏《寇憑墓誌》作[图]，北齊《曹景略造像記》作[图]。作構件亦類推，"僧"，北魏《元緒墓誌》作[图]；"遭"，西晉《成晃碑》作[图]，北魏《司馬悅墓誌》作[图]；"糟"，北齊《李祖牧墓誌》作[图]。《玄應音義》承之，"曹"，《放光般若經》作[图]。作構件亦類推，"艚"，《立世阿毗曇論》作[图]；"糟"，《摩訶般若波羅蜜經》作[图]；"醩"，《摩訶般若波羅蜜經》作[图]；"遭"，《善見律》作[图]。

"矣"字構件"矢"簡省撇筆作"天"。北魏《元同墓誌》作[图]，《元詮墓誌》作[图]，《元茂墓誌》作[图]。作構件亦類推，"埃"，北魏《山徽墓誌》作[图]；"俟"，《陸紹墓誌》作[图]；"涘"，北齊《韓裔墓誌》作[图]；"駿"，北周《曇樂造像記》作[图]。《玄應音義》承之，"矣"，《妙法蓮華經》作[图]。作構件亦類推，"埃"，《阿毗達磨俱舍論》作[图]；"俟"，《蓮花面經》作[图]；"唉"，《毗尼母律》作[图]；"欸"，《毗尼母律》作[图]；"唉"，《大愛道比丘尼經》作[图]。

"衤"簡省作"礻"。"被"，《元祐墓誌》作[图]；"初"，《劉滋墓誌》作[图]；"褍"，北魏《石門銘》作[图]；"褐"，《劉滋墓誌》作[图]；"裕"，《元纂墓誌》作[图]；"衿"，《元信墓誌》作[图]；"神"，北齊《僧濟本造像記》作[图]。"被"，《大般涅槃經》作[图]；"初"，《月燈三昧經》作[图]；"裕"，《明度無極經》作[图]；"神"，《須摩提經》作[图]；"祴"，《無言童子經》作[图]；"碇"，《寶梁經》作 樵;"襟",《四分律》作 襟。

記號化是簡省的特殊類型：

"糹"簡省爲"纟"。漢魏六朝碑刻僅有以下幾字簡省，如"綴"，北魏《王紹墓誌》作 缀;"綿"，《寇演墓誌》作 绵，"緒"，《秦洪墓誌》作 绪;"維"，《元廞墓誌》作 维;"縟"，《元廞墓誌》作 缛;"綵"，《山徽墓誌》作 绿;"組"，東魏《崔混墓誌》作 组;"紹"，《元凝妃陸順華墓誌》作 绍。《玄應音義》秉承之，該書所有在字左的形符"糹"都簡省爲"纟"，如"給"，《大般涅槃經》作 给;"結"，《摩訶般若波羅蜜經》作 结;"維"，《金剛般若經》作 维;"紅"，《等目菩薩所問經》作 红;"納"，《寶納經》作 纳;"綢"，《正法華經》作 绸。該構件簡省字最多。

"坐"字用記號"口"代替其中一"人"。在漢魏六朝碑刻裏，"坐"字的一個構件"人"常異化作記號"口"。北魏《侯剛墓誌》作 坐,北齊《義慈惠石柱頌》作 坐。作構件亦類推，"座"，東魏《元晫墓誌》作 座,《李挺墓誌》作 座;"挫"，北魏《元略墓誌》作 挫。《玄應音義》承之，"坐"，《大般涅槃經》作 坐。作構件亦類推，"眫"，《大威德陀羅尼經》作 胜;"矬"，《大般涅槃經》作 矬;"痤"，《大般涅槃經》作 痤。

記號"厶"。在漢魏六朝碑刻裏，構件"口"異化作記號"厶"，如"絹"，北魏《元詮墓誌》作 绢;"涓"，《爾朱襲墓誌》作 涓;"捐"，《元龍墓誌》作 捐。《玄應音義》承之，如"捐"，《大般涅槃經》作 捐;"狷"，《大智度論》作 狷;"蜎"，《大愛道比丘尼經》作 蜎。

（三）增繁

"支"加點增繁。如北魏《嚴震墓誌》作 支,《元珍墓誌》作 支。作構件亦類推，"芰"，北魏《弔比干文》作 芰;"枝"，《穆循墓誌》作 枝;"岐"，《蘇屯墓誌》作 岐;"跂"，《長孫士亮妻宋靈妃墓誌》作 跂;"伎"，北齊《庫狄業墓誌》作 伎。《玄應音義》承之，"支"，《金剛般若經》作 支,《四分律》作 支。作構件亦類推，"岐"，《大威德陀羅尼經》作 岐;"枝"，《光讚般若經》作 枝;"芰"，《大灌頂經》作 芰;"岐"，《菩薩本行經》作 岐;"伎"，《四分律》作 伎;"鼓"，《阿毗達磨順正理論》作 鼓。

"步"加點增繁。如東漢《楊著碑》作 步。作構件亦類推，"涉"，西晉《徐義墓誌》作 涉;"頻"，北魏《元繼墓誌》作 頻;"陟"，東魏《元湛墓誌》作 陟。《玄應音義》承之，"步"，《大般涅槃經》作 步,《修行道地經》作 步。作構件亦類推，"頻"，《勝天王般若經》作 頻;"陟"，《菩薩纓絡經》作 陟。

（四）異化

以構件"䜌"爲聲符的字異化,構件"言"的上部"亠"變成整個上部構件

"䜌"的"帽子"。如"巒",北魏《鄧羨妻李榘蘭墓誌》作▨;"鑾",《元懌墓誌》作▨;"欒",《長樂長公主元瑛墓誌》作▨;"變",《元誨墓誌》作▨;"䜌",北齊《西門豹祠堂碑》作▨;"鸞",《赫連子悦妻閭炫墓誌》作▨;"孌",《袁月璣墓誌》作▨。《玄應音義》承之,如"䜌",《修行道地經》作▨;"鑾",《四分律》作▨,《善見律》作▨;"變",《大愛道比丘尼經》作▨;"孿",《阿毗曇毗婆沙論》作▨。

構件"敝"異化作"㪍"。如"斃",北魏《元誕業墓誌》作▨;"蔽",東魏《羊深妻崔元容墓誌》作▨;"弊",北齊《張僧顯銘聞》作▨。《玄應音義》承之,如"斃",《大威德陀羅尼經》作▨,《華手經》作▨;"憋",《大般涅槃經》作▨;"獘",《大般涅槃經》作▨;"弊",《華手經》作▨。

"夌"之構件"八"異化爲"一",如"陵",東漢《韓勑造孔廟禮器碑》作▨;"淩",《巴郡朐忍令景雲碑》作▨;"崚",北魏《元瞻墓誌》作▨;"稜",北齊《庫狄廻洛墓誌銘》作▨;"綾",《王馬居眷屬等造像記》作▨。《玄應音義》承之,如"棱",《大灌頂經》作▨,《大智度論》作▨;"蔆",《四分律》作▨;"鯪",《立世阿毗曇論》作▨;"淩",《摩訶般若波羅蜜經》作▨。

"夋"之構件"八"異化爲"一","俊",東漢《趙寬墓碑》作▨;"駿",西晉《臨辟雍碑》作▨;"浚",《王浚妻華芳墓誌》作▨;"畯",北魏《元萇温泉頌》作▨;"峻",《元崇業墓誌》作▨;"酸",《梁國鎮將元舉墓誌》作▨。《玄應音義》承之,如"駿",《大般涅槃經》作▨;"浚",《大方廣十輪經》作▨;"畯",《大方廣十輪經》作▨;"狻",《大菩薩藏經》作▨。

構件"夷"形體異化。漢魏六朝碑刻異寫作另外形體,如北魏《諮議參軍元弼墓誌》作▨,《元恪貴華王普賢墓誌》作▨,東魏《邑主造石像碑》作▨。作構件亦類推,"姨",北齊《叱列延慶妻爾朱元静墓誌》作▨;"痍",北周《匹婁歡墓誌》作▨。《玄應音義》承之,《大方廣佛華嚴經》作▨,《大般涅槃經》作▨。作構件亦類推,"洟",《大般涅槃經》作▨;"痍",《大般涅槃經》作▨;"咦",《菩薩本行經》作▨,《迦旃延阿毗曇》作▨;"稦",《妙法蓮華經》作▨。

構件"幾"形體異化。如北魏《王禎墓誌》作▨,《元彝墓誌》作▨,《丘哲墓誌》作▨。作構件亦類推,"璣",北魏《寇猛墓誌》作▨,《李慶容墓誌》作▨;"機",《元禎墓誌》作▨,《元天穆墓誌》作▨;"譏",《劉玉墓誌》作▨,北周《元壽安妃盧蘭墓誌》作▨;"蟣",北齊《裴良墓誌》作▨。《玄應音義》承之,如《大智度論》作▨。作構件亦類推,"璣",《菩薩本行經》作𢆯；"機"，《大智度論》作𣏚；"譏"，《出曜論》作𧥷；"饑"，《四分律》作𩜅。

構件"亶"形體異化。如北魏《元邵墓誌》作𠆸，北齊《石信墓誌》作𠆻。作構件亦類推，"檀"，北魏《元繼妃石婉墓誌》作𣖈，《元懌墓誌》作檀；"檀"，南朝齊《劉岱墓誌》作檀，北齊《姜纂造像記》作檀；"壇"，北魏《郭法洛等造像記》作𡎚，北周《王士良妻董榮暉墓誌》作𡒄；"遭"，北魏《郭顯墓誌》作遭；"鸇"，東魏《封延之墓誌》作鸇；"饘"，東魏《羊深妻崔元容墓誌》作饘。《玄應音義》承之，如"檀"，《觀佛三昧海經》作檀，《太子須大拏經》作檀；"擅"，《阿毗達磨順正理論》作擅；"憻"，《阿老末經》作憻；"顫"，《起世經》作顫。

（五）訛混

《玄應音義》裏的訛混字同漢魏六朝碑刻異體字一樣，類型豐富，數量眾多。

"扌""木"混用。總的來說，"木"混作"扌"的字數要更多一些。

漢魏六朝碑刻中"木"混作"扌"："模"，西晉《臨辟雍碑》作摸；"樞"，北魏《元均及妻杜氏墓誌》作摳；"朽"，《元廣墓誌》作扚；"樞"，《文昭皇后高照容墓誌》作摳；"極"，《元子直墓誌》作撅；"桃"，北齊《許儁卅人造像記》作挑。"扌"混作"木"："摧"，《李挺墓誌》作榱；"揚"，《元珍墓誌》作楊；"抱"，東晉《爨寶子碑》作柜；"操"，北魏《元始和墓誌》作橾；"攢"，《元顯魏墓誌》作欑。

《玄應音義》亦然。"木"混作"扌"："榜"，《大方廣佛華嚴經》作榜；"棹"，《法炬陀羅尼經》作棹；"棍"，《法炬陀羅尼經》作棍；"晰"，《大般涅槃經》作晰；"槍"，《大般涅槃經》作槍；"椑"，《大般涅槃經》作椑；"橙"，《大般涅槃經》作橙。"扌"混作"木"："摶"，《大般涅槃經》作樽；"挑"，《大般涅槃經》作桃；"捅"，《明度無極經》作桶；"操"，《觀佛三昧海經》作操；"攘"，《觀佛三昧海經》作攘；"攫"，《大方便報恩經》作欋。

"亻""彳"混用。總的來說，"彳"混作"亻"字數更多一些。

漢魏六朝碑刻中"彳"混作"亻"："行"，北魏《司馬景和妻孟敬訓墓誌銘》作衍；"彼"，《穆紹墓誌》作彼；"徐"，北魏《王基墓誌》作徐；"得"，《元煥墓誌》作得；"德"，《元定墓誌》作德。"亻"混作"彳"："條"，漢《趙寬墓碑》作條；"修"，北魏《盧令媛墓誌》作修；"脩"，北魏《元斑妻穆玉容墓誌》作脩。

《玄應音義》亦然。"彳"混作"亻"："彶"，《濟諸方等學經》作伋；

"役",《大方等大集菩薩念佛三昧經》作侵;"懲",《藥師本願經》作懲;"傍",《菩薩睒子經》作傍;"徼",《鼻奈耶律》作徼。"彳"混作"亻":"修",《正法華經》作修;"偉",《義足經》作偉;"儒",《善見律》作儒。

"辵""辶"形近義通,可以互換使用,但漢魏六朝碑刻中"辵"僅寫作"辶"。如"建",《肥致墓碑》作建。作構件亦類推,"揵",東漢《石門頌》作揵;"捷",北魏《元恩墓誌》作捷。"延",《王神虎造像記》作延。作構件亦類推,"誕",北魏《鄧羨妻李榘蘭墓誌》作誕;"莚",《王誦妻元貴妃墓誌》作莚;"埏",《元子永墓誌》作埏;"筵",《王誦墓誌》作筵;"縱",《邢巒妻元純陁墓誌》作縱。"廷",北魏《席盛墓誌》作廷。作構件亦類推,"庭",南朝宋《劉懷民墓誌》作庭;"挺",北魏《穆亮墓誌》作挺;"霆",曹魏《曹真殘碑》作霆;"珽",北魏《元斑妻穆玉容墓誌》作珽。

《玄應音義》中"辵""辶"可以互換使用,但多是"辵"寫作"辶",反之則較少。"辵"寫作"辶",如"延",《大方廣佛華嚴經》作延;"建",《須真天子經》作建;"健",《道行般若經》作健;"霆",《月燈三昧經》作霆;"揵",《四分律》作揵。反之,"辶"也可以寫作"辵",如"遮",《大方廣佛華嚴經》作遮;"遮",《大般涅槃經》作遮。

(六) 改換

"闚",改變構件作"䦱",由形聲字變爲會意字。《玄應音義》之《妙法蓮華經》:"闚看:又作窺,同。丘規反。《字林》:小視也。《方言》:凡相竊視南楚謂之窺也。"《説文·門部》:"闚,閃也。从門,規聲。""闚"爲"从門,規聲"的形聲字,"閃"即"門中偷看"之意。《龍龕手鏡·門部》以"䦱"爲"闚"的俗字。"䦱"爲从門、从視的會意字。該字形漢魏六朝碑刻已出現,如北魏《元道隆墓誌銘》作䦱,《弔比干文》作䦱,《元端墓誌》作䦱,東魏《廉富等造義井頌》作䦱。

"鼓",改變形符"支"爲"皮"作"皷",成爲換形字。《玄應音義》之《大方等大集經》:"雷皷:力迥反。《周禮》:雷鼓,鼓神也。鄭玄曰:雷鼓八面者也。""鼓",《説文·支部》:"鼓,擊鼓也。从支、从壴,壴亦聲。"爲右形左聲的形聲字,因鼓外蒙以牛皮,故改形符爲"皮"。以"皮"爲形符的換形字,漢魏六朝碑刻已出現,如東漢《韓勑造孔廟禮器碑》作皷,《張景碑》作皷,西晉《石定墓誌》作皷。

"鐵",改換聲符作"鑯"。《玄應音義》之《觀佛三昧海經》:"鐵砧:又作椹、鈂,二形同。豬金反。鐵砧也。經文作碪、鈂二形,非體也。""鑯"作鑯。《説文·金部》:"鐵,黑金也。从金,䥫聲。鐵,鐵或省。銕,古文鐵从夷。"更換聲符"䥫"爲"截"。該字形漢魏六朝碑刻已出現,如北魏《元昭墓誌》作【字】，北齊《石佛寺迦葉經碑》作【字】。

(七) 類化

和漢魏六朝碑刻類化字一樣，《玄應音義》裏的類化字包括字際類化、字內類化兩種類型。由於造成字際類化的上下文不同，《玄應音義》裏的字際類化字不同於前者；由於字內類化不需要上下文，《玄應音義》裏的字內類化部分地同於前者，但也有所不同。

"需"作爲構件使用時，字內類化成"需"。"濡"，東漢《衡方墓碑》作【字】；《昭玄沙門大統令法師墓誌》作【字】；"襦"，東晉《潘氏衣物券》作【字】；"儒"，北魏《元顯儁墓誌》作【字】，《侯剛墓誌》作【字】；"孺"，北魏《崔敬邕墓誌》作【字】；"醹"，北魏《元廞墓誌》作【字】。《玄應音義》承之，如"儒"，《月燈三昧經》作【字】；"濡"，《勝天王般若經》作【字】；"臑"，《移識經》作【字】；"蠕"，《妙法蓮華經》作【字】；"糯"，《唯識論》作【字】。

"巍"，字內類化作"巍"。"巍"，北魏《元颺妃李媛華墓誌》作【字】。作構件亦類推，僅有"巇""纚"二字。"巇"，北周《二聖廟碑》作【字】；"纚"，北齊《唐邕刻經記》作【字】，北周《王鈞墓誌》作【字】。《玄應音義》承之，字形有所增加，如"纚"，《大般涅槃經》作【字】；"巇"，《十住毗婆娑論》作【字】；"攟"，《阿毗達磨俱舍論》作【字】；"讛"，《生經》作【字】；"鑣"，《阿毗達磨順正理論》作【字】。點畫亦皆簡省。

另外，"萌"，構件"明"類化作"朋"，如北周《僧妙法師碑》作【字】，《玄應音義》承之，《大方廣佛華嚴經》作【字】。"盟"，北魏《楊胤墓誌》作【字】，北齊《高顯國妃敬氏墓誌》作【字】。《玄應音義》承之，《尊婆須蜜所集論》作【字】。

(八) 位移

《玄應音義》裏的構件位移字多數不同於漢魏六朝碑刻，體現出漢字的發展演變；祇有少數相同，體現了文字的繼承性。

"庭"，構件重新組合，由原"广"部變爲"辶"部。從空間位置上看，是構件位移；從內容上看，是構件的替換。兩個因素共同作用，產生出新字形，最早見於漢魏六朝碑刻，如北魏《司馬悅墓誌》作【字】，《司馬景和妻孟敬訓墓誌》作【字】，《元子直墓誌》作【字】，《宇文永妻韓氏墓誌》作【字】。《玄應音義》承之，如《大般涅槃經》作【字】，《大菩薩藏經》作【字】。

"蓀"，該字形最早見於戰國文字【字】孫子一二八，後來繼承，是戰國古文之孑遺。北魏《鄯乾墓誌銘》作【字】，《王誦墓誌》作【字】，北齊《高肱墓誌》作【字】，北周《若干雲墓誌》作【字】。《玄應音義》承之，如《菩薩見實三昧經》作【字】，《起世經》作【字】，《大菩薩藏經》作【字】，《大乘十輪經》作【字】。

"飈",《龍龕手鏡·風部》以"飈"爲"飄"的俗字。漢魏六朝碑刻已見該字形,如北涼《沮渠安周造像記》作■,北魏《元同墓誌》作■,《侯掌墓誌》作■,《長樂長公主元瑛墓誌》作■。《玄應音義》承之,如《放光般若經》作■,《雜阿毗曇心論》作■。

幾點結論:

第一,就類型上看,古文字是漢魏六朝碑刻文字與《玄應音義》文字極其重要的來源;就數量上看,簡省、增繁、異化、訛混是二者最重要的異體字類型,數量眾多。《玄應音義》異體字對漢魏六朝碑刻異體字具有很強的繼承性,漢魏六朝碑刻數量眾多的異體字是《玄應音義》異體字的直接源頭。體現出二者的共同點。

第二,《玄應音義》異體字與漢魏六朝碑刻異體字也有很明顯的不同點:二者的類化字和構件位移字大多數不相同。漢魏六朝碑刻異體字形成於不同歷史時期,成於不同書手,字形豐富多彩;七寺本《玄應音義》成書于唐代,抄寫者也是有限的幾個書手,字形也較爲統一,反映唐時面貌。

二、新字形舉例

這裏所説的"新字形",指的是產生於漢魏六朝時期,而又保留在碑刻裏的文字,這裏僅舉20組示例。

(1)"乱"

"亂",《玄應音義》簡省作"乱",如《七佛神咒經》作■。

《説文·乙部》:"亂,治也。从乙。乙,治之也。从𤔔。"因"辭"簡體作"辞",受其影響,構件"𤔔"類推,"亂"亦簡省作"乱"。西晉《魯銓墓表》作■,北魏《赫連悦墓誌》作■,北齊《韋彪墓誌》作■,爲現代簡體字的最早源頭。韻書《廣韻》最早收釋該字,《换韻》:"亂,俗作乱。"

(2)"虯"

"虫",《玄應音義》加撇增繁作"虯",如《金光明經》作■,《菩薩處胎經》作■。作構件亦類推,"蛆",《大威德陀羅尼經》作■;"蚊",《摩訶般若波羅蜜經》作■;"蚋",《摩訶般若波羅蜜經》作■;"蟠",《觀佛三昧海經》作■;"蝗",《菩薩處胎經》作■;"蟥",《菩薩處胎經》作■;"蠱",《七佛神咒經》作■;"蜿",《移識經》作■。

《説文·虫部》:"虫……物之微細,或行,或毛,或蠃,或介,或鱗,以虫爲象。""虫"爲"蟲"的簡省字。"虯",《直音篇·虫部》"同虫"。《宋元以來俗字譜》始收"虯"字,太晚。漢魏六朝即已出現該字形,"蟲",北魏《翟蠻造像記》作■,《郭顯墓誌》作■,《元譚墓誌》作■,北齊《崔德墓誌》作■,

北周《尉遲運墓誌》作虫等。作構件亦類推，"蚌"，北魏《檀賓墓誌》作蜂；"蟬"，《元晫墓誌》作蟬；"虹"，《胡明相墓誌》作虹；"蚝"，東魏《敬顯儁碑》作蚝；"蜂"，北齊《堯峻墓誌》作蜂。

(3)"壮"

"壯"，《玄應音義》簡省作"壮"，如《法炬陀羅尼經》作壮。作構件亦類推，"莊"，《放光般若經》作莊，"裝"，《解脫導論》作裝，"狀"《大般涅槃經》作狀、狀。

字書收釋"壮"字始於《改併五音類聚四聲篇海》，《士部》引用《俗字背篇》："壮，音壯，義同。俗用。"字書收釋"状"字始於《正字通・犬部》："狀，俗作状。"二字書證均晚出。其實二字漢魏六朝碑刻已見。"壮"，北魏《爾朱襲墓誌》作壮，東魏《元均及妻杜氏墓誌》作壮。"状"，北魏《元賄墓誌》作状，《封□妻長孫氏墓誌》作状，《青州刺史元湛墓誌》作状。《漢語大字典》可據以提前書證。

(4)"断"

"斷"，《玄應音義》簡省記號化作"断"，如《大方廣佛華嚴經》作断，《大般涅槃經》作断，《大智度論》作断。"㡭"作構件亦類推，"繼"，《玄應音義》之《賢愚經》作継。

"断"，字書《玉篇》最早收釋該字，《斤部》以"断"爲"斷"的俗字。該字形漢魏六朝碑刻已見，如北魏《韓賄妻高氏墓誌》作断，《寇治墓誌》作断，《邢巒妻元純陁墓誌》作断，西魏《趙超宗妻王氏墓誌》作断。

"継"，《漢語大字典》未能給出書證，北魏碑已見，如北魏《山徽墓誌》作継，東魏《羊深妻崔元容墓誌》作継。《漢語大字典》可據以補之。

(5)"纲"

"綱"，《玄應音義》簡省作"纲"，如《大般涅槃經》作纲，《大菩薩藏經》作纲。

"纲"，《漢語大字典》僅注明是"綱"的簡化字，作爲"綱"的簡省字，則未予收釋。該字形漢魏六朝碑刻已見，如北魏《元騰及妻程法珠墓誌銘》作纲，《元禮之墓誌》作纲，《元液墓誌》作纲。

又，"泅"可以異寫作纲，見《阿毗達磨俱舍論》；"納"可以異寫作纲，見《大菩薩藏經》。本來不同的兩個字，却因文字異寫，形成同形字關係。《漢語大字典》可據以補之。

(6)"随"

"隨"，《玄應音義》簡省作"随"，如《德光太子經》作随。

"随"，字書《漢語大字典》《中華字海》僅注明是"隨"的簡化字，其異體情況未予揭示,更無書證。該字形在漢魏六朝時期即以出現,如北魏《元璨墓誌》作㸐,字書當據以補之。

(7)"用"

"朋",《玄應音義》簡省黏連作"用",如《阿毗達磨順正理論》作㓱。作構件亦類推,"棚",《成具光明定意經》作㭎,《維摩詰經》作㭎;"堋",《四諦論》作㘩。

"朋"之簡省黏連異體"用",歷代字書未收。《説文》以來字書僅收釋"朋"本字所記錄的本詞 péng。"朋"簡省黏連作"用",漢魏六朝碑刻已見,如北魏《李林墓誌銘》作㓱,東魏《封延之墓誌》作㓱,北齊《元子邃墓誌》作㓱。敦煌文獻秉承該形體,P.3873《韓朋賦》:"韓朋已死,何更再言!唯願大王有恩,以禮葬之,可得利後人?""朋"作㓱。

值得注意的是,有的字書收釋了部分構件類推字,如《龍龕手鏡·土部》謂"堋"與"塴"同,《鳥部》謂"鵬"與"鵬"同。

(8)"臣"

"巨",《玄應音義》增繁作"臣",如《仁王般若經》作臣,《地持論》作臣,《妙法蓮華經》作臣。作構件亦類推,"詎",《大般涅槃經》作詎;"拒",《大般涅槃經》作拒,《須彌藏經》作拒;"渠",《菩薩見實三昧經》作渠;"粔",《金色王經》作粔;"距",《大智度論》作距;"磲",《大智度論》作磲;"駆",《長阿含經》作駆;"矩",《阿毗達磨俱舍論》作矩;"炬",《阿毗達磨順正理論》作炬。

"巨"之增繁異體"臣",歷代字書未收。《説文》以來的字書均收釋"臣"本字所記錄的本詞 chén。"巨"增繁作"臣",漢魏六朝碑刻已見增筆端倪,如西晉《臨辟雍碑》增一豎筆作臣,北魏《王紹墓誌》作臣,《元宥墓誌》則加上兩點作臣。作構件亦類推,"拒",東魏《志朗造像記》作拒;"距",北齊《邢多五十人等造像記》作距;"詎",北齊《叱列延慶妻爾朱元静墓誌》作詎,北周《尉遲運墓誌》作詎;"鉅",北齊《路栗暨夫人潘氏墓誌銘》作鉅。《漢語大字典》當據以補之。

(9)"赵"

"趨",《玄應音義》異化作"赵",如《法炬陀羅尼經》作赵。

《説文·走部》"趨""赵"二字均收:"趨,走也。从走,芻聲";"赵,趨赵,久也。从走,多聲","趨赵"爲雙聲聯綿詞。在《説文》裏,"趨""赵"不同字、不同詞。在漢魏六朝碑刻裏,因"趨"異寫作"赵",使得二字成爲異體關係,"趨向"義之"赵"與"趨赵"之"赵"成爲同形字。作爲"趨"的異體,碑刻用例如東漢《西狹頌》作"屬縣赵教,無對會之事。儌外來庭,面縛二千餘人",北魏《王紹墓誌》作"君地實羽儀,器惟物範。故得抽縷鳳墀,𧾷綦系禁",《王誦墓誌》作"既面告靡依,𧾷庭闕範,勉躬砥礪,動不逾節",北齊《袁月璣墓誌》作"槐棗相輝,蟬冕𧾷映。著之前史,可略而言"。字書遲至《廣韻》才承認這一文字事實,《虞韻》:"趨,走也。𧾷,俗。"

(10)"夾"

"夾",《玄應音義》異化作"夹",如《善見律》作夹,《解脫道論》作夹。作構件亦類推,"浹",《大智度論》作浃;"頰",《泥犁經》作頬;"挾",《賢劫經》作挟;"愜",《勝天王般若經》作愜,《大威燈光仙人問經》作愜;"箧",《菩薩處胎經》作箧。

"夹"之字形來源,字書未予收釋。漢魏六朝碑刻已見該字形,如東漢《祀三公山碑》作夹,《曹全碑》作夾。作構件亦類推,"狹",東漢《桐柏淮源廟碑》作狭;"箧",北魏《元顯妃李元姜墓誌》作箧;"俠",《吳光墓誌》作侠;"郟",《元隱墓誌》作郏;"峽",《元子直墓誌》作峡;"浹",《山徽墓誌》作浃;"硤",《丘哲墓誌》作硖;"挾",北齊《劉碑造像銘》作挟;"愜",《暴誕墓誌》作愜;"埉",《梁子彥墓誌》作埉。《漢語大字典》當據以補之。

(11)"来"

"來",《玄應音義》異化作"来",如《摩訶般若波羅蜜經》作来。作構件亦類推,"勑",《大灌頂經》作勑;"睞",《妙法蓮華經》作睐;"賚",《等集衆德三昧經》作賚;"䚋",《發菩提心論》作䚋。

"来",武威漢簡作来有司一七,有漢以來碑刻亦見,如東漢《衡方墓碑》作来,《巴郡朐忍令景雲碑》作来,北魏《劉媚子墓誌(附磚誌)》作来,《安樂王第三子給事君妻韓氏墓誌》作来。作構件亦類推,始於漢魏六朝碑刻,如"萊",北魏《鄭君妻墓誌》作萊。

(12)"夭"

"夭",《玄應音義》異化作夭,如《大般涅槃經》作夭。作構件亦類推,"妖",《大方廣佛華嚴經》作妖,《大灌頂經》作妖;"沃",《大方廣佛華嚴經》作沃;"茯",《成具光明定意經》作茯。

"夭",歷代字書均視爲俗字而不予收錄。其實該字形在漢魏六朝已見,如西晉《王浚妻華芳墓誌》作夭,北魏《元子直墓誌》作夭,《元瞻墓誌》作夭,北周《匹婁歡墓誌》作夭。作構件亦類推,"妖",北魏《元暐墓誌》作妖,北齊《裴良墓誌》作妖;"殀",東漢《冀州從事馮君碑》作殀;"沃",北魏《元賄墓誌》作沃,《元顯魏墓誌》作沃。歷時字典當據以收之。

（13）"麥"

"麥",《玄應音義》異化作"麥",如《那先比丘經》作󰏍,《摩登伽經》作󰏍,《大乘十輪經》作󰏍。

字書《玉篇》最早收釋該字,《篆隸萬象名義·麥部》徑以󰏍爲字頭。漢魏六朝碑刻已見該字形,如東漢《史晨後碑》作󰏍,《西狹頌》作󰏍,北魏《元顥墓誌》作󰏍。

（14）"雨"

"雨",《玄應音義》異化作"雨",如《大方廣佛華嚴經》作雨,《觀佛三昧海經》作雨,《持地論》作雨,《大比丘三千威儀經》作雨。作構件亦類推,"魍",《大般涅槃經》作蛹。

字書未收"雨"的變異字形"雨",漢魏六朝碑刻已見該字形,如東晉《潘氏衣物券》"故銀環雨雙",北魏《元詳造像記》"行留雨音,分於闕外",《楊乾墓誌》"禀均雨義,三才履半"。作構件亦類推,"魍",北魏《張正子爲亡父母合葬立鎮墓石》作魍。

（15）"惡"

"惡",《玄應音義》異化作"惡",如《大般涅槃經》作惡,《摩訶般若波羅蜜經》作惡,《四分律》作惡。

《玉篇·心部》:"㤇,同惡。"《干祿字書·入聲》:"惡、惡,上俗,下正。"《集韻·先韻》:"㤇悬,急也。"《字彙·心部》:"㤇,躍也。"也就是說,《玉篇》《干祿字書》皆收"惡"字,作爲"惡"的異體;《集韻》《字彙》皆收"㤇"字,讀音爲"呼玄切",義爲"急也""躍也",與"凶惡"義之"惡"實爲同形字關係。字書漏收"惡"的音項和義項,當補。"凶惡"義之"惡",漢魏六朝碑刻已出現,如北魏《司馬景和妻孟敬訓墓誌》作惡,《孫遼浮圖銘記》作惡。

（16）"朔"

"朔"之構件"屰"異化作"手","朔"寫作"朔",以"朔"爲構件的字,《玄應音義》僅收"槊"字,《勝天王般若經》作槊。

"朔",字樣書《干祿字書》最早收釋該字,《入聲》:"朔、朔,上通,下正。"漢魏六朝碑刻已收該字,如東漢《何饋畫像石題字》作朔,西晉《徐義墓誌》作朔,北魏《元弘嬪侯氏墓誌》作朔,《元引墓誌》作朔。以"屰"爲構件的字可以類推,如"逆""厥"等都異寫:"逆",西晉《石尠墓誌》作逆,北魏《元熙墓誌》作逆;"厥",《元延明妃馮氏墓誌》作厥。

（17）"卒"

"卒",作爲構件,《玄應音義》異寫作"卒",如"醉",《央掘摩羅經》作醉";"倅",《妙法蓮華經》作伜";"翠",《善見律》作棒。

"卆",字書《龍龕手鏡》始收該字,《十部》:"卆,俗。卒,正。"該字形最早產生於漢魏六朝時期,《漢語大字典》以北魏太監《劉阿素墓誌》爲例,書證晚出。東晉《王興之及妻宋和之墓誌》作卆。後世承用,如東魏《李祈年墓誌》作卆。作構件亦類推,"萃",《元子直墓誌》作萃;"悴",《叔孫固墓誌》作悴;"粹",《元弼墓誌》作粹。

(18)"尭"

"堯",《玄應音義》異寫作"尭",如《大方廣佛華嚴經》作尭。作構件亦類推,"巇",《大威德陀羅尼經》作𥂕;"嬈",《大般涅槃經》作嬈;"撓",《摩訶般若波羅蜜經》作撓;"澆",《放光般若經》作澆;"僥",《光讚般若經》作僥。

"堯"作"尭"最早出現在漢魏六朝碑刻裏,如北魏《元寧墓誌》作尭,《元緒墓誌》作尭。作構件亦類推,"繞",北魏《唐耀墓誌》作繞;"撓",《王基墓誌》作撓;"嬈",北齊《許儁卅人造像記》作嬈;"饒",《元遙墓誌》作饒;"曉",《元願平妻王氏墓誌》作曉;"薨",《元毓墓誌》作薨。《漢語大字典》引《山海經》語"帝堯、帝嚳、帝舜葬於岳山"爲證,不如使用出土文獻的碑刻材料更有説服力。

(19)"剌"

"剌",《玄應音義》異寫作"剌",如《觀佛三昧海經》作剌,《菩薩處胎經》作剌,《大智度論》作剌,《阿毗達磨順正理論》作剌。

"剌",《中華字海》《漢語大字典》均未收錄該字,《漢語大詞典》僅注音爲 cì,釋義闕如。該字實爲"刺"之異寫,漢魏六朝碑刻最早見到該字形,如北魏《□伯超墓誌》作"皇魏延昌元年,歲次壬辰,□月乙酉朔,三日丁亥,建威將軍、朔州剌史□□□卓,字伯超,春秋卅有二,卒於官署";北魏《元暐墓誌》作"魏故使持節、散騎常侍、衛大將軍、尚書右僕射、都督雍岐南豳三州諸軍事、雍州剌史、南平王墓誌銘"。以"朿"爲構件的字亦類推,如"策",南朝梁《蕭敷墓誌》作筞,西晉《弔比干文》作筴;"敕",北魏《元液墓誌》作勅。

(20)"儒"

《玄應音義》以"需"爲構件的字,字内類化爲"需"。如"儒",《月燈三昧經》作儒;"濡",《勝天王般若經》作濡;"臑",《移識經》作臑;"蠕",《妙法蓮華經》作蠕;"糯",《唯識論》作糯。

"儒",字書《中華字海》收釋該字,《亻部》:"同'儒'。字見《張猛龍碑》。"釋義正確,書證却晚出:《張猛龍碑》刻於北魏正光三年(522),該字形《韓顯宗墓誌》（499）作𠐍，《劉阿素墓誌》（520）作𠐍，二碑均早於《張猛龍碑》，可替換。作構件亦類推，"濡"，《史晨後碑》作𣴳，《元彝墓誌》作濡；"醹"，《元廠墓誌》作醹。

七寺本《玄應音義》所使用的許多新字形來源於漢魏六朝時期，體現在漢魏六朝碑刻文獻中，這使得漢魏六朝碑刻文獻成爲研究《玄應音義》時所必須參照的材料，比較的方法亦成爲必然。惟其如此，才能從縱橫兩個方面系統梳理《玄應音義》字形來源，從而給予它在漢字史上恰當的定位和定性。

總之，漢魏六朝碑刻文獻是研究《玄應音義》的重要材料。這些結論，還將在與《干禄字書》比較部分繼續得到印證。

第三節　與《說文》文字的比較研究①

《說文》是我國第一部漢語語文詞典，②開創了較爲完備的語文詞典體例，歷代漢語詞典莫不師法。它以小篆爲字頭，部分字還附以戰國古文，保留了彌足珍貴的古文字材料。它著力於探討詞的本義，爲後世所秉承。作爲廣釋群經的專書詞典《玄應音義》在釋義時，廣引前代古訓典籍，其中引《說文》最多。

需要說明，《說文》書體是篆書，《玄應音義》書體是楷書，而書體不同，本來是不能比較的。不過，我們的研究是從漢字的形體結構入手進行比較，而不是從文字體態的角度進行比較。作爲意音體系的漢字，形體結構的核心，一是構件，二是構件組合方式。其形體結構具有很強的傳承性，因此避開文字體態，不同書體的漢字仍可比較。

《玄應音義》對《說文》的繼承有三：一是繼承《說文》的字形，這些字主要記錄漢語基本詞彙，字數較多，我們放到文字的共時比較研究——與《干禄字書》比較部分；二是《玄應音義》引用大量古本《說文》字形和釋語，保留了古本《說文》的面目，可以用來校訂《說文》大徐本，因爲初唐的玄應早於盛唐時的李陽冰，所見的《說文》未經李氏竄改，更接近原本面貌，這一點，我

---

① 《說文解字》是篆書，《玄應音義》是楷書，本來不同體、不同質，難以比較，但如果從結構而不是書體上考察，二者之間仍然存在可比較之處。

② 按之詞典發展史，詞典分爲語文詞典、專科詞典、百科詞典三大類。《說文解字》屬於語文詞典之列，故名。《說文》所釋之詞，多爲單音詞，《說文》對其記錄文字分析字形，說解字義，故又叫字典。其實說《說文》是字典或詞典皆可，關注角度不同而已，我們取前者。

們放到第四章《玄應音義》價值部分去談;三是《玄應音義》所討論的部分字體由《説文》正體變爲異體,部分《説文》異體變爲正體或通行體。這裏我們重點討論第三點,這一點是從文字形體的地位來説。

(1) 籑——饌

珍饌:"又作籑,同。仕眷反。《説文》:俻具飲食也。《論語》:先生饌。馬融曰:饌,飲食也。"(1.1.489)

按:《説文·食部》:"籑,具食也。从食,算聲。饌,籑或从巽。"可見,《説文》以"籑"爲正體,"饌"爲異體。

《玉篇》殘卷《食部》:"饌,《説文》亦'籑'字也。"這説明,《玉篇》時代,"饌"已經成爲正體,"籑"變爲異體。漢魏六朝碑刻以"饌"爲正字,未用"籑"字,如東魏《公孫略墓誌》作饌,北齊《宋顯伯等造像龕記並陰側》作饌。《玄應音義》承之,《大方廣佛華嚴經》作饌。

(2) 曟——晨

晨朝:"食仁反。《爾雅》:晨,早也。《釋名》云:晨,伸也。言其清旦日光復伸見也。"(1.2.513)

按:《説文·晶部》:"曟,房星,爲民田時者。从晶,辰聲。晨,曟或省。"可見,《説文》以"曟"爲正體,"晨"爲異體。

漢魏六朝碑刻以"晨"爲通行體,如東漢《陽三老石堂畫像題字》作晨,北魏《元顯妃李元姜墓誌》作晨,北周《王鈞墓誌》作晨;"曟"則少見,如北魏《元仙墓誌》作曟等。S.388《正名要録》:"曟、晨。右行者雖是正體,稍驚俗;腳註隨時消息用。"説明曟是當時的正體,晨是通行體。

(3) 衒——衒

衒賣:"古文眩、衒,二形同。胡麵、公縣二反。《説文》:行且賣也。《廣雅》:衒,詃也。"(1.2.528)

按:《説文·行部》:"衒,行且賣也。从行,从言。衒,衒或从玄。"可見,《説文》以"衒"爲正體,"衒"爲異體。

《玄應音義》之《大般涅槃經》作衒,以"衒"爲正字,《説文》正字"衒"爲古文。敦煌文獻亦反映這種用字情況,如P.2717《碎金》作衒,P.3906《碎金》作衒,敦研196《妙法蓮華經》作衒,未用"衒"字。

可知,作"行且賣"義時,"眩"爲"衒"之異體。

(4) 藥——療

療治:"力照反。止病曰療,謂治病也。"(1.2.529)

按:《説文·疒部》:"藥,治也。从疒,樂聲。療,或从尞。"可見,《説文》以"藥"爲正體,"療"爲異體。

漢魏六朝碑刻僅用"療"字,如北魏《元悦墓誌》作[療],《元苌温泉頌》作[療]。敦煌文獻也是這樣,敦研041《大般涅槃經》作[療],敦研182《大般涅槃經》作[療]。這都表明唐代"療"已成爲正體。

(5) 悑——怖

怖遽:"渠庶反。《廣雅》:遽,畏懼也。疾,急也。經文有作憷,書史所無,唯郭璞注《爾雅·釋言》中'淩憷也'作此字,二形通用。"(1.2.532)

按:《説文·心部》:"悑,惶也。从心,甫聲。怖,或从布聲。"可見,《説文》以"悑"爲正體,"怖"爲異體。

漢魏六朝碑刻僅用"怖"字,如東漢《鮮于璜墓碑》作[怖],《耿勳碑》作[怖],北齊《潘景暉等造像記》作[怖]。敦煌文獻也是這樣,如敦研189《妙法蓮華經觀世音菩薩普門品》作[怖],敦研160《大般涅槃經》作[怖],P.2305《妙法蓮華經講經文》作[怖]。《龍龕手鏡·心部》:"悑,正。怖,今,普故反。惶怖也。"這些都説明"怖"已成爲當時的通行字。

(6) 劓——劓

耴劓:"如志反。下古文劓,同。魚器反。字林:耴,斷耳也。劓,刖鼻也。尚書云'无或劓耴人'是也。"(1.2.541)

按:《説文·刀部》:"劓,刑鼻也。从刀,臬聲。《易》曰:'天且劓。'劓,臬或从鼻。"可見,《説文》以"劓"爲正體,"劓"爲異體。

漢魏六朝碑刻中即以"劓"爲正字,如南朝梁《羅浮山銘》作[劓]。《玄應音義》承之,《大般涅槃經》作[劓],以"劓"爲正體,以"劓"爲古文。

(7) 㳅——流

流恻:"聲類作憥,同。楚力反。《廣雅》:恻,悲也。《説文》:恻,痛也。謂恻然心中痛也。"(1.2.542)

按:《説文·水部》:"㳅,水行也。从沝、㐬。㐬,突忽也。流,篆文从水。"可見,《説文》以"㳅"爲正體,"流"爲異體。

漢魏六朝碑刻最初多用"沭",東漢以後僅用"流"字。"沭",東漢《張壽殘碑》作[沭],《巴郡朐忍令景雲碑》作[沭],《趙寬墓誌》作[沭];"流",東漢《孟璇殘碑》作[流],北魏《元廣墓誌》作[流],北齊《逢哲墓誌》作[流]。《正名要録》:"[沭]、[流],右字形雖別,意義是同。古而典者居上,今而要者居下。"這説明[流]已成爲唐代的通用字。

(8) 凷——塊

逐塊:"古文凷,同。苦對反。結土也,土塊也。"(1.2.546)

按:《説文·土部》:"凷,墣也。从土、一屈。象形。塊,凷或从鬼。"可見,《説文》以"凷"爲正體,"塊"爲異體。

《干禄字書·去聲》："塊、㘉,並正,多行上字,唯弔書作㘉。"

(9) 齼——䶦

䶦齧:"古文齼,又作咋,同。士白反。《通俗》:齞啖曰䶦。"(1.2.552)

按:《説文·齒部》:"齼,齧也。从齒,昝聲。䶦,齼或从乍。"可見,《説文》以"齼"爲正體,"䶦"爲異體。

《玄應音義》之《大般涅槃經》作䶦,以"䶦"爲正體,"齼"爲古文。敦煌文獻亦反映這種用字情況,如 S.5431《開蒙要訓》作䶦。

(10) 絍——紝

紝婆:"古文絍,同。女林、如深二反。樹名也。葉苦可煮爲飲治頭痛也,如此聞苦楝樹也。言此虫甘之耳。楝音力見反。"(1.2.552)

按:《説文·糸部》:"絍,機縷也。从糸,壬聲。紝,絍或从任。"可見,《説文》以"絍"爲正體,"紝"爲異體。

《玉篇》殘卷《糸部》收"紝""絍"二字,並於"絍"下注釋"《説文》亦'紝'字也",可見《玉篇》以"紝"爲正體。《篆隸萬象名義·糸部》亦收"紝""絍"二字,並於"絍"下注釋"'紝'字",亦以"紝"爲正體。雖然《干禄字書·去聲》説:"紝、絍,並正。"但從七寺本《玄應音義》的用字來看,至少仍以"紝"爲通形字。

(11) 蟁——蚊

蚊蚋:"而鋭反。《通俗文》:蜎化爲蚊。小蚊曰蚋。蜎音渠究反。"(1.3.564)

按:《説文·蚰部》:"蟁,齧人飛蟲。从蚰,民聲。䖤,蟁或从昏,以昏時出也。蚊,俗蟁。从虫,从文。"可見,《説文》以"蟁"爲正體,"䖤""蚊"爲異體。

漢魏六朝碑刻即"蚊"爲正體,如東漢《唐公房碑》作蚊;敦煌文獻亦如此,如浙敦 027《大智度論》作蚊,S.5431《開蒙要訓》作蚊,皆以"蚊"爲正體。《玄應音義》承之,《摩訶般若波羅蜜經》作蚊。

(12) 盟——盟

盟誓:"靡京反。《禮記》:諸侯涖牲曰盟。《周禮》:司盟掌盟載之法。鄭玄曰:書其辭於册上,殺生取血歃之,加書於牲上而埋之,著其信也。大事曰盟,小事曰誓。《左傳》曰:歃如志。歃音所甲反。"(1.3.576)

按:《説文·囧部》:"盟,《周禮》曰:'國有疑則盟。'諸侯再相與會。十二歲一盟。北面詔天之司慎司命。盟,殺牲歃血,朱盤玉敦,以立牛耳。从囧,从血。盟,篆文从朙。盟,古文从明。"可見,《説文》以"盟"爲正體,"盟"爲異體。

"盟"字,如北魏《張正子爲亡父母合葬立鎮墓石》作盟,《元暐墓誌》作盟,北周《尉遲運墓誌》作盟。敦煌文獻僅用"盟",如 P.2536《春秋穀梁經傳》作盟、盟,S.288《金真玉光八景飛經》作盟。《龍龕手鏡》僅收盟字,《皿部》:"盟,音明。誓約也。又音孟,盟津,河也。"這些都説明,唐代以"盟"爲正體。

(13) 归——抑

抑挫:"祖卧反。《説文》:挫,摧也,亦抑也。"(1.3.591)

按:《説文·印部》:"归,按也。从反印。抑,俗从手。"可見,《説文》以"归"爲正體,"抑"爲異體。

漢魏六朝碑刻僅用"抑"字,東漢《西狹頌》作抑,西晉《臨辟雍碑》作抑,北齊《竇泰妻婁黑女墓誌》作抑。當然,碑刻中也有相當一部分字形作"抑",如北魏《鄧羨妻李榘蘭墓誌》作抑,《元則墓誌》作抑,北周《尉遲運墓誌》作抑。敦煌文獻亦以"抑"爲正字,如 S.388《正名要録》:"抑,右依顔監《字樣》甄録要用者,考訂折衷,刊削紕繆。"《篆隸萬象名義》僅收"抑"字,《手部》:"抑,於陟反。意,冤,指,椎,屈,按,理成,治,美。"這些都説明"抑"爲唐代正體。

(14) 灥——原

原隰:"又作隰,同。詞立反。《爾雅》:下濕曰隰。隰,墊也。"(2.4.601)

按:《説文·泉部》:"灥,水泉本也。从蟲出厂下。篆文从泉。"可見,《説文》以"灥"爲正體,"原"爲異體。

漢魏六朝碑刻僅用"原"字及其變體,如東漢《營陵置社碑》作原,《張遷碑》作原,北魏《崔隆墓誌》作原,《元暐墓誌》作原,北齊《裴子誕墓誌銘》作原。《干禄字書·平聲》:"原、原,上俗,下正。"S.388《正名要録》:"原,右依顔監《字樣》甄録要用者,考訂折衷,刊削紕繆。"可見,"原"爲唐代正字。

(15) 頯——疣

瘖疣:"字體作肬,籀文作黖,同。有流反。《通俗文》:體目曰肬。經文作痏,音位理反。《蒼頡篇》:痏,歐傷也。"(2.5.659)

按:《説文·頁部》:"頯,顛也。从頁,尤聲。疣,頯或从疒。"可見,《説文》以"頯"爲正體,"疣"爲異體。

《篆隸萬象名義·頁部》:"頯,有富反。顛;疣字。"以該書釋義體例,"頯"爲"疣"之異體字。《龍龕手鏡·疒部》:"瘀,俗。疣,正。音尤。瘖也。"可知唐代"疣"爲正字。

(16) 鱷——鯨

鯨龍:"巨迎反。"(2.5.664)

按:《説文·魚部》:"鱷,海大魚也。从魚,畺聲。《春秋傳》曰:"取其鱷鯢。"鯨,鱷或从京。"可見,《説文》以"鱷"爲正體,"鯨"爲異體。

漢魏六朝碑刻作"鯨",如曹魏《王基斷碑》作⿰魚京,北魏《元融墓誌》作⿰魚京,北齊《高建墓誌》作⿰魚京。敦煌文獻亦用"鯨"字,如 S.4642《發願文範本等》作⿰魚京。《篆隸萬象名義·魚部》僅收"鱷"字:"鱷,鯨字。"由該書體例及釋語可知,"鯨"爲正體。《龍龕手鏡·魚部》:"鱥,俗。鱷,或作。鯨,通。鯨正。"可見到唐代時,"鱷"爲通形字,"鯨"爲正體。

(17) 㐻——齲

風齲:"又作㐻,同。丘禹反。《説文》:齒蠹也。《釋名》:齲,朽也。"(2.5.674)

按:《説文·牙部》:"㐻,齒蠹也。从牙,禹聲。齲,㐻或从齒。"可見,《説文》以"㐻"爲正體,"齲"爲異體。

《玄應音義》"齲"字釋語承認了它的正體地位,《如來方便善巧咒經》作⿰齒禹。《龍龕手鏡》則把這一地位記録下來,《齒部》:"齲,正。丘主反。蠹也,齒病朽缺也。"

(18) 彪——魅

魑魅:"《説文》作离,《三蒼》諸書作螭,近作魑,同。勅知反。下古文魅、魁二形,今作彪,同。莫冀反。《説文》:老物精也。《通俗文》:山澤怪謂之魑魅。《正法華》作妭魅。"(2.6.704)

按:《説文·鬼部》:"彪,老精物也。从鬼、彡。彡,鬼毛。魅,或从未聲。"可見,《説文》以"彪"爲正體,"魅"爲異體。

漢魏六朝碑刻僅用"魅"字,如北魏《張正子爲亡父母合葬立鎮墓石》作⿰鬼未,北周《二聖廟碑》作⿰鬼未。《龍龕手鏡·鬼部》:"彪、魅,二正。眉秘反。魑魅,老物之精也,亦鬼神怪也,人身黑首也。"可知,"魅"已與"彪"一樣,成爲正體。

(19) 躲——射

雖射:"今作弋,同。餘力反。弋,繳射也,獵也。繳音之若反。"(3.7.743)

按:《説文·矢部》:"躲,弓弩發於身而中於遠也。从矢,从身。射,篆文躲,从寸。寸,法度也,亦手也。"可見,《説文》以"躲"爲正體,"射"爲異體。

在漢魏六朝碑刻裏,"射"已成爲常用字,如西晉《臨辟雍碑》作射,北魏《于景墓誌》作射，北齊《高潤墓誌》作射。《干禄字書·去聲》："射、躲，並正。"可見，唐代"射"已經取得正字的地位，與"躲"共同作爲正字使用。

（20）壐——璽

印壐："思紫反。天子之玉印也。壐，信也，亦神器也。"（3.7.749）

按：《説文·土部》："壐，王者印也，所以主土。从土，爾聲。璽，籀文从玉。"可見，《説文》以"壐"爲正體，"璽"爲異體。

漢魏六朝碑刻裏"璽"已成爲通用字，如北魏《李蕤墓誌》作璽，《于纂墓誌》作璽，北齊《竇泰妻婁黑女墓誌》作璽。S.388《正名要録》："壐、璽、璽，三同。"説明唐代"璽"與"壐"一樣，成爲正字。

（21）芬——芬

芬葩："普花反。《説文》：芬，芳也。葩，華也。《聲類》：取其盛皃也。"（3.7.756）

按：《説文·屮部》："芬，艸初生，其香分布。从屮，从分，分亦聲。芬或从艸。"可見，《説文》以"芬"爲正體，"芬"爲異體。

《篆隸萬象名義·艸部》："芬，孚雲反。和，調，香。"該書祇收"芬"而不收"芬"。《玉篇·屮部》："芬，今作芬。"《玄應音義》中《阿差末經》作芬，不再使用"芬"，也未予討論。

（22）醻——酬

酬對："古文醻，《三蒼》：作詶，同。時周反。《爾雅》：酬，報也。"（3.8.785）

按：《説文·酉部》："醻，主人進客也。从酉，壽聲。酬，醻或从州。"可見，《説文》以"醻"爲正體，"酬"爲異體。

漢魏六朝碑刻僅用"酬"字，如西晉《石尠墓誌》作酬，北魏《張盧墓誌》作酬，《元子正墓誌》作酬，北周《叱羅協墓誌》作酬。敦煌文獻僅用"酬"字，如 Φ096《雙恩記》作酬。《篆隸萬象名義·酉部》二字皆收："酬，時周反。報，厚，勸。""醻，上字。"由該書釋語及體例可知，《篆隸萬象名義》以"酬"爲正體，"醻"爲異體。

（23）延——征

征延："之盈反，下之容反。《方言》：征延，惶遽也。"（3.8.799）

按：《説文·辵部》："延，正行也。从辵，正聲。征，延或从彳。"丁福保案："核各説證之古本，當作'延，正也，行也。'"①可見，《説文》以"延"爲正

---

① 丁福保編纂《説文解字詁林》，中華書局，1988年版，第2449頁。

體,"征"爲異體。

漢魏六朝碑刻僅用"征"字,如東漢《趙寬墓碑》作征,曹魏《王基斷碑》作延,北魏《青州刺史元湛墓誌》還進一步簡省筆畫作征。《玄應音義》承之,《無量清净平等覺經》作征。當然,"征延"不含"行也"義,但用"征"字形。《玉篇·辵部》:"延,行也,今作征。"更是明確提出"征"爲正體,"延"爲異體。

(24) 缾——瓶

瓶罐:"又作灌、槤,二形同。古亂反。汲器也。"(3.8.806)

按:《説文·缶部》:"缾,甕也。从缶,并聲。瓶,缾或从瓦。"可見,《説文》以"缾"爲正體,"瓶"爲異體。

漢魏六朝碑刻祇用"瓶"字,如北魏《僧量造像記》作瓶。敦煌文獻也普遍使用"瓶"字,如 P.2965《佛説生經》作瓶,浙敦 026《普賢菩薩説證明經》作瓶,P.388《正名要録》:"瓶 甀:右字形雖別,意義是同。古而典者居上,今而要者居下。""古而典者"之"瓶"爲今之通行字,"今而要者"職"甀"爲今之異體。《篆隸萬象名義·瓦部》:"瓶,菩經反。汲水器。"該書祇收"瓶"字。《玄應音義》承之,《大威燈光仙人問經》作瓶。

(25) 采——穗

生穗:"又作采,同。辭醉反。《説文》:禾成秀人所收者也。"(3.8.807)

按:《説文·禾部》:"采,禾成秀也,人所以收。从爪、禾。穗,采或从禾,惠聲。"可見,《説文》以"采"爲正體,"穗"爲異體。

漢魏六朝碑刻主要使用"穗"字,如北魏《楊胤墓誌》作穗,北周《獨孤藏墓誌》作穗。S.388《正名要録》:"穟、穗。右字形雖別,音義是同。古而典者居上,今而要者居下。"這説明"穗"已成爲唐代的通用字形。

(26) 螾——蚓

蚯蚓:"音丘引,即曲蟺也,亦名蜜蟺,亦名寒蚓。蟺音善。"(3.8.809)

按:《説文·虫部》:"螾,側行者。从虫,寅聲。蚓,螾或从引。"可見,《説文》以"螾"爲正體,"蚓"爲異體。

《玄應音義》不用"螾"字,《龍龕手鏡》僅收"蚓"字,《虫部》:"蚓,音引。蚯蚓也。"可見,他們都是以"蚓"爲正體。

(27) 暱——昵

親昵:"又作暱,同。女乙反。《爾雅》:昵,近。又云:昵,黐也。親昵亦數近也。黐音袪記反。"(4.10.859)

按:《説文·日部》:"暱,日近也。从日,匿聲。《春秋傳》曰:'私降暱燕。'昵,暱或从尼。"可見,《説文》以"暱"爲正體,"昵"爲異體。

漢魏六朝碑刻僅用"昵"字,可見其地位的上升,東漢《嵩顯寺碑》作昵,北魏《高慶碑》作昵,《辛祥墓誌》作昵。《干禄字書·入聲》:"昵、暱,並正。"S.388《正名要録》:"暱、昵,右字形雖別,音義是同。古而典者居上,今而要者居下。"到唐代,《説文》時代的異體"昵"已和"暱"一樣成爲並列正體。

(28) 㸌——兕

虎兕:"又作㸌、兕二形,同。音似,又音徐姊反。《爾雅》:兕似牛。郭璞曰:一角,青色,重千斤也。"(4.12.900)

按:《説文·㸌部》:"㸌,如野牛而青。象形。與禽、离頭同。凡㸌之屬皆从㸌。兕,古文从儿。"可見,《説文》以"㸌"爲正體,"兕"爲異體。

漢魏六朝碑刻不用"㸌"字,東魏《元悰墓誌》作兕,北齊《劉悦墓誌》作兕。敦煌文獻不用"㸌"字,S.189《老子道德經》作兕。《干禄字書·去聲》:"兕、兕、兕,上俗,中通,下正。"可見,唐代"兕"已經成爲正體。

(29) 雌——鴟

鴟猪:"尺脂反,下陟於反。鴟,張大也,言此人鴟張大如猪也。"(4.12.902)

按:《説文·隹部》:"雌,雛也。從隹,氏聲。鴟,籀文雌從鳥。"可見,《説文》以"雌"爲正體,"鴟"爲異體。

《干禄字書·平聲》:"鴟、雌、鴟,上俗中通下正。""雌"即"雌"。可知,"鴟"已戰勝"雌",成爲正體。《玄應音義》反映這一規範,《修行道地經》作"鴟"。

(30) 翼——翼

拘翼:"梵言憍尸迦是也。此本應作翅,後誤作翼失其義也。"(4.12.903)

按:《説文·飛部》:"翼,翄也。從飛,異聲。翼,篆文翼從羽。"可見,《説文》以"翼"爲正體,"翼"爲異體。

在漢魏六朝碑刻僅用"翼"字,如東漢《三老諱字忌日記》作翼,北魏《元緒墓誌》作翼,《元壽安墓誌》作翼,《北周叱羅協墓誌》作翼。《玄應音義》也僅用"翼"字,可見,在文字實際運用中,"翼"已成爲正字。

(31) 歠——噈

嗚噈:"古文作歠,同。子六、子合二反。《聲類》:噈亦嗚也。"(4.12.903)

按:《説文·欠部》:"歠,欿歠也。從欠,䆗聲。噈,俗歠,從口,從就。"可見,《説文》以"歠"爲正體,"噈"爲異體。

敦煌文獻用"噈",P.2965《佛説生經》作㪡。《篆隸萬象名義》"歡""噈"二字皆收,《欠部》:"歡,子合反。噈字。䰝。"《口部》:"噈,子陵反。鳴。"由《篆隸萬象名義》釋義體例可知,"噈"爲正體,"歡"爲異體。《龍龕手鏡》僅收"噈"字,《口部》:"噈,子六反。歍噈,口相就也。歍,音烏。"

(32)畺——疆

畺場:"古文疅、畺二形,今作疆,同。紀良反。畺,界也。下以赤反。場,畔也,畷也。《廣雅》:畺場,界也。畷音豬衛反。謂兩陌閒道也。"(4.13.931)

按:《説文·畕部》:"畺,界也。从畕、三,其界畫也。疆,畺或从彊土。"可見,《説文》以"畺"爲正體,"疆"爲異體。

《篆隸萬象名義》僅收"疆"字,《土部》:"疆,居量反。界,境,垂,窮。"《干禄字書·平聲》:"壃、疆,上通,下正。"S.388《正名要録》:"疆、壃。右字形雖別,音義是同。古而典者居上,今而要者居下。"可知,"疆"已變爲正字。

(33)廟——庿

寺廟:"《風俗通》曰:寺,司也。廷之有法度者也。諸侯所止皆曰寺。《廣雅》:寺,治也。《三蒼》:寺,官舍也。字體從寸從土聲。《釋名》云:寺,嗣也。治事者相嗣續於其中也。《韓詩》:鬼神所居曰廟。《白虎通》曰:廟者,皃也。先祖之尊皃也。今取其義,出古文之字。"(5.14.984)

按:《説文·广部》:"廟,尊先祖皃也。从广,朝聲。庿,古文。"可見,《説文》以"廟"爲正體,"庿"爲異體。

漢魏六朝時期碑刻文獻裏,"廟""庿"已經同時使用,東漢《乙瑛碑》作廟,北魏《王紹墓誌》作廟,北齊《薛廣墓誌》作廟;北魏《囗伯超墓誌》作庿,北齊《唐邕刻經記》作庿,北周《若干雲墓誌》作庿。《干禄字書·去聲》:"廟、庿,並正。"S.388《正名要録》:"廟、庿,二同。"這説明,在唐代,《説文》時代的異體"庿"亦變爲正體,與"廟"一樣共同成爲正體。

(34)靈——霊

靈柩:"渠救反。《小爾雅》云:棺有屍謂之柩,空棺爲槻。柩之言究。《白虎通》曰:柩之言久也,不久復變也。"(5.17.1037)

按:《説文·玉部》:"霊,靈巫,以玉事神。从玉,靈聲。靈,霊或从巫。"段玉裁認爲"靈巫"當爲"巫"之誤,"靈""乃複舉篆文之未删者也"。① 可見,《説文》以"霊"爲正體,"靈"爲異體。

---

① [漢]許慎撰,[清]段玉裁注《説文解字注》,上海古籍出版社,1981年版,第19頁下。

"靈",《篆隸萬象名義·巫部》:"靈,力丁反。神異,善,神,龍。"構件"巫"寫作"𡕢"。龍谷大學藏本《干祿字書》認爲"靈"俗、"靈"正,《四庫全書本》《干祿字書》認爲"靈"俗、"靈"正,故宮博物院藏明拓本認爲"靈"俗、"靈"正,可見,唐代以"靈"爲正字,"靈""靈""靈"爲俗字,《玄應音義》所舉上例《出曜論》作靈,又《中本起經》作靈。

(35) 倢——嫉

爲嫉:"古文誅、倢、悷,三形同。自栗反。《楚辭》:故興心而嫉妬。王逸曰:害賢曰嫉,害色曰妬也。"(5.18.1052)

按:《説文·人部》:"倢,妎也。从人,疾聲。一曰毒也。嫉,倢或从女。"可見,《説文》以"倢"爲正體,"嫉"爲異體。

《敦煌俗字典》僅收"嫉"字,甘博003《佛説觀佛三昧海經》卷第五作嫉。《篆隸萬象名義》"倢""嫉"皆收,《人部》:"倢,徐標反。毒。嫉字。"《女部》:"嫉,辞標反。害賢曰嫉,害色曰妬。"由此注釋體例可知,該書以"嫉"爲正體,"倢"爲異體。《龍龕手鏡》僅收"嫉"字,《女部》:"嫉,音疾。害賢曰嫉。"《類篇·女部》亦僅收"嫉"字:"嫉,昨悉切。妎也。一曰毒也。又疾二切。文一。重音一。"可知,至唐代"嫉"已變爲正體。

(36) 䥝——釜

釜䥝:"方目、甫救二反。《方言》:䥝或謂之鬲。《説文》:䥝如釜而口大。《三蒼》:䥝,小釜也。鬲音歷。"(5.18.1057)

按:《説文·鬲部》:"䥝,䥝屬。从鬲,甫聲。釜,䥝或从金,父聲。"可見,《説文》以"䥝"爲正體,"釜"爲異體。

漢魏六朝碑刻僅用"釜"字,如北魏《元天穆墓誌》作釜,東魏《司馬興龍墓誌銘》作釜,北齊《高潤墓誌》作釜。《玄應音義》秉承之,《立世阿毗曇論》作釜。

(37) 籥——篪

吹篪:"又作籥、笹,二形同。除離反。《説文》:管有七孔。《世本》:蘇辛公作篪。"(5.18.1059)

按:《説文·龠部》:"籥,管樂也。从龠,虒聲。篪,籥或从竹。"可見,《説文》以"籥"爲正體,"篪"爲異體。

漢魏六朝碑刻用"篪"爲正字,如東魏《元鷙妃公孫甄生墓誌》作篪,《李挺妻劉幼妃墓誌》作篪,還出現新的異體,如北魏《長樂長公主元瑛墓誌》作篪,《邢巒妻元純陁墓誌》作篪。《干祿字書·平聲》:"箎、篪,上通下正。"可見唐代"篪"已被確定爲正體。《玄應音義》用通行體,《立世阿毗曇論》作箎。敦煌文獻亦用通行體,如S.388《正名要錄》:"箎,音馳。"

（38）汙——泅

泅水："古文作汙，同。似由反。《說文》：泅謂水上浮也。今江南謂柏浮爲泅。"（5.18.1061）

按：《說文·水部》："汙，浮行水上也。从水，从子。古或以汙爲没。泅，汙或从囚聲。"可見，《說文》以"汙"爲正體，"泅"爲異體。

《玄應音義》指出"汙"爲古體，"泅"爲正字。《龍龕手鏡·水部》："汙，古。泅，今。祥由反。人浮水上也；又小兒泅水也。"《廣韻·尤韻》："泅，人浮水上。汙，古文。"在語文字典《龍龕手鏡》《廣韻》裏，"泅"爲正體，"汙"爲異體的地位被明確確定下來。

（39）冰——凝

羯羅藍："舊言歌羅邏，此云和合，又云凝滑。言父母不净，和合如蜜和酪，泯然成一，於受生七日中凝滑如酪上凝膏，漸結有肥滑也。"（6.23.1102）

按：《說文·冫部》："冰，水堅也。从仌，从水。魚陵切。"徐鉉注："臣鉉等曰：今作筆陵切，以爲冰凍之冰。凝，俗冰，从疑。"可見，《說文》以"冰"爲正體，"凝"爲異體。

漢魏六朝碑刻僅用"凝"字，如東漢《趙寬墓碑》作〔凝〕，北魏《弔比干文》作〔凝〕，《安樂王第三子給事君妻韓氏墓誌》作〔凝〕，北周《拓跋虎妻尉遲將男墓誌》作〔凝〕。敦煌卷子用"凝"，如 P.2173《御注金剛般若波羅蜜經宣演》卷上作〔凝〕，S.6659《太上洞玄靈寶妙經衆篇序章》作〔凝〕，S.1086《兔園策府》作〔凝〕。《篆隸萬象名義》僅收"凝"字，《冫部》："凝，魚膺反。威，止，堅。"這說明，至唐代，"凝"已徹底替代"冰"成爲正字，同時"冰"取代"仌"成爲正字，這是符號替換，文字系統内部重新分配的結果。

（40）烖——灾

三灾："籀文作烖，又裁、烖二形，同。則才反。灾，傷也。案：凡害傷人者皆曰灾。又天反時曰灾。灾亦病也。"（6.24.1129）

按：《說文·火部》："烖，天火曰烖。从火，𢦒聲。灾，或从宀、火。"可見，《說文》以"烖"爲正體，"灾"爲異體。

《篆隸萬象名義·火部》："灾，子來反。病，害。烖、災、烖，皆同上。"指出"烖""災""烖"皆是"灾"的異體。《干禄字書·平聲》："灾、災，並正。"承認了"灾"的正字地位。

通過上述文字材料的描寫可知，《說文》時代的許多異體字，到《玄應音義》時代已經成爲社會用字的正體或通行體，可見漢字的規範化是動態發展的過程。在這個發展過程中，有對以往文字的繼承，也有文字自身的發展：部分文字可能還在使用，但其社會地位已經發生了變化，或由正體變成了異體，或由異體變成了正體。梳理每個時代漢字的規範很有必要，祇有分段清理漢字規範的實際情況，才能梳理出清晰的漢字規範化史，這個工作如果做好了，很有預期的科學性價值。其成果對於文字學理論，對於漢字改革都具有重要的意義。

第四章 《玄應音義》文字的特徵、成因及其價值

七寺本《玄應音義》爲唐時期日本僧人手鈔本,保留了那個時代的特徵,其成因是多方面的,對後世文字產生了深遠的影響。

第一節 《玄應音義》文字的特徵

七寺本《玄應音義》有著鮮明的自身特點和時代特徵:文字是手寫體,來源於多種途徑,形聲和會意爲主要造字法,體現構件理念,簡化是其總趨勢。

一、體現唐代的文字規範標準

在日本名古屋七寺裏,《玄應音義》雖然供少數"學問僧"研讀,但與佛經相比,音義書的抄寫要草率得多。而且,從書手字體可以看出,爲幾個人分頭鈔寫合成一書。這些書手雖是"學問僧",却非飽學高僧,恐與敦煌卷子裏佛經的書手水平相距不遠。因爲鈔本中的訛、脱、衍、倒現象比比皆是,甚而至於有大量的脱文,許多異體字被誤鈔。也正因爲這些音義是毫不掩飾的率性而爲之作,才保留了當時的實際書寫水平。

七寺本《玄應音義》的字體處於行楷和行書之間,顯示出《玄應音義》傳入日本時"學問僧"的書法水平,體現唐代的文字規範標準:

第一,《玄應音義》繼承了《説文》正字字形,少部分正字字形有所異寫。

在第二章共時文字比較中,我們重點比較了《玄應音義》與《干禄字書》的共同點,以期對《玄應音義》的文字作定性分析。

從正字方面看,《干禄字書》共收正字 780 個,其中繼承《説文》673 個。七寺本《玄應音義》與《干禄字書》重複者 299 字。這説明,與《干禄字書》一樣,《玄應音義》裏的大部分正字承襲《説文》,一部分正字源於

《玉篇》和其他秦漢以來的典籍、字書,以及漢魏六朝碑刻。體現了文字的傳承與發展。

完全繼承《說文》正字字形者如:

"雄",《說文·隹部》:"雄,鳥父也。从隹,厷聲。"《干祿字書》作雄。《海龍王經》作雄。

"完",《說文·宀部》:"完,全也。从宀,元聲。"《干祿字書》作完,《道行般若經》作完。

"單",《說文·吅部》:"單,大也。从吅、甲,吅亦聲。闕。"《干祿字書》作單。《雜寶藏經》作單。

繼承《說文》正字字形異寫者如:

"恭",《說文·心部》:"恭,肅也。从心,共聲。"《干祿字書》作恭。同於《說文》正體。《大灌頂經》作恭,最上部橫筆異寫,從中間斷開。

"蚩",《說文·虫部》:"蚩,蟲也。从虫,之聲。"《干祿字書》作蚩,爲《說文》字形異寫,《阿毗達磨順正理論》作蚩,字形同於《干祿字書》。

第二,《玄應音義》主要以漢魏六朝碑刻字形爲通行字。

從通行字方面看,《干祿字書》共收通行字 383 個,其中繼承《說文》32 個,其餘來源多途,但又主要源於漢魏六朝碑刻文字。比較表明,七寺本《玄應音義》中的通行字與《干祿字書》的通行字一樣,主要沿用漢魏六朝碑刻文字的形體。

繼承漢魏六朝碑刻字形者如:

"猪",北魏《蔡氏等造像記》作猪。《華手經》作猪,同《干祿字書》字形猪一樣,繼承魏碑字形。

"龍",東漢《韓勑造孔廟禮器碑》作龍,《封龍山頌》作龍,《西狹頌》作龍。《般若三昧經》作龍,同《干祿字書》字形"龍"一樣,繼承漢碑。

"陵",東漢《何君治道造閣碑》作陵,《桐柏淮源廟碑》作陵,《華山廟碑》作陵,《趙寬墓碑》作陵。《佛滅度後金棺葬送經》作陵,同《干祿字書》字形陵一樣,繼承漢碑字形。

"牟",東漢《乙瑛碑》作牟,《曹全碑》作牟,東晉《高句麗好太王碑》作牟,北魏《光州靈山寺塔下銘》作牟。《須彌藏經》作牟,同《干祿字書》字形牟一樣,繼承漢碑字形。

"賴",東漢《孔宙墓碑》作賴,《成陽靈臺碑》作賴,北魏《□伯超墓誌》作賴,《元朗墓誌》作賴。《立世阿毗曇論》作賴,同《干祿字書》字形賴一樣,繼承漢碑字形。

第三,《玄應音義》俗字多來自漢魏六朝時期。

從俗字方面看,《干禄字書》共收俗字 335 個,其中繼承《説文》15 個,《玉篇》11 個,其餘字形多來自漢魏六朝碑刻。

"功",東漢《許卒史安國祠堂碑》作功,《鮮于璜墓碑》作功,北魏《楊大眼造像記》作功,《元詮墓誌》作功。《阿闍世王經》作功,同《干禄字書》字形功一樣,繼承漢碑字形。

"悉",北魏《王禎墓誌》作悉。《華積陀羅尼經》作悉,同《干禄字書》字形悉一樣,繼承魏碑字形。

"坐",北魏《侯剛墓誌》作坐,北齊《魏懿墓誌》作坐,北周《趙富洛等二十八人造像記》作坐。《大般涅槃經》作坐,同《干禄字書》字形坐一樣,繼承魏碑字形。

"嫡",北魏《元熙墓誌》作嫡,《長孫季及夫人慕容氏墓誌》作嫡。《大方便報恩經》作嫡,同《干禄字書》字形嫡一樣,繼承魏碑字形。

"堯",北齊《暈禪師等五十人造像記》作堯,北周《二聖廟碑》作堯。《鼻奈耶律》作堯,同《干禄字書》字形堯一樣,繼承六朝碑刻字形。

分類比較表明,七寺本《玄應音義》所使用的文字與《干禄字書》文字具有高度的一致性:來源多途,正字堅持《説文》爲標準,通行字和俗字主要沿用漢魏六朝碑刻的異體字。這體現了當時的實際書寫狀況。並非俗訛滿紙,不堪卒讀。

如果說與《干禄字書》的比較體現的是"大同"的話,與敦煌卷子文字的比較則體現的是"小異"。

在第三章裹,我們通過若干構件的比較,看出雖同是反映唐代的文字使用狀況,"小異"却不小。在我們所舉的"鬼、古、瓜、魚、角、金、巨、虍、夊、畱、婁、鹿"等十五個構件的比較上,可以看出《玄應音義》與敦煌卷子文字還是存在着一定的差異。這說明研究有唐一代文字的必要性。也祇有把《玄應音義》的文字放到原歷史背景下,與敦煌文字比較研究,才能對當時的文字做全面清理,得出允洽的結論,爲今天的文字研究和應用提供科學而實用的依據。

二、文字來源於多種途徑

從字形來源看,七寺本《玄應音義》文字來源於三個方面:一是保留甲骨文、金文、春秋籀文和戰國古文、小篆等古文字字形,二是保留《説文》以來的規範用字,三是保留漢魏六朝以來手寫體。

(一)源於古文字

源於古文字的字,因爲構件類推,數量比較可觀,具體內容第一章"《玄應音義》文字分類研究"已述。但表述需要，本節不避重複之嫌，每小類各舉三例示意。

1. 源於甲骨文

"册"，甲骨文作⿻合438正、⿻合30653、⿻合28089正，《説文》小篆秉承甲骨文字形，大徐本作⿻。《玄應音義》承之，《大威德陀羅尼經》作⿻。作構件亦類推，"鍘"，《大般涅槃經》作⿻；"栅"，《四分律》作⿻；"姗"，《摩訶般若波羅蜜經》作⿻；"刪"，《大吉義咒經》作⿻；"珊"，《大吉義咒經》作⿻。

"鬼"，甲骨文作⿻合16882、⿻屯4388、⿻懷1073，金文作⿻鬼壺、⿻盂鼎，甲骨文和金文形體恰無構件"厶"。《玄應音義》秉承這種寫法，如"魅"，《妙法蓮華經》作⿻；"魁"，《妙法蓮華經》作⿻，《大方等大集菩薩念佛三昧經》作⿻。

"厎"，甲骨文作⿻合6834、⿻合20063，金文作⿻䘌侯父戊簋、⿻保卣，《説文》古文作⿻。《玄應音義》秉承該構件，如"傾"，《阿彌陀經》作⿻。

2. 源於金文

"番"，金文作⿻魯伯鬲，戰國文字作⿻老子乙前一二六上，漢隸作⿻君有行鏡，《玄應音義》承之，《阿毗達磨俱舍論》作⿻。作構件亦類推，"蕃"，《大方等大集經》作⿻；"蟠"，《大般涅槃經》作⿻，《觀佛三昧海經》作⿻；"瓹"，《大方便報恩經》作⿻；"幡"，《大方便報恩經》作⿻；"旛"，《金光明經》作⿻；"鼖"，《請觀音經》作⿻。

"厭"，金文始見該字，毛公鼎作⿻、叔齊夷鎛⿻，《説文》大徐本始作⿻。西晉《石尠墓誌》作⿻。《玄應音義》承襲金文隸定形體，《阿毗達磨俱舍論》作⿻。

"萬"，甲骨文作⿻合6477正、⿻合9812，金文作⿻仲簋，金文已有"萬"之草寫體，如古鉢作⿻，漢印承之作⿻、⿻，千万鉤作⿻。《玄應音義》承之，《妙法蓮華經》作⿻。

3. 源於籀文

"卑"，春秋籀文作⿻侯馬盟書，西漢隸書作⿻老子乙二四八上，兩漢之間簡作⿻武威漢簡四七，東漢《石門頌》作⿻，字形一脈相承。《玄應音義》承之，《移識經》作⿻。作構件亦類推，"俾"，《放光般若經》作⿻，《月光童子經》作⿻，《悲華經》作⿻；"鼙"，《月燈三昧經》作⿻；"裨"，《妙法蓮華經》作⿻；"螷"，《大威德陀羅尼經》作⿻，《大般涅槃經》作⿻；"髀"，《摩訶般若波羅蜜經》作⿻；"稗"，《大般涅槃經》作⿻；"椑"，《大般涅槃經》作⿻，《佛遺日摩尼寳經》作⿻；"埤"，《維摩詰經》作⿻；"鞞"，《大方等大雲

第四章 《玄應音義》文字的特徵、成因及其價值 ·209·

請雨經》作〇；"諀"，《法律三昧經》作〇；"頓"，《無盡意經》作〇；"錍"，《伅真陀羅所問經》作〇。

4. 源於戰國古文

"留"，戰國文字最早出現該字形體，其中秦文字作〇陶文圖錄 6·152·1、〇睡虎地秦墓竹簡爲吏 39、〇周家臺秦簡 233，隸定作"畄"。《玄應音義》承之，《立世阿毗曇論》作〇。作構件亦類推，"瘤"，《善見律》作〇；"鶹"，《罪福報應經》作〇；"雷"，《善見律》作〇；"瑠"，《阿毗達磨俱舍論》作〇。

"氐"，戰國簡作〇睡虎地秦簡日書乙 98，小篆作〇石鼓文·汧沔，漢簡隸定作〇老子乙前一二五上、〇西陲簡五四·八。《玄應音義》承之。作構件亦類推，"祇"，《大菩薩藏經》作〇；"坻"，《法炬陀羅尼經》作〇，《大般涅槃經》作〇；"胝"，《大般涅槃經》作〇；"柢"，《大雲經》作〇；"羝"，《菩薩本行經》作〇；"底"，《須彌藏經》作〇。

"奇"，秦隸作〇秦代印風 211、〇陶文圖錄 6·40·1、〇睡虎地秦墓竹簡日乙 161，《玄應音義》承之，《大方等頂王經》作奇。作構件亦類推，"騎"，《移識經》作〇；"綺"，《正法華經》作〇；"琦"，《密跡金剛力士經》作〇，《大方等頂王經》作〇；"踦"，《密跡金剛力士經》作〇；"齮"，《正法華經》作〇。

"庮"，戰國文字作〇秦印配 72、〇珍秦 54、〇雲夢雜鈔 25，漢魏六朝碑刻承之並向前發展，北魏《元悌墓誌》作〇，《元維墓誌》作〇，北齊《口咊墓誌》作〇等。《大般涅槃經》作〇。作構件亦類推，"號"，《大般涅槃經》作〇；"虓"，《大般涅槃經》作〇；"摅"，《觀佛三昧海經》作〇；"唬"，《大方便報恩經》作〇；"篪"，《立世阿毗曇論》作〇等。

"曼"，《說文》小篆作〇；戰國楚簡作〇相馬經一九上，改形符"又"爲"寸"，西漢隸書承之，作〇天文雜占一·五，漢印作〇漢印徵。形符"寸"異寫爲"方"或"万"，漢魏六朝碑刻已有該字形，如西晉《臨辟雍碑》作〇，北魏《弔比干文》作〇，《元祐妃常季繁墓誌》作〇。《玄應音義》承之，《道行般若經》作〇。作構件亦類推，"蔓"，《大方廣佛華嚴經》作〇；"蔓"，《大般涅槃經》作〇；"慢"，《大般涅槃經》作〇；"幔"，《道行般若經》作〇；"鏝"，《大方等大集菩薩念佛三昧經》作〇；"漫"，《四分律》作〇；"縵"，《大般涅槃經》作〇；"謾"，《出曜論》作〇。

5. 源於小篆

"矛"，《說文·矛部》小篆作〇，《玄應音義》直接將該字形轉寫爲"弟"。《放光般若經》作弟。作構件亦類推，"茅"，《摩訶般若波羅蜜經》作〇；"鋈"，《大方便報恩經》作〇；"矟"，《大雲經》作〇；"瞀"，《須真天子經》作〇；"粖"，《月燈三昧經》作〇；"豫"，《妙法蓮華經》作〇；"務"，

《妙法蓮華經》作「勢」；"揉"，《淨業障經》作「揉」。

"帀"，《說文·巾部》小篆作「帀」。《玄應音義》承之，"師"，《出曜論》作「师」。

"歰"，《說文·止部》小篆作「歰」，《玄應音義》承之，《放光般若經》作「歰」。

6. 源於隸書

"囘"，西漢隸書作「囙」馬王堆簡文合陰陽，構件"工"調整作"コ"，北魏《曹望憘造像記》作「囙」，《元順墓誌》作「回」。《玄應音義》承之，《大般涅槃經》作「囘」，"咽"，《大般涅槃經》作「咽」；"姻"，《大般涅槃經》作「姻」；"茵"，《摩訶般若波羅蜜經》作「茵」；"駰"，《勝天王般若經》作「駰」；"恩"，《大方便報恩經》作「恩」。

"害"，西漢隸書作「害」老子甲後一九三、「害」孫臏一六七。《玄應音義》承之，《超日明三昧經》作「害」。作構件亦類推，"瞎"，《大智度論》作「瞎」，《四分律》作「瞎」；"割"，《月燈三昧經》作「割」；"散"，《德光太子經》作「散」；"轄"，《虛空藏經》作「轄」。

"辛"，西漢隸書作「辛」春秋事語六七，在甲骨文字形基礎上又加一橫，增繁作"辛"。《玄應音義》因之，如"宰"，《妙法蓮華經》作「宰」；"梓"，《大灌頂經》作「梓」；"辟"，《大方廣佛華嚴經》作「辟」，《菩薩處胎經》作「辟」；"薜"，《放光般若經》作「薜」；"僻"，《道行般若經》作「僻」；"避"，《道行般若經》作「避」；"壁"，《明度無極經》作「壁」；"蘖"，《華手經》作「蘖」。

(二) 源於《說文》

來源於《說文》的字形，在第二章"《玄應音義》文字共時比較研究"與《干祿字書》比較部分和第三章"《玄應音義》文字歷時比較研究"與《說文》比較部分闡述較爲充分，本節每種類型僅舉幾例示意。

1. 源於《說文》正字

"雄"，《說文·隹部》："雄，鳥父也。从隹，厷聲。"《干祿字書》作「雄」。《玄應音義》承之，《海龍王經》作「雄」。

"迹"，《說文·辵部》："迹，步處也。从辵，亦聲。"《干祿字書》作「跡」、「迹」。《玄應音義》承之，《鞞婆沙阿毗曇論》作「跡」，《大方廣佛華嚴經》作「迹」，《鞞婆沙阿毗曇論》作「迹」。

"泛"，《說文·水部》："泛，浮也。从水，乏聲。"《干祿字書》作「泛」。《玄應音義》承之，《大般涅槃經》作「泛」，《四分律》作「泛」。

2. 源於《說文》異體

"西"，《說文·西部》："西，鳥在巢上。象形。日在西方而鳥棲，故因以爲東西之西。……棲，西或从木、妻。"《干禄字書·平聲》："棲、栖，並正。"在《説文》裏，"西"爲正體，"棲"爲異體。到《干禄字書》時代，"棲"變爲正體。《玄應音義》之《月燈三昧經》作棲。

"災"，《説文·火部》："𠎀，天火曰𠎀。从火，𢦏聲。灾，或从宀、火；烖，古文从才；災，籀文从𡿧。"《干禄字書·平聲》："灾、災，並正。"在《説文》裏，"𠎀"爲正體，"灾""烖""災"均爲異體。到《干禄字書》時代，"灾""災"均變爲正體。《玄應音義》之《妙法蓮華經》作灾，《菩薩本行經》作災。

"睹"，《説文·目部》："睹，見也。从目，者聲。覩，古文从見。"《干禄字書·上聲》："覩、睹，並正。"在《説文》裏，"睹"爲正體，"覩"爲異體。到《干禄字書》時代，二字皆爲正體。《玄應音義》之《大菩薩藏經》作覩。

3.《説文》字形異寫

"蚩"，《説文·虫部》："蚩，蟲也。从虫，之聲。"《説文》正字作"蚩"，《干禄字書·平聲》正體作蚩，爲《説文》正字異寫。《玄應音義》之《阿毗達磨順正理論》作蚩。

"麤"，《説文·鹿部》："麤，行超遠也。从三鹿。"《説文》正字作"麤"，《干禄字書·平聲》正體作麤，爲《説文》正字異寫。《玄應音義》之《密跡金剛力士經》作麤，《大哀經》作麤。

"冤"，《説文·兔部》："冤，屈也。从兔，从冖。"《説文》正字作"冤"，《干禄字書·平聲》正體作冤，爲《説文》正字異寫。《玄應音義》之《觀佛三昧海經》作冤。

（三）源於漢魏六朝碑刻文字

來源於漢魏六朝碑刻的字形，第三章"《玄應音義》文字歷時比較研究"闡述較爲充分，本節每種類型僅舉幾例示意。

1. 字形來自碑刻

構件"夷"形體異化。漢魏六朝碑刻異寫作另外形體，如北魏《諮議參軍元弼墓誌》作夷，《元恪貴華王普賢墓誌》作夷，東魏《邑主造石像碑》作夷。作構件亦類推，"姨"，北齊《叱列延慶妻爾朱元静墓誌》作姨；"痍"，北周《匹婁歡墓誌》作痍。《玄應音義》承之，《大方廣佛華嚴經》作夷，《大般涅槃經》作夷。作構件亦類推，"洟"，《大般涅槃經》作洟；"痍"，《大般涅槃經》作痍；"荑"，《菩薩本行經》作荑，《迦旃延阿毗曇》作荑；"稊"，《妙法蓮華經》作稊。

構件"幾"形體異化。如北魏《王禎墓誌》作幾，《元彝墓誌》作幾，《丘哲墓誌》作幾。作構件亦類推，"璣"，北魏《寇猛墓誌》作璣，《李慶容墓誌》作璣；"機"，《元楨墓誌》作機，《元天穆墓誌》作機；"譏"，《劉玉墓誌》作"譏",北周《元壽安妃盧蘭墓誌》作"譏";"蟻",北齊《裴良墓誌》作"蟻"。《玄應音義》承之,如《大智度論》作"㦄"。作構件亦類推,"璣",《菩薩本行經》作"璣";"機",《大智度論》作"機";"譏",《出曜論》作"譏";"饑",《四分律》作"饑"。

"巫"同化作"巫"之草寫。漢魏六朝碑刻裏,"巫",東魏《元湛妃王令媛墓誌》作"巫"。作構件亦類推,"誣",北魏《李超墓誌》作"誣";"筮",北魏《于景墓誌》作"筮",《元馗墓誌》作"筮";"噬",東魏《元誕墓誌》作"噬"。《玄應音義》承之,"巫",《道行般若經》作"巫"。作構件亦類推,"莖",《大般涅槃經》作"莖",《妙法蓮華經》作"莖",《無量壽經》作"莖";"誣",《發菩提心論》作"誣"。

2. 碑刻新造字

"亂",《玄應音義》簡省作"乱",如《七佛神咒經》作"乱"。《説文·乙部》:"亂,治也。从乙。乙,治之也。从𤔔。"因"辭"簡體作"辞",受其影響,構件"𤔔"類推,"亂"亦簡省作"乱"。西晉《魯銓墓表》作"乱",北魏《赫連悦墓誌》作"乱",北周《二聖廟碑》作"乱",北齊《韋彪墓誌》作"乱",爲現代簡體字的最早源頭。字書《廣韻》最早收釋該字形,《換韻》:"亂,俗作乱。"

"斷",《玄應音義》簡省記號化作"断",如《大方廣佛華嚴經》作"断",《大般涅槃經》作"断",《大智度論》作"断"。作構件亦類推,"繼",《玄應音義》之《賢愚經》作"継"。"断",字書《玉篇》最早收釋該字,《斤部》以"断"爲"斷"的俗字。該字形漢魏六朝碑刻已見,如北魏《韓賄妻高氏墓誌》作"断",《寇治墓誌》作"断",《邢巒妻元純陁墓誌》作"断",西魏《趙超宗妻王氏墓誌》作"断"。"継",《漢語大字典》未能給出書證,魏碑已見,如北魏《山徽墓誌》作"継",東魏《羊深妻崔元容墓誌》作"継"。

三、從漢字性質看,形聲字和會意字是漢字成熟階段的主要造字方法

從漢字發展史的角度看,漢字的發展經歷了象形字階段、假借字階段、形聲字階段三個階段,而形聲字階段是漢字的終極階段,也是成熟階段。到東漢後期,漢字已經進入成熟階段。在這個階段裏,新造漢字主要使用形聲和會意兩種方法造字,而又以形聲法爲主。假借字是唐代文字使用過程中必要而有益的補充。

(一)部分象形字變成新的形聲字

東漢以來,"日、月、水、火、人、女、子、手、耳、馬、鹿、刀"等象形字記錄與人們日常生活關係密切的事物,這些字所記錄的詞又是漢語的基本詞彙,所以這些象形字被穩定地繼承下來,形體也由造字之初的"隨體詰屈"變得方折平直起來,雖然其字形已趨於符號化,但相當一部分字形依然模糊可見象

形的影子。

象形的造字方法，東漢以來已經停止使用，但原來使用象形方法所造之字，到初唐時代，相當一部分已經被形聲字取代。例如"斤"，《四分律》作"釿"；"谷"，《賢劫經》作"峪"；"眉"，《成具光明定意經》作"䏚"；"弓"，《善見律》作"杤"等，都是原來的象形字加上與字所記錄的事物相關的特點或屬性而形成的。

這些新的形聲字的產生方法用的是形聲法，即以原有形聲字爲聲符，加上表示義類的形符，就產生了新字。這也正是形聲字產生的主要途徑："形聲字起初都是通過在已有的文字上加注定符或音符而產生的，後來人們還直接用定符和音符組成新的形聲字。不過就漢字的情況來看，在已有的文字上加注定符或音符，始終是形聲字產生的主要途徑。"①其中，象形字加上形符又是主要方式。雖然這些新字到漢代漢語階段已經被淘汰掉，仍然使用原來的象形字的隸變形體。

之所以採取這種方法，主要由於漢字是由若干構件構成的一個系統，以使用者熟悉的象形字爲聲符，加上該字所記錄的事物的類屬義，使用者見字知音，望字知義，便於理解和記憶。

相比較而言，用純粹的象形字加注形符終究有個極限，所以，漢字使用者採取形聲字改換形符或改換聲符或形聲俱換或直接改用會意造字法，這些都可以擺脫聲符有限、形符有限的制約。

（二）形聲字或換形符、或換聲符、或形聲俱換

象形字加上形符或聲符形成形聲字，這是形聲字形成之初的主要方法。若要大規模地派生出形聲字，其法則窮。祇能在已有形聲字的基礎上或換形符，或換聲符，或形聲俱換，創造出大量的形聲字。

換形者如"料"，因形符"米""禾"義通互換，《菩薩瓔珞經》作"秤"。同類者尚有"穀"，《四分律》作"𪍿"。

換聲者如"吟"，《分別功德論》作"噚"。因"今"中古音爲見紐侵韻，"琴"爲群紐侵韻，見、群二紐同爲牙音，爲準雙聲，二字聲近韻同，"琴"可以作爲聲符替換"今"。"吟""噚"二字爲換聲異體關係。

形聲俱換者如"秔"，《菩薩見實三昧經》作"粳"。形符"禾""米"義近相通，聲符"亢""更"音近互換。

一般說來，換形異體字最多，換聲異體字次之，形聲俱換者最少。這是離信息源遠近的關係決定的：換形異體字所換形符多爲近義或類義關係，

---

① 裘錫圭《文字學概要》，商務印書館，1988年版，第7頁。

而漢字使用者更關注事物大的歸屬，所以，換了相關形符仍能讓漢字使用者很快産生聯想，把換形異體字掛起鉤來；換聲異體字不然，儘管魏晉南北朝以來異體形聲字泛濫，但聲符表意的精神已經深入到漢字使用者的文化靈魂深處，所以，較之換形異體字，換聲異體字更容易讓文字使用者感覺到文字意義的變化，所以這種造字法的接受度要比換形異體字差得多；形聲俱換異體字作爲少數派的原因在於它的靈活性太大，它不僅換形，而且要換聲，這讓文字的使用者轉換度最大，所以，從原理上看，它跳出了造字難度較大的藩籬，却又讓使用者跳進了一個記憶難度較大的藩籬，所以該方法使用頻率較低，字數也較少。

（三）形聲字變成會意字或會意字變成形聲字

會意字變成形聲字，如"焚"，《妙法蓮華經》作"炏"，這說明形聲字的優越性在起作用。形聲字變成會意字則是漢字造字靈活性的一個表現。《玄應音義》裏有一批會意字由已有的形聲字變來，如"闚"，爲从門、規聲的形聲字，《妙法蓮華經》異寫後變成闚：从門、从視，會門裏窺伺之意；"嚇"，从口、赫聲的形聲字，《月上女經》作閦，《奮迅王菩薩所問經》作閦：从門、从鬼，會門裏見鬼恐懼之意；"觸"，从角、蜀聲的形聲字，《大般涅槃經》作𧢱，會用"牛角"抵觸之意，變成會意字。

四、體現構件理念

表音文字和表意文字是現在世界文字的兩極，一極表音，一極表意。但二者有着相同的構件理念：都包含兩個要素，一個是構建材料——構件，一個是構建方式——結構樣式。但二者構件不同，結構樣式也不同。拼音文字由詞根和詞綴構成，這是它們的構件。這些構件由字母綫性排列而成，構件的組合也呈綫性排列。漢字則不同，構件由筆畫組成，筆畫在二維平面或相離，或相接，或相交，或兼而有之，呈平面鋪開。構件的組合有上下、左右、内外等三種基本樣式，根據遞歸性原理層層套疊，也呈平面鋪開。

作用上，多數漢字構件同於拼音文字的構件，單個漢字可以作爲文字記錄語言中的詞，還可以作爲構件使用，組合成新的漢字，用來記錄新的詞語，符合經濟性原則。

從歷時看，不同階段、不同字體漢字的構件不同，但前後兩個階段的漢字構件具有很强的繼承性，而且，一部分漢字構件可以超越時空沿用至今。

（一）構件系統的類推性

《玄應音義》異體字的源於古文字、簡省、增繁、異化、訛混、字内類化等類型，其構件具有系統的類推性，顯示出構件在構字過程中作爲基礎構件的普遍特性。

（1）"氐"沿用戰國古文

"氐"，大篆作〇石鼓文·汧沔，戰國簡作〇睡虎地秦簡日書乙98，漢簡隸定作〇老子乙前一二五上、〇西陲簡五四·八，作爲構件使用，《玄應音義》承之，"祇"，《大菩薩藏經》作〇；"坻"，《法炬陀羅尼經》作〇，《大般涅槃經》作〇；"胝"，《大般涅槃經》作〇；"柢"，《大雲經》作〇；"羝"，《菩薩本行經》作〇；"底"，《須彌藏經》作〇。

（2）"灬"記號化作"一"

"然"，《放光般若經》作〇；"照"，《海龍王經》作〇；"烹"，《立世阿毗曇論》作〇；"勳"，《大方等大集經》作〇。"黑"，《大智度論》作〇；"默"，《妙法蓮華經》作〇；"黶"，《大智度論》作〇；"黜"，《大智度論》作〇；"黷"，《大菩薩藏經》作〇。

（3）"亢"加點增繁

"亢"加點增繁，《菩薩處胎經》作〇。作構件亦類推，"炕"，《仁王般若經》作〇；"秔"，《菩薩見實三昧經》作〇；"坑"，《長安品》作〇；"伉"，《觀佛三昧海經》作〇。

（4）"兆"訛混作"非"

構件"兆"增繁異化，與"非"字形訛混，如"跳"，《大般涅槃經》作〇，《觀察諸法行經》作〇；"逃"，《妙法蓮華經》作〇；"眺"，《正法華經》作〇；"鞉"，《大方等大集菩薩念佛三昧經》作〇；"銚"，《寶如來三昧經》作〇。

（5）"需"字內類化作"需"

以"需"爲構件的字發生字內類化，如"儒"，《月燈三昧經》作〇；"濡"，《勝天王般若經》作〇；"臑"，《移識經》作〇；"蠕"，《妙法蓮華經》作〇；"糯"，《唯識論》作〇等。

同類的構件還有"顛"，字內類化作"顛"，如"顢"，《大方便報恩經》作〇，《阿毗曇毗婆沙論》作〇；"癲"，《孔雀王神咒經》作〇等。構件"毚"字內類化作"毚"，如"纔"，《大般涅槃經》作〇；"攙"，《阿毗達磨俱舍論》作〇；"巉"，《十住毗婆娑論》作〇；"讒"，《生經》作〇；"鑱"，《阿毗達磨順正理論》作〇。都可以派生出一批字。

（二）構件前後階段的繼承性

在《玄應音義》文字的正字、通行字、俗字等三個來源中，它們對古文字與漢魏六朝碑刻文字的構件繼承性最明顯。

1. 對古文字的繼承

在第一章裏,我們共討論源自古文字的構件有"皋、兒、冊、矢、鬼、夋、疢、番、厭、萬、留、氐、瓦、奇、卑、明、贊、丮、曼、曹、矛、帀、史、蹈、曰、无、師、害、辛、幸、微、兆"等32個,其中"厭、萬、明、帀、史、蹈、无、師"等8個無法作爲構件構成新字外,其餘23個均可構成一大批類推字,可參見"源於古文字"節,不贅述。

2. 對漢魏六朝碑刻文字的繼承

由第三章"文字歷時比較"可知,《玄應音義》文字對漢魏六朝碑刻文字的繼承,達到了讓人驚異的地步。茲再述數例以申之。

(1)"能"

"能",東漢《西狹頌》作能。作構件亦類推,"熊",北魏《元壽安墓誌》作熊;"罷",《元譚妻司馬氏墓誌》作罷;"羆",《郭顯墓誌》作羆。《玄應音義》承之,"能",《大菩薩藏經》作能。作構件亦類推,"擺",《大莊嚴經論》作擺;"熊",《阿毗達磨俱舍論》作熊;"羆",《阿毗達磨俱舍論》作羆。

(2)"分"

"分",北魏《員外散騎侍郎元舉墓誌》作分。作構件亦類推,"頒",南朝宋《明曇憘墓誌》作頒;"粉",北魏《元顥妃李元姜墓誌》作粉;"芬",《穆彥妻元洛神墓誌》作芬;"紛",《穆紹墓誌》作紛;"汾",北齊《薛懷儁妻皇甫艷墓誌》作汾;"氛",《袁月璣墓誌》作氛。《玄應音義》承之,"分",《菩薩瓔珞經》作分,《陰持入經》作分。作構件亦類推,"芬",《溫室洗浴衆僧經》作芬;"紛",《妙法蓮華經》作紛;"蓋",《正法華經》作蓋;"棼",《普超三昧經》作棼;"忿",《解脫導論》作忿;"雰",《阿毗達磨順正理論》作雰。

(3)"賓"

"賓",北魏《元悅妃馮季華墓誌》作賓。作構件亦類推,"殯",北魏《元緒墓誌》作殯;"繽",《穆纂墓誌》作繽;"鬢",《元朗墓誌》作鬢;"儐",東魏《廉富等造義井頌》作儐;"濱",北齊《吳遷墓誌》作濱;"擯",《趙奉伯妻傅華墓誌》作擯。《玄應音義》承之,"賓",《阿彌陀經》作賓,《四分律》作賓。作構件亦類推,"繽",《摩訶般若波羅蜜經》作繽,《妙法蓮華經》作繽;"臏",《大灌頂經》作臏;"濱",《楞伽阿跋多羅寶經》作濱;"擯",《阿毗達磨順正理論》作擯。

(4)"參"

"參",北魏《諮議參軍元弼墓誌》作參,《元崇業墓誌》作參。作構件亦類推,"慘",曹魏《王基斷碑》作慘,東魏《叔孫固墓誌》作慘;"驂",北魏《元秀墓誌》作驂,《梁國鎮將元舉墓誌》作驂。《玄應音義》承之,如"慘",《勝天王般若經》作㤎;"滲",《十住斷結經》作渗;"驂",《太子慕魄經》作驂。

五、趨簡是漢字發展的總趨勢

趨簡是漢字發展的總趨勢,《玄應音義》裏的文字亦表現出這一鮮明的特點。在第一章"《玄應音義》文字分類研究"中,異體字中的"記號化"和"簡省"就是趨簡的兩種最重要形式。不僅如此,其他類型也都有漢字趨簡特點的體現,如異化、構件混用、利用已有簡體字作爲構件進行類推等。

(一) 異化

(1) "八"異化爲"一"

構件"夋"。如"棱",《大灌頂經》作棱;"菱",《四分律》作菱;"鯪",《立世阿毗曇論》作鯪;"淩",《摩訶般若波羅蜜經》作淩。

構件"夋"。如"駿",《大般涅槃經》作駿;"浚",《大方廣十輪經》作浚;"畯",《大方廣十輪經》作畯;"峻",《十住毗婆娑論》作峻;"狻",《大菩薩藏經》作狻。

"曾",《過去現在因果經》作曾。作構件亦類推,"檜",《大般涅槃經》作檜;"繒",《大般涅槃經》作繒,《妙法蓮華經》作繒;"僧",《放光般若經》作僧;"罾",《文殊問經》作罾;"贈",《獨證自誓三昧經》作贈;"甑",《般若燈論》作甑;"層",《對法論》作層;"蹭",《阿毗達磨俱舍論》作蹭。

由上可知,"八"是記號"一"的來源之一,它使大量構件不同的字構件趨同起來,並使一批漢字簡化起來。

(二) 構件混用

構件混用用例較多,我們僅以"扌""木"混用,"糹"簡省作"纟"和"纟"又簡省作"氵"爲例來談。

(1) "扌""木"混用

"木"作"扌"。"欄楯",《大方廣佛華嚴經》作攔揗;"櫳檻",《大方廣佛華嚴經》作攏擥;"榜",《大方廣佛華嚴經》作搒;"棹",《法炬陀羅尼經》作撞;"棍",《法炬陀羅尼經》作掍;"晰",《大般涅槃經》作晰;"槍",《大般涅槃經》作搶;"桿",《大般涅槃經》作捍;"橙",《大般涅槃經》作撜;"橘",《大般涅槃經》作擶;"榛",《大般涅槃經》作搸;"橋",《摩訶般若波羅蜜經》作搞;"梗",《放光般若經》作挭;"樞",《菩薩見實三昧經》作摳;"楊",《大灌頂經》作揚;"杪",《觀佛三昧海經》作抄。

"扌"作"木"。"披",《大般涅槃經》作枝;"挎",《大般涅槃經》作桍;

"挑",《大般涅槃經》作桃;"捅",《明度無極經》作桶;"操",《觀佛三昧海經》作樑;"攘",《觀佛三昧海經》作㭒;"攫",《大方便報恩經》作欔;"擔揭",《大方便報恩經》作檐楬;"拒",《須彌藏經》作柜;"枘",《移識經》作枘;"拔",《正法華經》作枚。

由上例可知,構件"扌""木"可以互相换用。比較表明,"木"作"扌"者要遠遠多於"扌"作"木"者,這説明,簡化是異體字使用的内在動力和主要趨勢。

(2)"糸"簡省作"纟","纟"又簡省作"氵"

"糸"簡省爲"纟",因爲"灬"變形爲記號"一",這産生大量構件類推字。如:

"級",《大方廣佛華嚴經》作级;"羅",《大方廣佛華嚴經》作羅;"繒",《大方廣佛華嚴經》作缯;"繚",《大威德陀羅尼經》作缭;"紹",《大般涅槃經》作绍;"縮",《大般涅槃經》作缩;"組",《大般涅槃經》作组;"縵",《大般涅槃經》作缦;"給",《大般涅槃經》作给;"縹",《摩訶般若波羅蜜經》作缥;"紺",《摩訶般若波羅蜜經》作绀;"細",《密跡金剛力士經》作细;"縫",《大方等陀羅尼經》作缝。

"纟"簡省作"氵",這體現了構件的繼續簡省。如:

"編",《大般涅槃經》作漏;"繆",《超日明三昧經》作淉;"細",《地持論》作泅;"絣",《四分律》作泲;"維",《四分律》作淮;"縹",《四分律》作漂;"紆",《四分律》作污。

構件"糸"的簡省路綫"糸"→"纟"→"氵",清楚地顯示出漢字趨簡的總特點。

(三)用已有簡體字作爲構件進行簡省類推

這種情況以"与""尔"爲例。

"与",《説文·勺部》:"与,賜予也。一勺爲与。此与與同。"《説文·舁部》:"與,黨與也。从舁,从与。"二字本義不同,後成爲非全同異體字,所以《玉篇·勺部》:"与,賜也,許也,予也。亦作與。""与",魏晉碑刻承之,如東晉《爨寶子碑》作与、与,北魏《趙□造像記》作与,《元誘妻馮氏墓誌》作与。"歟",《爾朱紹墓誌》作駈。《玄應音義》承之,《善見律》作与。

"尔",戰國中山王鼎作尒,曹魏三體石經作尒多土。《説文·八部》:"尒,詞之必然也。从入、丨、八。八象气之分散。"段玉裁注:"尒之言如此也。後世多以爾字爲之。"①可見,先有"尒"字,後有繁化的"爾"字。

---

① [漢]許慎撰,[清]段玉裁注《説文解字注》,上海古籍出版社,1981年版,第48頁下。

"爾",北魏《元鑒墓誌》作尔,《元朗墓誌》作尔,《元固墓誌》作尒。作構件亦類推,"邇",《元壽安墓誌》作迩;"彌",《寇憑墓誌》作弥;"禰",《爾朱紹墓誌》作祢;"瀰",《元欽墓誌》作沵;"獼",《楊乾墓誌》作㺿。《玄應音義》承之,"爾",《勝天王般若經》作尒;"彌",《大方廣佛華嚴經》作旀,《金光明經》作㺿;"禰",《悲華經》作祢;"獼",《四分律》作㺿。

異化導致字形簡化,如"夾""來"二字。

《說文·大部》:"夾,持也。从大,俠二人。"《說文》小篆作夾,像二人夾持一人之形。漢碑即已簡省,如東漢《祀三公山碑》作夾,《曹全碑》作夾。作構件亦類推,"狹",東漢《桐柏淮源廟碑》作狹;"篋",北魏《元顥妃李元姜墓誌》作篋;"俠",《吳光墓誌》作侠;"郟",《元隱墓誌》作郟;"峽",《元子直墓誌》作峡;"浹",《山徽墓誌》作浃;"硤",《丘哲墓誌》作硖;"挾",北齊《劉碑造像銘》作挟;"愜",《暴誕墓誌》作愜;"埉",《梁子彥墓誌》作埉。《玄應音義》秉承漢碑以來的簡省字形,《長阿含經》作夾。作構件亦類推,"挾",《賢劫經》作挟;"峽",《大灌頂經》作峡;"浹",《大智度論》作浃;"頰",《泥犁經》作頰。

"來",東漢《衡方墓碑》作来;"淶",西晉《臨辟雍碑》作淶;"萊",北魏《鄭君妻墓誌》作萊。《玄應音義》承之,《摩訶般若波羅蜜經》作来。作構件亦類推,"勑",《大灌頂經》作勑;"睞",《妙法蓮華經》作睐;"賚",《等集眾德三昧經》作賚;"觀",《發菩提心論》作観。

以上,都造成大量簡體字出現。

六、多數異體字是由兩種以上的因素形成

在第一章第一節對異體字分類研究之前,我們把某一個或某幾個異體字放到某一類下討論,是就主要原因或某一方面原因來說的,並未否認其他成因的共同作用。所以,在具體分類中,某一或某幾個例子可能會重複出現,這是看問題的角度不同造成的。

(1)"糹"簡省爲"纟"

"給",《大般涅槃經》作纻;"結",《摩訶般若波羅蜜經》作结;"維",《金剛般若經》作维;"紅",《等目菩薩所問經》作红;"納",《寶納經》作纳;"綢",《正法華經》作绸。

"糹"字下部由"小"異寫作"灬",再簡省爲"一"。在這個過程中,"灬"變爲記號"一",是記號化;從前後筆畫數比較看,是簡省;簡省前後字形不同,是異化。

(2)"眉"增繁爲"䀝"

《玄應音義》的詞條爲"眉毛：美飢反。《説文》：目上毛也。經文作䀝、䏽，二形非也。"(2.5.670)"眉"，在該詞條中寫作䀝。從字形變化前後看，是增繁；從變化原因看，因與"毛"字連用，且"眉"自身蘊含"毛"義，字際類化加上形符"毛"作䀝。

(3)"黑"構件字構件位移

"黑"，《大智度論》作墨；"默"，《妙法蓮華經》作䭉；"黜"，《大智度論》作䭉。

"黑"字下部構件"灬"爲"火"之變體，寫成不表義的記號"一"，則是記號化；"默""黜"二字構件"犬""出"位移到記號"一"上面，是構件位移。

(4)"鬨"改變構件作"叀"

《玄應音義》的詞條爲："憒叀：公對反，下尼孝反。《説文》：憒，亂也。《韻集》：叀，猥也。猥，衆也。律文作鬨，俗字也。"(5.14.969)"叀"，在該詞條裏作叀。《説文新附·鬥部》："鬨，不静也。从市、鬥。""鬨""叀"二字均爲會意字，爲改换構件而成；"叀"相對於原字形"鬨"，則是異化。

(5)"延"異寫作"蓮"

《玄應音義》的詞條爲"蔓延：西京云：其形蔓莚。李洪範音士怨、餘戰反。《廣雅》：蔓，長也。延，遍也。王延壽云：軒檻蔓莚謂長不絶也。"(2.6.705)"延"，在該詞條裏作蓮，因與"蔓"連用而字際類化加形符"艹"，是類化；構件"乁"異寫作"辶"，是構件訛混；加上形符"艹"後，筆畫增多，是增繁。

以上字形雖是舉例性質，却足以説明《玄應音義》異體字可以從不同的角度作分析、分類的原因：從不同的角度觀照同一個事物是視角的不同，但相當一部分字的形成是多種因素共同作用的結果。

在對構件作分類的時候，還要排除兩類情况：

第一，"鬼""阜""番""卑"等字及其類推字，祇能看作是源於古文字，"鬼"的甲骨文作䰠合16882、屯4388、懷1073，"阜"的甲骨文作阝合20600、合20253、合28089正，"番"的金文作番魯伯愙，"卑"的籀文作卑侯馬盟書，祇能看作是古文字在今文字中的孑遺，不能認爲是簡省。

從筆畫數看，從簡省的角度作解釋似乎行得通，但這僅僅是從共時平面的静態角度，對"鬼""番""卑"等字及其類推字作筆畫數和字形比較；如果從動態的歷時角度作對比，就會發現這僅是對原有古字形的承用。漢字是世界上唯一沿用至今的古老文字，雖然經歷了很多次字體、字形的演變，但並不妨礙其字形的繼承性，這讓漢字的繼承與發展共存，成爲一個成分複雜的歷史堆積物。從不同角度對漢字作分類,祇要標準是符合客觀實際的,其分類結果應該彼此不衝突;如果衝突,這說明分類標準沒有或沒有完全遵循客觀規律。把七寺本《玄應音義》中的"鬼""番""卑"等字及其類推字看作是源於古文字,是客觀可行的;若僅僅靜態地分析爲簡省,則違背了客觀事實。

第二,在對構件"尒""与"的類推字進行分類時,不能從共時平面的角度認定"尒""与"分別由"爾""與"簡省而來。"与""與"二字《説文》皆收,本義不同,後成爲非全同異體字。在簡省漢字時,以"与"代"與"。

"尒",戰國中山王鼎作𠇍,曹魏三體石經作𠇍多士。《説文・八部》:"尒,詞之必然也。从人、丨、八。八象气之分散。"段玉裁注:"尒之言如此也。後世多以爾字爲之。"①可見,先有"尒"字,後有繁化的"爾"字。不能認爲"爾"直接簡省構件作"尒"。這不符合漢字發展的實際情況。

第二節 《玄應音義》文字的成因分析

一、漢字意音文字的性質和類義内容的多樣性

漢字意音文字的性質和類義内容的多樣性爲漢字形體組合的多樣性提供了可能。

漢字屬於意音文字,字詞關係是對應的,但造字的歷史時期不同,地域不同,導致大量異體字的產生。所以,《玄應音義》異體字的類型豐富,數量巨大。而漢字構件數量的有限性和造字的無限性之間產生矛盾,導致構件的混用和同形字的大量出現。

(一)構件的混用

(1)不同的構件變作"氵"

"糹"異寫作"氵"。"編",《大般涅槃經》作𣴴;"繆",《超日明三昧經》作𣶒;"細",《地持論》作细;"絣",《四分律》作泲;"繾",《四分律》作潍;"縹",《四分律》作漂;"紵",《四分律》作泞。相反,"氵"也可以訛混作"糹"。"汜",《四分律》作𦀗;"涎沫",《四分律》作𦁤绿;"泔",《四分律》作𦂂;"泅",《阿毗達磨俱舍論》作𦃹。

"阝"異寫作"氵"。"陗",《大住毗婆娑論》作清。"氵"也可以訛混作

---
① [漢]許慎撰,[清]段玉裁注《説文解字注》,上海古籍出版社,1981年版,第48頁下。

"阝"。"菠",《四分律》作[字];"瀋",《雜阿毗曇心》作[字]。

"犭"異寫作"氵"。"貁",《善見律》作[字]。

由上可知,構件的訛混往往是雙向的,但總的趨勢是簡省。

(二) 同形字

同形字如"纲"

"纲"——[字](網)、[字](泅)、[字](納)

"泅",《阿毗達磨俱舍論》作[字]。

罾網:"子恒反。罾網之總名也。樹四植束水以掛網曰罾。"(2.5.669)

學泅:"《説文》汓或從囚,作泅,音似流反,謂浮水上也。江南言拍浮。"(5.17.1035)

摩納婆:"亦言摩納縛迦,此云儒童。舊言摩邮婆,或作邮羅摩邮,又作摩納,翻爲年少浄行。《五分律》名邮羅摩納,譯爲人,皆一也。"(6.21.1072)

按:《説文·网部》:"网,庖犧所結繩以漁。从冂,下象网交文。"甲骨文作[字]合10514、[字]合10967正、[字]英783、[字]懷319。商承祚《殷虚文字類編》認爲甲骨文"象張網形",①是。所以《正字通·网部》:"网,網本字。"《龍龕手鏡·系部》:"纲,網罟也。"《字彙補·系部》:"纲,與網同。""纲"爲"網"之構件"亡"簡省字,漢魏六朝碑刻多次出現該字形,如北魏《元騰及妻程法珠墓誌銘》作[字],《爾朱紹墓誌》作[字],《元液墓誌》作[字];北齊《司馬遵業墓誌》作[字],《封子繪墓誌》作[字],《張海翼墓誌》作[字]。敦煌文獻亦有該字形,如甘博003《佛説觀海三昧海經》作[字],敦研365《大般涅槃經》作[字],P.2695《佛説生經》作[字],Φ096《雙恩記》作[字]等。所以,2.5.669之"網"作[字]。

因構件"糸"有"糸"→"糹"→"纟"的簡省過程,"纟"可以連寫"氵",故"糸""氵"可以互混使用。又因構件"人"可以寫作"又","泅"可以異寫作[字](5.17.1035)。

"納"之構件"人"異寫作"又","納"字異寫作[字]。

"網"異體"纲",與"泅"的異寫字"[字]""納"的異寫字"[字]"三者成爲同形字。

"魍",《大般涅槃經》作[字]、[字]。

由上可知,不同的原因、不同的字形會異寫成相同的字形,導致同形字大量產生。

---

① 商承祚《殷虚文字類編》(第七卷),1923年決定不移軒刻本,第15頁。

二、繼承和發展

漢字是世界上唯一沒有被中斷的文字，源遠流長的文字史使漢字的成員特別豐富、複雜，因爲後一時段總是繼承前世時段遺留下來的文字，而且又不斷向前發展，造成每個歷史時期文字系統的繼承與發展。

（一）繼承

正如第三章"《玄應音義》文字歷時比較研究"所顯示的那樣，《玄應音義》文字中的正字主要繼承《説文》正字，通行字和俗字主要繼承漢魏六朝碑刻文字。

繼承的《説文》正字如"雄"，《説文·隹部》"从隹，厷聲"，《海龍王經》作雄；"凶"，《説文·凵部》"象地穿交陷其中也"，《阿差末經》作凶；"獵"，《説文·犬部》"从犬，巤聲"，《妙法蓮華經》作獵，《雜阿毗曇心論》作獵。

繼承的漢魏六朝碑刻通行字如"猪"，北魏《蔡氏等造像記》作猪；《華手經》作猪。"強"，東漢《李固殘碑》作強，北魏《薛孝通敘家世券》作強，東魏《李次明造像記》作強，北周《二聖廟碑》作強；《妙法蓮華經》作強，《法鏡經》作強。"延"，西魏《陳神姜等人造像記》作延；《大方廣佛華嚴經》作延。

繼承的漢魏六朝碑刻俗字如"功"，東漢《許卒史安國祠堂碑》作功，《鮮于璜墓碑》作功，北魏《楊大眼造像記》作功，《元詮墓誌》作功；《阿闍世王經》作功。"肉"，北魏《孫遼浮圖銘記》作肉，東魏《崔鴻妻張玉憐墓誌》作肉，北齊《石佛寺迦葉經碑》作肉；《雜阿毗曇心論》作肉。"惡"，北魏《丘穆陵亮妻尉遲氏造像記》作惡，《王君妻元華光墓誌》作惡，北齊《庫狄業墓誌》作惡；《大般涅槃經》作惡，《摩訶般若波羅蜜經》作惡，《四分律》作惡。

繼承的古文字如"阜"，字形源於甲骨文，如《大愛道般泥洹經》作阜；"番"，字形源於金文，如《阿毗達磨俱舍論》作番；"瓦"，字形源於戰國古文，如《大般涅槃經》作瓦，《妙法蓮華經》作瓦。

繼承的簡帛文字如"足"，《老子甲二〇》作足；《大菩薩藏經》作足。"節"，《老子甲後三六九》作節；《解脱道論》作節，《立世阿毗曇論》作節。"或"，《武威漢簡·有司一二》作或；《大方廣佛華嚴經》作或，《大菩薩藏經》作或。

繼承的《玉篇》文字如"窓"，《玉篇·心部》："窓，窓忹。"《義足經》異寫作窓。"餚"，《玉篇·食部》："餚，饌也。"《妙法蓮華經》作餚。"恀"，《玉篇·心部》謂"恀"同"怪"。《妙法蓮華經》作恀。

（二）發展

發展產生新的異體字。

（1）構件位移産生新字形"咒"

使吮："似究反。《韻集》音弋選反。《説文》：吮，嗽也。"（5.18.1061）

按：《説文·口部》："吮，欶也。从口，允聲。""吮"爲从口、允聲的形聲字，左右結構。在《尊婆須蜜所集論》中，"吮"字構件"口"發生位移，與"厶"之訛混字"口"並列，處於"儿"之訛混體"几"上，成爲咒形。

（2）字内類化産生新字形顧

嬲固："又作嬲，諸經作嬈，同。奴了反。嬲，擾戲弄也。嬲，惱也。《摩登伽經》：作擾蠱，謂厭蠱也。經中有作顧，非體也。蠱音古。《字林》：音故。"（3.7.772）

按：《説文·頁部》："顧，還視也。从頁，雇聲。"在《文殊師利現寶藏經》中，"顧"字内類化作顧。

三、書寫快捷、簡便

（一）從筆畫數來看，簡省是漢字發展的總趨勢

簡省構件"吅"："雚"，《修行道地經》作萑；"權"，《修行道地經》作榷，《生經》作榷，《阿毗達磨順正理論》作榷；"驩"，《毗尼母律》作馯；"歡"，《阿毗達磨順正理論》作欲；"觀"，《大方廣佛華嚴經》作覾；"嚾"，《舍頭諫經》作嚾。"曩"，《尊婆須蜜所集論》作曩；"孃"，《諫王經》作孃；"攘"，《自愛經》作攘；"壤"，《維摩經》作壤。

簡省構件"皿"："籯"，《大般涅槃經》作籯，《妙法蓮華經》作籯；"鑰"，《鼻奈耶律》作鑰；"靈"，《中本起經》作靈。

（二）從筆畫來看，點和横是漢字筆畫筆形中最有前景的筆形

記號"一"來源多途，可以源於"灬"："鳥、燕、熊、馬、然、黑、濕、盡、嬰、無"等；可以源於"艹"："糸"；可以源於"口"："婁、袁"；可以源於"吅"："雚""單"；可以源於"皿"："龠、靈"；可以源於"八"："夌、夋、曾"等。

記號"丶"是增繁筆畫中最多的一個，也是可以簡省最多的一個。

從書寫方面看，點和横最便捷；從參與構件的使用看，使用頻率最高。前提是不改變漢字的區別性特徵，而區別性特徵往往就是大輪廓。當然，當外在輪廓一致的情況下，細微構件的區別性重要性就凸現出來。

四、借字記音始終是漢字表意文字的有益補充

假借是漢字的一種不用造字的造字方法，也是漢字發展的第二階段，還

是漢字進入成熟階段後一種必要的有益的補充,直到今天,當我們忘記某字寫法的時候,祇要不是正式公文,我們都會毫不猶豫地使用同音替代的方法解決,識字數量較少的人群更是如此。因此,從今天的規範化的角度看,假借字是漢字規範化的首要對象,被稱爲"別字";但從漢字史的角度看,又不能這樣簡單地判斷和否定其實際的發展規律和價值。

《玄應音義》裏的假借字有兩種情況,一是唐代以前的傳承假借字,二是唐代新産生的假借字,而又以後者居多。從術語上看,《玄應音義》裏的假借字有四種情況:一是玄應直接標以"假借耳""借字"等術語的字;二是標以"借音"假借字;三是玄應標以"近字"的假借字;四是玄應釋語中被標以"非體也""誤字耳"等術語的假借字。

(一) 標以"假借耳""借字"等術語的假借字

(1) 薗——矢,屎——溺

矢溺:"又作屎。《說文》作薗,同。式旨反。糞矢也。下正體作㲋、尿二形同。乃吊反。經文作溺,假借耳。"(4.13.946)

屎尾:"又作薗,古書亦作矢,同。失旨反。《說文》:薗,糞也。下又作尿,同。乃吊反。《通俗文》:出脬曰尿。《字林》:尾,小便也。醫方多作矢溺,假借也。論文作屎,香伊反。殿屎,呻吟也。屎非此義。"(5.17.1023)

按:《說文·艸部》:"薗,糞也。从艸,胃省。"《玉篇·艸部》:"薗,糞也。亦作矢,俗作屎。""屎",甲骨文作 合 13625 正、合 9480、合 9574,爲象形字。

《說文·水部》:"尿,人小便也。从尾,从水。"甲骨文作 合 577、合 4305、合 13887,象形字。《集韻·嘯韻》:"尿,亦作溺。"

"矢",書紐脂部,"屎",書紐脂部;"溺",泥紐宵部,"尿",泥紐宵部。"矢""屎"與"溺""尿",分别同音假借。目的是規避行爲方面的不雅字眼。

"屎""尿"二字使用通假而不用本字由來已久。"矢",《左傳·文公十八年》:"(襄)仲以君命召惠伯,……乃入,殺而埋之馬矢之中。"另《莊子·人間世》《史記·廉頗藺相如列傳》等都有大量例證可參。"溺",《莊子·人間世》:"夫愛馬者,以筐盛矢,以蜄盛溺。"上古漢語例證甚夥,不煩列舉。

(2) 礌——雷

礌石:"《韻集》音力輩反。謂以石投物也。今守城者下石擊賊曰礌。論文作雷,假借音也。"(5.17.1038)

按:"礌",來紐賄韻;"雷",來紐灰韻。二字聲同韻近,音近假借。《周禮·秋官·職金》:"凡國有大故而用金石。"鄭玄注:"用金石者,作槍、雷、椎、椁之屬。"①

（二）標以"借音"的假借字

（1）炎——焰、燄

洪炎："借音以贍反。正字作焰，又作燄，光焰也。《說文》：火微燄燄然也。"（3.8.796）

按："炎"，云紐鹽韻，"焰"，以紐豔韻。二者聲近韻近，音近假借。如《漢書·藝文志》引《春秋》："人之所忌，其氣炎以取之。"顏師古注："炎讀與燄同。"②《後漢書·任光傳》："（世祖）使騎各持炬火，彌滿澤中，光炎燭天地。"

（2）頗

頗有："借音，普我反，謂語辭也。"（5.17.1024）

按：《說文·頁部》："頗，頭偏也。从頁，皮聲。"又，《廣雅·釋詁三》："頗，少也。"表示"少也"義的副詞"頗"，本無其字，因音近而借"頭偏也"義之"頗"。爲本無其字的假借。

（三）標以"近字"的假借字

（1）債——責

責索："阻革反。《說文》：責，求也。經文作債，阻懈反。近字耳。"（1.2.522）

按："責"，莊紐麥韻；"債"，莊紐麥韻。二字雙聲疊韻，音同假借。如《左傳·昭公二十年》："使有司寬政，毀關去禁，薄斂已責。"杜預注："責，本又作債。"③《漢書·食貨志上》："急政暴賦，賦斂不時，朝令而暮改。當具有者半賈而賣，亡者取倍稱之息，於是有賣田宅鬻子孫以償責者矣。"④《正字通·貝部》："責，逋財也。"

（2）刨——掊

如掊："蒲交反。《通俗文》：手把曰掊。經文作刨，近字也。"（4.12.893）

按："刨"，並紐肴韻；"掊"，並紐侯韻。肴、侯同部疊韻。因此，"刨""掊"二字雙聲疊韻，音同假借。

（四）標以"非體也""誤字耳"等術語的假借字

（1）猗——倚

倚牀："於蟻反。《說文》：倚猶依也。《廣雅》：倚，因也。謂因倚而卧

---

① ［清］阮元校刻《十三經注疏》，中華書局，1980年版，第882頁上。
② ［漢］班固撰《漢書》，中華書局，1962年版，第1773—1774頁。
③ ［清］阮元校刻《十三經注疏》，中華書局，1980年版，第2093頁中。
④ ［漢］班固撰《漢書》，中華書局，1962年版，第1132頁。

也。字從人,經文多作猗。一奇反。美也。猗非此義。"(1.2.517)

按:"猗",影紐紙韻;"倚",影紐紙韻。二字雙聲疊韻,音同假借。清朱駿聲《説文通訓定聲·隨部》:"猗,叚借爲倚。"①《詩·小雅·車攻》:"四黄既駕,兩驂不猗。"孔穎達疏:"兩驂之馬不相依猗。"②《廣韻·支韻》:"猗,倚也。"漢張衡《四愁詩》:"路遠莫致倚逍遥。"余冠英注:"倚,通'猗',語助詞,無意義。"③

(2)流——瘤

六瘤:"力周反。《通俗文》:肉胅曰瘤。《三蒼》:瘤,小腫也。尾即無瘤。經文作流注之流,非也。胅音徒結反。"(1.1.489)

按:"流",來紐尤韻;"瘤",來紐尤韻。二字雙聲疊韻,音同假借。《釋名·釋疾病》:"瘤,流也,血流聚所生瘤腫也。"

第三節 《玄應音義》文字的價值

七寺本《玄應音義》是我國唐代文獻資料在日本的保存,具有重大的文獻學、語言學、文字學等價值。從文字學層面看,保留了當時的實際書寫形體,保留了豐富的漢字字音、字形、字義,啓導了後世的規範化思想。

一、爲後世保存了當時的實際書寫形體

保存至今的唐代手寫體資料,除敦煌卷子、碑刻、少數書寫在紙上面的書法作品外,還有佛典這一重要的寫本文獻資料。

從文獻的傳承和典藏情況來看,當今世界漢語文獻的主體仍是歷代傳承不斷直至今日的傳世文獻,這些文獻主要是刻本,它包括了現存典籍的大部分,雖有部分是僞書,但大部分典籍經過清代學者的校勘、補正,以及近現代文獻學家、圖書出版者的不斷校正,具有很高的學術價值。但這些書保留下來的畢竟是宋元明清以來刻本文字的書寫面貌,有唐一代的書寫實際情況已被淹没,雖有《干禄字書》保存了當時的一部分書寫面貌,但畢竟祗是一個可供類推使用的字樣書,無法給我們一個鮮明的實際面貌。在没有實際資料可供對比研究的情況下,學者們研究反映唐代書寫面貌的敦煌卷子的

---

① [清]朱駿聲《説文通訓定聲》,《續修四庫全書》第 220 册,上海古籍出版社,2002 年版,第 578 頁上。
② [清]阮元校刻《十三經注疏》,中華書局,1980 年版,第 429 頁上。
③ 余冠英選注《漢魏六朝詩選》,人民文學出版社,1978 年版,第 8 頁。

時候,往往有俗訛滿紙的印象和結論,對於初讀者來說,得出這樣的結論並不奇怪。

本書分別從共時和歷時兩個角度,用構件理念統轄文字,對七寺本《玄應音義》的文字進行抽樣調查研究,材料真實可靠,結論令人鼓舞。

從共時的角度看,七寺本《玄應音義》的文字包含了《干祿字書》裏的正字、同形字和俗字,和敦煌卷子一樣,都反映了唐代的實際文字規範標準和書寫面貌。

從歷時的角度看,與《干祿字書》裏的正字一樣,七寺本《玄應音義》的正字來源多途,而又以《説文》正字爲主體;通行字和俗字主要來源於漢魏六朝碑刻。再各舉三例以示意:

《玄應音義》使用的初唐正字如:

"韭",《説文·韭部》:"韭,菜名。一種而久者,故謂之韭。象形,在一之上。一,地也。此與耑同意。"《玄應音義》承之,《入楞伽經》作韭。《干祿字書》作韭。

"后",《説文·后部》:"后,繼體君也。象人之形。施令以告四方,故厂之。从一、口。發號者,君后也。"《玄應音義》承之,《大威德陀羅尼經》作后。《干祿字書》作后。

"狗",《説文·犬部》:"狗,孔子曰:'狗,叩也。叩气吠以守。'从犬,句聲。"《玄應音義》承之,《成實論》作狗,《解脱道論》作狗。《干祿字書》作狗。

《玄應音義》使用的初唐通行字如:

"協",字見魏碑,如北魏《元羽墓誌》作協,《穆亮墓誌》作協,北齊《封子繪墓誌》作協。《玄應音義》承之,《佛説無垢稱經》作協。《干祿字書》作協。

"博",字見漢碑,如東漢《楊震墓碑》作博,北魏《司馬悦墓誌》作博,《□伯超墓誌》作博。《玄應音義》承之,《大般涅槃經》作博。《干祿字書》作博。

"本",東漢《白石神君碑》作本,東晉《謝琰墓誌》作本,北魏《元融妃穆氏墓誌》作本,《元略墓誌》作本。《玄應音義》承之,《正法華經》作本。《干祿字書》作本。

《玄應音義》使用的初唐俗字如:

"友",字見魏碑,如北魏《元靈曜墓誌》作友,北齊《僧澄造玉像記》作友。《玄應音義》承之,《妙法蓮華經》作友。《干祿字書》作友。

"步",字見漢碑,如東漢《楊著墓碑》作步,東魏《元湛墓誌》作步,北齊《張景林造像記》作 步。《玄應音義》承之，《大般涅槃經》作 步，《修行道地經》作 步，《尊婆須蜜所集論》作 步。《干禄字書》作 步。

"閉"，字見魏碑，如北魏《元龍墓誌》作 閇，《王翊墓誌》作 閇，東魏《堯榮妻趙胡仁墓誌》作 閇。《玄應音義》承之，《對法論》作 閇。《干禄字書》作 閇。

由此，我們完全可以據此整理出一個唐代文字的通用字表，當然，這一通用字表還要參照唐代書法家的字帖。

總之，從今天規範化的眼光看，七寺本《玄應音義》俗訛滿紙，難以卒讀。但結合《干禄字書》等當時規範化的字樣書校讀，我們會驚歎：僅能在《干禄字書》看到的當時的書寫規範，以一個活生生的實際載體呈現在我們面前，今天我們所謂的異體字，在當時大多數是通行體甚至是正體字，漢字發展史表明，漢字的規範化是一個動態發展的過程，漢字的規範和當時的實際書寫情況相距不遠，漢字規範化的標準是當時書寫狀況的實際描寫和忠實反映。我們不能以今揣古，更不能以今律古。

另一方面，我們不得不再次感歎：對七寺本《玄應音義》文字的整理和對比研究表明，顏元孫等主張書寫規範化的學者，並不是閉上眼睛一廂情願地向壁造車，給政府和社會一個理想化的書寫規範，而是充分尊重文字規律，尊重當時文字的繼承和發展事實，以源遠流長、充分體現先民造字理據的《說文》正字爲正體，以有所繼承而又有所發展和創新的漢魏六朝字形爲通用字，這樣，既尊重歷史事實，又符合社會實際情況，沒有主觀臆斷地人爲干涉漢字自身的歷史進程，更沒有隨意中斷漢字的傳統。

二、爲後世保存了豐富的漢字字形、字音、字義

爲了說解音義，《玄應音義》運用大批訓詁資料和當時可見的文獻，爲後世保存了一筆十分珍貴的古訓資料。《玄應音義》的字形資料有兩類：一類是佛典經、律、論裏的字形，一類是玄應用來說解所引用的訓詁類著作裏面的字形。

（一）保存的豐富的漢字字形、字音、字義的具體情況

其一，從字形上看，有一部分異體字，《玄應音義》最早收錄。如：

（1）㲫中："而充反。梵言沒栗度，此云㲫。《通俗文》：物柔曰㲫。《三蒼》：㲫，柔弱也。"（1.1.491）

按："㲫"，即"㲲"之構件訛混異體。該字形，字書均未收錄，賴《三蒼》與漢末《通俗文》得以存留下來。《漢語大字典》及《中華字海》均未收錄該字形，可補；且《漢語大字典》"㲫"字義項"軟。與'硬'相對"未引字書，僅引《漢書·王吉傳》爲例,並引顏師古注爲釋,可補。

（2）澆濺:"上又作㵄,同。古堯反。《説文》:澆,灌漬也。下又作濺、喰,二形同。子旦反。《説文》:濺,相污灑也。《史記》'五步之内以血濺大王衣'作濺,楊泉《物理論》云'恐不知味而唾喰'作喰,江南行此音,山東音湔,子見反。"（1.3.571）

按:"喰","濺"之換聲異體,《玄應音義》引楊泉《物理論》"恐不知味而唾喰"爲例,保留了該字形。《漢語大字典》予以收釋。

（3）銅魁:"苦迴反。《説文》:羹斗也。經文作鋼、擱二形,並非也。"（4.12.897）

按:"擱","魁"之換形換聲異體,僅見於《玄應音義》,《漢語大字典》《中華字海》均未收録,可補。

（4）啾吟:"子由反,下牛金反。《蒼頡篇》:啾,衆聲也。《説文》:啾,小兒聲也。吟,歎也,諷詠也。論文作哶,非也。"（5.18.1063）

按:《説文·口部》:"吟,呻也。从口,今聲。訡,吟或从音。訡,或从言。""哶"爲"吟"之換聲異體。《字彙補·口部》:"哶,《字學指南》與吟同。"書證晚出。

（5）鐵弗:"《字苑》:初眼反。謂以籤貫肉炙之者也。籤音且廉反。"（4.12.901）

按:"弗",該字最早爲《玄應音義》所收,義爲烤肉用的鐵籤。後《集韻》收録該字,《産韻》:"弗,燔肉器。"《漢語大字典》予以收釋。

其二,就字音、字義上看,有一部分異體字,就目前已有的材料來看,《玄應音義》最早爲之注音、釋義。如:

（1）毦衣:"而容反。《字林》:毛罽也。《纂文》云:毦以毛爲飾也。"（4.12.893）

按:"毦"爲"毦"之構件位移異體,玄應引晉代吕忱《字林》切語爲之注音,又有分别引《字林》釋語"毛罽"及南朝宋何承天《纂文》釋語"以毛爲飾"爲釋。《漢語大字典》引《慧琳音義》所引切語,晚出,當改從《玄應音義》。

（2）麥䴰:"又作䴰,古文䉺,今作粥,同。之六反。《説文》:粥,糜也。"（4.13.934）

按:《爾雅·釋言》"䴰,糜也。"郝懿行疏:"䴰者,經典省作粥而訓糜。"①後來"粥"被看做形聲字,"䉺"爲其後起換聲異體,玄應未見其來歷,

---

① ［清］郝懿行《爾雅義疏》,《續修四庫全書》第187册,上海古籍出版社,2002年版,第486頁下。

以後起字爲古字。但首次收錄該字並爲之注音,却是《玄應音義》之功。

(3) 帶鞬:"又作靬,同。火見反。著腋者也。《釋名》云:鞬也,横經其腹下也。《蒼頡解詁》:鞬,馬腹帶。"(4.13.942)

按:"靬","鞬"之異體,字音、字形最早見於《玄應音義》。《漢語大字典》引《慧琳音義》的音、形、義,書證晚出。

(4) 隟中:"古文覰、聎二形,今作聚,同。才句反。《廣雅》:聚,居也。"(4.13.945)

按:《説文·乑部》:"聚,會也。从乑,取聲。邑落云聚。"可知"聚"本義爲"邑落","覰"爲"聚"之後起的加形異體,"聎"爲加形省聲異體。《漢語大字典》引《慧琳音義》的音、形、義,書證晚出,當從《玄應音義》。

(5) 麻秚:《字苑》作叛,同。布滿反。餈類也。今米秚、豆秚皆作此。(5.18.1049)

按:"秚"的最早音義存留在晉葛洪《要用字苑》裏:"布滿反。餈類也。"《漢語大字典》即直接予以引用。

(6) 毛氀:"《字林》:力于反。氀毼也。《通俗文》:毛布曰氀。又所俱反。毹,氀也。音瞿。"(5.14.972)

按:《玄應音義》引《通俗文》注音、釋義材料爲"毹"注音、釋義:"音瞿","毛布曰氀"。這是字書首次爲該字注音、釋義,《漢語大字典》照録。

有一部分字,《玄應音義》最早保留其本義。如:

(7) 騗象:"疋面反。《字略》云:躍上馬也。經文作騙,誤也。"(3.7.766)

按:"騗",義爲"躍上馬",字書《字略》最早收釋該字,存留在《玄應音義》裏。《集韻》已收,《綫韻》:"䮲,躍而乘馬也。或書作騙。"由"躍上馬"可以引申出"騎""跨越"等義。所以《玄應音義》最早保留了該字的本義。

(8) 細襵:"之涉反。《廣雅》:襵,襞也。今言襵疊是也。《通俗文》:便縫曰襵。今裙襵亦宜作此。襵音輒。"(5.14.974)

按:《玄應音義》所引《通俗文》釋語"便縫曰襵"爲"襵"字本義,即衣服上的褶皺;所引《廣雅》釋語"襵,襞也"爲"襵"字引申義,即襵疊。

《漢語大字典》"襵"字義項"(衣裙、頭巾等的)褶皺"所引的唐玄應《一切經音義》卷十四引《埤倉》釋語"襵,縈衣也"未詳何出;義項"摺疊"引《慧琳音義》,書證晚出,《玄應音義》即已涵蓋引申義"襵疊"。

(9) 作屣:"古文屧,今作屟,同。思頬反。《説文》:履之薦也。本音他頬反。今江南女婦猶著屣子,製如芒屣而卑下也。"(5.14.978)

按:《説文解字注·尸部》:"屣,履之荐也。'之',各本作'中'。今依玄應所引訂。此藉於履下。非同履中苴也。荐者，藉也。"①《玉篇·尸部》："屝，或作屟。""屟"爲"屟"的異體，義爲古代鞋子的木底。記錄詞的本義。

（10）抱不："又作菢，同。蒲報反。《方言》：燕、朝鮮之閒謂伏雞曰菢，江東呼媚。經文作㪍，未詳字出。"（5.18.1048）

按："菢"有二義，一是孵卵，二是覆蓋，孵卵自然有覆蓋的動作，很自然引申出覆蓋義。《玄應音義》引《方言》保留了"菢"的本義，這也是字書首次收釋"菢"字本義。

（11）裛纈："賢結反。案：纈，以絲縛繒染之，解絲成文曰纈。今謂西國有淡澀汁，點之成纈，如此方蠟點纈也。"（6.23.1108）

按："纈"，有二義，一是古代的一種印染方法，二是有花紋的絲織品，當先有印染法，再有有花紋的絲織品。所以《玄應音義》記錄的是"纈"的本義"以絲縛繒染之，解絲成文曰纈"。

有一部分字，《玄應音義》保留了它們的一部分引申義。如：

（12）芬馥："敷雲反。《方言》：芬，和調也。下扶福反。《字林》：馥，香氣也。"（1.2.519）

按：《說文新附·香部》："馥，香氣芬馥也。從香，复聲。"《玉篇·香部》："馥，香也。""馥"的本義爲香氣濃郁，可以引申出"香氣""香氣散發"等義。《玄應音義》引《字林》釋語"香氣也"，保留了"馥"的引申義。這也是唯一解釋該引申義的字書。

（13）匈膺："又作䧝，同。於凝反。《說文》：膺，匈也。謂乳上骨也。"（4.12.908）

按：《說文·肉部》："膺，胷也。"由此可以引申出"乳上骨""胸傍""內心"等引申義。《玄應音義》既引用了《說文》本義，又指出了其引申義"乳上骨"。

（14）齘齒："下介反。《說文》：齒相切也。《三蒼》：鳴齒也。律文作嘈，未詳字出。"（5.14.979）

按：《說文·齒部》："齘，齒相切也。"可以引申出牙齒相切發出的聲響。《玄應音義》引用《三蒼》釋語"鳴齒也"，保留了"齘"的引申義，成爲最早收釋該義的字書。

（15）營壘："古文作𤇾，同。役瓊反。《三蒼》：營，衛也。部也。下又作垒，同。力癸反。軍壁曰壘，壘亦重也。"（5.17.1026）

---

① ［漢］許慎撰，［清］段玉裁注《說文解字注》，上海古籍出版社，1981年版，第400頁下。

按：《說文·宮部》："營,市居也。"桂馥義證："營謂周垣。"① 由此本義可引申出"軍營""安營紮寨""軍隊編制單位部曲"等義。《玄應音義》"營"字釋語"部也"記錄了部曲義,成爲收釋該義項最早的字書。

(16) 嬰絙："於盈反。嬰猶緾繞也。《漢書》：嬰城固守。《音義》曰：以城自繞者也。"(6.21.1084)

按：《說文·女部》："嬰,頸飾也。"引申出"繫在脖子上,戴"以及"纏繞、環繞"等引申義,《玄應音義》最早收釋"纏繞"這一引申義。

有一部分字,其釋義最早爲一批佚書收釋,《玄應音義》保存了這些訓詁典籍的一鱗半爪。所以,清代學者任大椿根據《玄應音義》等書輯錄出《字林考逸》《小學鉤沉》二書,孫星衍輯錄出《蒼頡篇》。這些散佚的訓詁學著作包括《字林》《倉頡篇》《三蒼》《通俗文》《埤倉》《古今字詁》《聲類》《韻集》等42種。

(17) 驚駴："胡駭反。《蒼頡篇》：駴亦驚也。《廣雅》：駴,起也。"(1.1.485)

按：《說文·馬部》："駴,驚也。从馬,亥聲。""駴"本義爲馬受驚,引申爲驚駴,《蒼頡篇》存留這一義項。《漢語大字典》引用李善注揚雄《甘泉賦》釋語"駴,驚也",也直接引自《蒼頡篇》。

(18) 殞滅："爲愍反。《聲類》云：殞,没也。滅,盡也。消,絕也。"(1.1.494)

按：三國魏李登《聲類》保存了"殞"之"死亡"義,校之《漢語大字典》所引字書《玉篇》爲早,可據以增補。

(19) 謇吃："居展反。下又作欽,同。居乞反。《通俗文》：言不通利謂之謇吃。《易》云：謇,難也。《聲類》云：吃,重言也。"(1.1.503)

按：《玉篇·言部》："謇,吃也。"《聲類》："吃,重言也。""謇"爲口吃之意。漢末服虔《通俗文》釋語"言不通利謂之謇吃",《漢語大字典》未予徵引,引《玉篇》爲釋,書證晚出。

(20) 薹薝："徒登、丁鄧二反。《韻集》云：失卧極也。經文作瞪,非此義。"(1.2.523)

按："薹薝",《玄應音義》引晉代吕静《韻集》釋語"失卧極也"爲釋,該義項《漢語大字典》未收,僅引用《慧琳音義》釋語"薹薝,不明也"以及《集韻》釋語"薹薝,目暗",可據以補作另一義項。

(21) 苑囿："于救反。《三蒼》：養牛馬林木曰苑。《字林》：有垣曰苑,

---

① [清]桂馥《說文解字義證》,《續修四庫全書》第210册,上海古籍出版社,2002年版,第13頁下。

無垣曰囿。囿亦禁苑也。"(2.5.658)

按：《三蒼》是晉代時由《蒼頡篇》《訓纂篇》《滂喜篇》合成的字表，却最早收錄"苑"的釋義："養牛馬林木曰苑。"作爲字書，《説文》最早收釋該字，《艸部》："苑，所以養禽獸也。"段玉裁注："古謂之囿，漢謂之苑。"① 《玄應音義》還引用晉代吕忱《字林》釋語，不僅增加例證，而且還區别了同義詞"苑"和"囿"："有垣曰苑，無垣曰囿。"段玉裁的話是對的，指出了詞彙的歷史演變，《字林》釋語有誤。《説文·囗部》："囿，苑有垣也。""囿"，甲骨文作 ▣合9488、▣合9489、▣合9592，大篆作 ▣説文大徐本，小篆作 ▣説文大徐本，這些字形均爲象形字，金文有了形聲字 ▣秦公簋。所以"囿"是有圍牆的。

（22）梵行："凡泛反。梵言梵摩，此云清净，或曰清潔，正言寂静。葛洪《字苑》云：梵，潔也。取其義矣。"（5.14.954）

按："梵"，東晉葛洪《要用字苑》最早釋作"潔也"，爲梵文 Brahmanhuo Brahmā 的節譯詞。《漢語大字典》引《古今韻會舉要》釋語，書證晚出。

（23）咄男："丁兀反。《字林》：咄，相謂也。《字書》：咄，叱也。"（5.14.958）

按：《説文·口部》："咄，相謂也。从口，出聲。"本義表驚詫，爲歎詞。引申義爲呵斥，佚名《字書》保存了這一義項。《漢語大字典》引《集韻》爲釋，書證晚出。

（24）鷓鴣："之夜反，下古胡反。《埤蒼》：鳥似服鳥而大。《字指》云：鷓鴣鳥，其鳴自呼，飛徂南不北，形如雌雉也。"（5.16.1002）

按："鷓鴣"，曹魏張揖《埤蒼》、東晉李彤《字指》二書的釋語爲最早，《漢語大字典》引用《玉篇》釋語，《鳥部》"鷓，鷓鴣鳥，共鳴自呼。常南飛，似雉"，書證晚出。

（25）胡荾："又作荽，《字苑》作葰，同。私佳反。《韻略》云：胡荾，香菜也。《博物志》云：張騫使西域得胡綏，今江南謂胡葰，亦爲葫薇，音胡祈。閭里閒音火孤反。"（5.16.1011）

按："荾"，《玄應音義》所引陽休之《韻略》的釋語爲："胡荾，香菜也。"《文選·潘安仁〈閑居賦〉》："堇薺甘旨，蓼荾芬芳。"李善注："《韻略》曰：荾，香菜也。"② 《玄應音義》保留了《韻略》的釋語。

（26）如鶪："烏鴈反。鶪，雀也。亦名鵙鶪。《纂文》云關中以鶪爲鵙爛堆是也。"（6.23.1100）

按：《説文·隹部》："雇，九雇。農桑侯鳥，扈民不婬者也。……老雇，

---

① ［漢］許慎撰，［清］段玉裁注《説文解字注》，上海古籍出版社，1981年版，第41頁上。
② ［梁］蕭統編，［唐］李善等注《六臣注文選》，中華書局，1987年版，第292頁下。

鶪也。"南朝宋何承天《纂文》"鶪"字釋語"關中以鶪爲鶪爛堆是也",補充了"鶪"的關中土名。《漢語大字典》未收,當補。

有一部分字,其釋語所出文獻尚存,如《説文》《廣雅》。但《説文》唐時經李陽冰竄改,《廣雅》有所散佚。所以,段玉裁、桂馥等人均用《玄應音義》保存的異文材料校正《説文》大徐本;王念孫利用《玄應音義》增補《廣雅》的《釋詁》篇字頭118個,①王引之利用包括《玄應音義》在内的訓詁資料,寫成《經傳釋詞》。

（二）保存的大量的古訓資料可用來校勘古書

《玄應音義》保留了古本《説文》等古書的釋義,可用來校勘《説文》等。本節通過綜合比勘,指出大徐本《説文》釋語中的錯誤共分訛誤、脱文、衍文、倒文四個方面,並兼及其他古書的校勘。

1. 訛誤

（1）僮僕:"徒東反。下古文隷,同。蒲木反。《説文》:男有罪爲奴曰童。《廣雅》:童僕,役使也。今皆作僮。又僕亦附也,謂附著人也。"（2.6.699）

《説文・辛部》:"童,男有皋曰奴,奴曰童,女曰妾。从辛,重省聲。"

按:"童",校之《玄應音義》所引古本《説文》,大徐本《説文》將釋語中的"爲"字誤爲"曰"。

西周、春秋時稱男奴叫臣,女奴叫妾。《尚書・費誓》:"逾垣牆,竊馬牛,誘臣妾,汝則有常刑。"孔安國傳:"役人賤者男曰臣,女曰妾。"②《漢書・食貨志上》:"王莽因漢承平之業,匈奴稱藩,百蠻賓服,舟車所通,盡爲臣妾。"③秦朝雖已設立城旦舂、鬼薪、白粲、隸臣妾等勞役刑名,但漢律已佚,通過《説文》仍可看出漢代仍有男女奴隸這一刑罰名稱。《玉篇・辛部》秉承《説文》:"童,男有罪爲奴曰童。"可證玄應之言爲是。

（2）疼燥:"又作胅、疼,二形同。徒冬反。《聲類》:作癀。《説文》:疼,動痛也。下蘇倒反。燥,乾也。經文作疾、瘆,非也。"（3.7.739）

《説文・疒部》:"疼,動病也。从疒,蟲省聲。"

按:"疼",校之《玄應音義》所引古本《説文》,大徐本《説文》釋語將"痛"誤爲"病"。段玉裁注:"疼即疼字。"④《廣雅・釋詁二》:"疼,痛也。"以"痛"釋"疼",正是。所以王筠《説文句讀》作"動痛也",並標明"依玄應引改"。⑤

---

① 孫玄常《〈廣雅疏證・釋詁〉劄記音訓篇》,《運城學院學報》,1993年第1期。
② 清阮元校刻《十三經注疏》,中華書局,1980年版,第255頁下。
③ [漢]班固撰《漢書》,中華書局,1962年版,第1143頁。
④ [漢]許慎撰,[清]段玉裁注《説文解字注》,上海古籍出版社,1981年版,第351頁下。
⑤ [清]王筠《説文解字句讀》,中華書局,1988年版,第280頁。

（3）能決："胡玦反。《説文》：下流也，又穿決也。"（3.9.835）

《説文·水部》："決，行流也。从水，从夬。廬江有決水，出於大別山。"

按："決"，校之《玄應音義》所引古本《説文》，大徐本《説文》釋語將"下"誤爲"行"。

古本《説文》釋語"下流也"，決堤後的水自然向低地流淌，符合事物客觀規律，大徐本釋語"行流也"，雖是水"流"，但方式"行"不准確。玄應之語可從。

（4）誾誾："古文誾，同。魚巾反。《説文》：誾誾，和悦而争也。《禮記》：誾誾和敬之皃也。經文作狺，字與狺同，音牛佳、牛巾二反，犬聲也。又作啍，宜箭反，並非此用。"（4.12.900）

《説文·言部》："誾，和説而諍也。从言，門聲。"

按："誾"，校之《玄應音義》所引古本《説文》，大徐本《説文》釋語將"争"誤爲"諍"。

古本《説文》釋語"誾誾和悦而争也"，義爲"和悦而正直地争辯"。因上古"争"亦假借記録"諍"之意，後造出分化字"諍"，以減輕本原字"争"的負擔。所以《正字通·言部》説："諍，古通用争。"朱駿聲《説文通訓定聲·鼎部》："諍，叚借爲争。"①後人不察二字源流，將"争"字誤改爲"諍"。

（5）噫自："乙戒反。《説文》：飽出息也。《禮記》：不敢噦噫是也。"（5.14.987）

《説文·口部》："噫，飽食息也。从口，意聲。"

按："噫"，校之《玄應音義》所引古本《説文》，大徐本《説文》釋語將"出"誤爲"食"。

古本《説文》釋語作"飽出息也"。《玉篇·口部》："噫，乙匕、乙介二切。飽出息也。"《篆隸萬象名義·口部》："噫，乙夷切。飽出息。"由二書可知玄應釋語更近於古本《説文》。段玉裁注《説文》即從《玄應音義》。②

（6）溪沼："又作谿，同。苦奚反，下之遶反。《爾雅》：水注川曰谿。《説文》：沼，小池也。"（6.23.1096）

《説文·水部》："沼，池水。从水，召聲。"

按："沼"，校之《玄應音義》所引古本《説文》，大徐本《説文》釋語將"小

---

① ［清］朱駿聲《説文通訓定聲》，《續修四庫全書》第221册，上海古籍出版社，2002年版，第311頁上。

② ［漢］許慎撰，［清］段玉裁注《説文解字注》，上海古籍出版社，1981年版，第55頁下。

池"誤爲"池水"。

《詩·召南·采蘩》:"于沼于沚。"毛傳:"沼,池。"①《玉篇·水部》:"沼,支紹切。池沼也。"《篆隸萬象名義·水部》:"沼,之紹反。池。"《廣雅疏證·釋地》:"湖、藪、陂、塘、都、畎、圢、澤、埏、衍、皋、沼,池也。"②由以上古注與字書釋語可知,"沼"當爲"池"義,"池水"則謬以太遠。我們以去古更近的《玄應音義》引文"小池"爲是。

2. 脱文

與"訛誤""衍文""倒文"等幾種情況相比,這種情況最多。

(1) 鉞斧:"古文戉,同。禹發反。《説文》:戉,大斧也。一云鉞,鑕也。音擴,大釫也。"(1.2.518)

《説文·戈部》:"戉,斧也。从戈,丿聲。"羅振玉《增訂殷虚書契考釋》:"戉字象形,非形聲。"③

按:"戉",校之《玄應音義》所引古本《説文》,大徐本《説文》釋語脱一"大"字。

《五經文字》:"戉,音厥。大斧也。"《廣韻·月韻》:"戉,《説文》曰:'大斧也。'"《五音集韻·月韻》:"戉,《説文》:'大斧也。'"我們認爲《玄應音義》更近於古文《説文》内容,可從。

(2) 兩髀:"古文踔,同。蒲米反。《説文》:股外也。北人行此音。又方爾反,江南行此音。經文從肉作胜,俗字也。"(1.3.559)

《説文·骨部》:"髀,股也。从骨,卑聲。踔,古文髀。"

按:"髀",校之《玄應音義》所引古本《説文》,大徐本《説文》釋語脱一"外"字。

《玉篇·足部》:"踔,補爾切。古髀字。股外也。"《篆隸萬象名義·足部》:"踔,補尔反。髀。股外。"《篆隸萬象名義·骨部》:"髀,補尔反。股外。"可知"髀"指大腿外部。《説文·肉部》:"股,髀也。从肉,殳聲。"段玉裁注:"髀,股外也。言股則統髀,故曰髀也。"④"股"指大腿。"股"與"髀"爲整體與局部的關係。所以段玉裁注加上"外"字,並説:"各本無外。今依《爾雅音義》《文選·七命》注、玄應書、《太平御覽》補。"⑤當是。

---

① [清] 阮元校刻《十三經注疏》,中華書局,1980年版,第284頁中。
② [清] 王念孫撰,鍾宇訊點校《廣雅疏證》,中華書局,1983年版,第293頁下。
③ 羅振玉《增訂殷虚書契考釋》,見羅繼祖主編《羅振玉學術論著集》(第一集),上海古籍出版社,2010年版,第235頁。
④ [漢] 許慎撰,[清] 段玉裁注《説文解字注》,上海古籍出版社,1981年版,第170頁下。
⑤ [漢] 許慎撰,[清] 段玉裁注《説文解字注》,上海古籍出版社,1981年版,第165頁上。

（3）結梳："所於反。《說文》：梳,理髮者也。"(2.4.611)

《說文·木部》："梳,理髮也。从木,疏省聲。"

按："梳",校之《玄應音義》所引古本《說文》,大徐本《說文》釋語脱一"者"字。

"梳髮"爲動詞短語,而"梳髮者"則是名詞性的結構,義爲"梳子"。段玉裁注："梳,所以理髮也。'所以'二字今補。器曰梳。"①段氏校訂《說文》亦使用《玄應音義》,但此條未予採用,而是另闢蹊徑,加上"所以"二字,以限定"梳"的名詞詞性,用意則一,相比之下,玄應的釋語更具繼承價值。

（4）俛仰："無辯反。謂自強爲之也。《說文》：俛,此俗頫字,謂伍頭也。仰謂舉首也。"(3.8.785)

《說文·人部》："仰,舉也。从人,从卬。"

按："仰",校之《玄應音義》所引古本《說文》,大徐本《說文》釋語脱一"首"字。

《篆隸萬象名義·人部》："仰,魚掌反。舉首。"《字彙·人部》："仰,舉首望也。"這些字書繼承古本《說文》釋語,解釋"仰"之本義爲"舉首"。

（5）盼䚎："普幻反,下力再反。《說文》：盼,目白黑分也。䚎,内視也。經文作眄,亡見反,邪視也。下作睞,力代反。瞳子不正也。睞非此用。"(3.8.801)

《說文·目部》："盼,《詩》曰:'美目盼兮。'从目,分聲。"

按："盼",校之《玄應音義》所引古本《說文》,大徐本《說文》釋語脱"目白黑分也"五字。

《玉篇·目部》："盼,《詩》云：美目盼兮。謂黑白分也。"《篆隸萬象名義·目部》："盼,普幻反。白黑分。"均可證古本《說文》釋語脱漏,當加上。所以,王筠《說文句讀》補"盼,目白黑分也",並注明"依玄應引補",②正是。

（6）癇病："核閒反。《聲類》：小兒瘨也。《說文》：風病也。"(4.12.893)

《說文·疒部》："癇,病也。从疒,閒聲。"

按："癇",校之《玄應音義》所引古本《說文》,大徐本《說文》釋語脱一"風"字。

從《說文·疒部》中"疾、痛、瘣、疴、痛、瘇、瘵、瘨、瘼、瘨、疵、疕、瘏、瘲、疷"等十五字的釋語"病也"可知,"病"爲"生病"義語義場的上位詞,加上

---

① ［漢］許慎撰,［清］段玉裁注《說文解字注》,上海古籍出版社,1981年版,第258頁下。
② ［清］王筠《說文解字句讀》,中華書局,1988年版,第115頁。

"風"字,"瘋"字與其他字的區別之處得以凸現出來。沈濤古本考亦引《玄應音義》校訂《説文》"瘋"字釋語:"是古本有'風'字,今奪。"①正是。

(7)草蘸:"又作菅、蘭二形,同。古顔反。《聲類》:蘸,蘭也。《説文》:香草也。"(4.12.906)

《説文·艸部》:"蘸,艸,出吴林山。从艸,姦聲。"

按:"蘸",校之《玄應音義》所引古本《説文》,大徐本《説文》釋語脱一"香"字。

大徐本《説文》釋語"艸,出吴林山"僅點明"蘸"的出産地,古本《説文》釋語"香草也",則對"蘸"的特性作了界定,可補大徐本釋義之缺。所以段玉裁注校訂爲"香艸也,出吴林山。从艸,姦聲"。②

(8)蕭森:"今作摻,同。所金反。《説文》:多木長皃也。"(4.13.924)

《説文·木部》:"森,木多皃。从林,从木。讀若曾參之參。"

按:"森",校之《玄應音義》所引古本《説文》,大徐本《説文》釋語脱一"長"字。

大徐本《説文》釋語"木多"僅强調"森"義素中的"樹木"及"數量多",不包含義素"長大"。古本《説文》釋語"多木長皃也",則全部包含以上義素,當是。王筠《説文句讀》即據《玄應音義》改"森"的釋語爲"多木長皃也",並注曰"言多者,三木也;言長者,木出林上也"。③

3. 衍文

(1)泥潦:"郎道反。《説文》:雨水也。謂聚雨水爲洿,潦也。"(1.1.490)

《説文·水部》:"潦,雨水大皃。从水,尞聲。"

按:"潦",校之《玄應音義》所引古本《説文》,大徐本《説文》釋語衍出"大皃"二字。

古本《説文》釋語作"雨水也",大徐本《説文》釋語衍出"大皃"二字,這就改變了"潦"原來的名詞詞性,改爲形容詞。《詩·召南·采蘋》孔穎達正義:"《説文》云:'潦,雨水也。'然則行潦,道路之上流行之水。"④孔氏正義"行潦"爲"道路之上流行之水",指出了"行潦"和"雨水"的區别。玄應之言可從。

---

① [清]沈濤《説文古本考》,《續修四庫全書》第 222 册,上海古籍出版社,2002 年版,第 347 頁上。
② [漢]許慎撰,[清]段玉裁注《説文解字注》,上海古籍出版社,1981 年版,第 25 頁。
③ [清]王筠《説文解字句讀》,中華書局,1988 年版,第 220 頁。
④ [清]阮元校刻《十三經注疏》,中華書局,1980 年版,第 287 頁上。

（2）狗齩：“又作齳，同。五狡反，中國音也。又下狡反，江南音也。《説文》：齩，齧也。經文作骹，苦交反。脛膝骨也。骹非此用。”（1.1.501）

《説文·齒部》：“齩，齧骨也。从齒，交聲。”

按：“齩”，校之《玄應音義》所引古本《説文》，大徐本《説文》釋語衍出“骨”字。

《玉篇·口部》：“齩，五狡切。齧也。正作齩。”《廣韻·巧韻》：“齩，齧也。五巧切。”《龍龕手鏡·齒部》：“齩，五巧反。齧也。”《五音集韻·巧韻》：“齩，齧也。”可知，《玄應音義》所引釋語"齧也"可從。

（3）痳瀝：“力金反。《聲類》：痳，小便數也。經文作淋，《説文》：水沃也。《廣雅》：淋，漬也。淋非此用。”（1.2.534）

《説文·水部》：“淋，以水渜也。从水，林聲。一曰淋淋，山下水皃。”

按：“淋”，校之《玄應音義》所引古本《説文》，大徐本《説文》釋語衍出一“以”字。

（4）如簹：“市緣反。《説文》：判竹圓以盛穀者也。《蒼頡篇》：簹，圓倉也。經文作箪，音丹，竹器名也。箪非此義。”（2.4.635）

《説文·竹部》：“簹，以判竹圓以盛穀也。从竹，耑聲。”

按：“簹”，校之《玄應音義》所引古本《説文》，大徐本《説文》釋語衍出一“以”字。

《玉篇·竹部》：“簹，市規、市專二切。笘也。《説文》曰：‘以判竹圓以盛穀。’”《類篇·竹部》：“簹，淳沿切。《説文》：‘判竹圓以盛穀也。’”《集韻·僊韻》：“簹，《説文》：‘判竹圓以盛穀也。’”《附釋文互註禮部韻略·僊韻》：“簹，判竹圓以盛穀。”《增修校正押韻釋疑·僊韻》：“亦作圌。判竹圓以盛穀。”《古今韻會舉要·僊韻》：“《説文》：‘判竹圓以盛穀也。’”可見，《玄應音義》更近於古本《説文》，可從。

（5）循大：“似均反。《説文》：循，行也。《爾雅》：循，自也。郭璞曰：自猶從也。案：此亦與巡字略同。”（4.13.929）

《説文·彳部》：“循，行順也。从彳，盾聲。”

按：“循”，校之《玄應音義》所引古本《説文》，大徐本《説文》釋語衍出一“順”字。古本《説文》釋語作“行也”，《篆隷萬象名義·彳部》：“循，似均反。自，從，行，‘巡’字。”《龍龕手鏡·彳部》：“循，從也。”《集韻·稕韻》：“循，行順也。”《增修互註禮部韻略·諄韻》：“循，順也。”《五音集韻·稕韻》：“循，行也。”玄應引文可從，大徐本《説文》釋語“行順也”，衍出一“順”字。

4. 倒文

（1）睍暉：“下殊反，下胡本、公困二反。《説文》：睍，目出皃也。暉，大

出目也。謂人目大而突出曰睴。"（1.1.498）

《説文·目部》："睍，出目也。从目，見聲。"

按："睍"，校之《玄應音義》所引古本《説文》，大徐本《説文》釋語"出目也"爲"目出皃也"之倒，且脱一"皃"字。"目出皃"義爲眼睛突出的樣子，"出目"則不辭。

（2）鬼魑："古文魅、勉，二形同。莫冀反。《通俗》文：山澤怪謂之魑魅。《説文》：老物精也。"（1.2.517）

《説文·鬼部》："魑，老精物也。从鬼、彡。彡，鬼毛。魅，或从未聲。"

按："魑"，校之《玄應音義》所引古本《説文》，大徐本《説文》釋語"老精物"爲"老物精"之倒。

從語義上看，古本《説文》釋語"老物精"指事物年月已久成精之意。《周禮·春官·神仕》："以夏日至，致地示物魑。"鄭玄注："百物之神曰魑。"①孫詒讓《周禮正義》："即物之老而能爲精怪者。"正是。而大徐本《説文》釋語"老精物"則是老妖精之意，與事實不合。從已有字書記錄上看，《篆隸萬象名義·鬼部》："魑，莫凱反。老物精。"《龍龕手鏡·鬼部》："魑、魅，二正。眉秘反。魑魅，老物精也。亦鬼神怪也，人身黑首者也。"皆是其證。《玄應音義》可從。

（3）視瞚："《列子》作瞚，《通俗文》作眴，同。尸閏反。《説文》：瞚，目開閉數摇也。服虔云：目動曰眴也。"（1.2.537）

《説文·目部》："瞚，開闔目數摇也。从目，寅聲。"

按："瞚"，校之《玄應音義》所引古本《説文》，大徐本《説文》釋語"開闔目數摇"爲"目開閉數摇"之倒。

從字書傳承上看，並無其他書證支持古本《説文》釋語；從形式上看，僅是"目開閉"與"開闔目"詞序之倒，意義微殊。但仔細玩味，《玄應音義》所引之古本《説文》似乎更加允洽："開闔目數摇"僅包含主動眨眼之意，有主動控制意味，"目開閉數摇"則既包含眼睛作自身休息、調整的無意識眨眼行爲，也包含我們主動眨眼的有意識行爲，更符合我們人類自身生理現象實際情況。古本《説文》可從。

（4）頽毀："古文頽、墤二形，今作隤，同。徒雷反。《説文》：隤，墜下也。《廣雅》：隤，壞也。字從禿貴聲。"（2.6.701）

《説文·𨸏部》："隤，下隊也。从𨸏，貴聲。"

按："隤"，校之《玄應音義》所引古本《説文》，大徐本《説文》釋語"下

---

① ［清］阮元校刻《十三經注疏》，中華書局，1980年版，第828頁上。

隊"爲"墜下"之倒。

古本《説文》釋語"墜下"與大徐本《説文》釋語"下隊"雖是詞序之倒，但語義完全相同："墜下"強調結果，"下隊"強調過程。《重修玉篇·阜部》釋語"隤，徒回切。壞隊下也。或作頹墳"，亦支持古本《説文》釋語，可從。

（5）煜燨："由掬、弋灼反。《説文》：煜，光耀也。燨，火光也。《廣雅》：煜，熾也。《埤蒼》：煜，盛皃。論文作昱，日明也。爍，式灼反。字與鑠同，銷鑠也，並非此義。"（3.9.835）

《説文·日部》："昱，明日也。从日，立聲。"

按："昱"，校之《玄應音義》所引古本《説文》，大徐本《説文》釋語"明日也"爲"日明也"之倒。

從與《説文》一脈相承的字書看，《玉篇·日部》："昱，由鞠切。日明也。"可見《玄應音義》釋語"昱，日明也"所引不誤。從語法上看，"昱"爲形容詞，若釋語爲"明日"，義爲"明天，今天的下一天"，如《左傳·文公十二年》"兩君之士皆未憖也，明日請相見也"，唐李復言《續幽怪録·麒麟客》"明日望之，蓮花峰上果有綵雲去"，則"昱"變爲名詞。誤。

（6）廁填："古文寘，同。徒堅反。《三蒼》：廁，雜也。《廣雅》：填，塞也，滿也。"（1.2.515）

寘寘："古文寘，今作填，同。徒見、徒堅二反。《廣雅》：填，塞也，滿也。"（2.5.678）

填瑱："又作寘，同。徒堅、徒見二反。《廣雅》：填，塞也。亦滿也。論文從玉作瑱，他見反。瑱，塞耳也。"（4.10.871）

《廣雅·釋詁》："弸、愊、憑、㤜、充、牣、匪、偪、窒、盈、屯、飽、饘、餞、臆、溢、穌、豐、滿也。填。"最後注釋："《衆經音義》卷二、卷五、卷十、卷二十二竝引《廣雅》'填，滿也'，今本脱'填'字。"①

按：《玄應音義》卷二、卷五、卷十引用古本《廣雅》"填"字釋語，王念孫利用《玄應音義》反校當時的不足版本《廣雅》。他按照自己擬定的體例，將"填"字放到詞條最後面，並於注釋結尾處注明該字的來歷："《衆經音義》卷二、卷五、卷十、卷二十二竝引《廣雅》'填，滿也'。"②我們没有舉出卷二十

---

① ［清］王念孫著，鍾宇訊點校《廣雅疏證》，中華書局，1983年版，第12—13頁。
② 《廣雅疏證》規定了該書補字的條例："凡諸書引《廣雅》而今本脱去者，若與上下文并引，即可依次補入，如下文'楷模、品式、瀘也'，脱去'模式'二字，據《衆經音義》所引補入是也；若不與上下文并引，則次第無徵，但附載於本節之末，如此條'浩洋'二字是也。凡補入之字，皆旁列以别之。後倣此。"（［清］王念孫著，鍾宇訊點校《廣雅疏證》，中華書局，1983年版，第7頁上）

二的例句,因爲七寺本《玄應音義》脱漏該卷。

(7) 倚發:"府越反。謂機發也。機,主發之機也。《説文》:射發也。律文作撥,補沫反。《廣雅》:撥,除也。亦棄也。撥非此義。"(5.14.958)

但撥:"補達反。《廣雅》:撥,除也。棄也。"(5.17.1032)

《廣雅·釋詁》:"拌、墩、捐、振、要、投、委、揖、棄也。撥。"最後注釋:"《衆經音義》卷十四、十五、十七竝引《廣雅》'撥,棄也'。今本脱'撥'字。"①

按:《玄應音義》卷十四、卷十七引用古本《廣雅》"撥"字釋語,王念孫利用《玄應音義》釋語反校《廣雅》"拌"組詞。

(8) 扣開:"祛後反。《廣雅》:扣,舉也。扣,擊也。"(3.9.825)

《廣雅·釋詁》:"摳、掀、抗、揚、擎、挈、翺、鬻、翹、卬、發、扛、偶、搴、暴、糾、扚、勝、檐、輿、揭、尚、興、舉、异,舉也。扣。"最後注釋:"《衆經音義》卷九引《廣雅》'扣,舉也'。今本脱'扣'字。"②

按:《玄應音義》卷九引用古本《廣雅》"扣"字釋語,王念孫利用《玄應音義》釋語反校《廣雅》"摳"組詞。

由上可知,《玄應音義》存留了大量古代訓詁材料,或較早,或補充,對於今天研究漢語史、辭書學史和文獻學史都具有無可替代的價值,而且對於今天的辭書編纂亦可提供不可或缺的語料。但《漢語大字典》編纂及修訂再版時都未能很好地利用該書。

三、文字規範化的思想

玄應爲佛經作音義,並非爲當時文字規範化服務,但他的釋語却體現出漢字規範化的思想。《玄應音義》裏有幾類術語:"假借""借音""借字""近字""非體"字,其中"假借""借音""借字""近字"等我們在第二章假借字部分已經集中討論過,本節重點討論"非體"字,這類文字集中體現了玄應的文字規範化思想。

"非體"字是玄應用"非體也"對佛典經、律、論裏所使用的文字下按斷的那批字。

玄應在這些文字前面標以"某非經義也""某非也""某誤也""某訛也""某非體也""某非經旨也""某傳寫誤也""某非字體也""某非正體也""某譌字耳"等術語。從内容上看,這些"非體"字有異體字、同形字、假借字、區別字、借音記録外來詞等五種情況。其中前三種爲主,異體字

---

① [清]王念孫著,鍾宇訊點校《廣雅疏證》,中華書局,1983年版,第14頁下。
② [清]王念孫著,鍾宇訊點校《廣雅疏證》,中華書局,1983年版,第36—37頁。

最複雜。

（一）異體字

異體字問題是《玄應音義》中最突出的問題。該書所涉異體字有換形、換聲、形聲皆換、加形、構件訛混、類化、改换等多種，其中更换形符的異體字最多。

（1）僂——軁、瘻

曲僂："力矩反。《通俗文》：'曲脊謂之傴僂。'《春秋》宋鼎銘曰：'一命而僂，再命而傴，三命而俯。'杜預曰：俯恭於傴，傴恭於僂，身俞曲，恭益加也。論文作軁，或作瘻，並非也。"（5.17.1026）

按：《玉篇·身部》："軁，屈己也。"《龍龕手鏡·身部》以"軁"爲"僂"的俗字。《廣韻·虞韻》："瘻，瘻疴，曲瘠。""僂""軁""瘻"是换形異體關係。

（2）焰——燄

焰明："《字詁》'古文燄'，今作燗。《三蒼》作焰，同。餘贍反。《說文》：'火行微燄然也。'經文作熑，許凡反。《埤蒼》：'熑，昧辛也。'《字苑》：'熑，莢也。'熑非此義。莢音力割反也。"（3.7.734）

按："焰"，《廣韻》"以贍切"；"燄"，《集韻》"虛嚴切"，二字音近。在"火焰"義上，"燄"爲"焰"更換聲符的異體字。《玉篇》最早收釋"燄"字。

（3）鼓——皷

雷鼓："力迴反。《周禮》：雷鼓，鼓神也。鄭玄曰：雷鼓八面者也。"（1.1.496）

按："鼓"，《說文·支部》："鼓，擊鼓也。从支，从壴，壴亦聲。"爲右形左聲的形聲字，因鼓外蒙以牛皮，故改形符爲"皮"。以"皮"爲形符的换形字，漢魏六朝碑刻已出現，如東漢《韓勑造孔廟禮器碑》作鼓，《張景碑》作皷，西晉《石定墓誌》作皷。

（4）眉——𦘕

眉毛："美飢反。《說文》：目上毛也。經文作𦘕、莟，二形非也。"（2.5.670）

按："眉"，《成具光明定意經》經文作𦘕。甲骨文作出合 3420、𡇌合 11689、𠙻合 19068、𠨢英 1693。《說文·眉部》："眉，目上毛也。从目，象眉之形，上象頟理也。""眉"爲象形字，"𦘕"爲"眉"之加形異體字。《龍龕手鏡·毛部》："𦘕，俗。音眉。"

（5）斤——釿

以斤："居銀反。《說文》：斤斫木也。《國語》：斤，钁也。《釋名》：斤，謹也。板廣不可得削,又有節,則用此。斤之所以詳謹,令平滅斧跡也。律文作釿,魚斤反。《蒼頡篇》:釿,劚也。又音牛紉反。《説文》:釿,劑也。劑音子隨反。翦刀也。釿非此義。"(5.14.965)

按:"斤",甲骨文作〔合3311、〔合21954、〔坊間4·204。《説文·斤部》:"斤,斫木也。象形。"徐鍇繫傳:"斫木斧也。"①段玉裁注:"横者象斧頭,直者象柄,其下象所斫木。"②"斤"爲象形字,義爲"斧子"。《集韻·欣韻》:"斤,《説文》:'斫木也。'或从金。"陸德明《經典釋文》:"釿,本亦作斤。""釿"爲"斤"之加形字,二字爲歷時異體字關係。

(二) 同形字

(1) 刖——刓

刖其:"魚厥、五骨二反。刖,割也。經作刓,五桓反。齊也,剗也。刓,非字義。"(2.5.653)

按:"刖""刓"二字形符相同,均從刂;"月"中古音爲疑紐月韻,"元"爲疑紐元韻,聲同韻近,可以作聲符互換。"刓""刖"二字爲換聲異體關係。

又,《説文·刀部》:"刓,剗也。从刀,元聲。一曰齊也。"即"刓"字同時記錄"割也"義與"剗也"義的兩個詞,"刓"爲同形字。

(三) 假借字

這種情況已見第二章第三節"假借字研究"節,此不贅述。

(四) 區別字

闢——辟

兩闢:"脾亦反。《説文》:闢,開也。經文有作僻,疋亦反。避也。又作辟,卑亦反。辟,法也,理也。辟非此義。"(1.1.492)

按:"辟",義爲"開",後來作"闢"。《國語·晉語五》:"晨往,則寢門辟矣。"韋昭注:"辟,開也。"③《左傳·宣公二年》作"闢"。"辟""闢"二字爲本原字與區別字的關係。

(五) 借音記錄外來詞

(1) 塔

佛塔:"他盍反。或云塔婆,或作偷婆,此云方墳,亦言廟,一義也。經文從革作鞳,公帀反。橐也,亦防汗也。鞳非此義。"(2.5.679)

按:"窣堵波""塔婆",梵語 stūpa、巴利語 thūpa 的全譯,節譯爲"塔"。

---

① [南唐] 徐鍇《説文繫傳》,《文淵閣四庫全書》第 223 册,臺灣商務印書館,1986 年版,第 723 頁上。
② [漢] 許慎撰,[清] 段玉裁注《説文解字注》,上海古籍出版社,1981 年版,第 716 頁下。
③ [清] 王玉樹《説文拈字》,嘉慶八年(1803)仲秋芳梫堂刊本。

意譯爲"高顯處""功德聚""方墳""聚相""靈廟"。義爲頂、堆土。《魏書·釋老志》:"弟子收奉,置之寶瓶,竭香花,致敬慕,建宫宇,謂爲'塔'。塔亦胡言,猶宗廟也。"

《説文新附·土部》:"塔,西域浮屠也。从土,荅聲。"王玉樹拈字:"塔字諸書所無,惟見於葛洪《字苑》,是晉以前尚無此字也。"鄭珍《説文新附考》:"塔字初止借鞈,齊梁間乃有塔字,葛洪始收之。"①《玉篇·土部》:"塔,他盍切。字書塔物聲。《説文》云:'西域浮屠也。'"可知,字書收釋該字始於晉代葛洪《字苑》,《玉篇》《説文新附》承之。

玄應雖然没有給當時的異體字、俗訛字以合適的評價,但保留了這些字形;指出文字假借、訛變,爲佛經的校讀提供了工具,爲研究漢字的性質,研究漢字史提供了重要的材料。玄應的思想核心仍是以《説文》爲正統的漢字學觀念,並且也反映了對漢魏六朝以來碑刻異體字不同程度的認同,反映了當時的知識分子爲唐代字樣學的發展作了理論和材料準備工作。

---

① [清]鄭珍《説文新附考》,中華書局,1985年版,第270頁。

第五章 《玄應音義》疑難字詞考釋

在辨析佛經字形時，《玄應音義》堅持"知之爲知之，不知爲不知"的科學態度，分別據已有字書以及訓詁材料加以考辨，未見、未識字形、詞語則徑直標以"未見所出""未詳所出"等語，此類用字爲異體字，或假借字，或疑難詞語等。

本章考釋《玄應音義》存疑的疑難字詞，結合被釋原經文上下文，運用漢字形義學原理，採用《慧琳音義》《希麟音義》《可洪音義》《玉篇》《篆隸萬象名義》《龍龕手鏡》《集韻》等訓詁之作，並結合部分出土文獻資料，通過分條考證，試圖解決這部分歷史遺留問題，爲《玄應音義》的整理與研究提供資料。

第一節 "未見所出"字考釋

《玄應音義》標注"未見所出"之字包括兩類，一類標以"未見所出"，另一類標以"書無此字"，其中第一類亦標以"並未見字出處""未見"等字樣。

（1）𧿒䟽、岠峨

【𠵈我】普我反。謂傾側搖動不安也。經文作𧿒䟽，或作岠峨，並未見字出處。（卷三，《放光般若經》第一卷）

按：《玄應音義》卷八釋《月光童子經》"𠵈我"亦云："普我反。謂搖動不安也。經文從足作𧿒䟽，或從山作岠峨，並非也。"同書卷十二釋《賢愚經》卷四此詞云："普我反。謂搖動不安也。經文作𧿒䟽，或作岠峨，皆非也。"《慧琳音義》爲《放光般若經》《月光童子經》作音義時照錄玄應釋文並存疑。《新集藏經音義隨函錄》亦未解決問題。"𧿒䟽""岠峨"的研究成果尚有：

唐湛然述《法華文句記》卷二："'簸峨'者，傾側貌也。有作'𧿒䟽'，有作'距跛',並不見所出,準《文選·江海賦》云'陽侯硙硪以岸起',硪字(五合切)今作簸者,扇動意耳。"

宋有嚴箋《法華經文句記箋難》卷一:"有作'距峨',有作'岠峨',唯峨字五何切,餘三字《玉篇》不出。祇作簸峨音耳。《江海賦》者乃郭景純《江賦》'陽侯'者。注云:波神也。硪,音我。江波湧起如岸。"

宋從義撰《法華三大部補註》卷二:"'岠峨'並不見所出,經音云'岠峨'是傾側不穩之狀。"

上述僅是對"距跛""岠峨"作釋義,但構詞理據未能梳理清晰。我們從二詞出現的上下文梳理其意義及用法,考探其構詞理據。"距跛"用例有:

西晉無羅叉譯《放光般若經》卷一:"是時世尊於師子座三昧,其三昧者名師子遊戲。身放神足,感動三千大千國土六反震動。三昧威神,令此三千大千國土地皆柔軟距跛踊没。諸有地獄、餓鬼、蠕動之類,及八難處,皆悉解脱。得生天上,人中齊第六天。"

西晉竺法護譯《月光童子經》:"寶樹、藥樹、諸衆果樹,睥睨距跛低仰如人跪禮之形。閲叉、金翅、厭鬼、魅鬼,各將營從莊嚴分部,千百爲衆手執伎樂,或持香華、七寶瓔珞、天繒幡蓋。"

北魏慧覺等譯《賢愚經》卷三:"作是誓已,六種震動,諸山大海,距跛踊没,虚空之中,自然樂聲,無量諸天,作天妓樂,歌歎菩薩。"

西晉安法欽譯《阿育王傳》卷二:"佛足蹋地,大地山河,踊躍距跛,六種震動。"

"岠峨"用例有:

失譯人名今附東晉録《菩薩本行經》卷一:"作是願已,應時三千大千世界爲大震動,諸天宫殿岠峨踊没。"

清錢謙益撰《楞嚴經疏解蒙鈔》卷六:"諸山藥草叢林,悉皆徧動,如人極醉,前却顛倒,須彌岠峨,涌没不定。"

唐道世著《法苑珠林》卷五十六:"樹提伽宅南門中有一力士,手捉金杖一擬四十萬衆,人馬俱倒手腳繚戾,腰髖婀娜狀似醉容,頭腦岠峨不復得起。"

東漢支婁迦讖譯《佛説伅真陀羅所問寶如來三昧經》卷一:"比丘、比丘尼、優婆塞、優婆夷,諸一一尊比丘及新發意菩薩,其在會者諸天、龍、鬼、神,一切自於坐皆踊躍,岠峨其身而欲起舞。"

從詞語搭配上看,"距跛"與"土地""寶樹、藥樹、諸衆果樹""諸山大海""大地山河"組合使用,"岠峨"與"諸天宫殿""諸山藥草叢林""頭腦""比丘、比丘尼、優婆塞、優婆夷,諸一一尊比丘及新發意菩薩,其在會者諸天、龍、鬼、神"等組合使用，細品各句句意，確有"傾側貌"義。漢字是表意文字，歷代雖有假借字使用，但這並不能改變漢字表意文字的性質。

《說文·土部》："坡，阪也。从土，皮聲。"《集韻·戈韻》："坡岥岮，《說文》：'阪也。'或作岥岮。""坡"，意爲地勢傾斜之處，有異體字"岥""岮"。《說文·山部》："峨，嵯峨也。从山，我聲。""峨"，山勢高峻之意。"岮峨"即地勢有直立高峻者，有地勢傾斜者，引申之，指人或物體或立或斜。至於"岮峨"變爲"距踓"，當是文字類化的結果。在大藏經中，"岮峨"與"踊没""踊躍"等連用，被類化更改形符作"距踓"。

(2) 挓

【磔口】陟格反。《廣雅》：磔，張也。亦開也。經文作挓。未見所出。(卷四，《觀佛三昧海經》卷五)

按：《玄應音義》卷五釋《觀藥王藥上二菩薩經》"磔翅"云："竹格反。經文作挓，非也。"同書卷九釋《大智度論》卷十八"磔牛"云："古文厇，同。知格反。《廣雅》：磔，張也。磔，開也。論文作挓，未見所出。"

《龍龕手鏡·手部》："挓探，俗。知格反。裂也，張也。正作磔。"《廣雅·釋詁一》："磔，張也。"又《釋詁三》："磔，開也。"《玉篇·厂部》："厇，亦作磔。開厇也。"蓋因張開義往往與手有關，"磔"換形、聲符"桀"字內類化作"探"。

"厇"中古音爲知紐麥韻[ɛk]，"宅"爲澄紐陌韻[ɐk]，二字聲紐爲送氣、不送氣音之對轉，韻部相近，讀音相近。故《正字通·厂部》云："厇，與宅通。《舉要》《孝經》宅作厇。""宅"加形符"扌"彰顯意義作"挓"。

【磔手】古文厇，同。竹格反。《廣雅》：磔，張也。磔，開也。《通俗文》：張申曰磔。論文作蹟，未見所出。(卷十七，《阿毗達磨俱舍論》卷十六)

按：《玄應音義》卷十四釋《四分律》卷三"磔手"云："古文厇，同。知格反。《廣雅》：磔，張也。磔，開也。《通俗文》：張申曰磔。又亦披，磔也。律文作撆，渠列反。《字林》：強暴也。又作蹟，未詳何出。"

《龍龕手鏡·足部》："蹟，誤。踔、蹟，二俗。陟格反。正作砳。開張也。"《直音篇·足部》："蹟，磔同。"

(3) 膗

【三顀】直追反。《說文》：額出也。今江南言顀頭胅額，乃以顀爲後枕高胅之名也。經文作膗，未見所出。(卷五，《太子須大拏經》)

按：《玄應音義》卷十五釋《僧衹律》卷二十三"項顀"亦云："直追反。《說文》：額出也。今用其義，律文作膗，未見所出。"同書卷十一釋《正法念經》卷六十五"䪼起"云:"直佳反。《説文》:出額也。經文作膇,非也。"

《説文·頁部》:"䪼,出額也。"段玉裁注:"謂額胅出向前也。"①玄應引江南方言認爲"䪼爲後枕高胅之名",即"䪼"亦有枕骨義。"追"中古音爲知紐脂部,"佳"爲章紐脂部,二字疊韻,可以作爲聲符换用。"䪼""膇"爲異體字關係。

《玉篇·肉部》:"膇,重膇病。"《集韻·寘韻》:"膇瘇,足腫也。《春秋傳》'重膇之疾。'或作瘇。""膇",義爲腳腫,與"䪼"之異體字"膇"形成同形字。

(4) 瘑

【背傴】《字林》一父反。《通俗文》:曲脊謂之傴僂。《春秋》宋鼎銘云:一命而僂,再命而傴,三命而俯。杜預曰:俯恭於傴,傴恭於僂,身逾曲,恭益加也。經文作膒。《字林》:一侯反。幽暗也。非今所取,又作瘑,未見所出,疑傳寫誤也。(卷六,《妙法蓮華經》卷二)

按:《慧琳音義》卷二十七釋《妙法蓮華經》卷八"背傴"云:"《字林》:一父反。《通俗文》:曲脊謂之傴僂。《切韻》:傴,背曲不伸也。《春秋》鼎銘云:一命而僂,再命而傴,三命而俯。杜預云:俯恭於傴,傴恭於僂,身逾曲,恭益加敬也。有作膒,《字林》:一侯反,幽暗也。有作瘑,未詳所出。"

《龍龕手鏡·疒部》:"瘑,俗。於矩反。正作傴。"《集韻·噓韻》:"傴疴瘑,委羽切。《説文》:'僂也。'或作疴瘑。"《説文·人部》:"傴,僂也。从人,區聲。""瘑"爲"傴"之换形異體字。《吕氏春秋·盡數》:"苦水所多尪與傴人。"高誘注:"傴,脊疾也。"②《説文》釋語"僂也"爲客觀描述,高誘注語"脊疾也"則是主觀評價。因"傴"爲"脊疾也",故换形符"亻"作"疒"以彰顯詞義。

(5) 讀

【句逗】徒闘反。《字書》:逗,留也。《説文》:逗,止也。《方言》:逗,住也。經文有作誩,竹候反,順言也。誩非經旨。又作讀,未見所出。(卷六,《妙法蓮華經》第四卷)

按:《説文·辵部》:"逗,止也。从辵,豆聲。"引申爲句中的停頓。亦作"投"。《集韻·候韻》:"逗,或作投。"《文選·馬融〈長笛賦〉》"察度於句投"唐李善注:"投與逗古字通。投,句之所止也。"③又作"讀"。清張雲璈

---

① [漢]許慎撰,[清]段玉裁注《説文解字注》,上海古籍出版社,1981 年版,第 417 頁上。
② [漢]高誘注《吕氏春秋》,上海書店出版社,1986 年版,第 26 頁。
③ [梁]蕭統編,[唐]李善等注《六臣注文選》,中華書局,1987 年版,第 329 頁下。

《選學膠言·句投》:"投與逗古字通。梁山舟學士云:'句讀,《法華經》作句逗,又可作句度。'"①《增修互註禮部韻略·候韻》:"讀,句讀。凡經書成文語絕處謂之句,語未絕而點分之以便誦詠謂之讀。今秘省校書式,凡句絕則點於字之旁,讀分則點於字中間,是也。"晉何休《春秋公羊經傳解詁序》:"援引他經,失其句讀,以無爲有,甚可閔笑者,不可勝記也。"②因"逗"爲書面語言之停頓,故更換形符"辵"爲"言"作"䛒"。

玄應說作"䛒非經旨",是因爲"逗"之異體字"䛒"與"䛒䛡"之"䛒"成爲同形字,與已有字位的"䛒"重複。《玉篇·言部》:"䛒,䛒䛡,詀説也。"《廣韻·候韻》:"䛒䛡,不能言也。"

(6) 魶

【飢餧】奴罪反。《三蒼》:餧,餓也。經文作魶,未見所出。(卷七,《正法華經》卷三)

按:《慧琳音義》卷二十八釋《正法華經》卷三"飢餧"云:"奴罪反。《蒼頡篇》:餧,餓也。經文作魶,未見所出也。"《新集藏經音義隨函錄》第五册釋《正法華經》卷三"飢魶"云:"奴悔反。餓也。正作餧。"同書第二十五册釋《賢聖集音義》第七之五"作魶"云:"依字音納。經文作餧。"

《說文·食部》:"餧,飢也。从食,委聲。一曰魚敗曰餧。"《廣雅·釋詁四》:"餧,飢也。"《集韻·賄韻》:"餧餒,弩罪切。《說文》:'飢也。'或作餒。"《龍龕手鏡·食部》:"餒,奴每反。餓也。""餧""餒"二字爲異體字關係。

《龍龕手鏡·食部》:"魶,奴塔反。食皃也。又餾魶也,郶迖。又俗音奴罪反。""魶",讀奴塔反,義爲"食貌也";俗音"奴罪反"時,當是"餧"之異體字,釋行均未溝通"魶""餧"二字關係。但不得不承認,"委"中古音爲影紐紙部[ue],"內"爲泥紐隊部[uɒi],二字聲韻皆不同,讀音距離較遠。

(7) 皰、疱

【皰沸】《淮南子》作皰,同。彭孝反。《說文》:面生熱氣也。《通俗文》:體胅沸曰癗。泹音扶分、才與反。江南呼沸子,山東名癗。泹,律文作疱、皰二形,未見所出。(卷十四,《四分律》卷十五)

按:《玄應音義》卷八釋《大智度論》卷五"五皰"亦曰:"薄孝反。論文作皰、疱二形,未見所出也。"同書卷十一釋《增一阿含經》卷三十三"皰節"云:"又作皰,同。蒲孝反。經文作疱、皰、膔三形,非也。"《慧琳音義》卷七

---

① [清]張雲璈《選學膠言》,上海文瑞樓書局,1928年。
② [晉]何休撰,[唐]陸德明音義《春秋公羊經傳解詁》,鐵琴銅劍樓藏宋刊本。

釋《大般若經》卷五百四十一"腫疱":"上燭勇反。《考聲》云:腫,病也。《說文》云:腫,癰也。從肉,重聲也。下白皃反。《桂苑珠叢》云:人面上熱氣所生瘡名疱。《說文》云:面上風氣瘡也。從疒,包聲也。或從面作皰,或作頯,並同。一云面上細瘡也。"

《說文·皮部》:"皰,面生气也。从皮,包聲。"徐鍇繫傳:"面瘡也。"①《淮南子·說林》:"潰小皰而發痤疽。"高誘注:"皰,面氣也;痤疽,癰也。"②

《玉篇·面部》:"皰,面瘡也。"《龍龕手鏡·面部》:"皰,俗。皰,正。蒲教反。面上瘡皰也。"《玉篇·鼻部》:"齙,面瘡。"《集韻·效韻》:"皰皰齙疱,皮教切。《說文》:'面生气也。'或从面,亦作齙、疱。"

《龍龕手鏡·肉部》:"腷、臕,二俗。胞、雹二音。"

綜上,"皰"爲本字,義爲面瘡。因瘡生在面皮上,故換形作"皰","皰"異寫作"皰""皰";皰更換聲符作"臕","臕"簡省作"腷"。因瘡亦可生在鼻上,故換形作"齙"。因瘡亦可生在頭上,故"皰"換形作"頯"。因面瘡是一種病,故"皰"換形作"疱"。這些字爲異體字關係。

(8) 媵瞑

【婞娊】《字林》乙莖、茫莖反。心態也,亦細視也。論文作媵瞑,未見所出。(卷九,《大智度論》卷十七)

按:《玄應音義》卷十二釋《普曜經》卷六"婞娊"亦云:"乙莖、莫莖反。《字林》:心態也。亦細視也。經文作媵瞑,非體也。"同書卷十六釋《大愛道比丘尼經》卷下"婞瞑"云:"《字林》:乙莖、茫莖反。心態也,亦細視也。經文作媵瞑,未見所出。"

《慧琳音義》卷二十四釋《方廣大莊嚴經》卷九"婞娊"云:"上厄莖反,下麥耕反。《考聲》云:婞娊,下里婦人嬌態兒也。娊娊,亦小人兒也。《說文》:婞,小心態也。從女,熒省。娊,從女,冥聲。"同書卷二十八釋《普曜經》卷六"婞娊"云:"乙莖、莫莖反。《字林》:心態也。亦細視也。經作媵瞑,非體也。"同書卷四十六釋《大智度論》卷十七"婞娊"云:"《字林》:乙莖、茫莖反。心態也。亦細視也。論文作媵脂,未見所出。"同書卷七十七釋《釋迦譜》卷三"婞娊"云:"上厄莖反,下麥耕反。《考聲》云:婞娊,下里婦人兒也。娊娊亦小人兒也。《說文》:婞,小心態也。從女,榮省聲。娊從女冥聲也。"同書卷七十八釋《經律異相》卷四"婞娊"云:"上厄莖反,下麥彭

---

① [南唐]徐鍇《說文繫傳》,《文淵閣四庫全書》第223冊,臺灣商務印書館,1986年版,第463頁下。

② [漢]高誘注《淮南子》,上海書店出版社,1986年版,第294頁。

反。《考聲》云：下里婦人兒。新婦態(態)也。二字並從女從螢省聲。媛字經作媚，抄寫誤。"

以上數則引文存在幾處異文材料："心態也"當爲"小心態也"，脫一"小"字，當補正。

下面我們從詞義、字形兩方面對"嫈媛"作綜合考辨如下：

從詞義上看，"嫈媛"形旁爲女，其義當與女子有關。《考聲》："嫈媛，下里婦人兒。新婦態也。""下里婦人兒""新婦態"可歸納爲女子嬌羞的樣子。由女子嬌羞的樣子可以引申出小心謹慎的樣子。故《字林》云："嫈媛，小心態也。"《字林》："嫈媛，亦細視也。""細視"，專注仔細地看之意。失譯人名今附北涼錄《大愛道比丘尼經》卷下云："佛言：'女人八十四態者，迷惑於人使不得道。何等爲八十四態？女人憙摩眉目自莊，是爲一態。女人憙梳頭剃掠，是爲二態。女人憙敷脂粉迷惑丈夫，是爲三態。女人憙嫈媛細視，是爲四態。'"由是可知，"嫈媛細視"爲女子形態，"嫈媛"可引申出"細視也"義。故"嫈媛"可輻射引申出"小心謹慎的樣子""細視也"二義。

從記錄字形上看，"嫈媛"，又作"嫈瞑""䁝暗""䁝䁖""䁝脂""嫈媚"。在《大智度論》卷十七、《普曜經》卷六裏，"嫈媛"與"細視"連用，故類化換形作"嫈瞑""䁝暗"；"暗"字構件"盲"異寫作"言""旨"，故"䁝暗"可以異寫作"䁝䁖""䁝脂"；"盲"爲"寅"之構件簡省字。故"媚"爲"媛"之換聲異體字。

(9) 繩

【懸繩】論文多作鉉。胡犬反。舉鼎也。鉉非此用。繩未見所出。（卷八，《大智度論》卷十八）

按：《慧琳音義》卷四十六釋《大智度論》卷十八"懸繩"云："論文多作鉉，胡犬反，舉鼎也，鉉非此用。繩未見所出。"很明顯，慧琳照錄玄應釋語，未能解決問題。姚秦鳩摩羅什譯《大智度論》卷十五原文作：

復次，菩薩欲脫生、老、病、死，亦欲度脫衆生，常應精進一心不放逸。如人擎油鉢行大衆中，現前一心不放逸故，大得名利。又如偏閣嶮道，若懸繩，若乘山羊。此諸惡道，以一心不放逸故，身得安隱，今世大得名利。求道精進，亦復如是。若一心不放逸，所願皆得。

很明顯，在這段話裏，"懸繩"是懸掛起來的一條繩子之意。

《説文·糸部》："繩，索也。从糸，蠅省聲。""繩"是產生較早的一個詞，例證最早見於《書·説命》："惟木從繩則正，后從諫則聖。"字形最早見於戰國簡 繩 五十二病方二四三。

《説文·金部》："鉉，舉鼎也。《易》謂之鉉，《禮》謂之鼏。从金，玄聲。"段玉裁改"舉鼎"爲"所以舉鼎"。① "鉉"通"弦",弓弦。《字彙補·金部》:"鉉,讀作弦。"《戰國策·齊策五》:"矛戟折,鐶鉉絶。"

《大智度論》卷十八把"繩"書寫作"鉉",二字爲同義詞關係。因爲"鉉"通"弦",弓弦,弓弦即拴住弓兩端的繩子,"繩""鉉"同義。《大智度論》卷十八當讀作"繩"。

(10) 呧、䖴

【舓手】古文䑙、䑜二形,今作狧,又作舐,同。食爾反。以舌取食也。經文作呧、䖴二形,未見所出。(卷十一,《正法念經》卷十)

按:《慧琳音義》卷五十六釋《正法念經》卷十"舓手"云:"古文䑙、䑜、虵三形,今作舐,同。食爾反。以舌取食也。經文作呧、舐二形,未見所出也。"

《說文·舌部》:"䑙,以舌取食也。从舌,易聲。䑜,䑙或从也。"《玉篇·舌部》:"䑙,《說文》云:'以舌取物也。'舐、䑜,並同上。"《集韻·紙韻》:"狧,犬以舌取物。"《字彙·犬部》:"狧,與舐(舐)同。"《漢書·吳王濞傳》:"語有之曰:'狧穅及米。'"顔師古注:"狧,古䑜字。䑜,用舌食也,蓋以犬爲喻也。言初䑜穅遂至食米也。"②《集韻·紙韻》:"䑙,《說文》:'以舌取食也。'"

綜上,"䑙",換聲作"䑜","䑜"訛寫作"虵";換聲作"舐",換聲作"䖴";意符"口""舌"相通,"舐"換形作"呧"。

《玉篇·虫部》:"虵,正作蛇。""䑙"之異體字"虵",與"蛇"之異體字"虵",成爲同形字。

(11) 鈇

【因鈇】案:字義宜作麩,撫于反。麥皮也。經文作鈇,未見所出。疑世言麩金,遂從金作鈇。(卷十一,《中阿含經》卷五十五)

按:《慧琳音義》卷五十二釋《中阿含經》卷五十五"因鈇"承襲玄應釋語:"案字義宜作麩,撫于反,麥皮也。經文作鈇,未見所出。疑世言麩金,遂從金作鈇。"可見,慧琳作音義時,亦未能解決問題。關於"麩金"之"麩",《說文·麥部》:"小麥屑皮也。从麥,夫聲。""麩金",碎薄如麩子的金子。典出唐劉恂《嶺表錄異》卷上:"廣州浛洭縣有金池。彼中居人,忽有養鵝鴨,常於屎中見麩金片。遂多養,收屎淘之,日得一兩或半兩,因而致富矣。"則"鈇"爲"麩"之換形換聲異體字。然以"麩"義代入原經文,似乎不相諧和。

---

① [漢]許慎撰,[清]段玉裁注《說文解字注》,上海古籍出版社,1981年版,第704頁下。
② [漢]班固《漢書》,中華書局,1962年版,第1907—1908頁。

東晉瞿曇僧伽提婆譯《中阿含經》卷五十五云："猶人身有垢膩不淨,因麩、澡豆、暖湯、人力,極洗浴故,身便得淨。""麩",《高麗大藏經》作 麩,《大正新修大藏經》作"麩",金藏廣勝寺本《中阿含經》脫"麩"字。從"麩"字異文看不出綫索。通過《中阿含經》卷五十五上下文來看,上有"譬若如人,頭有垢膩,因膏澤、暖湯、人力、洗沐故,彼便得淨";下有"猶如人衣有垢膩不淨,因灰、皂莢、澡豆、湯水、人力浣故,彼便得淨";釋迦牟尼佛宣揚佛經時,以人之"頭有垢膩""身有垢膩不淨""衣有垢膩不淨"作比。要洗去頭上垢膩,需要藉助於"膏澤、暖湯、人力";洗去身上垢膩,需要藉助於"麩、澡豆、暖湯、人力";洗去衣上垢膩,需要藉助"灰、皂莢、澡豆、湯水、人力"等。可知此處"麩"當是"鈇"之借字,"鈇"則是"釜"之換形換聲異體字。這樣上下文語義正相諧和:"鈇"以燒熱水。"澡豆",古代洗沐用品,用豬胰磨成糊狀,合豆粉、香料等,經自然乾燥而製成的塊狀物,有去污和營養皮膚之用。"暖湯"即溫暖的水,用來洗澡。"人力"用來搓澡。"釜"用以燒熱水洗浴,佛經文中多有記載,如西晉竺法護譯《賢劫經》卷八:"德幢如來本宿命時,從柔稱佛所初發道心,貢上其佛水器大釜,以用洗浴,身垢消除令體汗清淨,造立光明普行施德,自致正覺度脫一切。"東漢安世高譯《長阿含十報法經》卷一:"弟子持器,若杅若釜,澡豆水漬。已漬和使澡豆著膩。"東晉僧伽提婆譯《中阿含經》卷二十:"猶工浴人,器盛澡豆,水和成摶。水漬潤澤,普遍充滿,無處不周。"

考之以歷代字書。"鈇",字書收釋最早見於《龍龕手鏡·金部》:"鈇,經音義云:宜作麩,在《中阿含經》。"《字彙·金部》:"鈇,芳無切。音夫。見《阿含經》。"《正字通·金部》:"鈇,舊註音扶,見《阿含經》。按《本經音義》云:宜作麩,譌作鈇。"《康熙字典·金部》《中文大辭典·金部》承用《字彙》釋文。《漢語大字典》則直接襲用《玄應音義》原釋文。可見,歷代字書均宗於《玄應音義》,未能確詁。

(12) 憍

【豁悟】古文䜿、䚈二形,同。呼活反。《廣雅》:豁,空也。經文從心作憍,未見所出。(卷十一,《增一阿含經》卷三十一)

按:《慧琳音義》卷五十二釋《增一阿含經》卷三十一"豁悟"云:"古文䜿、䚈二形,同。呼活反。《廣雅》:豁,空也。經文從心作憍,未見所出。"

《玉篇·谷部》:"豁,通谷也。"《六書故·地理三》:"豁,谷敞也。""豁悟",豁悟,覺醒;領悟。"豁"義爲開朗、寬敞,爲引申義。南朝梁沈約《八關齋》詩:"迷塗既已復,豁悟非無漸。"因古人認爲心是思考的工具,故換形換聲作"憍"。

《説文・大部》:"奞,空大也。从大,歲聲。"王筠句讀:"空音孔,謂孔竅大也。"①《説文・目部》:"䁾,視高皃。从目,戉聲。"段玉裁注:"豃目字當作此。"②桂馥義證:"視高皃者,《廣雅》:䁾䁾,視也。"③

"奞""䁾""豃"三字音同,中古音皆爲曉紐末韻,皆含有敞大義,當爲同源字。"奞""䁾"二字産生較早,《説文》均已收釋,故《玄應音義》稱之爲"古文";"豃"産生要晚一些,《玉篇》最早收釋,最早用例見於《史記・高祖本紀》:"仁而愛人,喜施,意豃如也。"裴駰集解引服虔曰:"豃,達也。"④玄應、慧琳把三字認爲異體字,不確。

(13) 嚥

【從咽】又作喠,同。於賢反。咽,喉也。經文作嚥,未見所出。(卷十二,《長阿含經》卷十九)

按:《慧琳音義》卷五十二釋《長阿含經》卷十九"從咽"云:"又作喠,同。於賢反。咽,喉也。經文作嚥,未見所出也。"《慧琳音義》亦未解決"嚥"字問題。

《玉篇・口部》:"嚥,吞也。亦作咽。""嚥"爲"咽"之换聲異體字。《龍龕手鏡・口部》:"嚥,今。咽,正。烏見反。吞也。又平聲下。又入聲四。"《集韻・霰韻》:"咽嚥,《博雅》:吞也。或从燕。"漢永興元年(153)《孔龢碑》作嚥。敦煌文獻《目連變文》:"喉咽則細如針鼻,飲嚥滴水而不容;腹藏則寬於太山,盛售三江而難滿。"

(14) 顖

【囟上】古文䐖、膟二形,同。先進、先恣二反。《説文》:頭會匘蓋也。頟空也。經文作顖,未見所出。(卷十二,《賢愚經》卷七)

按:《玄應音義》卷四釋《寶雲經》卷一"頂囟":"古文䐖、膟,二形同。先進、先恣二反。《説文》:腦蓋頟空也。"《慧琳音義》卷三十九釋《不空羂索經》卷十一"頂囟":"音信。《説文》云:囟,頭會腦蓋。象形也。古文作膟。今經本作顖,是俗字也。"慧琳認爲,"顖"是"囟"之俗字。《新集藏經音義隨函録》第五册釋《寶雲經》卷一"頂信":"息進反。䐖會也。䐖門曰也。正作顖、囟二形也。"可洪釋"頂信"時指出,"顖""囟"爲異體字。

---

① [清]王筠撰《説文解字句讀》,中華書局,1988年版,第393頁。
② [漢]許慎撰,[清]段玉裁注《説文解字注》,上海古籍出版社,1981年版,第131頁下。
③ [清]桂馥撰《説文解字義證》,《續修四庫全書》第209册,上海古籍出版社,2002年版,第275頁上。
④ [南朝宋]裴駰撰《史記集解》,《文淵閣四庫全書》第245册,臺灣商務印書館,1986年版,第98頁下。

《説文·囟部》:"囟,頭會𦠄蓋也。象形。……膟,或从肉、宰。𠙸,古文囟字。"《玉篇·囟部》:"囟,先進切。《説文》云:象人頭會腦蓋也。或作顖、膟。"《玉篇·肉部》謂"胴"與"膟"同。《玉篇·頁部》謂"顖"與"顋"同。

綜上可知,"囟"爲象形字,義爲腦門,"𠙸"亦爲象形字。加形符"頁"成爲形聲字"顋","顋"换聲符作"顖","顖"聲符異寫作"顖";"胴""膟"爲"囟"之重造形聲字。這些字形形成異體字關係。

(15) 鍊鎡

【蒺藜】自栗,力尸反。《爾雅》:薋,蒺藜。即布地蔓生,子有三角者也。經文作鍊鎡,未見所出。鎡音基。鎡鎡,鋤也。非今所用也。(卷十二,《普曜經》卷五)

按:《玄應音義》卷十釋《十住毗婆沙論》卷一"蒺藜"亦云:"自栗反,下力尸反。《爾雅》:薋,疾藜。即布地蔓生,子有三角者也。論文從金作鍊鎡二形,非也。"《慧琳音義》卷四十九釋《十住毗婆沙論》卷一此詞云:"自栗反,下力尸反。《爾雅》:蒺藜。即布地蔓生,子有三角者也。論文從金作鍊銅二形,非也。"

《玄應音義》《慧琳音義》所釋之"蒺藜",似爲一物,即植物"茨"。《詩·鄘風·墻有茨》:"墻有茨,不可埽也。"毛亨傳:"茨,蒺藜也。"①换言之,"蒺藜"爲"茨"之緩讀。《爾雅·釋草》:"茨,蒺藜。"郭璞注:"布地蔓生,細葉,子有三角,刺人,見《詩》。"②但把"蒺藜"還原到《普曜經》《十住毗婆沙論》二經語境,却要逐一考校。在二經中,今本均作"鍊銅"。西晉竺法護譯《普曜經》卷五:"魔衆所住處,雨墨及塵土;道場雨衆華,唯聽願迴還。魔衆所住處,溝坑布鍊銅;道場於香熏,智覩當還逝。"在該經裹,前文尚有"時魔波旬聞是頌教,卧寐夢中見三十二變",其中第五變爲"見迷惑失道入於邪徑荊棘瓦石",故此處之"鍊銅"當是"布地蔓生,細葉,子有三角,刺人"之"蒺藜"無疑。

《廣雅·釋器》:"鎡鎡,鉏也。"《集韻·之韻》:"鎡,鎡鎡,鉏也。通作其。"《孟子·公孫丑上》:"雖有鎡基,不如待時。"《禮記·月令》"(季冬之月)脩耒耜"鄭玄注:"耜者,耒之金也,廣五寸,田器,鎡鎡之屬。"③

故《新集藏經音義隨函錄》第五册釋《普曜經》卷五"鍊銅":"上泰悉反,下力脂反。經音義作鍊鎡,以蒺藜代之。"可洪所言極是:經音義認爲經文

---

① 〔清〕阮元校刻《十三經注疏》,中華書局,1980年版,第313頁上。
② 〔清〕阮元校刻《十三經注疏》,中華書局,1980年版,第2627頁下。
③ 〔清〕阮元校刻《十三經注疏》,中華書局,1980年版,第1384頁上。

字形作"鏾鍑",但立詞條時仍然用"蒺藜"爲正確詞形。

而後秦鳩摩羅什譯《十住毗婆沙論》卷一所述之"鏾鑗"出現的語境爲:"又軟心者,於活地獄、黑繩地獄、衆合地獄、叫喚地獄、大叫喚地獄、燒炙地獄、大燒炙地獄、無間大地獄,及眷屬炭火地獄、沸屎地獄、燒林地獄、劍樹地獄、刀道地獄、銅柱地獄、刺棘地獄、鹹河地獄,其中斧鉞、刀稍、鈝戟、弓箭、鐵剗、椎棒、鐵鏘、鏾鑗、鐵櫕刀、鐵臼、鐵杵、鐵輪,以如是等治罪器物,斬斫、割刺、打棒、剥裂、繫縛、枷鎖、燒煮、考掠,磨碎其身擣令爛熟。"在"其中斧鉞、刀稍、鈝戟、弓箭、鐵剗、椎棒、鐵鏘、鏾鑗、鐵櫕刀、鐵臼、鐵杵、鐵輪,以如是等治罪器物,斬斫、割刺、打棒、剥裂、繫縛、枷鎖、燒煮、考掠"中,"鏾鑗"與"斧鉞刀稍"等都屬於"治罪器物",其言甚明,是一種治罪的工具,實際上也是一種武器,即鐵蒺藜。《龍龕手鏡·金部》:"鏾,音疾。鐵鏾鑗也。"同部:"鑗,力尸反。鏾鑗也。"可見,《十住毗婆沙論》中之"鏾鑗"是一種武器,用金屬製作,亦可作爲治罪的工具使用,《玄應音義》卷十釋《十住毗婆沙論》之語爲誤,《慧琳音義》承襲之,亦誤,均當正。"鉝"爲"鑗"之換聲異體字。"鏾鍑",當是"鏾鑗"之異形詞。《普曜經》原經文之"鏾鍑"爲"蒺藜"之假借字。

(16) 屹

【圪然】今作仡,同。魚訖反。《説文》:高大皃也。經文作屹,未見所出。(卷十三,《過去現在因果經小乘重譯》卷二)

按:《慧琳音義》卷五十五釋《過去現在因果經小乘重譯》卷二"圪然"云:"今作仡,同。魚訖反。《説文》:高大皃也。經文作屹,未見所出也。"慧琳亦未釋疑,僅是照録玄應之音義。

《説文·土部》:"圪,牆高也。《詩》曰:'崇墉圪圪。'从土,气聲。"《玉篇·土部》:"圪,《説文》云:'牆高皃。《詩》曰:崇墉圪圪。'"故《正字通·土部》溝通"圪""仡"二字關係曰:"圪,仡本字。"今本《詩·大雅·皇矣》:"臨衝茀茀,崇墉仡仡。"作"仡"。①《廣雅·釋詁二》:"仡,勇也。"《廣韻·迄韻》:"仡,壯勇皃。"《書·秦誓》:"仡仡勇夫,射御不違。"陸德明釋文:"仡仡,徐云:强狀。"②《玉篇·山部》:"屹,山皃。""屹",本指山勢高聳的樣子,後泛指聳立貌。如宋蘇軾《次韻劉景文西湖席上》:"二老長身屹兩峰,常撞大吕應黄鐘。""圪""仡""屹"三字中古音均爲疑紐迄韻,均有"高、强"義,三詞同源。

---

① [清]阮元校刻《十三經注疏》,中華書局,1980年版,第522頁中。
② [唐]陸德明撰《經典釋文》,中華書局,1983年版,第51頁下。

故"圪""仡""屹"三字爲同源字,所對應之詞爲同源詞。

(17) 閛

【户扉】《字書》：一扉曰户,兩扉曰門。又在於堂室曰户,在於宅區域曰門。律文作閛,未見所出。(卷十四,《四分律》卷九)

按：《玄應音義》卷十一釋《增一阿含經》卷三十三"金扉"云："音非。《説文》：扇謂之扉。經文作閛,誤也。"《新集藏經音義隨函録》第十六册釋《四分律》卷八"户扉"云："音非。正作扉。"

《説文·户部》："扉,户扇也。从户,非聲。"《龍龕手鏡·門部》："閛,俗。音非。正作扉。户扉也。"《篇海類編》："閛,同扉。户扇也。"《字彙·門部》："閛,同扉。"因"扉"字爲門扇義,故改形符"户"爲"門"作"閛"。

又,《玉篇·門部》："閛,門火氣。"與"扉"之異體"閛"成爲同形字。

(18) 酙

【斟酌】古文斟,同。之任反。《説文》：斟,勺也。《國語》：王斟酌焉。賈逵曰：斟猶取也。酌,行也。《廣雅》：斟酌,益也。律文作酙,未見。(卷十四,《四分律》卷十四)

按：《慧琳音義》卷五十九釋《四分律》卷十四"斟酌"："古文斟,同。之任反。《説文》：斟,勺也。《國語》：王斟酌焉。賈逵曰：斟猶取。酌,行也。《廣雅》云：斟、酌,益也。律文作酙,未見所出也。"同書卷七十五釋《雜譬喻經》"斟羹"："汁任反。從斗甚聲。經文從酉作酙,非也。"

《龍龕手鏡·酉部》："酙,俗。音針。正作斟。"《字彙補·酉部》："酙,與斟同。"當是"斟""酌"連用,"斟"被"酌"類化換形作"酙"。西晉以來碑刻有用例,如西晉咸寧四年(278)《臨辟雍碑》："皇大子聖德光茂,敦悦墳素,酙酌道德之原,探賾仁義之藪,游心遠覽,研精好古,務崇國典,以協時雍。"北魏建義元年(528)《元順墓誌》："既任屬喉唇,亟居近侍,國容朝典,知無不爲,酙酌禮度,鷙補漏闕。"

又,《新集藏經音義隨函録》第十四册釋《自愛經》"尠酌"："上之林反。正作斟也。""尠",《龍龕手鏡·雜部》收釋："尠,息淺反。寡也。"《集韻·獮韻》亦收釋："尠,或作鮮。"碑刻、敦煌文獻均有用例,如晉永嘉二年(308)《石尠墓誌》："晉故尚書、征虜將軍、幽州刺史、城陽簡侯樂陵厭次都鄉清明里石尠,字處約,侍中、大尉、昌安元公第二子也。"S.388《正名要録》："鮮尠,右字形雖別,音義是同。古而典者居上,今而要者居下。"很明顯,"尠"爲"鮮"之異體字,會意字。將"尠(鮮)"字代入《佛説自愛經》經文："夫人、太子皆稽首于地,攘衣跣襪。行澡水已,手自尠酌。"從語境看,"尠"衹能是"斟"之異寫字,與"鮮"之異體"尠"成爲同形字。

（19）噿

【赤柴】古文柴，今作㭛，同。子累反。《廣雅》：柴，口也。《字書》：柴，鳥喙也。經文作噿，書無此字，唯諸集有此字，音徐兖反。又云或作吮。（卷八，《月光童子經》）

按：《玄應音義》卷九釋《大智度論》卷十八"柴距"云："今作㭛，同。子累反。《廣雅》：柴，口也。《字書》：鳥喙也。或作觜。論文作噿，撿諸經史无如此字，唯傅毅《七激》云'嘴植飲泉'作此字。音徐兊反。噿非字義。距，古文詎、岠二形同。居呂、渠呂二反。《說文》：鷄足距也。"

《說文·此部》："柴，識也。从此，束聲。一曰藏也。"《玉篇·此部》："柴，子累切。柴，口也，鳥喙也。《說文》云：'識也。一曰藏也。'"可知二書所述之"柴"實爲一字。《方言箋疏》："朿、刺、懆、萊、菞、涑、趑、柴聲並相近是，凡言朿者皆銳小之意也。"①"觜""柴"之鳥嘴義均由"銳小"義引申出來。《說文·此部》："觜，鴟舊頭上角觜也。一曰觜觿也。从角，此聲。"《說文解字注·角部》："觜猶柴，銳詞也。毛角銳，凡羽族之咮銳，故鳥咮曰觜。"②可知，"觜""柴"在鳥嘴義上互爲異體字。"柴"又寫作"噿"。《正字通·口部》："噿，俗柴字。"因"柴"爲鳥之口，故可從"口"，"柴"换形换聲作"噿"。《廣韻·獮韻》以"隽"爲"雋"的俗字。故"噿"異寫作"噿"。

（20）䭃

【并䭃】人名也。相承音飽，未詳所出。案：古文䬻、䭃二形，今作飽。飽猶滿也。此應䭃字誤作也。䭃音於焰反。（卷十二，《長阿含經》卷二）

按：《玄應音義》卷十三釋《佛般泥洹經》"并䭃"云："書無此字，應誤作也，疑䭃字耳。"亦未能解決問題。

《說文·食部》："飽，猒也。从食，包聲。䬻，古文飽从采。䭃，亦古文飽，从卯聲。""饗"爲"䭃"之構件異寫字。

《龍龕手鏡·食部》："䭃，正。厭，今。"《玉篇·食部》："厭，飽也。"《集韻·豔韻》："厭，飫也。通作猒、猒。"《說文·甘部》："猒，飽也。"《說文·厂部》："厭，笮也。从厂，猒聲。一曰合也。"後假借"厭"字表"猒"之意。故徐灝注箋："猒者，猒飫本字，引申爲猒足、猒惡之義。俗以厭爲厭惡，別製厭爲厭飫、厭足，又从厭加土爲覆壓字。"③因"俗以厭爲厭惡"，故造區別字"厭"表"厭飫"（飽）義；因"厭"字被假借他用，故造區別字"壓"表"笮也"

---

① ［清］錢繹撰，李發舜、黃建中點校《方言箋疏》，中華書局，1991 年版，第 69 頁。
② ［漢］許慎撰，［清］段玉裁注《說文解字注》，上海古籍出版社，1981 年版，第 186 頁下。
③ ［清］徐灝《說文解字注箋》，《續修四庫全書》第 226 册，上海古籍出版社，2002 年版，第 256 頁下。

(壓)義。

可見,包聲之"飽"異體作"餘""饔""饗",厭聲之"饜"之異體作"饕","飽""饜"二詞同義不同音,玄應説"饕""相承音飽",當是同義換讀,①即用"饕"來代替跟它原來代表的詞相同或者相近的另一個詞"飽"。

(21) 爇

【熱變】碑院反。變,化也,易也,更也。經文作爇,誤也。書無此字。(卷十三,《四諦經》)

按:《慧琳音義》卷五十三釋《四諦經》"執變"云:"碑院反。變,化也,易也,更也。《白虎通》曰:灾變者何? 變非常也。經文作爇,誤也。字書亦無此字也。"

《龍龕手鏡·火部》:"爇、爇,二俗。熱,通。爇,正。而列反。爇也。"《重訂直音篇·火部》:"熱,而列切。溫也,炎氣也。爇,同上。熱,俗。""熱"下的構件"灬"本是"火"之變形,故"爇"爲"熱"之異體字。

該字形,碑刻、敦煌文獻已見,如東魏天平三年(536)《元誕墓誌(字子發)》:"翠幌晨祛,金羊夕爇。清談兹吐,微言曩絶。"S.202《傷寒論·辨脈法》:"脈浮遲,其面爇而赤。"S.5584《開蒙要訓》:"冷暖爇溫。"S.2832《願文等範本·女人患》:"作念已畢,聖心垂矜,清涼暗投,爇惱將息。"

(22) 胚、䏰、佢

【佢腳】去誑反。謂腳曲也。書無此字,應俗作耳。(卷十五,《僧祇律》卷十九)

【胚肘】區放反。橫舉肘也。未詳字出,此應俗語。《禮》云"並坐不橫肱"是也。律文或作䏰、佢二形,並未詳。(卷十四,《四分律》卷二十)

按:《慧琳音義》卷五十八釋《僧祇律》卷十九"佢腳"云:"去誑反。謂腳曲也。書無此字,應俗作耳。"同書卷五十九釋《四分律》"胚肘"云:"區放反。橫舉肘也。未詳字出,此應俗語。孔云'並坐不橫肱'是也。律文或作䏰、佢二形,並未詳。"慧琳承襲玄應成説,亦未能決問題。考之佛經原文如下。

東晉佛陀跋陀羅、法顯譯《僧祇律》卷十九:"形相者,作如是言:'長老! 世尊制戒,身體成就聽受具足,汝曲脊、跛蹇、眼瞎、佢腳、搗頭、鋸齒、身不具足,而受具足,不名受具足。'""時有婆羅門極醜陋,僂脊佢腳,將一年少端正婦來見,諸比丘笑已,作是念:'此諸沙門見我醜陋,將端正婦,必當笑我。'"

---

① 裘錫圭《文字學概要》,商務印書館,1988年版,第219頁。

姚秦佛陀耶舍、竺佛念等譯《四分律》卷二十："叉腰者，以手叉腰尪肘。""不得手叉腰入白衣舍坐，式叉伽羅尼。手叉腰尪肘白衣舍妨比坐，亦如是。"

　　《僧祇律》卷十九中之"曲脊、跛蹇、眼瞎、尫腳、搗頭、鋸齒、身不具足"，皆身體之殘疾，故"尫""胚"當是有殘疾的人之意。《字彙·人部》："尫，與尪同。"《荀子·王霸》："是故百姓賤之如尫，惡之如鬼。"楊倞注："字書無'尫'字，蓋當爲'尪'。病人也。"①《字彙·尢部》謂"尪"與"尫"同。《呂氏春秋·盡數》："苦水所多尫與傴人。"高誘注："尫，突胷仰向疾也。"②唐陸德明《經典釋文·爾雅音義·釋木》引《字書》："尫，傴也。"③《玉篇·尢部》謂"尫"與"尢"同。《說文·尢部》："尢，尩，曲脛也。從大，象偏曲之形。……尣，古文從坒。"段玉裁注："尢者，古文象形字；尩者，小篆形聲字。"④

　　"尢"，義爲跛，象形字，後造形聲字"尩""尪"。《玉篇·尢部》："尢，俗作尣。""尩"異寫作"尪"。而"匡"通"尪"，"尫""胚""尫"均爲"匡"之加形異體字。"匡"通"尪"早有文獻用例，如《荀子·正論》："譬之是猶傴巫、跛匡大自以爲有知也。"楊倞注："匡，讀爲尪，廢疾之人。"⑤在此例中，義爲脛骨彎曲殘疾之人。在佛典文獻裏，通"尪"之"匡"加形作"尫""胚""尫"。在"尫腳"裏，"尫"義爲跛，用本義；在"胚肘""尫肘""尫肘"裏，"胚""尫""尫"義爲彎曲，用引申義。

　　《中華字海·身部》收釋"尫"字："尫，qiàng 音槍，去聲。橫舉肘。見玄應《一切經音義》卷十四。"誤，當據正。又，《字典考正》認爲，"胚肘"本當作"匡肘"，"匡"受"肘"的影響類化增旁作"胚"，⑥並引《龍龕手鏡研究》作結："尫""尫"皆爲"胚"的換旁字。⑦ 我們認爲，這個觀點同樣值得商榷，"胚肘"即"尫肘"，義爲彎曲肘部，最自然的彎曲肘部即"橫舉肘"，所引依據之一爲宋元照《四分律行事鈔資持記》的訓詁材料"匡肘，謂兩肘有如匡器焉"，不免穿鑿。

　　要之，在佛典文獻中，"尫""胚""尫"均爲"匡"之後起加形異體字，而"匡"通"尪"，義爲跛或者彎曲。

---

① ［清］王先謙撰，沈嘯寰、王星賢點校《荀子集解》，中華書局，1988年版，第226頁。
② ［漢］高誘注《呂氏春秋》，上海書店出版社，1986年版，第26頁。
③ ［唐］陸德明撰《經典釋文》，中華書局，1983年版，第429頁下。
④ ［漢］許慎撰，［清］段玉裁注《說文解字注》，上海古籍出版社，1981年版，第495頁上。
⑤ ［清］王先謙撰，沈嘯寰、王星賢點校《荀子集解》，中華書局，1988年版，第326頁。
⑥ 鄧福祿、韓小荊《字典考正》，湖北人民出版社，2007年版，第224頁。
⑦ 鄭賢章《龍龕手鏡研究》，湖南師範大學出版社，2004年版，第153頁。

(23) 鞾

【作鞠】一豹反。靴鞠也。律文作鞾，俗語也。書無此字。（卷十五，《五分律》卷二十一）

按：《慧琳音義》卷五十八釋《五分律》卷二十一"作鞠"云："一豹反。靴鞠也。律文作鞾，俗語也。書無此字。"《慧琳音義》照錄玄應原釋文，未能解決問題。

"鞠"，字書《玉篇》最早收釋，義爲靴、襪的筒兒（《玉篇·革部》："鞠，靴鞠也。"）。《集韻·效韻》："鞠，曲也，俗謂靴鞾曰鞠。"《龍龕手鏡·革部》："鞠，鞾韈鞠也。"玄應、慧琳爲《五分律》作音義時，字書確未收"鞾"字，《龍龕手鏡·革部》最早收釋："鞾，俗。於容反。"《集韻·鍾韻》："鞾，鞾鞠。"其字最早見於東晉高僧竺道生著《彌沙塞部和醯五分律》卷二十一："佛言不應深作鞾聽至踝上，有諸比丘作鞾如鞾，諸居士譏呵如上。""鞾"亦見於玄應、慧琳所釋、劉宋佛陀什共竺道生等譯《五分律》卷二十一原經文："諸比丘作鞾大深，諸居士譏呵言：'此比丘所著富羅，如我等鞾。'以是白佛，佛言：'不應深作鞾，聽至踝上。'""有諸比丘作鞾如鞾，諸居士譏呵如上。以是白佛，佛言：'應開前。'"

"富羅"，一種短筒靴，《玄應音義》卷十六釋《善見律》卷十六"腹羅"云："或作福羅，或云富羅，正言布羅。此云短鞠靴也。""諸比丘作鞾大深"之"鞾"，亦當爲靴、襪的筒兒之意。換言之，"鞠""鞾"二字同義。細審二字音切，"鞠"，中古音爲影紐效韻[au]；"鞾"，影紐鍾韻[ioŋ]，讀音不同。二字聲紐相同，但韻部却相去甚遠，這兩個詞均僅見於中古漢語，當是同義詞關係。

(24) 䖝

【䖝戾】書無此字，宜作䖝，胡本反。此恐誤作，音字宜作很，胡懇反。很，戾也，違也。《説文》：不聽從也。字從彳，從艮聲。（卷十六，《大愛道比丘尼經》卷下）

按：《慧琳音義》卷六十五釋《大愛道比丘尼經》卷下"䖝戾"云："書無此字。宜作䖝，胡本反，此恐誤作，字宜作很，胡墾反。很，戾也，違也。《説文》：不聽從也。字從彳，從艮聲。"《新集藏經音義隨函錄》第十七册釋《大愛道比丘尼經》卷下"䖝戾"云："上巨京反。强也，大也。正作勍、䖝二形。也下力計反。利也，立也。經音義以䖝、佷二字替之，並非也。䖝，胡本反。佷，胡墾反。此二呼並非也。此乃不詳經意耳。"慧琳承襲玄應之説，而可洪另作音義，二者釋義不同，不易抉擇，可按之原經文以求確詁。

失譯人名今附北涼錄《大愛道比丘尼經》卷下原經文："比丘尼入室，有十三事法。何等爲十三事法？一者常當自念惡露不淨，迷惑於人純纏罪根，不能自勉。二者常當自念過惡，不能自還。……十三者常當自念恃怙，惡露不淨，不能自解。是爲入室十三者。匿事真爲極大罪。若有勇猛䲔戾女人，自觀態欲無離此患，深思見諦能斷態欲。自拔爲道行如戒行，依按法律禮節安詳，言如威儀，可疾得作男子身，宿識故存。復加勸助，滅諸思想，可得須陀洹。亦可得斯陀含、阿那含、阿難漢、辟支佛道。若不取證，無數劫中當成作佛。"

上述經文裏"勇猛䲔戾女人"，"勇猛"的構詞語素"勇""猛"義近，"䲔戾"的構詞語素"䲔""戾"亦當義近。《篇海類編·鳥獸類·角部》謂"䲔"與"䚩"同。《龍龕手鏡·角部》以"䲔"爲"䚩"的俗字。《玉篇·角部》："䚩，牛角長豎皃。"即"䲔"義爲牛角長豎皃。《說文·犬部》："戾，曲也。從犬出戶下。戾者，身曲戾也。""戾"，本義爲"曲"，引申爲"逆、違背"，如《淮南子·覽冥》："舉事戾蒼天，發號逆四時。"高誘注："戾，反也。"①"䲔""戾"二字意義無涉。結合經文原語境，"䲔"，"音字宜作很"。《說文·彳部》："很，不聽從也。一曰行難也。一曰盭也。從彳，艮聲。"如《國語·吳語》："今王將很天而伐齊。"韋昭注："很，違也。"②可洪所述之"很"爲"很"之加點異寫字。故玄應認爲"䲔""音字宜作很"，從語境看是說得通的。

玄應認爲"䲔""書無此字，宜作鯤"。《爾雅·釋魚》："鯤，魚子。"郭璞注："凡魚之子，總名鯤。"③又義爲古代傳說中的大魚。《玉篇·魚部》："鯤，大魚。"《莊子·逍遙遊》："北冥有魚，其名爲鯤；鯤之大，不知其幾千里也！""鯤"音"古渾切"（《廣韻·渾韻》），"很"音"胡墾切"（《廣韻·很韻》），"鯤""很"音義無涉。"鯤"，爲"鯤"之構件異寫字。可見玄應認爲"䲔""宜作鯤"，實際上是說不通的。

可洪認爲"䲔""正作勍、鯨二形"，音爲"巨京反"，義爲"强也，大也"。《說文·力部》："勍，彊也。《春秋傳》曰：'勍敵之人。'從力，京聲。"《說文·魚部》："鱷，海大魚也。從魚，畺聲。《春秋傳》曰：'取其鱷鯢。'鯨，鱷或從京。""勍""鯨"，字音均爲渠京切（《廣韻·耕韻》），可音同通假。"䲔"，爲"鯨"之構件訛寫異體字。故可以認定，《大愛道比丘尼經》卷下原詞條"䲔戾"當爲"鯨戾"，"鯨"通"勍"，強大之意。"勇猛䲔戾（勍）女人"，即勇猛強大不順從的女人，語義甚洽。如果認爲是"很戾"，即不順從的女

---

① ［漢］高誘注《淮南子》，上海書店，1986年版，第96頁。
② ［三國吳］韋昭注《國語》，商務印書館，1935年版，第218頁。
③ ［清］阮元校刻《十三經注疏》，中華書局，1980年版，第2640頁中。

人,語義亦暢,但"很"胡墾切(《廣韻·耕韻》)與"鯨(鯨)"渠京切(《廣韻·耕韻》)音切迥異,"鯨(鯨)"與"勍"音同,可借音表意,而"很"則與"勍"讀音相去甚遠,無從假借。如強説"很"通"勍",則與假借"借字記音"的原理相背。一般説來,東漢以來的譯經高僧(包括胡僧)皆精通漢語,精通文字、音韻、訓詁之學,故譯經所用之字或用本字,或用假借字。加之魏晉南北朝異體字、假借字蜂出,故異體字、假借字使用較多,但又有音、形、義可循,因此研究這些佛經及其音義之作時,可以反用這些規律來解決問題。

總之,"鯨(鯨)戾"爲强大不順從之意。"鯨(鯨)",通"勍",義爲强大。《古今圖書集成·博物彙編·神異典》:"若有勇猛勍戾女人,自觀態欲無離此患,深思見諦能斷態欲。"即作"勍戾",是其證。《"儱悷""儱戾""狼戾""狠戾""很戾"考》①《"很戾""佷戾""狼戾"與"狼戾""儱悷"》②二文所釋數詞之語素"戾"亦爲"執拗、不順從"義,可參看。

第二節 "未詳所出"字詞考釋

本節所考釋之"未詳所出"字詞,《玄應音義》分别標以"未詳何證""未詳何出""未詳何語""未詳何義立名""未詳字語所出""未詳何語立名耳"等語。

(1) 讕

【䭰言】牛世反。《通俗文》:夢語謂之䭰。《説文》:眠言也。《聲類》:不覺妄言也。經文多作讕,案諸字書字與詍同。佞言也。今多以是鹽、以占二反。此或俗語假借耳,未詳何證。(卷二,《大般涅槃經》卷八)

按:《慧琳音義》卷二十五釋《大般涅槃經音義》卷八"䭰言刀刀"云:"霓世反。《通俗文》:夢語也。《説文》:眠言也。《聲類》:不覺妄言也。經文多作讕。案諸字與詍同,佞言也。"很明顯,慧琳釋"䭰言刀刀"時亦未能解決問題。按之以原經文:"佛言:譬如二人共爲親友,一是王子,一是貧賤。如是二人互相往返。是時貧人見是王子有一好刀净妙第一,心中貪著。王子後時執持是刀逃至他國。貧人於後寄宿他家,即於眠中䭰言:'刀刀。'傍人聞之,收至王所。""眠中䭰言"爲睡覺時説夢話。

---

① 徐時儀《"儱悷""儱戾""狼戾""狠戾""很戾"考》,《漢語史研究集刊》第十九輯,2015年。
② 徐時儀《"很戾""佷戾""狼戾"與"狼戾""儱悷"》,《辭書研究》,2016年第6期。

《説文·癩部》:"癋,瞑言也。从癩省,臬聲。"段玉裁注:"瞑言者,寐中有言也。癋……俗作囈。"①《説文》及段注説明:"癋"異體字作"囈",義爲"瞑言也"。

《説文·言部》:"謟,諛也。从言,閻聲。謟,謟或省。"《原本玉篇殘卷·言部》:"謟,丑冉反。《周易》:'君子上交不謟,下交不瀆。'野王案:《説文》:'謟,諛也。'《公羊傳》曰:'謟乎,隱公。'何休曰:'謟猶佞也。'《禮記》:'立容欺卑,無謟。'鄭玄曰:'謟謂傾身以有下也。'《莊子》:'晞意言謂之謟也。'"《篆隷萬象名義·言部》:"謟,丑冉反。佞。謟。"《龍龕手鏡·言部》:"謟、諂,二正。丑染反。"《廣韻·琰韻》:"諂,謟諛。丑琰切。謟,上同。"與《廣韻》並行的《玉篇·言部》:"謟,丑冉切。佞也。諂,同上。"通過對歷代字書"謟"釋義狀況的梳理表明,至《廣韻》《玉篇》時代,"謟"本讀丑冉切,義爲"諛也",異體字作"諂"。"癋"與"謟"字本無瓜葛。

但在寫本文獻中,唐初玄應參與玄奘譯經並爲佛經作音義時發現,《大般涅槃經》中"癋"寫作"謟",於是試圖釋義却未果。記録"謟"有"寐言"義的工具書始於《集韻》和《類篇》。《集韻·鹽韻》:"謟,寐言。"《集韻·琰韻》:"謟諂,丑琰切。《説文》:'諛也。'或省。"《類篇·言部》:"謟諂,丑琰切。《説文》:'諛也。'謟或省。謟,又余廉切。過恭也。《禮》:'立容辨卑,毋謟。'又之廉切。寐言。""癋""謟"的關係有兩種,一是假借字關係,一是異體字關係。一般説來,如果兩個字形符、聲符意義完全無涉,則應認爲是假借字關係,如果兩個字之間的形符相同或相通,聲符音同或音近,則處理爲異體字關係比較好一些。"癋"之異體字"囈",聲符"藝"中古音爲疑紐祭韻,"謟"之聲符"閻"爲以紐鹽韻,讀音不同,雖"囈""謟"之形符"口""言"義通,如果"謟"產生晚於"癋(囈)"字,把"謟""癋(囈)"二字處理爲異體字當無問題,而"謟"古已有之,把二者處理爲假借字更妥當一些。因此,在《大般涅槃經》卷八"癋言刀刀"中,"謟"通"癋",義爲"寐言也"。

(2)譅

【嘲調】正字作啁,同。竹包反,下徒吊反。《蒼頡篇》云:啁,調也。謂相調戲也。經文有作譅,相承音藝,未詳何出。或作讌,五戒反。《字林》:欺調也,亦大調曰讌也。(卷二,《大般涅槃經》卷三十一)

按:《廣雅·釋詁四》:"啁,調也。"王念孫疏證:"爲調戲之調。"②《集

---

① [漢]許慎撰,[清]段玉裁注《説文解字注》,上海古籍出版社,1981年版,第348頁上。
② [清]王念孫著,鍾宇訊點校《廣雅疏證》,中華書局,1983年版,第110頁下。

韻・嘯韻》:"啁,嘘也。"《說文解字注・口部》:"《倉頡篇》:'啁,調也。'謂相戲調也。今人啁作嘲。"①"啁""調"爲異體字關係。

《廣雅・釋詁四》:"諆,調也。"王念孫疏證:"《衆經音義》卷十二引《倉頡篇》云:'諆,欺也。'又引《通俗文》云:'大調曰諆。'"②

《字彙・言部》:"讛,寐語也。"《正字通・言部》:"讛,與囈同。"《玉篇・口部》:"囈,睡語。"《集韻・祭韻》:"囈,寐聲。"

從"啁""諆"皆以"調也"同訓來看,"啁""諆"二字同義。從讀音上看,"調",《廣韻・蕭韻》音徒聊切,定紐蕭韻;"諆",《廣韻・怪韻》音魚記切,疑紐志韻。二字中古讀音迥然不同。故"啁""諆"同義詞關係。

從本字記錄本詞的角度看,"讛"同"囈",義爲"寐語也";"諆"義爲調戲,二字異義。從讀音的角度看,"讛"中古音爲疑紐祭韻[iə],"諆"爲疑紐志韻[i],聲紐相同,可以通假。"讛"通"諆",義爲調戲。

(3) 惋手

【惋手】烏唤反。謂驚異也。未詳何義立名也。(卷二,《大般涅槃經》卷三十六)

按:該詞條"惋手"見於北涼曇無讖譯《大般涅槃經》卷三十六:"暫出還没者,我佛法中其誰是耶? 謂提婆達多、瞿伽離比丘、惋手比丘、善星比丘、低舍比丘、滿宿比丘、慈地比丘尼、曠野比丘尼、方比丘尼、慢比丘尼、净潔長者、求有優婆塞、舍勒釋種、象長者、名稱優婆夷、光明優婆夷、難陀優婆夷、軍優婆夷、鈴優婆夷,如是等人,名爲暫出還没。譬如大魚,見明故出,身重故没。"很明顯,僅見"惋手比丘",對命名理據的探知提供信息太少。

唐佚名撰《翻梵語》卷二《比丘名第十一》:"阿説示比丘,應云阿鎖實。譯曰馬勝。"後晉可洪《新集藏經音義隨函録》第四册釋《大般涅槃經》卷三十六"惋手":"上烏乱反。或云阿濕繁,或云阿説示,唐言馬勝。"宋周敦義述《翻譯名義集》之《菩薩别名篇第六》:"頞(烏葛)鞞。此云馬勝。亦云馬師。亦名阿輸波踰祇。此云馬星。"《翻梵語》等解説了"惋手比丘"音譯名爲阿説示、阿鎖實、阿濕繁、阿輸波踰祇,意譯名作馬勝、馬師、馬星等。其餘事蹟祇能按之佛經原文。

東晉釋道安譯《增壹阿含經》卷三《弟子品第四》:"我聲聞中第一比丘,威容端正,行步庠序,所謂馬師比丘是。"

後秦鳩摩羅什譯《大智度論》卷十一:"是時,佛度迦葉兄弟千人,次遊

---

① [漢]許慎撰,[清]段玉裁注《説文解字注》,上海古籍出版社,1981年版,第59頁下。
② [清]王念孫著,鍾宇訊點校《廣雅疏證》,中華書局,1983年版,第111頁上。

諸國,到王舍城,頓止竹園。二梵志師聞佛出世,俱入王舍城,欲知消息。爾時,有一比丘,名阿説示(五人之一),著衣持鉢,入城乞食。舍利弗見其儀服異容,諸根静默,就而問言:'汝誰弟子?師是何人?'答言:'釋種太子厭老、病、死苦,出家學道,得阿耨多羅三藐三菩提,是我師也。'舍利弗言:'汝師教授爲我説之!'""舍利弗聞此偈已,即得初道,還報目連。目連見其顔色和悦,迎謂之言:'汝得甘露味耶?爲我説之!'舍利弗即爲其説向所聞偈。目連言:'更爲重説!'即復爲説,亦得初道。"

由上可知,愧手比丘阿説示爲佛初傳道五弟子之一,"威容端正,行步庠序"。一日與舍利弗邂逅,舍利弗感其威儀殊勝,遂問其所從師法何人,阿説示告以佛陀開始之因緣生滅道理,舍利弗遂皈依佛門,後證得法眼净。故"愧手比丘"爲令包括舍利弗在内的人驚異之人之意。《玉篇・心部》:"愧,驚欺也。""愧手"即驚欺扼腕之意。

(4) 樹稭

【樹稭】音皆。稭謂稭稈也。字從禾,從皆,未詳何語。(卷四,《觀佛三昧海經》卷四)

按:《慧琳音義》卷四十三釋《觀佛三昧海經》卷四"樹稭"云:"音皆,謂稭稈也。字從禾,從皆。未詳何語。"很明顯,《慧琳音義》照録玄應釋語,未能釋疑。

核之原經文,東晉佛陀跋陀羅譯《觀佛三昧海經》卷四云:"爾時心端自然生一黑毛,於其毛端出大黑風,其風四色隨心根起,如旋嵐風,狀如烟焰,其風遍吹一切諸水,其水波動沫聚成蘸,火亦入中,得火力故沫堅如冰。復有風來,吹諸塵穢九十八種惡不净物持置冰上,冰力弱故,隨不净敗著處即解。此冰解時八人執刀,斫冰段取各持而去,塵土坌污心悶而卧,風火水等合聚一處,火力大故燒壞衆物,有四惡蛇含一寶珠,從火焰出凌虚飛逝;有六大龍,迎四小螭吞吸而走,龍頂生樹至無色界。有一小草細若秋毫,色正金色,從樹稭生下入樹根,從樹根生上入樹莖;從樹莖生散入枝葉,其華白色亦有紅赤,其果欲熟猶作四色,至八月半純黄金色,如此光明照諸聲聞,變化無量百千境界。如是觀者名爲正觀,若異觀者名爲邪觀。"

"稭",義爲農作物的莖稈。《説文・禾部》最早收釋:"稭,禾稾去其皮,祭天以爲席。"段玉裁注:"謂禾莖既刈之,上去其穗,外去其皮,存其净莖,是曰稭。"①把該義代入語境,"一小草"從樹稭(即木質部)生下入樹根,從樹根生上入樹莖,從樹莖生散入枝葉,則樹稭(即木質部)爲樹莖的一部

---

① [漢]許慎撰,[清]段玉裁注《説文解字注》,上海古籍出版社,1981年版,第326頁上。

分,所指有重複,且樹楷(即木質部)範圍太廣,所指不明。故作"楷"解句義不明。

我們認爲"楷"當是"節"之假借字。從語音上看,"楷"中古音爲見紐皆韻[ɛi],"節"爲精紐屑韻[iet],二字韻近,可以假借使用。《説文·竹部》:"節,竹約也。从竹,即聲。""竹約"即竹節,草禾莖上生葉的部分,樹木枝幹交接處。《易·説卦》:"艮爲山……其於木也,爲堅多節。"如此則"小草"由樹節入樹根,從樹根向上入樹莖,從樹莖散入枝葉,怡然理順。

(5) 蚖虵

【蚖虵】按字義,古文作螈。《字林》:五官反。蛇醫也。崔豹《古今注》:蠑螈,一曰蛇醫。大者長三尺。其色玄紺,善魅人。一名玄螈。《漢書》"玄蚖",韋昭曰:玄,黑。蚖,蜥蜴也。經中言黑蚖,疑此物也,而不言毒害人,未詳的是。諸經多作虺,吁鬼反。(卷六,《妙法蓮華經》卷二)

【蚖蛇】古文作螈。《字林》:五官反。蛇醫也。崔豹《古今注》:蠑螈,一名蛇醫。大者長三尺。其色玄紺,善魅人。一名螈。《漢書》云蚖。韋昭曰:玄黑蜥蜴也。經中黑蚖疑此物也,而不言毒害人,未詳其的是。諸經亦作虺,呼鬼反,毒蟲也,一身兩口,頭尾相似也。(卷十八,《雜阿毗曇心論》卷四)

按:玄應引《字林》《古今注》以及《漢書》韋昭注等認爲,"蚖"即是蠑螈(即蜥蜴);但對於各經中"蚖"多作"虺"(毒蛇)感到疑惑。"蚖虵""蚖蛇"二詞條,《慧琳音義》亦收釋如下。

卷二十七釋《妙法蓮華經》卷二"蚖"云:"《字林》五官反。《切韻》亦愚袁反。古文作螈。《玉篇》:蛇醫也。蠑蚖、蜥蜴、蝘蜓、守宫,以别四名。崔豹《古今注》:蠑螈,一曰蛇醫。大者長三尺,其色玄紺,善魅人。一名玄螈。《漢書》云螈。韋昭云:黑螈,蜥蜴也。在舍名守宫,以血塗女人臂,女有過者,洗之不落,因名守宫。在草石中名蜥蜴,在澤名蝘蜓,通名蠑螈。準此遺教有錯寫云:譬如黑虺,在汝室睡。應言黑螈,正應爲元,但以蚖、虺相類,遂錯寫焉。或云蚖有二類,一即守宫,二黑短蛇,遺教不錯,故彼又云:睡蛇既出,乃可安眠。虺者,黑短蛇,與餘蛇别,非守宫也。不爾,此經下别守宫,上復說蚖,一何重踏。故俗書解與經義别。曾見南僧説蚖咬人,唯遺藥王草能療之,必若無,即死。"

卷七十三釋《雜阿毗曇心論》卷四"蚖蛇"云:"古文作螈。《字林》:五官反。蛇醫也。崔豹《古今注》:蠑螈,一名蛇醫。大者長三尺。其色玄紳(紺),善魅人。一名玄螈。《漢書》云玄蚖。韋昭曰:玄,黑。蚖,蜥蜴也。經中黑蚖疑此物也,而不言毒害人,未詳[其]的是。諸經亦作虺,呼鬼反。

毒蟲也，一身兩口，頭尾相似。"

《慧琳音義》卷七十三基本照錄玄應音，存其疑點；卷二十七則認爲"蚖"有二義，一爲蠑螈，二爲毒蛇。在另外三個詞條"蚖蛇""黑蚖""蛇蚖"裏，慧琳則認爲"蚖"即是毒蛇：《慧琳音義》卷四十一釋《大乘理趣六波羅蜜多經》卷一"蚖蛇"云："上五官反，下社遮反。《抱朴子》曰：蛇類甚多，唯蚖蛇中人最急，可以刀割其所螫處肉，棄於地，肉自沸似火炙，須臾焦盡，人得活矣，不割必死。《玄中記》云：蚖虵，身長三四尺，有四足，形如守宫。尋脊有針，利如刀，甚毒惡，中人，不逾半日則死。《山海經》云：皮可以飾刀劍，與鮫魚皮相似，但粗細異耳也。"同書卷四十七釋《遺教論》"黑蚖"云："下五官反。《抱朴子》曰：虵類甚多，唯蚖虵中人最急，可以刀割所螫處肉，棄於地，肉自沸似火炙，須臾焦盡，人得活矣，不割必死。《玄中記》：蚖蛇，身長三四尺，有四足，形如守宫。尋脊有針，利如刀，甚毒惡，中人，不逾半日則死。《山海經》云：皮可以飾刀劍，鮫魚皮相似，但麁細異耳也。"同書卷五十七釋《佛説罵意經》"蛇蚖"云："上社遮反，下五官反。《抱朴子》曰：蛇類甚多，唯蚖蛇中人最急，可以刀割所螫處肉，棄於地，肉自沸似火炙，須臾焦盡，人得活矣，不割必死。《玄中記》云：蚖蛇，身長三四尺，有四足，形如守宫。尋脊有針，利如刀，甚毒惡，中人不逾半日則死。《山海經》云：皮可以飾刀劍，與鮫魚皮相似，但粗細異也。"

如此則"蚖"字有"蠑螈""毒蛇"兩個毫不相乾的意義，將"蚖虵""蚖蛇"二詞代入原語境考察。

姚秦鳩摩羅什譯《妙法蓮華經》卷二："譬如長者，有一大宅，其宅久故，而復頓敝，堂舍高危，柱根摧朽，梁棟傾斜，基陛隤毀，牆壁圮坼，泥塗褫落，覆苫亂墜，椽梠差脱，周障屈曲，雜穢充遍。有五百人，止住其中。鴟梟雕鷲、烏鵲鳩鴿、蚖蛇蝮蠍、蜈蚣蚰蜒、守宫百足、狖狸鼷鼠，諸惡蟲輩，交橫馳走。屎尿臭處，不浄流溢，蜣蜋諸蟲，而集其上。"

劉宋伽跋摩譯《雜阿毗曇心論》卷四："果者，貪欲使修習多修習生鴛鴦雀等衆鳥中，嗔恚使修習多修習生虺蛇中，有愛使修習多修習生色無色界，慢使修習多修習生卑賤中，無明使生闇冥中，謂世界中間。"

在上揭引文之《妙法蓮華經》卷二中，"蚖蛇蝮蠍""蜈蚣蚰蜒""守宫百足"並舉，其中"蝮蠍""蜈蚣""蚰蜒""守宫""百足"等皆爲劇毒之物，故"蚖蛇"亦當爲毒蛇無疑；《雜阿毗曇心論》卷四"嗔恚使修習多修習生虺蛇中"語，是説明"嗔恚"導致的修習惡果，故"虺蛇"當義爲毒蛇。故玄應所釋之"蚖"當義爲毒蛇。我們要接著討論的是"蚖"字何以有"蠑螈""毒蛇"兩個毫不相乾的意義？下面考之以歷代字書。

《説文·虫部》："虫,一名蝮,博三寸,首大如擘指。象其卧形。物之微細,或行,或毛,或蠃,或介,或鱗,以虫爲象。"段玉裁注："虫篆象卧而曲尾形。"①邵瑛群經正字："今經典統用虺字。……正字當作虫。"②《玉篇·虫部》："虫,此古文虺字。"

《説文·虫部》："蚖,榮蚖,蛇醫。以注鳴者。从虫,元聲。"邵瑛群經正字："蚖,今經典作螈。"③

《説文·虫部》："虺,虺以注鳴。《詩》曰：'胡爲虺蜥。'从虫,兀聲。"段玉裁注："上文'雖'下云'似蜥易',下文'蜥'下云'蜥易'。則虺爲蜥易屬可知矣。"④《廣韻·桓韻》："蚖,毒蛇。"《集韻·桓韻》："蚖,毒蛇。"《類篇·虫部》："蚖,毒虺。"《康熙字典·虫部》："蚖,又《韻會》吾官切,音刓,《廣韻》：毒蛇。《本草》：蚖與蝮同類,即虺也。"

由上可知,《説文》最早收釋"虫""蚖""虺"三字,"虫"義爲毒蛇,後作"虺",《玉篇》最早收釋該字形；"蚖"義爲蜥蜴,後作"螈"；"虺"義爲蜥蜴。自《廣韻》始,"蚖"始增加毒蛇義,《集韻》《康熙字典》承之,《康熙字典》更認爲"蚖"即"虺"字。

《説文·一部》："元,始也。从一,兀聲。"段玉裁注："徐氏鍇云：'不當有聲字。'以髡从兀聲、輐从元聲例之,徐説非,古音元、兀相爲平入也。"⑤何琳儀認爲："兀、元爲一字分化（均屬疑紐）。"⑥在隸楷階段,"元""兀"已顯示文字的區別性,字形使用作分工：一般用"蚖"字表示蜥蜴類,"虺"表示毒蛇。但因俗寫"虺""蚖"往往訛混,故將"虺(虫)"之毒蛇義給了"蚖"字,並音隨形變。總之,因"虺""蚖"俗寫相混,造成"蚖"有毒蛇義。⑦

（6）魁膾

【魁膾】苦回,下古外反。魁,師（帥）也。魁,首也。膾,切肉也。未詳所出立名。經文有作儈,《聲類》：儈,合市人。恐非此義。（卷六,《妙法蓮華經》卷五）

【魁膾】苦迴反,下古外反。魁,師（帥）也,首也。膾,切肉也。主煞人

---

① ［漢］許慎撰,［清］段玉裁注《説文解字注》,上海古籍出版社,1981年版,第663頁下。
② ［清］邵瑛《説文解字群經正字》,《續修四庫全書》第211册,上海古籍出版社,2002年版,第329頁上。
③ ［清］邵瑛《説文解字群經正字》,《續修四庫全書》第211册,上海古籍出版社,2002年版,第329頁下。
④ ［漢］許慎撰,［清］段玉裁注《説文解字注》,上海古籍出版社,1981年版,第664頁下。
⑤ ［漢］許慎撰,［清］段玉裁注《説文解字注》,上海古籍出版社,1981年版,第1頁上。
⑥ 何琳儀《戰國古文字典》,中華書局,1998年版,第1015頁下。
⑦ 曾良《近代漢字的字詞關係探討——以"嬾""鵠""蚖"三字爲例》,《安徽大學學報》（哲學社會科學版）,2015年第4期。

者。或有作儈,音膾。《聲類》:儈,今市人也。儈非此義。(卷二十四,《阿毗達磨俱舍論》卷十五)

按:很明顯,《玄應音義》卷六認爲"未詳所出立名",同書卷二十四則認爲"魁膾"義爲"主煞人者"。但問題仍未徹底解決:"魁膾"爲何義爲"主煞人者"?還有無其他解釋?"魁膾"由哪些人充當?

《慧琳音義》《新集藏經音義隨函錄》《希麟音義》等佛經音義書對"魁膾"一詞均有收釋:

《慧琳音義》基本照錄玄應釋語。該書卷二十七釋《妙法蓮華經·安樂行品》卷"魁膾"云:"上《切韻》苦回反。師也,首也。下古外反。割也,切肉也。細切爲膾,未詳所立名。有作儈。《聲類》:合市人。非此義也。"《表無表章詳體文集》卷二承此:"魁膾,上苦回切。應法師云:未知因何立名。"《慧琳音義》卷七十釋《阿毗達磨俱舍論》卷十五"魁膾"云:"苦迴反,下古外反。魁,帥也,有(首)也。膾,切肉也。主殺人者也。或有作儈,音膾。《聲類》:儈,合(今)市人。儈非此義也。"可把"主煞人者"之義還原到《妙法蓮華經》等原語境中。

姚秦鳩摩羅什譯《妙法蓮華經》卷五:"亦莫親近,屠兒魁膾,畋獵漁捕,爲利殺害,販肉自活,衒賣女色,如是之人,皆勿親近。"

唐玄奘譯《阿毗達磨俱舍論》卷十五:"若有一類由下品心得不律儀,後於異時由上品心斷衆生命,彼但成就下不律儀,亦成殺生上品表等。中品上品例此應知。此中何名不律儀者,謂諸屠羊屠鷄屠豬捕鳥捕魚,獵獸劫盜魁膾典獄,縛龍煮狗及置弶等。等言類顯王典刑罰及餘聽察斷罪等人,但恒有害心名不律儀者,由彼一類住不律儀。或有不律儀名不律儀者,言屠羊者,謂爲活命要期盡壽恒欲害羊,餘隨所應當知亦爾,遍於有情界得諸律儀其理可爾。"

在上例《妙法蓮華經》卷五裏,"魁膾"與"屠兒"並舉;在《阿毗達磨俱舍論》卷十五裏,"魁膾"與"獵獸""劫盜""典獄"之類並列,均不易直接體察詞義。同理,《大寶積經》卷卅之"魁膾"亦不易體察詞義:"若人散亂無净心,常行魁膾難調伏,於諸欲境爲僮僕,是人不樂於此經。"《新集藏經音義隨函錄》第二册釋《大寶積經》卷卅"魁膾"云:"上苦迴反,下古外反。代王煞人者也。"可洪之釋義同於玄應。

此外,慧琳還有第二種釋義:"屠割牲肉之人名爲魁膾也"。見於以下四處。

《慧琳音義》卷四釋《大般若經》卷四百二"魁膾"云:"上苦灰反。孔氏曰:魁,師(帥)也。《廣雅》:主也。鄭注《禮記》:首也。王逸注《楚辭》:

大也。下古外反。《廣雅》：膾，割也。案屠割牲肉之人名爲魁膾也。《說文》：從鬼斗聲也。前經第四卷已釋兩字也。"

同書卷十一釋《大寶積經》卷一"魁膾"云："上苦瓌反。孔安國注《尚書》云：魁，師（帥）也。《廣雅》：魁，主也。鄭玄注《禮記》云：魁，首也。王逸注《楚辭》云：魁，大也。下瓌外反。《廣雅》：膾，割也。屠割之人名爲魁膾也。"

同書卷十八釋《大乘大集地藏十輪經》卷四"魁膾"云："上塊回反，下古外反。孔注《尚書》云：魁，帥也，壯大也。《集訓》云：膾，割也，屠肆人也。"

同書卷二十五釋《大般涅槃經音義》卷上"魁膾"云："上苦迴反，下古外反。謂屠割之師也。"

以下可比照上文《慧琳音義》所釋詞"魁膾"之原經文。

唐玄奘譯《大般若經》卷四百二云："佛言：舍利子！菩薩摩訶薩亦復如是方便善巧，爲欲成熟諸有情故化受五欲，然此菩薩摩訶薩於五欲中深生厭患，不爲五欲之所染污，以無量門訶毀諸欲：欲爲熾然燒身心故，欲爲穢惡染自他故，欲爲魁膾於去、來、今常爲害故，欲爲怨敵長夜伺求作衰損故，欲如草炬，欲如苦果，欲如劍刃，欲如火聚，欲如毒器，欲如幻惑，欲如暗井。"

唐菩提流支等譯《大寶積經》卷一云："迦葉！如是菩薩具足護持最初淨戒，心不貢高、不造無間業、不犯比丘尼，亦不親近諸俗人家，遠離殺生及不與取欲邪行法，離虛誑語離間麁惡雜穢語言，遠離欲貪瞋恚邪見，既不自惱亦不惱他，不與欲俱亦不受欲，不爲博戲亦不教化，終不親近不男之人，不往婬女寡婦處女之家，不近他妻，亦不親近羅捕魚鳥畋獵魁膾旃荼羅等，於飲酒人不執其手而與鬪諍。"

失譯人名今附北涼錄《十輪經》卷四："昔有國王，名超福德。有人犯過罪應合死，王性仁慈不欲斷命。有一大臣多諸智策，前白王曰：'願勿爲憂，終不令王得殺生罪，不付魁膾令殺此人。'"

上述例句，《大般若經》卷四百二、《大寶積經》卷一之"魁膾"看不出"屠割牲肉之人"之意；《十輪經》卷四"不付魁膾令殺此人"之"魁膾"，不是"屠割牲肉之人"，而是劊子手，因殺人是劊子手的職責所在。於佛典文獻中廣搜例證，有劊子手義之句尚有多例。

姚秦鳩摩羅什譯《大莊嚴論經》卷十二："巴樹提言：'此是惡人，可將殺去。'於其頸上繫枷羅毘羅鬘，魁膾搖作惡聲，令衆人侍衛器仗圍遶持至塚間。""時彼魁膾所執持刀猶如青蓮，而語之言：'此刀斬汝，雖有和上何所能爲？'"

唐般若譯《大乘理趣六波羅蜜多經》卷十："又如國王使人斷命，但言王殺，不言魁膾。"

東晉跋陀羅譯《大方廣佛華嚴經》卷十七："如犯極刑將付魁膾；如瞽導盲俱墮坑險。"

唐玄奘譯《大般涅槃經》卷二："世尊！譬如國王，生育諸子，形貌端正，心常愛念，先教伎藝，悉令通利，然後將付魁膾令殺。"

失譯人名今附東晉録《餓鬼報應經》："一鬼問言：'我受此身，常有人來，持諸刀鋸，割剥我身，又破其腹，出其五藏，肉盡筋斷，苦切叵忍。須臾之間，肉生平復，尋復來割，何罪所致？'答言：'汝爲人時，常作魁膾，主知殺人無有慈心，歡喜行之，有如是罪，故得此惡，今受花報，果在地獄。'"

綜合考辨，上例中的"魁膾"義爲劊子手。且其他注釋之作釋義同此。唐慧暉撰《俱舍論釋頌疏義鈔》卷二"魁膾"云："上苦迴反，下右外反。魁，師也。首也。膾，切肉也。謂主殺人也。"明一如集注《大明三藏法數》卷三十四云："八魁膾魁膾者，爲官操刃行刑之人。謂人本同類，彼雖犯法，理固當死，然習爲操刃之業，以害其生，實爲惡行，是爲惡律儀。"清讀體集《毗尼止持會集》卷二承襲此説："八魁膾，乃爲官操刃行刑之人。謂人本同類，彼雖犯法理固當死，然習爲操刃之業，以害其生，實爲惡行。"《大明三藏法數》亦言"魁膾""乃爲官操刃行刑之人"。查檢已有詞典，《漢語大詞典》雖收録"魁膾"，釋作"劊子手"，並征引唐玄奘《大唐西域記·印度總述》、唐玄應《一切經音義》卷二十四、章炳麟《軍人貴賤論》作書證，但終未揭示其構詞理據。我們還可以從語素義上尋找綫索。

《説文·斗部》："魁，羹斗也。从斗，鬼聲。"段玉裁注："斗當作枓，古斗、枓通用。……枓，勺也。抒羹之勺也。"①《玉篇·斗部》："魁，師也。"清鈕樹玉《説文解字校録·斗部》："魁，《玉篇》收《鬼部》，訓'師也'。……師當是帥。"②《尚書·胤征》："殲厥渠魁，脅從罔治。"孔傳："魁，帥也。"③引申爲首。《禮記·檀弓上》："（子夏）曰：'請問居從父昆弟之仇，如之何？'曰：'不爲魁。主人能，則執兵而陪其後。'"鄭玄注："魁，猶首也。"④故"魁"義

---

① ［漢］許慎撰，［清］段玉裁注《説文解字注》，上海古籍出版社，1981年版，第718頁上。
② ［清］鈕樹玉《説文解字校録》，《續修四庫全書》第212册，上海古籍出版社，2002年版，第692頁下。
③ ［清］阮元校刻《十三經注疏》，中華書局，1980年版，第158頁中。
④ ［清］阮元校刻《十三經注疏》，中華書局，1980年版，第1284—1285頁。

爲首。《説文·肉部》："膾,細切肉也。从肉,會聲。"引申爲割、切。《廣雅·釋詁二》："膾,割也。"①"魁膾"即斬首之意,執行斬首極刑之職務者正是劊子手,故"魁膾"義爲劊子手。

反觀《慧琳音義》等音義之作爲"魁膾"所作的部分釋語,失之甚遠。

《慧琳音義》卷一釋《大般若波羅蜜多經》之《初分緣起品之一》卷四"魁膾"云："上苦瓌反。孔注《尚書》云：魁,帥也。《廣雅》：主也。鄭玄注《禮記》云：首也。《史記》：壯大也。從斗,從鬼。下瓌外反。《廣雅》：膾,割也。案魁膾者,屠煞兇惡之帥也。從肉會聲也。"這是没有釐清"魁""膾"二語素的語義關係使然。

《希麟音義》釋義之誤則是另外一種情況。其書卷一釋《大乘理趣六波羅蜜多經》卷三,卷四釋《守護國界陀羅尼經》卷二,卷六釋《大寶廣博樓閣善住秘密陀羅尼經》卷上"魁膾",均曰："案魁膾者,屠殺兇惡之師也。"這是没有識破"師"乃"帥"之誤使然。

隋吉藏撰《金光明經疏》失之更遠："亦名羅刹者,作惡之人於王生怖,故名羅刹。此二名與樂生怖一雙也。言魁膾者,貨魚典宰曰膾,貨豬典宰曰魁。""貨豬典宰曰魁",訓釋無據,謬以千里,亦當正。

而且,在以下例句中,"魁膾"與"屠宰""屠兒"並舉連用,故而慧琳將"魁膾"誤釋作"屠割之人"。

宋法護等譯《施設論》卷五："彼人至謝滅已,當復云何？謂作屠宰魁膾、畋獵漁捕、調制象馬、杻械繫縛諸不律者。"

梁武帝皇后郗氏集《慈悲道場懺法》卷三："佛言,是諸衆生以前世時不信三尊,不知供養；不孝父母,興惡逆心；屠兒魁膾斬害衆生,以是因緣故獲斯罪。"

唐般若譯《大乘理趣六波羅蜜多經》卷四："一切有情無有不能行布施者,若藥叉,若羅刹,師子虎狼,及諸獄卒屠兒魁膾,此等衆生於有情中極爲暴惡,尚能離慳而行布施。"

失譯人名今附東晉録《佛説木蓮五百問經》卷一："佛言,以前世〔持〕齋月殺生,不信三寶,不孝父母,屠兒魁膾斬截衆生,故獲斯罪。"

然失譯人名《大方便報恩經》卷六所言甚明："十二惡律儀者：一者,屠兒；二者,魁膾；三者,養豬；四者,養雞；五者,捕魚；六者,獵師；七者,網鳥；八者,捕蟒；九者,咒龍；十者,獄吏；十一者,作賊；十二者,王家常差捕賊——是爲十二惡律儀人。""魁膾"與"屠兒"均屬"十二惡律儀者",二者意

---

① 〔清〕王念孫著,鍾宇訊點校《廣雅疏證》,中華書局,1983年版,第59頁下。

義不同。

"魁膾"一詞多出現在佛典文獻中,而世俗文獻很少出現,其義均爲"劊子手"。再如:

唐玄奘撰《大唐西域記》卷二:"若夫邑里閭閻,方城廣峙,街衢巷陌,曲徑盤迂。闤闠當塗,旗亭夾路。屠、釣、倡、優、魁膾、除糞,旌厥宅居,斥之邑外,行里往來,僻於路左。"

宋道原撰《景德傳燈錄》卷二十二:"師上堂謂衆曰:'諸人會麽。但街頭市尾屠兒魁膾地獄鑊湯處會取。若恁麽會,堪與人爲師爲匠。若向衲僧門下天地懸殊,更有一般底只向長連牀上作好人去。汝道此兩般人那個有長處?無事珍重。'"

《永樂大典》卷一萬五千八百六十九:"(婆羅那)而説偈言:'不用師長教,恚惱濁體。今當至樹下,毀敗於佛法。我今趣死去,衆刀圍遶我。如鹿在圍中,我今亦如是,不見閻浮提,最後見和上,雖復有噁心,故如牛念犢。'時彼魁膾所執持刀,猶如青蓮而語之言:'此刀斬汝,雖有和上,何所能爲?'"

《全宋詞·可旻〈漁家傲(其十六)〉》:"若解堅心生重悔,寧拘惡逆並魁膾。一念能消千劫罪。生華內,滿身瓔珞鳴珂佩。"

這些例句,《永樂大典》卷一萬五千八百六十九出自《大莊嚴論經》卷十二,其他三句,《大唐西域記》《景德傳燈錄》均爲佛典,《全宋詞·可旻〈漁家傲(其十六)〉》以佛家語言入詞。

佛典文獻裏的"魁膾"義爲劊子手,那麼古印度之"魁膾"由哪些人充當呢?印度種姓制度將人分爲四個等級,即婆羅門、刹帝利、吠舍和首陀羅。此外,還有一個被排除在種姓之外的賤民階層,這就是"旃陀羅"。"旃陀羅",梵語 candāla 之音譯,又作旃荼羅,栴荼羅。意譯爲嚴熾、暴厲、執惡、險惡人、執暴惡人、主殺人、治狗人等,專事獄卒、販賣、屠宰、漁獵等職業。根據《摩奴法典》所載:"首陀羅男子和屬於商人、武士和僧侶種姓的婦女結合,乃產生由於不潔的種姓混雜而產生的兒子,叫做阿瑜迦跋,刹多梨,以及人類最低下的旃陀羅。"①可見,旃陀羅是首陀羅男子與屬於商人、武士和僧侶種姓的婦女結合所生的兒子。這些情況漢譯佛典文獻均有反映。東晉僧伽提婆譯《增一阿含經》卷十八云:"或有一人,生卑賤家,或旃陀羅種,或啖人種,或工師種。"姚秦鳩摩羅什譯《法華經》卷五《安樂行品》云:"不親近旃陀羅及畜豬羊雞狗、畋獵漁捕諸惡律儀。"宋畺良耶舍譯《觀無

---

① [法]迭朗善譯,馬香雪轉譯《摩奴法典》,商務印書館,1982年版,第246頁。

量壽經》云:"未曾聞有無道害母。王今爲此殺逆之事污刹利種,臣不忍聞,是旃陀羅。我等不宜復住於此。"故東晉法顯撰《高僧法顯傳》云:"旃荼羅名爲惡人,與人別居,若入城市則擊木以自異,人則識而避之不相搪揆。國中不養豬雞,不賣生口,市無屠店及沽酒者,貨易則用貝齒,唯旃荼羅漁獵師賣肉耳。"

關於"旃陀羅",玄應等人均有釋。《玄應音義》卷三釋《放光般若經》卷二十一"旃陀羅"云:"或云旃荼羅,此云嚴熾,謂屠煞者種類之名也。一云主煞人獄卒也。案《西域記》云:其人若行,則搖鈴自標,或扡破頭之竹。若不然,王即與其罪也。"同書卷六釋《妙法蓮華經》卷五"旃陀羅":"此言訛也。正言旃荼羅,此譯云嚴熾。又一云:主煞人。謂屠煞者種類之總名也。其人若行則搖鈴自標,或扡破頭之竹。若不然,王則與罪。"清灌頂續法《觀無量壽經直指疏》亦云:"旃陀羅,此云屠者,或云殺者,魁膾也。"

由此可知,旃陀羅是獄卒、獄卒、劊子手等的總稱。義爲劊子手之"魁膾"亦由旃陀羅這一被視爲賤民之階層充當。

(7) 鐃

【鐃鏡】奴交反,下音竟。未詳所出。案《周禮》"金錞以和鼓,金鐃以止鼓"應是也。錞音常均反。(卷七,《正法華經》卷一)

【鐃鏡】奴交反。《廣雅》:和鑾、鐃鐸,鈴也。下鏡未詳,疑誤,應作錞,市均反。《周禮》:金錞和鼓也。(卷十五,《十誦律》卷十九)

按:《慧琳音義》卷二十八釋《正法花經》卷一"鐃鏡"云:"奴交反,下音竟。未詳所出。案《周禮》'金錞以和鼓,金鐃以止鼓'應是也。錞音垂綸反。"《慧琳音義》卷五十八釋《十誦律》卷十九"鐃鏡"云:"奴交反。《廣雅》:和鑾,鐃鐸,鈴也。下鏡未詳,疑誤,應作錞,音市均反。《周禮》:金錞和鼓也。"慧琳照錄玄應音,未能釋疑。《新集藏經音義隨函錄》第五册釋《正法華經》卷一亦收錄"鐃鏡":"上女交反。鐃皺似鈴,有柄無舌,執而鳴之。"僅是解釋"鐃"字,並未解釋"鏡"字。亦未能釋疑。

核之以原經文,西晉竺法護譯《正法華經》卷一:"假令伎樂,歌誦佛德,簫成鼓舞,節奏哀和,讚美嬉笑,又加肅敬,以若干事,遵修供奉,彈琴箜篌,鐃鏡應弦,箏笛吹笙,激發妙音。"同書卷八云:"其佛塔寺周迴無限,普盡地際懸衆寶鈴,無上之藏諸舍利廟,供養華香雜香搗香,寶蓋幢幡伎樂歌頌,若干種香,天上世間所有珍琦,天華天香及天伎樂,空中雷震暢發洪音,鍾磬大鼓、箜篌樂器、簫成琴瑟、鐃鏡若干,柔軟哀聲歌舞節奏,調合剋諧,無數億百千劫供養奉侍，諸度無極皆悉充備。"這兩段經文中，"鐃鏡"與"琴""箜篌""箏""笛""笙"等樂器並舉，當是樂器名。《說文·金部》："鏡，景也。從金，竟聲。"此處之"鏡"，顯非本字本義。類似語境，其他經文尚有，"鐃鏡"，悟醒譯《本生經》卷二十四即作"鐃鉦"："以大威光吾前進，威嚴光輝吾前進。數多之歌吾聽聞，美麗樂音交響時。諸樂齊彈於王苑，鐃鉦鼓鑼齊鳴時。"同書卷二十五："汝見大鼓與小鼓，螺貝銅鼓與鑼鼓。更有一切鼓之類，此由摩尼所創造。鐃鉦鼓鑼與琵琶，歌舞巧妙善演出。或以奇妙樂器奏，此是摩尼所創造。"《說文·金部》："鉦，鐃也。似鈴，柄中，上下通。從金，正聲。""鏡"中古音爲見紐映韻[jɐŋ]，"鉦"爲章紐清韻[iɛŋ]，二字韻近，可以假借使用，故"鏡"通"鉦"。

然核之以後秦弗若多羅、鳩摩羅什等譯《十誦律》卷十九，"鏡"作"鈸"字："諸佛常法，若以神通力入城邑聚落時，現如是希有事，謂象申鳴、馬悲鳴、諸牛王吼、鵝鴈、孔雀、鸚鵡、舍利鳥、俱均羅、猩猩諸鳥，出和雅音。大鼓、小鼓、箜篌、箏笛、琵琶、簫瑟、箄篥、鐃鈸，不鼓自鳴。"

緣何"鐃鏡"一詞，其異文或作"鐃鉦"，或作"鐃鈸"？

《說文·金部》："鐃，小鉦也。軍法：卒長執鐃。從金，堯聲。"徐鍇繫傳"從金，堯聲"四字在"小鉦也"後。①段玉裁注："鉦鐃一物，而鐃較小，渾言不別，析言則有辨也。"②《周禮·地官·鼓人》："以金鐃止鼓。"鄭玄注："鐃，如鈴，無舌，有秉，執而鳴之，以止擊鼓。"③《說文·金部》："鉦，鐃也。似鈴，柄中，上下通。"段玉裁注："鐲、鈴、鉦、鐃四者，相似而有不同。鉦似鈴而異於鈴者，鐲、鈴似鐘有柄，爲之舌以有聲。鉦則無舌。柄中者，柄半在上，半在下，稍稍寬其孔爲之抵拒，執柄搖之，使與體相擊爲聲。"④《詩·小雅·采芑》："方叔率止，鉦人伐鼓。"毛傳："伐，擊也。鉦以靜之，鼓以動之。"⑤羅振玉《古器物識小録·鐃》："鉦與鐃不僅大小異，形制亦異。鉦大而狹長，鐃小而短闊。鉦柄實，故長可手執；鐃柄短，故中空，須續以木柄乃便執持。蓋鐃與鉦，皆柄在下而口向上。"⑥由上可知，鐃、鉦皆中土之古軍樂器，鐃"以止擊鼓"，鉦"以靜之"，二器形制如下圖：

---

① [南唐]徐鍇《說文繫傳》，《文淵閣四庫全書》第223册，臺灣商務印書館，1986年版，第720頁下。
② [漢]許慎撰，[清]段玉裁注《說文解字注》，上海古籍出版社，1981年版，第709頁上。
③ [清]阮元校刻《十三經注疏》，中華書局，1980年版，第721頁上。
④ [漢]許慎撰，[清]段玉裁注《說文解字注》，上海古籍出版社，1981年版，第708—709頁。
⑤ [清]阮元校刻《十三經注疏》，中華書局，1980年版，第426頁中。
⑥ 羅振玉《雪堂所藏古器物圖說》，上海古籍出版社，2013年版，第364頁。

饒　　　鉦　　　鈸

然《正法華經》《十誦律》等佛典文獻所述之鐃、鉦則是來自印度佛教之樂器名。故《文獻通考·樂考七》曰:"銅鐃,浮屠氏所用浮漚,器小而聲清,世俗謂之鐃。其名雖與四金之鐃同,其實固異矣。"①該書又云:"鼓吹鉦……以蛟龍爲簨,下有跌,中縣鉦,鉦形圓如銅鑼。《周禮·鼓人》所掌金鉦,形如鐘,與此異。"②明方以智《通雅·樂器》:"鉦與鑼近,故用相代也。"《玉篇·金部》:"鈸,鈴也。"《慧琳音義》卷十七釋"銅鈸"云:"盤沫反。古字書無鈸字,近代出也。《字統》云:樂器名也。形如小瓶口,對而擊之。《考聲》云:形如小疊子,背上有鼻,以二口相擊爲聲,以和衆樂也。形聲字。攵音同上。"晉法顯《佛國記》:"擊大鼓,吹螺,敲銅鈸。"《通典·樂四》:"銅鈸,亦謂之銅盤,出西戎及南蠻。其圓數寸,隱起如浮漚,貫之以韋,相擊以和樂也。南蠻國大者圓數尺。或謂齊穆士素所造,非也。"③《漢語大字典》區分"鐃""鈸"二器:"打擊樂器。形制與鈸相似,唯中間隆起部分較小。以兩片爲一副,相擊發聲。大小相當的鐃與鈸,鐃所發的音低於鈸而餘音較長。鐃較鈸晚出,宋時始有。後形成大小不一的多種形制,被廣泛採用於民間歌舞、戲曲、吹打樂、鑼鼓樂中。"由此可知,佛典文獻中的"鐃""鈸"二器形近,實則一種樂器的變種,"鉦"則是形似銅鑼。

《漢語大字典》認爲"鐃較鈸晚出,宋時始有",然按之佛典文獻,而有大量例證遠遠早於宋代。

西晉竺法護譯《正法華經》卷八:"有六情者,則而聽聞,車牛諸乘,象馬音聲,拍手擊鼓,悲好音聲,鐃鈸梢拂,亦復如是。"

姚秦弗若多羅譯《十誦律》卷十九:"大鼓、小鼓、箜篌、箏笛、琵琶、簫瑟、篳篥、鐃鈸,不鼓自鳴。"

蕭齊求那毗地譯《百句譬喻經》卷四十:"六萬之鐃鈸,大鼓善莊嚴,常爲此者奏,布施之果報。"同書卷四十一:"鐃鈸與銅鈴,柏板我皆打,舞女〔妙聲歌〕,全然奪我心。"同書卷四十三:"六萬之鐃鈸,大鼓與銅鑼,海螺與

---

① [元]馬端臨《文獻通考》,中華書局,1986年版,第1195頁中。
② [元]馬端臨《文獻通考》,中華書局,1986年版,第1197頁上。
③ [唐]杜佑撰,王文錦、王永興、劉俊文、徐庭雲、謝方點校《通典》,中華書局,1988年版,第3673—3674頁。

小鼓,鑼鼓奏妙音。"

我們認爲,這裏的"鐃鈸"之"鐃",均爲似"鈸"的兩片對擊的樂器,而非《周禮》之軍樂器名。故《漢語大字典》所謂"鐃較鈸晚出,宋時始有",恐要重新討論。

至於《正法華經》卷一"鐃鏡"之"鐃",《高麗大藏經》《趙城金藏》均作"鏡",宋本、元本、明本、宮本皆作"鈸"。《高麗大藏經》《趙城金藏》屬於較早的版本,可見"鐃鏡"之"鏡"本作"鏡",通"鉦",義爲銅鑼。後樂器"鈸"從西域傳入中土,佛典文獻中多"鐃""鈸"連用,一般不再用"鐃""鉦"合說。《玄應音義》《慧琳音義》《新集藏經音義隨函錄》均以中土之古軍樂器名釋佛教樂器,失之甚遠,當正。

(8) 眵

【眵淚】充尸反。《説文》:䀼兜,眵也。䀼,莫結反。論文作眵,未詳。(卷九,《大智度論》卷二十一)

按:《慧琳音義》卷四十六釋《大智度論》卷二十一"眵淚"云:"充尸反。《説文》:䀼䀼兜眵也。䀼,莫結反。論文作眵,未詳何出也。"《慧琳音義》基本照錄玄應釋語,未能釋疑。

姚秦鳩摩羅什譯《大智度論》卷十九:"自相不淨者,是身九孔常流不淨,眼流眵、淚,耳出結膇,鼻中涕流,口出涎吐,廁道、水道常出屎、尿,及諸毛孔汗流不淨。"

《急就篇》:"癉熱瘻痔眵䀼眼。"顏師古注:"眵謂眇覷,目之蔽垢也。"《説文·目部》:"眵,目傷眥也。从目,多聲。一曰䀼兜。"徐鍇繫傳:"䀼兜,目汁凝也。"①段玉裁注:"䀼,各本譌作䀼。"②《廣韻·支韻》:"眵,目汁凝。"聲符"支"中古音爲章紐支韻,以"多"得聲者如"移""侈""誃""拸"均讀爲以紐支部,故"眵""眵"爲換聲異體字關係。《龍龕手鏡·目部》:"眵、䁢,二俗。眵,正。叱支反。目汁凝也。"《字彙·目部》:"眵,同眵。"

(9) 瓠枝

【瓠枝】古胡反。案:瓠猶枝本也。未詳何語也。(卷九,《大智度論》卷三十)

按:《慧琳音義》卷四十六釋《大智度論》卷三十"瓠枝"云:"古胡反。案:瓠猶枝本也。未詳何語也。"《新集藏經音義隨函錄》第十冊釋《大智度

---

① [南唐]徐鍇《説文繫傳》,《文淵閣四庫全書》第223冊,臺灣商務印書館,1986年版,第471頁上。

② [漢]許慎撰,[清]段玉裁注《説文解字注》,上海古籍出版社,1981年版,第134頁上。

論》卷三十一"觚枝"亦云:"上古胡反。枝本也。"二書釋語亦本於玄應音,未能闡釋其構詞理據。可參之以原經文。

姚秦鳩摩羅什譯《大智度論》卷二十七①:"譬如空地有樹,名舍摩梨,觚枝廣大,衆鳥集宿。一鴿後至,住一枝上,其枝及觚,即時壓折。澤神問樹神:'大鳥鵰鷲,皆能任持,何至小鳥,便不自勝?'樹神答言:'此鳥從我怨家尼俱盧樹上來,食彼樹果,來棲我上,必當放糞;子墮地者,惡樹復生,爲害必大。以是故,於此一鴿,大懷憂畏;寧捨一枝,所全者大。'"

考之其他經文,尚有兩處。

西晉竺法護譯《佛説胞胎經》卷一:"佛告阿難:'第八七日,其胎裏内於母腹藏,自然化風名曰退轉,吹其胎裏現二十應處,十足指處、十手指處。譬如天雨從空中墮,流澍觚枝使轉茂盛,時胚胎内於腹藏起二十巘,足十指處、手十指處。'"

劉宋求那跋陀羅譯《大方廣寶篋經》卷上:"文殊師利言:'如是,大德!若有菩薩爲智方便界所攝者,而是菩薩雖知我見而不取果。大德須菩提!如大力士執持利刀斬娑羅樹,雖斷猶住不即墮落。如是,須菩提!菩薩若於一切衆生有大慈悲、大方便智,雖知我見而不證果。大德須菩提!或時天降大潤澤雨,是娑羅樹即便還生,生葉華果利益衆生。如是,須菩提!菩薩若爲大慈大悲之所潤洽,菩薩智界還生三界,示現受於種姓生死,爲諸衆生作大利益。大德須菩提!設有大風吹是娑羅樹,觚枝莖果便墮於地。如是,大德須菩提!是諸菩薩爲大智慧猛風吹,墮道場上畢竟永滅。'"

我們認爲,上揭三例中之"觚枝"同義,但"觚枝"之"觚"顯然並非用本字本義。《説文·角部》:"觚,鄉飲酒之爵也。一曰觴受三升者謂之觚。从角,瓜聲。"《廣雅·釋器》:"二升曰觚。"《儀禮·特牲饋食禮》:"實二爵二觚四觶一角一散。"鄭玄注:"舊説云爵一升,觚二升。"②作爲古代酒器名之"觚"與此語境不合。"觚"義當另有所指。

求之異文材料,《大智度論》卷二十七"觚枝"之"觚",元本、明本作"孤";《大方廣寶篋經》卷上"觚枝"之"觚",宮本作"孤"。《説文·子部》:"孤,無父也。从子,瓜聲。"段玉裁注:"孟子曰:'幼而無父曰孤。'引申之,凡單獨皆曰孤。"③把單獨義代入語境,作爲形容詞的"孤"使經文"一鴿後至,住一枝上,其枝及觚,即時壓折"話語扞格難通,故作"孤"亦是假

---

① "觚枝",《玄應音義》《慧琳音義》均作《大智度論》第三十卷",《新集藏經音義隨函録》作"《大智度論》第三十一卷",實際原詞"觚枝"在《大智度論》經文卷二十七。
② [清]阮元校刻《十三經注疏》,中華書局,1980年版,第1192頁上。
③ [漢]許慎撰,[清]段玉裁注《説文解字注》,上海古籍出版社,1981年版,第743頁下。

借字。

因此,"觚枝"之"觚"當通"股",義爲本。《説文·肉部》:"股,髀也。"段玉裁注:"髀,股外也。言股則統髀,故曰髀也。"①馮桂芬段注考正:"《骨部》髀下無外字,段補。"②"股"本義爲大腿,與小腿相比較,大腿的作用更重要,故隱含有本之義。故"觚枝",即"股枝";"股枝"即"本枝",即主幹與枝葉。《詩·大雅·文王》:"文王孫子,本支百世。"毛傳:"本,本宗也。支,支子也。"③故《玄應音義》之按語"觚猶枝本也"至確,但玄應大和尚未能溝通假借字與本字之關係以實現最終確詁,祇能以"未詳何語也"憾終。

(10) 朕

【菸瘦】《韻集》一餘反。今關西言菸,山東言蔫。蔫音於言反。江南亦言痿,又作萎,於爲反。菸邑,無色也。今取其義。論文[作]朕,未詳字出。(卷十,《大莊嚴經論》卷三)

按:《慧琳音義》卷四十九釋《大莊嚴經論》卷四"菸瘦":"《韻集》:一余反。今關西言菸,山東言蔫。蔫音於言反。江南亦言痿。痿又作萎,於爲反。菸邑,無色也。今取其義。論文作朕,未詳字出之耳。"

《説文·艸部》:"菸,鬱也。从艸,於聲。一曰痿也。"《説文·艸部》:"蔫,菸也。从艸,焉聲。"《廣雅·釋詁一》:"痿,病也。"王念孫疏證:"痿……字亦作萎。……草木枯死謂之萎。"④《説文解字注·歹部》:"痿、萎,古今字。"⑤《廣雅·釋詁四》:"蔫、菸、痿,薐也。"王念孫疏證:"皆一聲之轉也。"⑥"朕"爲"菸"之換形異體字,"朕"爲"朕"之構件訛混異體字。《一切經音義三種校本合刊》認爲:《玄應音義》之"朕",據文意似作朕。《方言》卷十三:"朕,短也。"郭璞注:"庳小貌也。"⑦非,《方言》卷十三之"朕"義爲"庳小貌",而非"枯萎",二義無涉。

(11) 瘨瘓

【瘨瘓】相承敕反、敕斷反。髪病也。未詳音字所出。(卷十一,《正法念經》卷六十四)

按:《玄應音義》卷十四釋《四分律》卷三十五"瘨瘓"云:"敕顯、敕管

---

① [漢]許慎撰,[清]段玉裁注《説文解字注》,上海古籍出版社,1981年版,第170頁下。
② [清]馮桂芬《説文解字段注考正》,《續修四庫全書》第223冊,上海古籍出版社,2002年版,第605頁。
③ [清]阮元校刻《十三經注疏》,中華書局,1980年版,第504頁上。
④ [清]王念孫著,鍾宇訊點校《廣雅疏證》,中華書局,1983年版,第15—16頁。
⑤ [漢]許慎撰,[清]段玉裁注《説文解字注》,上海古籍出版社,1981年版,第161頁下。
⑥ [清]王念孫著,鍾宇訊點校《廣雅疏證》,中華書局,1983年版,第134頁上。
⑦ 徐時儀校注《一切經音義三種校本合刊》,上海古籍出版社,2008年版,第1377頁下。

反。言髮病也。"《慧琳音義》卷五十六釋《正法念經》卷六十四此詞時亦云："相承勑典、勑管二反，髮病也。未詳音字所出。"同書卷五十九釋《四分律》卷三十五此詞時云："勑顯、勑管反。言髮病也。"很明顯，這是承襲玄應之説，並未解決問題。同書卷六十三釋《根本説一切有部百一羯磨》卷一"瘨痪"云："上天典反，下湍卵反。案瘨痪，俗語，熱毒風髮落之狀也。字書並無此字也。並從疒，典、免皆聲。免音唤。"在卷六十三裏，慧琳不僅爲"瘨痪"釋義"俗語，熱毒風髮落之狀也"，而且指出"字書並無此字"。《新集藏經音義隨函録》第十四册釋《正法念處經》卷六十四"瘨痪"云："上他典反，下他管反。髮病也。"同書第十七册釋《根本説一切有部百一羯磨》卷一"瘨痪"云："上吐典反，下吐短反。"可洪的音義成就没有超出玄應、慧琳。明釋弘贊《四分律名義標釋》卷二十四釋"瘨痪"："瘨，他典切，音忝。痪，音唤。瘨痪，病貌。經音義云：相傳勑顯、勑管切。言髮病也。"弘贊僅是收録前釋，亦未超越慧琳。

將慧琳的釋語"熱毒風髮落之狀"代入原經文，如姚秦佛陀耶舍、竺佛念共譯《四分律》卷三十五："或左臂壞，或右臂壞，或舉齒，或虫身，或虫頭，或頭髮瘨痪，或曲指，或六指，或縵指。"唐義浄譯《根本説一切有部百一羯磨》卷一："又汝應聽！丈夫身中有如是病：謂癲病、瘦病、癬疥、疱瘡、皮白、瘨痪、頭上無髮、惡瘡……支節不具，汝無如是諸病及餘病不？"同書卷二："又汝應聽！女人身中有如是病：謂癲病、瘦病、癬疥、疱瘡、皮白、瘨痪、頭上無髮、惡瘡下漏……支節不具，汝無如是諸病及餘病不？"釋語與上下文相諧和。

然而把"熱毒風髮落之狀"代入《正法念經》兩處原經文，北魏般若流支譯《正法念經》卷六十四："若食汁蟲而起瞋恚，行於血中，令人身體作青瘨痪，或黑或黄瘨痪之病。"同書卷六十五："彼以聞慧或以天眼見此臭蟲：以食過故，蟲則瞋恚，令身重熱，或生赤色、黑色瘨痪，身汗多出，不能睡眠，即成癲病，一切身分皆悉爛臭。"則不相諧和。這裏的"瘨痪"很明顯是不同顏色的皮膚病，有青色、黑色、黄色、赤色等，而不是"熱毒風髮落之狀"。

爲什麽會是這樣？一般説來，醫學術語爲單義詞，"瘨痪"有二義，與常理相悖。二者當有聯繫。從醫學原理看，人的脱髮有皮膚病導致的脱髮和全身性的疾病導致的脱髮兩大類。前者有些屬感染性皮膚病，如黄癬、黑點癬、膿癬、秃髮性毛囊炎、尋常狼瘡、癰、麻風、梅毒等；有些屬非感染性皮膚病，如盤狀紅斑狼瘡、局限性硬皮病、扁平苔蘚、剥脱性皮炎等。所以，《正法念經》卷一、二中兩個例子裏的"瘨痪"義爲皮膚病，《四分律》《根本説一切有部百一羯磨》中的例子裏的"瘑疥"義爲因皮膚病而導致脱髮。

《漢語大字典·疒部》收釋"瘑"字時直接引用慧琳"熱毒風髮落之狀"解釋"瘑疥",釋義無法涵蓋《正法念經》所述兩例的皮膚病義。故當據以補足。

(12) 賉

【恤民】又作卹,同。須律反。《爾雅》:恤,憂也。亦收也。謂以財物與人曰振恤之也。經中作賉,未詳所出。(卷十一,《增一阿含經》卷三十九)

按:《慧琳音義》卷五十二釋《增一阿含經》卷三十九"恤民"云:"又作卹,同。須律反。《爾雅》:恤,憂也。亦收也。謂以財物與人曰賑恤之也。經中作賉,未詳所出也。"

《説文·血部》:"卹,憂也。从血,卪聲。一曰鮮少也。"《説文·心部》:"恤,憂也。收也。从心,血聲。"段玉裁注:"'卹'與《心部》'恤'音義皆同。古書多用'卹'字,後人多改爲'恤'。"①引申爲救濟、周濟。《玉篇·心部》:"恤,救也。"

因救濟別人要依靠財物,故"恤"更換形符作"賉"。《正字通·貝部》:"賉,與恤、卹通。"

(13) 毤

【抱不】又作菢,同。蒲報反。《方言》:燕、朝鮮之間謂伏雞曰菢,江東呼嫗。經文作毤,未詳字出。(卷十一,《增一阿含經》卷四十九)

按:《慧琳音義》卷五十二釋《增一阿含經》卷四十九"抱不"云:"又作菢,同。蒲報反。《方言》:燕、朝鮮之間謂伏鷄曰菢,江東呼嫗。經文作毤,未詳所出。"

《方言》卷八:"北燕、朝鮮、洌水之間謂伏雞曰抱。"晉郭璞注:"房奧反。江東呼蓲,央富反。"②戴震疏證:"抱,《廣韻》作菢,云鳥伏卵。"③

《龍龕手鏡·艸部》:"菢,薄報反。鳥伏卵也。"《集韻·号韻》:"菢,鳥伏卵。或作勽。"《説文·勹部》:"勽,覆也。从勹覆人。"段玉裁注:"此當爲抱子抱孫之正字。今俗作抱,乃或捊字也。"④

高麗本《龍龕手鏡·毛部》:"毤,經音義作菢。"《字彙·毛部》:"毤,鳥伏卵。"《正字通·毛部》:"毤,俗菢字。"《改併四聲篇海·毛部》引《龍龕手

---

① [漢]許慎撰,[清]段玉裁注《説文解字注》,上海古籍出版社,1981年版,第214頁下。
② [漢]揚雄記,[晉]郭璞注《方言》,中華書局,1985年版,第74頁。
③ [清]戴震撰《方言疏證》,《續修四庫全書》第193册,上海古籍出版社,2002年版,第459頁上。
④ [漢]許慎撰,[清]段玉裁注《説文解字注》,上海古籍出版社,1981年版,第433頁下。

鏡》："毨，鳥伏卵。"《康熙字典·毛部》："毨，本作菢。"

《說文·爪部》："孚，卵孚也。从爪，从子。"《通俗文》："卵化曰孚。"徐灝注箋："卵因伏而孚，學者因即呼伏爲孚。……孚、伏、抱一聲之轉，今俗猶謂雞伏卵爲步，即孚之重脣音稍轉耳。"①《集韻·遇韻》："孚，育也。《方言》：'雞伏卵而未孚。'或从卵。"《玉篇·卵部》："孵，卵化也。"

由上述可知，"孵卵"之"孵"，其本字爲"孚"，會意字，後造分化字"孵"專用，"垺"則是"孵"之換形異體字。"勹"爲會意字，本義爲擁抱，引申爲鳥孵卵，後造形聲字"抱"秉承二義，並爲鳥孵卵義造分化字"菢"；因"抱"卵需要羽毛保溫，故換形作"毨"，簡省訛變爲"毨"。

(14) 靮

【鞕靮】五更反，下胡浪反。風名也。靮字未詳所出也。（卷十二，《生經》卷二）

按："鞕靮"當爲"鞕骯"之異體字，義爲剛強。

《玄應音義》卷五釋《普門品經》此詞云："五孟反。《字書》：鞕，牢也。下相傳胡浪反。未詳字語所出。"此條釋語仍未釋疑。《慧琳音義》卷十六釋《普門品經》"鞕靮"云："上五更反。《字書》：鞕，牢也。《考聲》：堅也。有作硬，俗字也。《文字集略》：從卬作䩕。下靮字准經義合是罡字，舊音義胡浪反。恐非，不成字也。"慧琳認爲，按照經義，"靮"當爲"罡"字，但"諸字書並無此字，未詳所出，且存本文，以俟來哲"，仍未解決問題，祇能存疑。《新集藏經音義隨函錄·前序》指出："鞕骯之文爲䩕靮。"該書第二册釋《胞胎經》卷一"䩕靮"云："上五孟反，堅牢也。正作鞕也。下胡朗反，剛強也。正作行、骯二形。上又五郎反。下又應和尚作胡浪反。"《新集藏經音義隨函錄》第十三册釋《生經》卷二"䩕靮"云："上五孟反，俗作䩕，強也，堅牢也。正作鞕、硬、鞕三形也。下戶朗反，剛強皃也，又直項皃也。正作行、骯二形。"

"鞕"，《玉篇·革部》："鞕，堅也。亦作硬。"又換聲符作"䩕"，"䩕"則爲"䩕"之異寫字。《論語·先進》"子路行行如也"何晏集解引鄭玄注："行行，剛強之皃。"②《文選·班固〈幽通賦〉》"固行行其必凶兮"劉良注："行行，剛彊貌。"③可知"行"有"剛強"義。後另造異體字"骯"。《古今韻會舉要·漾韻》："骯，骯髒，倖直貌。"故可洪云"靮""正作行、骯二形"。因"鞕"

---

① ［清］徐灝撰《說文解字注箋》，《續修四庫全書》第 225 册，上海古籍出版社，2002 年版，第 344 頁下。
② ［清］阮元校刻《十三經注疏》，中華書局，1980 年版，第 2499 頁上。
③ ［梁］蕭統編，［唐］李善等注《六臣注文選》，中華書局，1987 年版，第 271 頁下。

"靸"連用,故"靸"被"鞕"類化改換形符作"靯",異寫作"靯""靯",簡省構件"宀"作"靯",故《龍龕手鏡·革部》云:"靯、靯、靯,二俗。胡浪、苦耕二反。"

至於"鞕靯"之釋義,《玄應音義》卷十二《生經》卷二曰"風名也",同書卷十三釋《胞胎經》亦云:"𩨌靯,五更反。下胡浪反。成壞身中風名也。"

把"鞕靯"之"風名也"義代入西晉竺法護譯《生經》卷二之語境:"如是,賢者!合會有離,興者必衰,生者有死,恩愛離別,所求所慕,不得如意,爾時則有惡應變怪現矣!其病見前,諸相危熟,身得疾病,命轉向盡,骨肉消減,已失安隱,得大困疾,懊惱叵言,體適困極,水漿不下,醫藥不治,神咒不行,假使解除無所復益。醫見如是,尋退捨去,最後命盡。至於鞕靯,與于殞危,若使爲變,命欲盡時,則有六痛,遭於苦毒。鞕靯之惱,衆患普集,己所不欲,自然來至,轉向抒氣。或塞不通,但有出氣無有入氣,出息亦極,入息亦極,諸脈欲斷,失於好顏,臥起須人,人常飲飼。雖得醫藥糜粥含之,必復苦極,不能消化。欲捉虛空,白汗流出,聲如雷鳴,惡露自出,身臥其上,歸於賤處。命盡神去,載出野田或火燒之,身體臭腐,無所識知。飛鳥所食,骨節支解,頭項異處連筋斷節,消爲灰土,一切無常。"這段話較長,仔細推敲,看不出"鞕靯"有"風名也"義。倒是西晉竺法護譯《佛説胞胎經》有此語:"佛告阿難:第二十七日,在其胞裏於母腹藏,自然化風名靸靯,吹小兒體,在其左足令生骨節,倚其右足而吹成骨,四骨處膝,二骨在臏,三骨在項,十八骨在背,十八骨在脇,十三骨在掌,各有二十骨,在左右足。""自然化風名靸靯"當斷句爲"自然化風/名靸靯",所以"靸靯"爲"風名"。結合上下文,"彼始七時受母胎裏","七日處彼停住而不增減";"第二七日,有風名展轉";"第三七日,其胎之内於母腹中,有風名聲門";"第四七日,其胎之内母藏起風,名曰飲食";"第五七日,其胎之内於母腹中藏,次有風起名曰導御";"第六七日,其胎在内於母腹藏,自然化風名曰爲水";"第七七日,其胎裏内於母腹藏,自然化風名曰迴轉";"第八七日,其胎裏内於母腹藏,自然化風名曰退轉";"第九七日,其胞裏内於母腹藏,自然風起吹變九孔";"第十七日,其胞裏内於母腹藏,自然風起名曰痤短";"第十一七日,胞内於母腹藏,自然化風名曰理壞";"第十二七日,其胞裏内於母腹藏,自然化風名曰膚面";"第十四七日,其胞裏内於母腹藏,自然有風名曰經縷門";"第十五七日,其胞裏内於母腹藏,自然化風名紅蓮花";"第十六七日,其胞裏内於母腹藏,自然化風名曰無量";"第十七七日,其胎裏内於母腹藏,自然有風名耗牛面";"第十八七日……有風名曰大堅强";"第二十七日,在其胞裏於母腹藏,自然化風名靸靯";"第二十一七日,在其胞裏於母腹藏,自然化風名曰所有";"二十二七日,在其胞裏於母腹藏,自然有風名曰度惡";"第二十三七日,在其胞裏於母腹藏,自然有風名曰針孔清净";"第二十四七日,在其胞裏於母腹藏,自然有風名曰堅持";"第二十五七日,在其胞裏於母腹藏,自然化風名曰聞在持";"第二十六七日,在其胞裏於母腹藏,自然化風吹其兒體"。很明顯,胚胎著琳後的第二個七日起,除第十三個七日外,均有一種不同的風在吹,從不同的方面促進胎兒的發育,其中第二十七日之"鞠靮"風的作用在於促進胎兒長出身體不同部位的骨骼:"吹小兒體,在其左足令生骨節,倚其右足而吹成骨,四骨處膝,二骨在臍,三骨在項,十八骨在背,十八骨在脇,十三骨在掌,各有二十骨,在左右足。四骨在時處,二骨在非處,二骨在肩,十八骨在頸,三骨在輪耳,三十二骨在口齒,四骨在頭。"所以,玄應記憶有誤,"風名也"當是爲西晉竺法護譯《佛説胞胎經》"鞠靮"之釋義,而誤作《生經》卷二"鞭靮"之釋義,當正。而且,僅僅注以"風名也"是不徹底的,《佛説胞胎經》所述之二十多種風名不同,意義亦當不同。從構詞理據的角度看,生骨之風名曰"鞠靮",意在剛硬,正如上所述,"鞭(硬)"有剛強義,"靮(靮)"亦有剛強義,如此則語義正相諧和。

後世詞典之釋義終不盡如人意。《康熙字典·革部》:"靮,《龍龕》與靮同。""靮,《龍龕》音吭。"雖用互見體例,終未能確詁。《中華大字典·革部》:"靮,同靮。見《龍龕手鑑》。"但未收"靮"字。《中文大辭典·革部》:"靮,義未詳。與靮同。《龍龕手鑑》:靮音吭。《龍龕手鑑》:靮與靮同。"直接列爲義未詳字。

《漢語大字典·革部》:"靮,同'靮'。《龍龕手鑑·革部》:'靮、靮、靮,三俗。胡浪、苦耕二反。'""靮,同'靮'。《龍龕手鑑·革部》:靮、靮、靮,三俗。"《漢語大字典》引《龍龕手鏡》釋語溝通"靮、靮、靮"異體關係,把"二俗"誤作"三俗",當正。《漢語大字典·革部》:"靮,《龍龕手鑑》胡浪反。鞭靮,風名。唐玄應《一切經音義》卷十二引《生經》:'鞭靮,風名也。'"亦當改爲引《佛説胞胎經》,其釋語當補以"義爲剛強"。《中華字海·革部》釋"靮"亦云:"風名。見玄應《一切經音義》卷十二。"亦當據以改之,不贅述。

(15) 皷

【鼓皷】字宜作橐,蒲戒反。謂橐囊也。鍛家用吹火令熾者也。經文作皷,未詳字所出。(卷十二,《義足經》卷下)

按:《慧琳音義》卷五十五釋《義足經》卷下"鼓皷":"字宜作橐,蒲戒反。謂橐囊也,鍛家用吹火令熾者也。經文作皷,未詳所出。"

《集韻·怪韻》:"鞴,吹火韋囊也。或作鞲、橐。"《龍龕手鏡·革部》:"鞴,吹火具也。"《玉篇·韋部》:"鞴,韋橐也,可以吹火令熾。"

"鞴"是一種皮革做成的鼓風用具,可更換形符作"皮","鼻"聲。"鞴"中古音爲並紐至韻,"鼻"中古音爲並紐至韻,"鼻""鞴"雙聲疊韻,讀音相同。"皻"爲"鞴"之形符、聲符俱換異體字。

(16) 鍧

【衣鍧】音滑,橫礙也。未詳字出。案:《通俗文》:堅硬不消曰磑砎。音莫八、胡八反。今山東謂骨縮細者爲磑砎子,蓋取此爲。縮音烏板反。(卷十四,《四分律》卷十九)

按:姚秦佛陀耶舍、竺佛念共譯之《四分律》卷十九經文:"不犯者,若鐵,若銅,若鉛錫,若白鑞,若竹,若木,若葦,若舍羅草用作針筒,不犯。若作錫杖頭鏢鑷,若作傘蓋子及斗頭鏢,若作曲鉤,若作刮污刀,若作如意,若作玦鈕,若作匙,若作杓,若作鉤衣鍧,若作眼藥篦,若作刮舌刀,若作摘齒物,若作挑耳篦,若襌鎮,若作熏鼻筒,如是一切無犯。"《慧琳音義》卷五十九釋《四分律》卷十九"衣鍧"照錄玄應釋文云:"音滑,橫礙也。未詳字出。案《通俗文》:堅鞕不消曰磑砎。音莫八、胡八二反。今山東謂骨縮細者爲磑砎子,蓋取此爲也。縮音烏板反。"很明顯,慧琳存疑待釋。"鍧",《說文》《玉篇》等傳統字書未收,該字當屬於後起俗字,僅見於佛典文獻。故《龍龕手鏡·金部》:"鍧,胡瓜反。"僅是注音,同於玄應之注"音滑"。《中華字海·金部》承之:"鍧,義未詳。見《龍龕》。"

清德基輯《毗尼關要》卷十四"若作鉤衣鍧"注云:"用刮衣令光直,或用刻爲痕,使針行之,以直也。"吳越景霄纂《四分律行事鈔簡正記》卷十二:"鉤衣鍧者(胡八反。《說文》云:是橫物也礙),鉤謂袈裟鉤。子鍧者,狀若此方賓榔子,異繫向條子上。鉤於鞍耳也。眼將者,眼患熱用此榫故。鍧,汗刀者,身有汗以此刮之。"結合原經文,可以判定,"鉤衣鍧"是一種物件的名稱,該物件可以用來鉤掛袈裟,同時又可以用來"刮衣令光直,或用刻爲痕,使針行之,以直也",因可以"刮",故以此爲聲符造一新形聲字"鍧",胡瓜反,音滑,義爲可以用來鉤掛袈裟,同時又可以用來刮衣令光直的工具。這種衣架,非中土所有。中土之衣架春秋時期曰"桁",《集韻·宕韻》:"桁,衣椸。"實際上主體結構就是兩個立柱支撐起一個橫桿,戰國曾侯乙墓出土的衣架即如此;至宋,衣架的使用更爲普遍,河南禹縣宋墓壁畫梳妝圖中的衣架仍然未改春秋之形制。

"鉤衣鍧"又作"鉤衣鎺"。北宋元照述《四分律含注戒本疏》卷四"若比丘作骨牙角針筒剗刮成者波逸提"注:"若自作教他作成犯如上比丘尼吉羅不犯者,若鐵、銅、鉛錫、白鑞,若竹,若木,若葦,若舍羅草用作針筒,不犯。若作錫杖頭鏢瓚,若作傘蓋子及斗頭鏢,若纏蓋斗,若作鉤,若刮污刀,若如意,若抉紐,若匕,若杓,若鉤衣鏻,若眼藥鎞,若刮舌刀、摘齒物、挑耳鎞、禪鎮、熏鼻筒,如是者並不犯。""鏻",元照述作"鎺"。"鎺"字《玉篇·金部》收釋:"鎺,亦瑚字。"《集韻·模韻》:"鎺,黍稷器。夏曰鎺,商曰璉,周曰簠簋。或作鈷,通作瑚。"換言之,"鎺"爲"瑚"之異體字,義爲古代宗廟裏盛黍稷的禮器。顯然,"鉤衣鏻"之"鏻"非古代宗廟裏盛黍稷的禮器之"鎺",是同形字關係。"鉤衣鏻"之"鏻",爲"鎺"之換聲異體字,字音亦變。

（17）薦

【結縷】《上林賦》:布結縷,攢戾莎。《爾雅》:傅,橫目。孫炎云:三輔曰結縷,今關西饒之,俗名句屨草也。律文作茄薦。案:茄,《説文》加、歌二音。《爾雅》:荷,芙蕖。其莖茄。此則於義无施。薦字未詳所出,一本作茄蘆,音力胡反。《爾雅》:葭,蘆。郭璞曰:即葦也。蘆當誤耳。（卷十四,《四分律》卷二十五）

按:"結縷",詞形又作"茄萬""茄薦""茄蔓"等,佛經音義之書多有收釋,見下文。

《慧琳音義》卷五十九釋《四分律》卷二十五"結縷"照錄玄應釋文云:"《爾雅》:傅,橫目。孫炎云:三輔曰結縷,今關西饒之,俗名苟屨草也。律文作茄薦。案:茄,《説文》加、歌二音。《爾雅》:荷,芙蕖。其莖茄。此則於義無施。薦字未詳所出,一本作茄蘆,音加。下力胡反。《爾雅》:葭,蘆。郭璞曰:即葦。必當誤耳。"

《新集藏經音義隨函錄》第十六册釋《四分律》卷廿四"茄萬":"上古牙反,下洛胡反。蘆,葦未秀者也。正作葭蘆也。經音義作薦,以結縷替之。力主反。《説文》云:俗名句屨草也。屨,力遇反。又云一本作茄蘆是也。又或作□、虆,二同。音縷,小蒿也。"

《新集藏經音義隨函錄》第廿五册釋《一切經音義》之卷十四"茄薦":"音盧。正作蘆,又或作虆。力主反。《爾雅》:菝,蔈薐。《唐韻》曰:蔈薐,蔓生細草也。或云雞腸草也。應和尚以'縷'字替之,俗名句屨草,又云一本作茄蘆。"

明弘贊輯《四分律名義標釋》卷二十釋"茄蔓草"云:"此是梵音。西國草名,非取草頭爲義。經音義作結縷字。言《上林賦》云:布結縷,攢戾莎。《爾雅》:傅,橫目。孫炎云:三輔曰結縷,今關西饒之,俗名句屨草也。"

唐懷素集,佛瑩編《四分比丘尼戒本註解》卷二"結縷草"注云:"學名爲 Zoysia Pungens Willd var japoniea Hack,莖細而長,匍匐地面,節節生根。五月間,抽花生穗,長三四釐米,著生多數無梗小花,呈綠色。多年生之草本,生於野原路旁。因細而柔軟,故栽植於庭園、公園運動場等處爲草地。"

上述"結縷"之釋義可以分爲三種意見：

一是玄應、慧琳、佛瑩認爲，"結縷"即結縷草，即今北方俗謂之巴根草。

二是可洪認爲，"結縷"即蘆葦。

三是弘贊認爲，西國草名，梵音，但究竟是什麼草，與中土哪種草本植物對應，未能言明。

"結縷"一詞出自姚秦佛陀耶舍、竺佛念共譯《四分律》卷二十五："爾時婆伽婆在舍衛國祇樹給孤獨園。去比丘尼精舍不遠，有好結縷草生。時有諸居士數來在中坐卧調戲，或唄，或歌，或舞，或有啼哭音聲，亂諸坐禪比丘尼，諸比丘尼患之。居士去後，以大小便糞掃置草上。諸居士還來在中戲時，諸不净污身及衣服，以此不净污草，草遂枯死。"很明顯，事情發生之所舍衛國祇樹給孤獨園"園林之地平正，約有八十頃，内有經行處、講堂、温室、食堂、廚房、浴舍、病室、蓮池、諸房舍。園林中央爲香室，周圍有八十小房。精舍之左右池流清净，樹林茂盛，衆花異色，蔚然成觀。圍繞精舍之外，另有十八僧伽藍"。① 時有諸居士"坐卧調戲，或唄，或歌，或舞"之處，"去比丘尼精舍不遠"，可知此處之"結縷好草"肯定不是蘆葦，因蘆葦是一種多年水生或濕生的高大禾草，生長在灌溉溝渠旁、河堤沼澤地等。那麼，"結縷草"要麼是《爾雅》所謂之"傅""横目"，要麼是"西國草名"，我們認爲"結縷草"正是《爾雅》所謂之"傅""横目"，這也是"西國草名"。

"結縷草"，《辭海》有釋："禾本科。多年生草本。具匍匐的根狀莖。……性耐旱，再生力極强。分布于中國北部和東部；大洋洲和亞洲熱帶地區都有。常用以鋪建草坪，又爲飼料和保持水土植物。"②關於結縷草，《爾雅義疏·釋草》有詳釋："傅，横目。一名結縷，俗謂之鼓筝草。《一切經音義》十四引孫炎云：'三輔曰結縷。'今關西饒之俗名句屢草也。按：句屢即結縷，聲相近。《上林賦》云：'布結縷。'郭注：'結縷蔓生如縷相結。'《漢書音義》云：'結縷似白茅，蔓聯而生。'顏師古曰：'結縷，著地之處皆生細根，如綫相結，故名結縷。今俗呼鼓筝草者，兩幼童對銜之，手鼓中央，則聲如筝也，因以名焉。'今按此即今䒱草也。葉如茅而細，莖間節節生根，其節屈曲，故名句屢，猶今言伛僂也。穗作三四岐，實如秋穀，野人作餅餌食之，其莖柔韌難斷。《晉書·五行志》載：'武帝太康中，江南童謡曰："局縮肉，數横目。"'蓋謂此草句屢不伸，故云局縮矣。"③《爾雅義疏》廣稽文獻資料，

---

① 慈怡主編《佛光大辭典》，佛光出版社，1988年版，第3920—3921頁。
② 夏征農、陳至立主編《辭海》（彩圖本），上海辭書出版社，2009年版，第1111頁。
③ [清]郝懿行撰《爾雅義疏》，《續修四庫全書》第187册，上海古籍出版社，2002年版，第607頁。

指出"結縷"又名"傅""橫目""句屢""鼓筝草","結縷"與"句屢"聲近,並分別指出"結縷""鼓筝草""句屢"的構詞理據。

至於字形,"虋"由"屢"增加形符"艹"而成,"蕅"爲"虋"之換聲異體字。

(18) 瘊病

【瘊病】相承呼溝反。未詳何證。律文多作癰,於恭反。《説文》:癰,腫也。(卷十四,《四分律》卷三十五)

按:《慧琳音義》卷五十九釋《四分律》卷三十五"瘊病"云:"相承呼溝反,未詳何證。律文岌(多)作癰,腫也。"慧琳秉承玄應之音義。《新集藏經音義隨函録》第十六册釋《四分律》卷三十五"瘊病"云:"上户鉤反。瘦也。又經音義作呼溝反。《説文》云,未詳何證。又云,律文多作癰。於恭反。今宜作齁。呼侯反。齡,鼻息也。"《四分律名義標識》藏律卷三十五"瘊病"云:"胡鉤切。音侯。疣瘤病也。"《新集藏經音義隨函録》認爲"瘊"當爲"齁",義爲"鼻息"即喘息聲。《四分律名義標識》認爲"瘊"義爲"疣瘤病",即臉上長的瘊子。究竟"瘊"爲何意?核之原經文:

姚秦佛陀耶舍、竺佛念共譯《四分律》卷三十五:"如是截手、截腳、截手腳,或截耳,或截鼻,或截耳鼻,或截男根,或截卵,或截男根卵,或截臂,或截肘,或截指,或常患疥瘡,或死相現,或身瘦,或身如女身,或有名籍,或避官租賦,或癰瘡,或身駮,或尖頭,或左臂壞,或右臂壞,或擧齒,或虫身,或虫頭,或頭髮瘷瘊,或曲指,或六指,或縵指,或有一卵,或無卵,或瀆或身内曲,或身外曲,或内外曲,或上氣病,或瘊病,或吐沫病,或病,或諸苦惱,或男根病,或青眼,或黄眼,或赤眼,或爛眼,或有紅眼,或黄赤色眼,或青翳眼,或黄翳眼,或白翳眼,或水精眼,或極深眼,或三角眼,或彌離眼,或大張眼,或凸眼,或一眼,或睞眼,或盲眼,或尖出眼,或斜眼,或瞋怒眼,或瞷眼,或眼有瘡患,或身斑,或身疥癬,或身侵淫瘡,或瘂,或聾,或瘂聾,或捲足指,或跛,或曳腳,或一手一腳一耳,或無手無腳無耳,或無髮無毛,或無齒,或青髮、黄髮、白髮、大長、大短、婦女蹲、天子、阿修羅子、揵闥婆子,或有象頭,或有馬頭,或有駱駝頭,或有牛頭,或有驢頭,或有豬頭,或殺羊頭,或有白羊頭,或有鹿頭,或有蛇頭,或有魚頭,或有鳥頭,或有二頭,或有三頭,或有多頭、一切青、一切黄、一切黑、一切赤、一切白、一切似獼猴色,或有風病,或有熱病,或有痰癊病,或癖病,或有喉戾,或有兔缺,或無舌,或截舌,或不知好惡,或身前凸,或後凸,或前後凸,或蟲病,或水病,或内病,或外病,或内外病,或有癬病,常卧不轉病,或有常老極,或有乾痟病,或有失威儀行下極一切污辱衆僧,如此人不得度受具足戒。"

經文中列舉了各種"不得度受具足戒"之人,這些人身體有殘疾或者疾病,其中"上氣病""瘊病""吐沫病"歸爲一組。唐懷素集,釋佛瑩編《四分比丘尼戒本註解》云:"或上氣病(哮喘病),瘊病,吐沫病(癲癇病)。"可知,這些病當均爲呼吸道疾病,其中"上氣病"即哮喘病,"吐沫病"即癲癇病。故"瘊病"衹能是鼻疾。"瘊",律文多作"癰"。《龍龕手鏡·疒部》:"癰,俗。癰,正。"孫星衍輯《倉頡篇》卷中:"癰,鼻疾也。"《論衡·別通》:"人目不見青黃曰盲,耳不聞宫商曰聾,鼻不知香臭曰癰。"故"癰"義爲鼻疾,不辨其味,而非"腫也"。把"鼻疾"義代入原經文,句意亦可通。故當以"癰"爲正字,"瘊"爲訛寫。故《四分律名義標識》認爲"瘊"義爲"疣瘤病",實爲就字釋字,强爲之解,失之太遠;《新集藏經音義隨函録》認爲"瘊"當爲"齁",義爲"鼻息",即喘息聲,而非病名,若是病名,則是哮喘病,與上文之"上氣病"相重,故亦與文意不合。

(19) 禁滿

【禁滿】溫器名也。尋檢文字所無,未詳何出。此應外國語耳,或鎰鏫訛也。鎰音古盍反。鏫音莫朗反。(卷十四,《四分律》卷四十九)

按:"禁滿"一詞,傳世文獻未見,僅見於佛典文獻姚秦佛陀耶舍、竺佛念共譯之《四分律》,凡兩見。

《四分律》卷四十九:"爾時世尊在舍衛國。時諸比丘衣服垢膩,佛言:'聽以鹵土,若灰,若土,若牛屎浣。'彼用粗澀瓮石浣衣令衣壞,佛言:'不應用粗澀瓮石,應用細瓮石。若色脱應更染,若泥,若陀婆樹皮,若婆茶樹皮、揵陀羅若蘴芰,若阿摩勒,若以樹根,若以茜草染。'彼在日中漬汁用染不耐久,佛言:'不應爾,應煮。'彼不知何處煮?佛言:'應以釜煮,若禁滿,若銅瓶鑊煮。'彼煮時樹皮片大不受,佛言:'應以斧細斬,若沸涌出以木按之。'彼不知熟不熟,佛言:'應取汁二三渧著冷水中,若沈者熟應漉取汁。'彼不知漉著何處,佛言:'漉著瓮中,若汁滓俱下,應以掃帚遮。若掃帚弱應以木輔。'彼漉汁時兼捉瓮遂疲極,佛言:'不應爾,應一人捉瓮一人漉汁,若熱捉鑷熱物。'彼冷熱著一處染汁壞。佛言:'不應爾,應冷熱別處,若揚令冷然後和合。'彼就染汁中染,染汁壞,佛言:'不應爾,應取少許别餘器中染。'彼染已敷著地色壞,佛言:'不應爾。'彼便敷著草上令草壞,彼敷著草上葉上令色不調,佛言:'不應爾,應敷著伊梨延陀氀羅、氀氀羅、若氍氀上。十種衣中取一一衣敷著地,以彼染衣著上若懸著繩上,彼須繩聽畜繩須籤聽作。彼須衣頭安紐聽作紐,若染汁偏流應倒易。'"

《四分律》卷四十九:"時有比丘,曬染衣已背向煮,染汁衣汁偏流。有異比丘,先與嫌諍,見之不語彼令知衣色遂壞。諸比丘白佛,佛言:'不應爾,見者應爲倒易,若語令知。'彼比丘染衣竟,不舉釜、禁滿、銅瓶、瓮器、鑊、斧斤、繩簸、伊梨延陀毦羅、毦毦羅便捨去。佛言:'不應爾,應藏舉然後去,若餘人索應與。'彼染衣竟,不掃除染處,令地不净,佛言:'不應爾,應掃除已去。'彼著新衣掃地塵坌污,佛言:'不應著新衣,應著故者。若無私衣應著僧衣。'彼逆風掃塵來坌身,佛言:'不應爾,應順風掃。有五種掃地,不得大福德:不知逆風、順風掃地、不滅跡、不除糞、不復掃尋本處,有如是五法掃地不得大福德。有五法得大福德:知逆風、順風掃地、滅跡、除糞、復掃尋本處,有如是五法得大福德。若上座在下風,應語言:"小避!我欲掃地。"我今爲諸比丘説染衣法,應隨順。若不隨順,應如法治。'"

很明顯,在上揭引文中,"禁滿"是佛祖爲諸比丘説染衣法時應用的一種容器,與"釜""銅瓶""鑊"等一樣,這些容器主要用來煮陀婆樹皮、婆茶樹皮、揵陀羅若葦茇、阿摩勒、樹根、茜草等,用來染脱色之比丘衣服,爲的是在日中漬汁用染不耐久。但這種煮器爲印度器物,中土不見,故《慧琳音義》卷五十九釋《四分律》卷四十九"禁滿"云:"温器也。尋檢文字所無,未詳何出。此應外國語耳。或鑑鋳,訛也。鑑言古盍反。鋳音莫朗反。"慧琳秉承玄應語"温器也""應外國語",最終仍然"未詳何出",未能釋疑。

明釋弘贊輯《四分律名義標釋》卷三十二釋"禁滿"云:"按此本是器物。但未詳何出。元非梵音,亦非此方之言,疑是胡國之語,應是小釜也。若依字釋者,禁是陳酒之器,長四尺,廣二尺四寸,通局足高三寸,漆赤,中畫青雲氣,菱苕華爲飾,斯其古樣也。"弘贊亦認爲禁滿本是器物,但"元非梵音","疑是胡國之語,應是小釜也",這是對的,但弘贊亦未知理據何在。《佛光大辭典》①《漢語外來詞詞典》②《外來詞:異文化的使者》③均未收釋該外來詞。現未見出土文物中有此物,祇能以俟來哲。若依漢族典制,"禁"見於《儀禮》《禮記》二書。《儀禮·士冠禮》:"尊于房户之間,兩甒有禁。"鄭玄注:"禁,承尊之器也。名之爲禁者,因爲酒戒也。"④《禮記·禮器》:"大夫、士棜禁。"孔穎達疏:"禁長四尺,廣二尺四寸,通局足高三寸。"⑤可見"禁"是承尊之器,自然不能作蒸煮染料之用。況以"禁""滿"二字記録古印度之蒸煮之器名,僅是借字記音,若以漢字理解該器物之名,則南轅北轍,穿

---

① 慈怡主編《佛光大辭典》,佛光出版社,1988年版。
② 劉正埮等編《漢語外來詞詞典》,上海辭書出版社,1984年版。
③ 史有爲《外來詞:異文化的使者》,上海辭書出版社,2004年版。
④ [清]阮元校刻《十三經注疏》,中華書局,1980年版,第956頁上。
⑤ [清]阮元校刻《十三經注疏》,中華書局,1980年版,第1433頁。

鑿矣。

（20）朡中

【朡中】相承古侯反。腳曲朡也。未詳何出，此應俗語耳。（卷十四，《四分律》卷五十五）

按："朡中"，《慧琳音義》卷五十九釋《四分律》卷五十五作"膌中"："相承古侯反。腳曲膌也。膌字未詳何出，應俗語耳。"基本照錄玄應釋語，未能釋疑。《玉篇·肉部》："膌，肥皃。"《龍龕手鏡·肉部》："膌，《玉篇》虛講反，肥也。《隨函》又音古侯反。"《集韻·侯韻》："膌，足曲也。"《集韻·講韻》："膌，肥皃。"《類篇·肉部》："膌，居侯切，足曲也。又虎項切，肥皃。"《字彙·肉部》："膌，虛講切，音響，肥貌。又古侯切，音鉤，足白也。"《正字通·肉部》："膌，譌字。舊註音響，肥貌。又音鉤，足白。並非。"梳理比勘可知，"膌"字《説文》未收，爲後起之字，字書《玉篇》最早收釋。"膌"有二音，一音爲響，義爲肥皃；另一音爲鉤，足曲之意。《字彙》將"足曲"誤作"足白"，《正字通》指出"膌"爲訛字，二義並非，但究竟字義爲何，未能給出答案，仍是斷頭路。我們認爲，"膌"之"肥皃"義，《玉篇》雖未能給出例證，仍可存之；"膌"之"足曲"義，當是新造異體字，這也是我們要討論的重點。

"膌"字用例出自佛經。"膌中"，核之原經文，姚秦佛陀耶舍、竺佛念共譯《四分律》卷五十五原文作："時有比丘大小便道中間行婬，彼疑，佛言：'偷蘭遮。在膌中曲腳間、脇邊乳間、腋下耳鼻中、瘡孔中、繩牀木床間、大小褥間、枕邊、在地泥搏間、君持口中，若道想若疑，一切偷蘭遮。'"同書卷五十六亦云："時有比丘憶想於大小便道中間弄失不净，疑，佛言：若作道想，若疑，偷蘭遮；若非道想，不疑，僧伽婆尸沙。如是於股間膌間，若曲膝，若脇邊，若乳間，若腋下，若耳鼻中，若瘡中，若繩牀、木牀間，若大小褥間，若枕間，若地，若泥搏間，若君持口中，如是一切若道想，若疑，偷蘭遮。若非道想，不疑，僧伽婆尸沙。"其中《可洪音義》卷十六釋《四分律》卷五十六音義"膌中"："上古侯反。渫也，奇膌脊膌也，俗。"《可洪音義》指出"膌"爲俗字，義爲渠（渫）。結合語境"膌中曲腳間""脇邊乳間""股間膌間""若曲膝""若乳間"等，"膌"當指身體各部位自然形成的乳溝、腋窩、腹股溝，或者因人爲彎曲而形成的那些臂彎、膝蓋彎曲、足彎曲等，可知"膌"爲"溝"之換形異體字，《集韻·侯部》"膌，足曲也"當爲經文"膌中曲腳間"之斷章取義而來。這一點，《字典考正》亦指出。[①]

"朡"，《説文·肉部》最早收錄該字："朡，薄切肉也。从肉，枼聲。"可知

[①] 鄧福禄、韓小荆《字典考正》，湖北人民出版社，2007年版，第229頁。

義爲薄切肉之"脒"與"溝"之異體"膴"並非異體字關係。"膴",七寺本《玄應音義》寫作"脒",綜觀與七寺本《玄應音義》之共時材料敦煌文獻、碑刻文獻,未見構件"莽"異寫作"枼"者。但在此處,祇能承認"膴"爲"溝"之異體字,"脒"爲"膴"之異體字。

(21) 哠耳

【哠耳】相承音古學反。耳邊語也。未詳何出。(卷十五,《僧祇律》卷七)

按:《慧琳音義》卷五十八釋《僧祇律》卷七此詞時照録玄應原釋文:"相承音古學反。耳邊語也。未詳何出。"未能解決問題。《新集藏經音義隨函録》第十五册釋《僧祇律》卷七此詞云:"上與咯同。古木反。鳥鳴也。律意謂比丘於耳中高作聲而相驚爲戲也。經音義云:相承音角。耳邊語也。《玉篇》作角、觜一音。郭氏亦音角。又呼角反。此後三家所出並非也。"《新集藏經音義隨函録》認爲,"哠","與咯同","鳥鳴也"。參之以原經文。東晉佛陀跋陀羅、法顯譯《僧祇律》原文作:"佛住舍衛城,廣説如上。時六群比丘於迦尸黑山聚落作諸非威儀事:身非威儀、口非威儀、身口非威儀。身非威儀者,若走來走去、跳行跳躑、倒行匍匐、扣盆戲笑、遞相擔負,作如是比種種身戲。口非威儀者,作象鳴、駝鳴、牛鳴、羊鳴、長聲、短聲,或相哠耳,作如是比種種音聲戲笑。身口非威儀者,令身斑駁半邊白、塗面令黑、染髮令白、拍鼓彈琴、擊節舞戲。"結合這個語境,可知六群比丘於迦尸黑山聚落作諸非威儀事,他們模仿象、駝、牛、羊等牲畜的鳴叫聲,恣意嬉笑作樂,"哠"當是禽類之鳴叫聲。"哠",可洪認爲"與'咯'同",《集韻·鐸韻》亦云"咯,雉聲",即野雞的叫聲,"謂比丘於耳中高作聲而相驚爲戲也",與語境正相諧和。而玄應之"耳邊語也"之釋義爲誤,當正。

又,《廣韻·屋韻》:"哠,鳥鳴。又作哠。"《集韻·屋韻》:"哠,雉鳴。或從角。""谷"中古音爲見紐屋韻[uk],"各"爲見紐鐸韻[ɑk],二字皆爲入聲韻,聲同韻近,可以替換,"哠""咯"成爲異體字。

(22) 擔(檐)

【爲怗】宜作擔(檐)。餘占反。言如屋擔(檐)遮堂室也。仍未詳。(卷十六,《摩得勒伽律》卷一)

按:"爲怗",核之原文,劉宋僧伽跋摩譯《摩得勒伽律》卷一作:"'頗有比丘獨在房中犯波羅夷耶?'答:'有。男根長,自口及大便道作婬,若蚊蚋爲拈作婬,波羅夷。'"原經文作"爲拈"。《新集藏經音義隨函録》卷十七釋《薩婆多部毗尼摩得勒伽》卷一"爲拈"云:"他叶反。正作祜、怗二形。怗蓺作枯,於中作不淨行也。又奴兼反,非也。經音義作怗,餘占反,非也。川音作祜,奴兼反,亦非也。怗,他叶反,卷也。宜取怗。"《新集藏經音義隨函録》音"拈",他叶反,即讀爲"帖",並認爲"拈"之正字爲"祜、怗"。"祜",《龍龕手鏡·衣部》收釋:"祜,音户。福也。"《説文·示部》:"祜,上諱。"徐鉉校録:"此漢安帝名也。福也。當从示,古聲。"故《中華字海·衣部》云:"祜,'祜'的訛字。字見朝鮮本《龍龕》。"把"福"義代入原經文"若蚊幬爲拈作婬",扞格難通。結合"拈"之切語"他叶反","拈"之正字當爲"帖",義爲牀帷。《釋名·釋牀帳》:"牀前帷曰帖,言帖帖而垂也。"《廣韻·怗韻》:"帖,券帖。又牀前帷也。"把"牀帷"義代入原經文"若蚊幬爲拈作婬",言比丘獨在房中以蚊帳爲帷幕遮擋而行淫亂之事,語義正相諧和。可洪以爲"祜"字爲正體,誤;玄應認爲"怗""宜作擔(檐)",亦誤。

故"爲怗"之"怗",正字爲"帖",義爲牀帷。"帖"異寫作"怗",當是構件"巾""忄"形近訛混而致。碑刻文獻、敦煌文獻皆有其證,如北魏正光四年(523)《席盛墓誌》:"署中兵參軍,怗武都郡事。"S.462《金光明經果報記》:"王即怗五道將軍,檢化神案。"

(23) 裓

【衣裓】孤得反。相傳云謂衣襟也。未詳所出。(卷十七,《阿毗曇毗婆沙論》卷二十一)

按:《玄應音義》卷六釋《妙法蓮華經》卷二"衣裓":"孤得反。謂衣襟也。"同書卷七釋《伅真陀羅所問經》"衣裓"云:"孤得反。即衣襟也。經文作袗,非也。"同書卷十五釋《十誦律》卷四十八"裓來":"孤得反。謂衣襟也。"

《慧琳音義》卷三十釋《道神足無極變化經》卷二"裓上":"上剛得反。《考聲》云:裓,衣襟也。又作襋,音兢憶反。《字書》云亦衣襟也。《説文》云:衣領也。從衣,戒聲也。"同書卷三十二釋《佛説大浄法門品》"著裓":"緄勒反。《考聲》云:裓,衣襟也。又作襋,音兢憶反。《字書》或云衣袖也。《説文》:衣領。非也。從衣,戒聲也。"同書卷七十八釋《經律異相》卷九"衣裓":"下根剋反。《考聲》:裓,襟也。《説文》:從衣,戒聲也。"

《玉篇·衣部》:"裓,古得切。衣裓也。"《集韻·德韻》:"裓,訖得切。衣裾也。"

《説文·衣部》:"襋,衣領也。从衣,棘聲。"《玉篇·衣部》:"襋,衣領也,衣衿也。"《龍龕手鏡·衣部》:"襋,衣領也。"

《龍龕手鏡·衣部》:"裓、祴,二正。古得反。衣前襟也。"

"戒"字中古音爲見紐怪部[ɐi],"亥"爲匣紐海部[ɒi],二字韻部發音相近,"戒"可以被"亥"替換作"祴"。

(24) 綩綖

【綩綖】一遠反,下以旃反。相傳坐蓐也。未詳何語。(卷三,《摩訶般若波羅蜜經》卷三十九)

【綩綖】諸經有作蜿蟺二形。《字林》一遠反,下以旃反。相承云坐縟也,未詳何語立名耳。(卷六,《妙法蓮華經》卷二)

按:"綩綖",《玄應音義》兩見,僅是指出詞形又作"蜿蟺",相承爲坐縟,但出自何語存闕。

考《慧琳音義》卷四釋《大般若經》卷三百九十八此詞云:"上鴛遠反,下餘旃反。經言綩綖者,即珍妙綺錦筵、繡褥、舞筵、地衣之類也。"又卷十一釋《大寶積經》卷九此詞亦云:"於遠反,下以旃反。假借字也。若取字義即乖經意。案綩綖,地褥也,即儜莚也。俗呼爲地衣、毛錦是也。"卷十一釋《大寶積經》卷十二此詞云:"上於遠反,下以旃反。並假借字。若依字義與經甚乖,今並不取。經云綩綖者,乃珍妙華麗錦繡緜褥、褫(音池)氈花毯、舞筵之類也。字書並無此正字,借用也。"卷十一釋《大寶積經》卷一百一十八此詞云:"上音菀,下音延。經云綩綖者,花氈、錦褥、舞筵之類。案《禮》傳及《字書》説,綩綖乃是頭冠綺飾也,甚乖經義,亦宜改作婉筵二字,以合經義也。"卷十六釋《阿閦佛國經》卷上此詞云:"於遠反,下音延。經文錯用也。正體從草作菀莚,舞筵、地衣之類。"卷二十七釋《妙法蓮華經》序品第一此詞云:"上《字林》:一遠反。有作蜿、蟺二形,非也。下《三蒼》:以旃反。案諸書:綩綖,紘冠也。綖,冠上覆也。《玉篇》:冠前後而垂者。不可車上重敷冠覆。今理應作婉美之婉,席蓐之筵,文蓐華氈之類綺麗席也。"又卷七十四釋《僧伽羅刹集》卷下"菀莚"云:"上於遠反,下以旃反。假借字也。若取字義即乖經意。案菀莚,地褥也,即(即)儜莚也。俗呼爲地衣毛錦是也。經作綩蟺,字體文義俱乖,今不從。後傳寫者宜從草之也。"《慧琳音義》數次釋語可知,"綩綖",又作"婉筵""菀莚""菀莚""綩蟺",爲借字記音的音譯外來詞,義爲錦筵、繡褥、舞筵、地衣等。不同點在於,"錦筵""繡褥"偏重於華美,"舞筵"偏重於用途,"地衣"則爲俗稱。①換言之,玄應、慧琳均認爲"綩綖"即地毯。

把"綩綖"之"地毯"義代入具體語境,如東晉僧伽提婆譯《中阿含經》卷十三:"我因施彼一鉢食福,常爲人所請求,令受飲食、衣被、氍氀、毾㲪、牀褥、綩綖、病瘦湯藥、諸生活具,非不請求。"唐玄奘譯《大般若波羅蜜多經》卷三百九十八:"於其座上重敷裀褥,次鋪綺靶,覆以白氈,絡以綩綖,寶座兩

---

① 徐時儀《"錦筵"和"舞筵"考源》,《燕趙學術》(2007年秋之卷),四川辭書出版社,2007年版。

邊雙設丹枕,垂諸幰帶散妙香花。"則不相諧和。如"緤綖"義爲"地毯",則與地毯義之"氍毹"意義相重複。且在第二例中,"緤綖"當是祔褥、綺帊、白氈之外的瓔珞之類的裝飾物,而不是地毯。至於其製作材料,不同之經記載不同:西晉竺法蘭譯《佛説海龍王經》卷三"敷以數百千天繒,以爲緤綖";西晉竺法護譯《普曜經》卷八"吾子在宮時,茵蓐布緤綖。皆以錦繡成,柔軟有光澤";後秦佛陀耶舍、竺佛念譯《長阿含經》卷三"緤綖細輭,金縷織成,布其座上";唐地婆訶羅譯《方廣大莊嚴經》卷十二"我子在家時,坐卧敷緤綖。皆以綺飾成,柔軟而光澤";這是用中土之繒、錦繡、金縷、綺等高級織物來對譯其材料。隋吉藏《法華義疏》卷六"緤綖者,外國精絹也,名盤縮繡。富貴者重而敷之",則明確告訴我們,"緤綖"使用外國精絹"盤縮繡"做成。至於"緤綖"的實物,揚之水認爲今印度國家博物館所藏之早期安達羅王朝石雕中坐具的敷設即是,可參。①

---

① 揚之水《丹枕與緤綖——佛教藝術名物考》,《傳統中國研究集刊》(九、十合輯),上海人民出版社,2012年版。

結　　語

　　本書在平面描寫日本七寺藏寫本《玄應音義》所使用的異體字、同形字、假借字、記録音譯外來詞的字等文字現象的基礎上，與《干禄字書》和敦煌卷子的文字作共時比較研究，與《説文》《玉篇》殘卷、《篆隸萬象名義》、漢魏六朝碑刻等文獻之字形作歷時比較研究，進而揭示七寺本《玄應音義》文字的特徵、成因及研究價值；最後考釋標以"未見所出""未詳所出"等語的疑難字詞，爲文字學、辭書編纂與修訂、寫本學的研究提供資料。其觀點分述如下：

　　一、七寺本《玄應音義》屬於寫本文獻，奈良時代（710—794）隨遣唐使留學僧玄昉傳入日本，並且開始傳抄流布。該書反映我國唐代的手寫字體面貌，所用書體爲楷書，但它與唐碑的正楷又有所不同：唐碑正楷是當時的規範文字，七寺本《玄應音義》則是手寫體的直接反映。

　　二、七寺本《玄應音義》裏的異體字包括源於古文字、簡省、增繁、異化、訛混、改换、類化、位移、武周新字等九種類型，簡省是異體字的最主要特點與總趨勢；同形字實則是不同原因造成的異體字，這些異體字與原來字位上的字符形成同形現象。七寺本《玄應音義》中的假借字有四種情況，有上古時期的承用假借字，亦有中古時期的新生假借字。這説明借字記音始終是漢字使用過程中的一種有益的補充。七寺本《玄應音義》中記録音譯外來詞的字，有的是借用已有同音漢字，有的則另造新的形聲字。

　　三、共時比較研究表明，七寺本《玄應音義》所使用的文字來源多途，其正字堅持以《説文》爲標準，其通行字和俗字主要沿用漢魏六朝碑刻的異體字，《玄應音義》文字能够基本反映唐代文字的實際使用面貌與以《干禄字書》爲代表的書寫規範。同時，《玄應音義》與敦煌卷子文字類型基本一致，這是由於二者爲同一時期文字的性質決定的。但二者構件亦有部分不同。

　　歷時比較研究表明，《説文》的正字多被七寺本《玄應音義》承用，《説文》的部分異體字變爲七寺本《玄應音義》的正字；七寺本《玄應音義》對《玉篇》殘卷具有很明顯的繼承性，但《玉篇》更注重規範化，七寺本《玄應音義》

則在描寫紛繁蕪雜文字現象的基礎上強調規範化；七寺本《玄應音義》所使用的許多通用字、新字形來源於漢魏六朝時期，七寺本《玄應音義》與時間早於它的《篆隸萬象名義》文字的書寫具有高度的同一性。

四、《玄應音義》的文字特徵主要有：體現唐代的文字規範標準，文字來源於多種途徑，形聲字和會意字是漢字成熟階段的主要造字方法，體現構件理念，趨簡是漢字發展的總趨勢，多數異體字是由兩種以上的因素形成等。其主要成因爲：漢字意音文字的性質，類義内容的多樣性，繼承和發展，書寫快捷、簡便，借字記音始終是漢字表意文字的有益補充等。其文字的價值有：爲後世保存了當時的實際書寫形體，爲後世保存了豐富的漢字字形、字音、字義，提出了文字規範化的思想等。

五、《玄應音義》裏標以"未見所出""未詳所出"等語的疑難字多是異體字，或爲類化換形，或爲換聲，或者形聲皆換，或者改變造字方法，其使用頻率極低，故傳世字書多不見，不易識斷；少數是假借字，如"鍰鎮"通"蒺藜"，"鯨（鯨）"通"勍"，"謂"通"瘧"，"讃"通"譺"，"稭"通"節"，"鏡"通"鉦"，"胍"通"股"；少數是同義詞關係，如"繩""絃"同義，"勒""韃"同義；還有同義換讀，少數是同源字關係，如"圪""仡""屹"三字同源，"毚""貼""豁"三字同源。這些文字現象客觀上都會造成文字識讀上的困難。標以"未見所出""未詳所出"等語的疑難詞語多是古印度或胡地之名物詞，如"魁膾"義爲劊子手，"瘼疢"義爲皮膚病，"綩綖"當是祤褥、綺帊、白氈之外的瓔珞之類的裝飾物，"禁滿"義爲胡國之小釜；或者與佛教故事有關，如"惋手"爲驚歎扼腕之意；或因異體字掩蓋原詞形，如"瘷病"是哮喘病，"瘷"爲"癧"之異體，"㖞耳"即野雞的叫聲，"㖞"爲"咯"之異體，故不易理解。"未見所出""未詳所出"字及其他異體字可爲文字學的理論研究提供字形材料，爲《漢語大字典》的修訂提供字形材料。

參 考 文 獻

一、工具書

[1] 慈怡《佛光大辭典》,臺北:佛光出版社,1988 年。

[2] 迭朗善譯,馬香雪轉譯《摩奴法典》,北京:商務印書館,1982 年。

[3] 杜佑撰,王文錦、王永興、劉俊文、徐庭雲、謝方點校《通典》,北京:中華書局,1982 年。

[4] 顧野王《原本玉篇殘卷》,《續修四庫全書》第 228 册,上海:上海古籍出版社,2002 年。

[5] 顧野王《大廣益會玉篇》,北京:中華書局,1987 年。

[6] 漢語大字典編輯委員會《漢語大字典》(第二版:九卷本),成都:四川辭書出版社、武漢:崇文書局,2010 年。

[7] 漢語大字典編輯委員會《漢語大字典》(第二版縮印本),成都:四川辭書出版社、武漢:崇文書局,2018 年。

[8] 何琳儀《戰國古文字典》,北京:中華書局,1998 年。

[9] 黄征《敦煌俗字典》,上海:上海教育出版社,2005 年。

[10] 劉釗、洪颺、張新俊編著《新甲骨文編》,福州:福建人民出版社,2009 年。

[11] 劉正埮等編《漢語外來詞詞典》,上海:上海辭書出版社,1984 年。

[12] 陸德明《經典釋文》,北京:中華書局,1983 年。

[13] 羅竹風主編《漢語大詞典》,上海:漢語大詞典出版社,1986—1992 年。

[14] 馬端臨《文獻通考》,北京:中華書局,1986 年。

[15] 毛遠明《漢魏六朝碑刻校注》,北京:綫裝書局,2008 年。

[16] 毛遠明《漢魏六朝碑刻異體字典》,北京:中華書局,2014 年。

[17] 秦公、劉大新《廣碑別字》,北京:國際文化出版公司,1995 年。

[18] 任繼愈主編《中華大藏經》,北京:中華書局,2012 年。

[19] 容庚編著,張振林、馬國權摹補《金文編》,北京:中華書局,1985 年。

[20] 施安昌編《顏真卿書〈干祿字書〉》,北京：紫禁城出版社,1990年。
[21] 史有為《外來詞：異文化的使者》,上海：上海辭書出版社,2004年。
[22] 釋空海編《篆隸萬象名義》,北京：中華書局,1995年。
[23] 釋行均《龍龕手鏡》,北京：中華書局,1985年。
[24] 吳鋼輯,吳大敏編《唐碑俗字錄》,西安：三秦出版社,2004年。
[25] 夏征農、陳至立主編《辭海》（彩圖本）,上海：上海辭書出版社,2009年。
[26] 徐時儀校注《一切經音義三種校本合刊》,上海：上海古籍出版社,2008年。
[27] 許慎《說文解字》,北京：中華書局,1963年。
[28] 許慎撰,段玉裁注《說文解字注》,上海：上海古籍出版社,1981年。
[29] 玄應《一切經音義》,海山仙館叢書本,道光乙巳鐫。
[30] 顏元孫《干祿字書》,北京：中華書局,1985年。
[31] 揚雄記,郭璞注《方言》,北京：中華書局,1985年。
[32] 楊正業、馮舒冉、魏現軍、楊濤輯校、點校《古佚三書：上元本玉篇、韻、小學鉤沉三編》,成都：四川辭書出版社,2013年。
[33] 于省吾主編《甲骨文字詁林》,北京：中華書局,1996年。
[34] 張涌泉主編、審訂《敦煌經部文獻合集》,北京：中華書局,2011年。
[35] 中國大百科全書總編輯委員會《語言文字》編輯委員會《中國大百科全書·語言文字》,北京：中國大百科全書出版社,1998年。
[36] 中文大辭典編纂委員會編《中文大辭典》,臺北：中國文化研究所,1962—1968年。
[37] 周祖謨《廣韻校本》,北京：中華書局,2006年。
[38] [日] 釋空海《篆隸萬象名義》,北京：中華書局,1995年。

二、外文資料

[1] [日] 北山由紀子《顧野王玉篇與玄應一切經音義的關係》,《中國語學研究·開篇》Vol.26,2007年。
[2] [日] 池田證壽《〈新譯華嚴經音義私記〉について——先行音義との關係》;北海道大學文學部國語學講座編《辭書·音義》（北大國語學講座二十周年紀念論輯）,汲古書院,1988年。
[3] [日] 池田證壽《高山寺藏新譯華嚴經音義和宮內廳書陵部藏宋版華嚴經》,《日本學·敦煌學·漢文訓讀の新展開——石塚晴通教授退職紀念》,汲古書院,2005年(《敦煌學·日本學——石塚晴通教授退

職紀念論文集》,上海:上海辭書出版社,2005 年)。

[4] [日] 高田時雄《可洪隨函錄與行瑫隨函音疏》,《中國語史的資料與方法》,京都大學人文科學研究所,1994 年。

[5] [日] 吉池孝一《倭名類聚抄所引的考聲切韻逸文的所切和慧琳音義的反切》,《汲古》第 13 期,汲古書院,1988 年。

[6] [日] 落合俊典《敦煌寫本以及日本古寫經中的玄應撰一切經音義》,《轉型期的敦煌學》,上海:上海古籍出版社,2007 年。

[7] [日] 平田昌司《略論唐以前的佛經對音》,二十六屆國際漢藏語言及語言學大會論文集,1994 年。

[8] [日] 切通しのぶ《續一切經音義における希麟音切的考察》,《九州中國學會報》第四十二卷,2003 年。

[9] [日] 慶谷壽信《敦煌出土の音韻資料(上)——stein6691vについて》,东京都立大學中國文學科《人文學報》78 號,1970 年。

[10] [日] 慶谷壽信《敦煌出土の音韻資料(中)——首楞嚴經的文獻學的考察》,东京都立大學中國文學科《人文學報》91 號,1973 年。

[11] [日] 慶谷壽信《敦煌出土の音韻資料(下)——首楞嚴經的反切聲類考》,东京都立大學中國文學科《人文學報》98 號,1974 年。

[12] [日] 三保忠夫《大治本新華嚴經音義の撰述と背景》,《南都佛教》第 33 號,1974 年。

[13] [日] 三保忠夫《元興寺信行撰述の音義》,東京大學國語國文學會《國語と國文學》1974 年第六號(月刊),至文堂。

[14] [日] 森博達《〈玄應音義〉三等韻的分合》,《均社論叢》第五卷第二期,1978 年。

[15] [日] 山田孝雄《一切經音義刊行的始末》,大治寫本《一切經音義》,1933 年。

[16] [日] 上田正《玄應音義諸本論考》,《東洋學報》第六十三卷,1981 年。

[17] [日] 上田正《玉篇、玄應、慧琳、希麟的反切總覽四種》,汲古書院,1987 年。

[18] [日] 神田喜一郎《緇流的二大小學家》,《支那學》第七卷第一號,1933 年。

[19] [日] 石塚晴通《玄應〈一切經音義〉的西域寫本》,《敦煌研究》,1992 年第 2 期。

[20] [日] 石塚晴通、池田證壽《列寧格勒本〈一切經音義〉——以 Φ230 爲中心》,《訓點語與訓點資料》86,1991 年。

[21]［日］石塚晴通、池田證壽《彼得堡本〈一切經音義〉——Φ230 以外的諸本》,《訓點語與訓點資料》96,1995 年。

[22]［日］矢放昭文《〈慧琳音義〉所收〈玄應音義〉的一個側面》,《均社論叢》第六卷第一期,1979 年。

[23]［日］水谷真成《慧苑音義音韻考》,《大谷大學研究年報》1958 年第 11 期。

[24]［日］水谷真成《佛典音義書目》,《中國語史研究》,三省堂,1994 年。

[25]［日］太田齋《玄應音義中〈玉篇〉的使用》,《東洋學報》第八十卷第三號,1998 年(何林譯,《音史新論：慶祝邵榮芬先生八十壽辰學術論文集》,北京：學苑出版社,2005 年)。

[26]［日］太田齋《〈玄應音義〉與〈玉篇〉反切的一致》,《中國語學研究・開篇》Vol.17,1998 年。

[27]［日］小林芳規《一切經音義解題》,《古辭書音義集成》第九卷,汲古書院,1981 年。

[28]［日］西脅常記《柏林所藏吐魯番的漢語文書》,京都大學學術出版會,2002 年。

[29]［日］沼本克明《石山寺藏字書・音義》,《石山寺研究》,法藏館,1978 年。

[30]［日］築島裕《法華經音義について》,山田忠雄編《本幫辭書史論叢》,三省堂,1967 年。

[31]［日］築島裕《大般若經音義の研究—本文篇》,勉誠社,1977 年。

[32]［韓］金愛英《新集藏經音義隨函錄詞彙初探》,《中國語文學志》10 輯,2001 年。

[33]［韓］金愛英、李在敦、李圭甲《新集藏經音義隨函錄言語研究》,《中國語文學論集》18 輯,2001 年。

[34]［韓］李圭甲《高麗大藏經異體字典》,首爾：高麗大藏經研究所出版部,2000 年。

[35]［韓］張在雄《慧苑音義聲母體系研究》,《中國言語研究》第 18 輯,2004 年。

[36]［韓］鄭蓮實《玄應〈一切經音義〉中的"非體"》,《佛經音義研究——第二屆佛經音義研究國際學術研討會論文集》,南京：鳳凰出版社,2011 年。

[37]［俄］B.A.伊斯特林《文字的產生和發展》,北京：北京大学出版社,2002 年。

[38] Robert E. Buswell, Prakritic Phnological Elements in Chinese Buddhist Transcriptions: Data From Xuanying's *Yiqiejing Yinyi* (Collection of Essays 1993 Buddhism Across Boundaries—Chinese Buddihism and the Western Regions by Erik Zurcher, Lore Sander, and others, Taipei, 1999).

三、專著類

[1] 白兆麟《簡明訓詁學》,杭州:浙江教育出版社,1984年。

[2] [漢]班固《漢書》,北京:中華書局,1962年。

[3] 班吉慶《漢字學綱要》,南京:江蘇古籍出版社,2001年。

[4] 曹煒《現代漢語詞彙研究》,北京:北京大學出版社,2004年。

[5] 陳北郊《漢語語諱學》,太原:山西人民出版社,1991年。

[6] 陳奇猷《吕氏春秋校釋》,上海:學林出版社,1984年。

[7] 陳五雲、梁曉虹、徐時儀《佛經音義與漢字研究》,南京:鳳凰出版社,2010年。

[8] 陳垣《中國佛教史籍概論》,北京:中華書局,1962年。

[9] 陳志明、趙變親《漢字學基礎》,北京:中國書籍出版社,2002年。

[10] 陳作霖《一切經音義通檢序》,《正續一切經音義》,上海:上海古籍出版社,1986年。

[11] 儲泰松《唐五代關中方音研究》,合肥:安徽大學出版社,2005年。

[12] 戴昭銘《規範語言學探索》,上海:上海三聯書店,1998年。

[13] 戴震《方言疏證》,《續修四庫全書》第193册,上海:上海古籍出版社,2002年。

[14] 鄧福禄、韓小荆《字典考正》,武漢:湖北人民出版社,2007年。

[15] 丁福保編纂《説文解字詁林》,北京:中華書局,1988年。

[16] 段玉裁《説文解字注》,上海:上海古籍出版社,1981年。

[17] 范可育、王志方、丁方豪等《楷字規範史略》,上海:華東師範大學出版社,2000年。

[18] 馮桂芬《説文解字段注考正》,《續修四庫全書》第223—225册,上海:上海古籍出版社,2002年。

[19] 高明《中國古文字學通論》,北京:北京大學出版社,1996年。

[20] 高誘注《淮南子》,上海:上海書店出版社,1986年。

[21] 高誘注《吕氏春秋》,上海:上海書店出版社,1986年。

[22] 桂馥《説文解字義證》,《續修四庫全書》第209—210册,上海:上海古

籍出版社,2002 年。

[23] 韓小荆《〈可洪音義〉研究——以文字爲中心》,成都:巴蜀書社,2009 年。

[24] 郝懿行《爾雅義疏》,《續修四庫全書》第 187 册,上海:上海古籍出版社,2002 年。

[25] 何九盈《中國古代語言學史》(新增訂版),北京:北京大學出版社,2006 年。

[26] 何琳儀《戰國文字通論》(訂補),南京:江蘇教育出版社,2003 年。

[27] 何山《魏晉南北朝碑刻文字構件研究》,北京:人民出版社,2016 年。

[28] 何休撰,陸德明音義《春秋公羊經傳解詁》,《叢書集成初編》第 31 册,鐵琴銅劍樓藏宋刊本。

[29] 侯康《説文假借例釋》,丁福保編纂《説文解字詁林》,北京:中華書局,1988 年。

[30] 黄淬伯《唐代關中方言音系》,南京:江蘇古籍出版社,1998 年。

[31] 黄建中、胡培俊《漢字學通論》,武漢:華中師範大學出版社,1990 年。

[32] 黄坤堯《音義闡微》,上海:上海古籍出版社,1997 年。

[33] 孔仲温《玉篇俗字研究》,臺北:臺灣學生書局,2000 年。

[34] 李格非、趙振鐸主編《漢語大字典論文集》,武漢:湖北辭書出版社、成都:四川辭書出版社,1990 年。

[35] 李賡芸《炳燭編》,北京:中華書局,1985 年。

[36] 李建國《漢語規範史略》,北京:語文出版社,2000 年。

[37] 李建國《漢語訓詁學史》,上海:上海辭書出版社,2002 年。

[38] 李圃《甲骨文文字學》,上海:學林出版社,1995 年。

[39] 梁曉虹《佛教詞語的構造與漢語詞彙的發展》,北京:北京語言學院出版社,1994 年。

[40] 梁曉虹、徐時儀、陳五雲《佛經音義與漢語詞彙研究》,北京:商務印書館,2005 年。

[41] 林聰明《敦煌文書學》,臺北:新文豐出版公司,1991 年。

[42] 林玉山《中國辭書編纂史略》,鄭州:中州古籍出版社,1992 年。

[43] 劉慶俄《漢字學綱要》,北京:中國和平出版社,1994 年。

[44] 劉武撰,沈嘯寰點校《莊子集解内篇補正》,北京:中華書局,1987 年。

[45] 劉葉秋《中國字典史略》,北京:中華書局,1992 年。

[46] 劉又辛《通假概説》,成都:巴蜀書社,1988 年。

[47] 劉志成《文化漢字學》,成都:巴蜀書社,2003 年。

［48］劉中富《干禄字書字類研究》，濟南：齊魯書社，2004年。
［49］龍異騰《基礎漢字學》，成都：巴蜀書社，2002年。
［50］陸明君《魏晉南北朝碑別字研究》，北京：文化藝術出版社，2009年。
［51］羅繼祖主編《羅振玉學術論著集》，上海：上海古籍出版社，2010年。
［52］羅振玉《雪堂所藏古器物圖説》，上海：上海古籍出版社，2013年。
［53］馬敘倫《説文解字六書疏證》，上海：上海書店出版社，1985年。
［54］毛遠明《漢魏六朝碑刻異體字研究》，北京：商務印書館，2012年。
［55］鈕樹玉《説文新附考》，北京：中華書局，1985年。
［56］鈕樹玉《説文解字校録》，《續修四庫全書》第212册，上海：上海古籍出版社，2002年。
［57］裴駰《史記集解》，《文淵閣四庫全書》第245—246册，臺北：臺灣商務印書館，1986年。
［58］錢劍夫《中國古代字典詞典概論》，北京：商務印書館，1986年。
［59］錢繹撰，李發舜、黃建中點校《方言箋疏》，北京：中華書局，1991年。
［60］秦建文《漢字學導論》，昆明：雲南人民出版社，2008年。
［61］裘錫圭《文字學概要》，北京：商務印書館，1988年。
［62］阮元校刻《十三經注疏》，北京：中華書局，1980年。
［63］商承祚《殷虚文字類編》，決定不移軒刻本，1923年。
［64］邵瑞彭《一切經音義校勘記》，《邵次公遺著》，稿本。
［65］邵瑛《説文解字羣經正字》，《續修四庫全書》第211册，上海：上海古籍出版社，2002年。
［66］沈濤《説文古本考》，《續修四庫全書》第222册，上海：上海古籍出版社，2002年。
［67］釋玄應撰，黃仁瑄校注《大唐衆經音義校注》，北京：中華書局，2018年。
［68］司馬光編《資治通鑒》，北京：中華書局，1956年。
［69］司馬遷《史記》，北京：中華書局，1959年。
［70］唐蘭《殷虚文字記》，北京：中華書局，1981年。
［71］田潛《一切經音義引説文箋》，江陵田氏鼎楚室刻本，1924年。
［72］王力主編《古代漢語》，北京：中華書局，1962年。
［73］王力主編《古代漢語》（校訂重排本），北京：中華書局，1999年。
［74］王夢華《漢字學要論》，長春：吉林人民出版社，2012年。
［75］王念孫著，鍾宇訊點校《廣雅疏證》，北京：中華書局，1983年。
［76］王念孫《讀書雜誌》，北京：中國書店，1985年。

[77] 王寧主編《漢字學概要》，北京：北京師範大學出版社，2001年。
[78] 王少樵《玄應書引說文校異》五卷，版本待考。
[79] 王先謙撰，沈嘯寰、王星賢點校《荀子集解》，北京：中華書局，1988年。
[80] 王元鹿《普通文字學概論》，貴陽：貴州人民出版社，1996年。
[81] 王玉樹《說文拈字》，嘉慶八年（1803）仲秋芳梫堂刊本。
[82] 王筠《說文解字句讀》，北京：中華書局，1988年。
[83] 韋昭注《國語》，北京：商務印書館，1935年。
[84] 魏南安主編《重編一切經音義》，臺北：臺灣中華佛教百科文獻基金會，1997年。
[85] 吳鋼輯，吳大敏編《唐碑俗字錄》，西安：三秦出版社，2004年。
[86] 蕭統編，李善等注《六臣注文選》，北京：中華書局，1987年。
[87] 徐灝《說文解字注箋》，《續修四庫全書》第225—227冊，上海：上海古籍出版社，2002年。
[88] 徐鍇《說文繫傳》，《文淵閣四庫全書》第223冊，臺北：臺灣商務印書館，1986年。
[89] 徐時儀《古白話詞彙研究論稿》，上海：上海教育出版社，2000年。
[90] 徐時儀《佛經音義研究通論》，南京：鳳凰出版社，2005年。
[91] 徐時儀《玄應〈衆經音義〉研究》，北京：中華書局，2005年。
[92] 徐時儀《漢語白話發展史》，北京：北京大學出版社，2007年。
[93] 徐時儀《玄應和慧琳〈一切經音義〉研究》，上海：上海人民出版社，2009年。
[94] 徐時儀、陳五雲、梁曉虹編《佛經音義研究——首届佛經音義研究國際學術研討會論文集》，上海：上海古籍出版社，2006年。
[95] 徐時儀、陳五雲、梁曉虹編《佛經音義研究——第二届佛經音義研究國際學術研討會論文集》，南京：鳳凰出版社，2011年。
[96] 徐時儀、梁曉虹、陳五雲《佛經音義研究通論》，南京：鳳凰出版社，2009年。
[97] 徐時儀、梁曉虹、松江崇編《佛經音義研究——第三届佛經音義研究國際學術研討會論文集》，上海：上海辭書出版社，2015年。
[98] 許嘉璐《古代漢語》，北京：高等教育出版社，1992年。
[99] 顏師古《急就篇》，《四部叢刊續編》，上海：上海書店出版社，1984年。
[100] 楊端志《訓詁學》，濟南：山東文藝出版社，1985年。
[101] 楊五銘《漢字學》，長沙：湖南人民出版社，1986年。
[102] 楊正業《語文詞典編纂史》，北京：中國文聯出版社，2006年。

[103] 姚永銘《慧琳〈一切經音義〉研究》,南京:江蘇古籍出版社,2003 年。

[104] 雍和明《中國辭典史論》,北京:中華書局,2006 年。

[105] 余家驥《漢字學》,呼和浩特:内蒙古教育出版社,2002 年。

[106] 余冠英選注《漢魏六朝詩選》,北京:人民文學出版社,1978 年。

[107] 于亭《玄應〈一切經音義〉研究》,北京:中國社會科學出版社,2009 年。

[108] 袁賓、徐時儀、史佩信、陳年高等《二十世紀的近代漢語研究》,太原:書海出版社,2001 年。

[109] 張桂光《漢字學簡論》,廣州:廣東高等教育出版社,2004 年。

[110] 張金泉、許建平《敦煌音義匯考》,杭州:杭州大學出版社,1996 年。

[111] 張明華《中國字典詞典史話》,北京:商務印書館,1992 年。

[112] 張青松《〈正字通〉異體字研究》,北京:語文出版社,2016 年。

[113] 張永言《訓詁學簡論》,武漢:華中工學院出版社,1985 年。

[114] 張涌泉《漢語俗字叢考》,北京:中華書局,2000 年。

[115] 張涌泉《敦煌經部文獻合集》,北京:中華書局,2008 年。

[116] 張涌泉《漢語俗字研究》,北京:商務印書館,2010 年。

[117] 張涌泉《張涌泉敦煌文獻論叢》,上海:上海古籍出版社,2011 年。

[118] 張玉金、夏中華《漢字學概論》,南寧:廣西教育出版社,2001 年。

[119] 張雲璈《選學膠言》,上海文瑞樓書局影印本,1928 年。

[120] 鄭賢章《龍龕手鏡研究》,長沙:湖南師範大學出版社,2004 年。

[121] 鄭賢章《〈新集藏經音義隨函錄〉研究》,長沙:湖南師範大學出版社,2007 年。

[122] 鄭珍《説文新附考》,北京:中華書局,1985 年。

[123] 周大璞《訓詁學初稿》,武漢:武漢大學出版社,1987 年。

[124] 周法高《玄應反切字表(附玄應反切考)》,香港:崇基書店,1968 年。

[125] 周克庸《漢字文字學》,貴陽:貴州人民出版社,2009 年。

[126] 周有光《比較文字學初探》,北京:語文出版社,1998 年。

[127] 朱駿聲《説文通訓定聲》,《續修四庫全書》第 220—221 册,上海:上海古籍出版社,2002 年。

[128] 朱熹《四書章句集注》,北京:中華書局,1983 年。

四、論文類

[1] 白兆麟《展示佛經文獻之瑰寶,填補漢語研究之空白——評〈玄應《衆經音義》研究〉》,《學術界》,2006 年第 3 期。

［2］白兆麟《評〈玄應《衆經音義》研究〉》,《中國語文》,2007 年第 1 期。

［3］暴慧芳《漢語古文字合文研究》,西南大學碩士學位論文,2009 年。

［4］畢慧玉《敦煌寫本〈六度集經〉音義校補》,《敦煌學研究》,2006 年第 1 期。

［5］曹志國《裴務齊正字本〈刊謬補缺切韻〉之異體字研究》,河北大學碩士學位論文,2006 年。

［6］常麗馨《秦簡異體字整理研究》,西南大學碩士學位論文,2011 年。

［7］常萍《武周新字的來源及在吐魯番墓誌中的變異》,《蘭州大學學報》（社會科學版）,2016 年第 3 期。

［8］陳廣恩《佛教對中國語言的影響》,《中國宗教》,2005 年第 4 期。

［9］陳萍萍《玄應〈一切經音義〉"經文作字"研究》,浙江大學碩士學位論文,2015 年。

［10］陳王庭《〈玄應音義〉所據唐代早期寫本大藏經研究》,上海師範大學碩士學位論文,2010 年。

［11］陳五雲、梁曉虹《孔雀經單字漢字研究》,《中國文字研究》,2007 年第二輯。

［12］陳五雲、梁曉虹、徐時儀《可洪音義字形研究》,《漢字傳播與中越文化交流》,北京：國際文化出版公司,2004 年。

［13］陳五雲、梁曉虹、徐時儀《慧琳一切音義所用正體正字等術語研究》,《東亞文獻研究》,2007 年。

［14］陳垣《玄應慧苑兩音義合論》,《經世日報·讀書周刊》第 39 期,1947 年。

［15］陳垣《慧琳希麟兩音義合論》,《經世日報·讀書周刊》第 39 期,1947 年。

［16］儲泰松《可洪音義劄記》,《古漢語研究》,2004 年第 2 期。

［17］儲泰松《唐代音義所見方音考》,《語言研究》,2004 年第 2 期。

［18］鄧福祿、韓小荊《試論〈可洪音義〉在字典編纂方面的價值》,《河北科技大學學報》（社會科學版）,2007 年第 1 期。

［19］丁鋒《慧琳〈一切經音義〉改良玄應反切考》,《海外事情研究》第三十一卷第一號,2003 年。

［20］丁鋒《慧琳改訂玄應反切聲類考》,《音史新論》,北京：學苑出版社,2005 年。

［21］丁鋒《慧琳改訂玄應反切反映的唐代長安聲調狀況》,《漢語史學報》第六輯,上海：上海教育出版社,2006 年。

[22] 丁福保《一切經音義提要》,《正續一切經音義》第 5796—5857 頁,上海:上海古籍出版社,1986 年。

[23] 丁福保《重刊正續一切經音義序》,《正續一切經音義》第 5791—5794 頁,上海:上海古籍出版社,1986 年。

[24] 丁慶剛《玄應〈一切經音義〉名物詞考釋五則》,《農業考古》,2017 年第 6 期。

[25] 竇懷永《敦煌文獻避諱研究》,浙江大學博士學位論文,2007 年。

[26] 范舒《吐魯番本玄應〈一切經音義〉研究》,浙江大學碩士學位論文,2012 年。

[27] 范舒《吐魯番本玄應〈一切經音義〉研究》,《敦煌研究》,2014 年第 6 期。

[28] 方廣錩《〈慧琳音義〉與唐代大藏經》,《藏外佛教文獻》第八輯,北京:宗教文化出版社,2003 年。

[29] 方一新《玄應〈一切經音義〉卷一二〈生經〉音義劄記》,《古漢語研究》,2006 年第 3 期。

[30] 鋼和泰《音譯梵書與中國古音》,《國學季刊》第一卷第一期,1923 年。

[31] 耿銘《玄應〈賢愚經〉音義校讀劄記》,《覺群佛學(2006)》,北京:宗教文化出版社,2006 年。

[32] 耿銘《佛經音義字體考》,《普門學報》第 44 期,2008 年。

[33] 耿銘《玄應〈衆經音義〉異文研究——以高麗藏本、磧砂藏本爲主》,上海師範大學博士學位論文,2008 年。

[34] 耿銘《玄應〈正法念經〉音義諸版本文字的比較與分析》,《佛經音義研究——第三屆佛經音義研究國際學術研討會論文集》,上海:上海辭書出版社,2015 年。

[35] 顧齊之《新收一切藏經音義序》,《正續一切經音義》第 25 頁,上海:上海古籍出版社,1986 年。

[36] 郭偉傑《戰楚簡遣策異體字研究》,曲阜師範大學碩士學位論文,2013 年。

[37] 韓小荊《〈可洪音義〉與佛典整理》,《長江學術》,2006 年第 2 期。

[38] 韓小荊《〈可洪音義〉與大型字典編纂》,《古漢語研究》,2007 年第 3 期。

[39] 韓小荊《據〈可洪音義〉解讀〈龍龕手鏡〉俗字釋例》,《語言科學》,2007 年第 5 期。

[40] 韓小荊《試析〈可洪音義〉對〈玄應音義〉的匡補》,《中國典籍與文化》,

2007 年第 4 期。

[41] 韓小荊《以〈可洪音義〉補大型字書未收俗字》,《中國文字研究》,2007 年第二輯。

[42] 韓小荊《玄應〈一切經音義〉注釋指瑕》,《湖北大學學報》(哲學社會科學版),2012 年第 3 期。

[43] 何家興《戰國文字分域研究》,安徽大學博士學位論文,2010 年。

[44] 黑維强《敦煌文獻詞語陝北方言證(續)》,《敦煌研究》,2005 年第 1 期。

[45] 侯佳利《〈漢語大字典〉引〈一切經音義〉辨誤》,《湖北第二師範學院學報》,2013 年第 10 期。

[46] 侯佳利《北師大藏玄應〈一切經音義〉殘卷版本考》,《湖北第二師範學院學報》,2014 年第 3 期。

[47] 黄建寧《"野干"爲何物》,《文獻》,2005 年第 1 期。

[48] 黄仁壽《從幾個部首談〈漢語大字典〉對異體字的處理》,《漢語大字典論文集》,武漢:湖北辭書出版社、成都:四川辭書出版社,1990 年。

[49] 黄仁瑄《玄應〈一切經音義〉中的"假借""借字"》,《南陽師範學院學報》,2003 年第 7 期。

[50] 黄仁瑄《玄應〈一切經音義〉中的字意》,《河南師範大學學報》(哲學社會科學版),2004 年第 4 期。

[51] 黄仁瑄《慧琳〈一切經音義〉中的轉注字》,《古漢語研究》,2005 年第 1 期。

[52] 黄仁瑄《慧琳〈一切經音義〉中的轉注兼會意字》,《語言研究》,2005 年第 2 期。

[53] 黄仁瑄《玄應音系中的舌音、唇音和全濁聲母》,《語言研究》,2006 年第 2 期。

[54] 黄仁瑄《玄應〈一切經音義〉中的近字》,《河南師範大學學報》(哲學社会科學版),2006 年第 5 期。

[55] 黄仁瑄《唐五代佛經音義中的借用》,《南陽師範學院學報》,2006 年第 7 期。

[56] 黄仁瑄《高麗藏本慧苑音義引〈説文〉的異文問題》,《語言研究》,2008 年第 3 期。

[57] 黄仁瑄《唐五代佛典音義音系中的全濁聲母》,《語言科學》,2010 年第 4 期。

[58] 黄仁瑄《唐五代佛典音義音系中的牙音聲母》,《漢語學報》,2011 年第

1期。

[59] 黃仁瑄《〈瑜伽師地論〉之玄應"音義"校勘舉例》,《古漢語研究》,2012年第2期。

[60] 黃仁瑄《玄應〈大唐衆經音義〉校勘舉例》,《語言研究》,2013年第2期。

[61] 黃仁瑄《〈四分律〉之玄應"音義"校勘舉例》,《語文研究》,2013年第3期。

[62] 黃仁瑄《〈妙法蓮華經〉之玄應"音義"校勘舉例》,《漢語學報》,2013年第4期。

[63] 黃仁瑄《正清本源,翻對唐梵——〈《大唐衆經音義》校注〉前言》,《華中國學》,2016年春之卷。

[64] 黃仁瑄《玄應〈大唐衆經音義〉校勘舉例(續一)》,《語言研究》,2016年第2期。

[65] 黃仁瑄、聶宛忻《唐五代佛典音義音系中的舌音聲母》,《語言研究》,2007年第2期。

[66] 黃仁瑄、聶宛忻《慧苑音系聲紐的研究》,《古漢語研究》,2007年第3期。

[67] 姜磊《玄應〈一切經音義〉校勘"大徐本"例説》,《寧夏大學學報》(人文社會科學版),2006年第2期。

[68] 姜磊《玄應〈一切經音義〉校補〈説文〉大徐本例説》,《科技資訊:科學·教研》,2008年第14期。

[69] 蔣禮鴻《玄應〈一切經音義〉校録》,《蔣禮鴻語言文字學論叢》,杭州:浙江古籍出版社,1994年。

[70] 景審《一切經音義序》,《正續一切經音義》第19頁,上海:上海古籍出版社,1986年。

[71] 雷昌蛟《〈辭源〉〈漢語大字典〉〈漢語大詞典〉標音失誤辨正二則》,《遵義師範學院學報》,2005年第2期。

[72] 冷玉龍《論異體字及其在辭書中的處理》,《漢語大字典論文集》,武漢:湖北辭書出版社、成都:四川辭書出版社,1990年。

[73] 黎養正《重校一切經音義序》,《大正新修大藏經》第54册第933頁,臺北:新文豐出版公司,1996年。

[74] 李道明《異體字論》,《漢語大字典論文集》,武漢:湖北辭書出版社、成都:四川辭書出版社,1990年。

[75] 李福言《〈廣雅疏證〉引〈玄應音義〉考》,《佛經音義研究——第三届佛

經音義研究國際學術研討會論文集》，上海：上海辭書出版社，2015 年。

［76］李福言《〈玄應音義〉引〈説文〉考》，《中國文字研究》第二十五輯，2017 年。

［77］李圭甲《日本金剛寺本〈玄應音義〉的誤字與異體字》，《語言研究》，2016 年第 2 期。

［78］李國英《異體字的定義與類型》，《北京師範大學學報》（社會科學版），2007 年第 3 期。

［79］李吉東《〈一切經音義〉中所見的幾處〈周易〉經文異文》，《周易研究》，2006 年第 2 期。

［80］李吉東《玄應音義反切考》，山東大學博士學位論文，2006 年。

［81］李乃琦《圖書寮本〈類聚名義抄〉與玄應〈一切經音義〉》，《佛經音義研究——第三屆佛經音義研究國際學術研討會論文集》，上海：上海辭書出版社，2015 年。

［82］李文珠《〈一切經音義〉中幾個俗字術語辨析》，《南陽師範學院學報》，2007 年第 4 期。

［83］李運富《論漢字的字際關係》，《語言》第三卷，北京：首都師範大學出版社，2002 年。

［84］李墾華《三種〈一切經音義〉醫學名物詞研究》，北京中醫藥大學碩士學位論文，2013 年。

［85］李墾華《隋唐五代醫書與佛經音義醫學詞彙比較研究》，北京中醫藥大學博士學位論文，2017 年。

［86］梁曉虹《佛經音義研究的新收穫》，《普門學報》第 31 期，2006 年。

［87］梁曉虹、陳五雲《〈四分律音義〉俗字拾碎》，南山大學《アカデミア》文學·語學篇》第 83 號，2008 年。

［88］梁曉虹、陳五雲、徐時儀《從佛經音義的辨識看外來詞的漢化過程》，南山大學《文學語學篇》第 77 號，2005 年。

［89］梁曉虹、徐時儀、陳五雲等《從佛經音義的辨識看外來詞的漢化過程》，南山大學《アカデミア》文學·語學編，第 77 號，2005 年。

［90］劉春生《慧苑及華嚴經音義的幾點考證》，《貴州大學學報》，1992 年第 2 期。

［91］劉又辛《從漢字演變的歷史看文字改革》，《中國語文》，1957 年第 5 期。

［92］劉雲《戰國文字異體字研究——以東方六國文字爲中心》，北京大學博

士學位論文,2012 年。

[93] 陸宗達《一切經音義引用書索引跋》,《正續一切經音義》第 5661—5664 頁,上海:上海古籍出版社,1986 年。

[94] 羅振玉《增訂殷虛書契考釋》,《羅振玉學術論著集》(第一集),上海:上海古籍出版社,2010 年。

[95] 羅振躍《對中國古代第一部民間俗語字典〈通俗文〉的社會學思考》,《中文自學指導》,2007 年第 5 期。

[96] 馬康勤《甲骨文異體字研究》,浙江師範大學碩士學位論文,2016 年。

[97] 馬秋紅《〈吐魯番出土文書〉異體字研究》,西南大學碩士學位論文,2011 年。

[98] 毛遠明《漢字假借性質之歷時考察》,《西南大學學報》(社會科學版),2010 年第 4 期。

[99] 毛遠明《〈玄應音義〉中的"非"類字研究》,《佛經音義研究——第二屆佛經音義研究國際學術研討會論文集》,南京:鳳凰出版社,2011 年。

[100] 聶鴻音《黑城所出續一切經音義殘片考》,《北方文物》,2001 年第 1 期。

[101] 聶宛忻《玄應〈一切經音義〉中的借音》,《南陽師範學院學報》,2003 年第 11 期。

[102] 聶志軍《日本杏雨書屋藏玄應〈一切經音義〉殘卷再研究》,《古漢語研究》,2013 年第 1 期。

[103] 潘牧天《日本古寫玄應〈一切經音義〉卷六略探》,《佛經音義研究——第三屆佛經音義研究國際學術研討會論文集》,上海:上海辭書出版社,2015 年。

[104] 齊元濤《武周新字的構形學考察》,《陝西師範大學學報》(哲學社會科學版),2005 年第 6 期。

[105] 喬輝《高麗藏本〈慧苑音義〉與玄應〈一切經音義〉之"大方廣佛華嚴經音義"相較說略》,《語文學刊》,2011 年第 11 期。

[106] 秦鳳鶴《〈說文解字〉異體字類型研究》,《中國文字學報》第五輯,2014 年。

[107] 施安昌《從院藏拓片探討武則天造字》,《故宮博物院院刊》,1983 年第 4 期。

[108] 施安昌《武周新字"圀"制定的時間——兼談新字通行時的例外》,《故宮博物院院刊》,1991 年第 1 期。

[109] 施安昌《唐人〈干祿字書〉研究》,附顏真卿書《干祿字書》後,北京:

紫禁城出版社,1992 年。

[110] 史甲慶《王仁昫〈刊謬補缺切韻〉之異體字研究》,河北大學碩士學位論文,2007 年。

[111] 蘇芃《原本〈玉篇〉避諱字"統""綱"發微》,《辭書研究》,2011 年第 1 期。

[112] 蘇文英《西周金文異體字研究》,西南大學博士學位論文,2016 年。

[113] 孫建偉《也談〈玄應音義〉的"近字"》,《海南師範大學學報》(社會科學版),2013 年第 5 期。

[114] 孫磊《〈新修玉篇〉異體字研究》,河北大學碩士學位論文,2011 年。

[115] 孫秀清《〈玄應音義〉疑難詞釋疑》,《學術探索》,2012 年第 3 期。

[116] 孫玄常《〈廣雅疏證·釋詁〉劄記音訓篇》,《運城學院學報》,1993 年第 1 期。

[117] 湯用彤《讀一點佛書的〈音義〉》,《湯用彤集》,北京:中國社會科學出版社,1995 年。

[118] 唐蘭《韻英考》,《申報》,1948 年 5 月 29 日。

[119] 王彩琴《說文新附考異——觀正續一切經音義後》,《許昌師專學報》,1990 年第 1 期。

[120] 王國維《天寶韻英、元廷堅韻英、張戩考聲切韻、武玄之韻詮分部考》,《觀堂集林》卷八,北京:中華書局,1959 年。

[121] 王國維《說玨朋》,載《王國維儒學論集》,成都:四川大學出版社,2010 年。

[122] 王華權《〈一切經音義〉(麗藏本)刻本用字研究》,上海師範大學碩士學位論文,2008 年。

[123] 王華權《試論〈一切經音義〉刻本用字的學術價值》,《黃岡師範學院學報》,2009 年第 2 期。

[124] 王華權《〈一切經音義〉引書考論》,《長沙鐵道學院學報》(社會科學版),2009 年第 3 期。

[125] 王華權《〈一切經音義〉高麗藏版本再考》,《咸寧學院學報》,2009 年第 4 期。

[126] 王華權《〈龍龕手鏡〉所收〈一切經音義〉用字考探》,《黃岡師範學院學報》,2010 年第 1 期。

[127] 王華權《高麗藏本〈一切經音義〉所引〈周易〉異文考》,《湖北社會科學》,2010 年第 6 期。

[128] 王華權《〈一切經音義〉通假字辨析》,《唐山師範學院學報》,2010 年

第 3 期。

[129] 王華權《〈一切經音義〉文字研究》，上海師範大學博士學位論文，2012 年。

[130] 王輝霞《武后及武周時期墓誌異體字研究》，西南大學碩士學位論文，2010 年。

[131] 王力《玄應一切經音義反切考》，《武漢師範學院學報》（哲學社會科學版），1980 年第 3 期。

[132] 王力《訓詁學上的一些問題》，《龍蟲並雕齋文集》（一），北京：中華書局，1980 年。

[133] 王曦《〈玄應音義〉磧砂藏系改動原文文字情況考察》，《合肥師範學院學報》，2011 年第 4 期。

[134] 王曦《〈玄應音義〉磧砂藏系與高麗藏系異文比較》，《古漢語研究》，2012 年第 3 期。

[135] 王曦《論玄應〈一切經音義〉喉音聲母曉、匣、云、以的分立》，《中南大學學報》（社會科學版），2014 年第 3 期。

[136] 王曦《試論歷史語音研究中破音字常讀音考察的方法——以〈玄應音義〉中破音字常讀音研究爲例》，《古漢語研究》，2014 年第 3 期。

[137] 王曦《試論玄應〈一切經音義〉中的舌音聲母》，《湖北大學學報》（哲學社會科學版），2015 年第 1 期。

[138] 王曦《玄應〈一切經音義〉重紐韻舌齒音考察》，《海南師範大學學報》（社會科學版），2015 年第 3 期。

[139] 王曦《玄應〈一切經音義〉唇音聲母考察》，《中國語文》，2016 年第 6 期。

[140] 王曦《〈玄應音義〉從邪分立考》，《國學學刊》，2017 年第 3 期。

[141] 王玉蛟《兩漢簡帛異體字研究》，西南大學碩士學位論文，2013 年。

[142] 吳繼剛《〈玄應音義〉詞典學研究》，西華師範大學碩士學位論文，2005 年。

[143] 吳繼剛《〈漢語大字典〉"鬢""嵐"字考》，《漢字文化》，2006 年第 4 期。

[144] 吳繼剛《〈玄應音義〉中的按語研究》，《五邑大學學報》（社會科學版），2009 年第 2 期。

[145] 吳繼剛《論莊炘等對〈玄應音義〉的研究》，《佛經音義研究——第二屆佛經音義研究國際學術研討會論文集》，南京：鳳凰出版社，2011 年。

[146] 吳繼剛《七寺本〈玄應音義〉文字研究》，西南大學博士學位論文，

2012 年。

[147] 夏能權《〈一切經音義〉校勘記辨正五則》,《安徽文學》(下半月),2008 年第 4 期。

[148] 蕭瑜《〈販書偶記〉"子部・釋家類・一切經音義二十六卷"條辨疑》,《古籍整理研究學刊》,2005 年第 6 期。

[149] 謝微微《〈四聲篇海〉異體字研究》,湖南師範大學碩士學位論文,2015 年。

[150] 徐時儀《唐寫本〈說文〉管窺》,《黔南民族師範學院學報》,2002 年第 1 期。

[151] 徐時儀《佛經音義中有關乳製品的詞語考探》,《南陽師範學院學報》,2002 年第 2 期。

[152] 徐時儀《〈一切經音義〉引〈切韻〉考》,《中國語言學報》第十一期,北京:商務印書館,2003 年。

[153] 徐時儀《佛經音義引切韻考》,《中國語學研究・開篇》Vol. 22,2003 年。

[154] 徐時儀《玄應音義各本異切考》,《跬步集——上海師範大學古籍研究所建所二十周年紀念文集》,上海:上海師範大學學報編輯部,2003 年。

[155] 徐時儀《慧琳改訂玄應所釋音切考探》,香港《中國語文通訊》第 68 期,2003 年。

[156] 徐時儀《唐釋玄應〈一切經音義〉所釋方言詞考》,《慶祝施蟄存教授百歲華誕文集》,上海:上海古籍出版社,2003 年。

[157] 徐時儀《略論〈玄應音義〉在文字學研究上的學術價值》,《中國文字研究》第四輯,2003 年。

[158] 徐時儀《〈玄應音義〉中的新詞新義例釋》,《覺群・學術論文集》第三輯,北京:商務印書館,2004 年。

[159] 徐時儀《佛經音義所引〈說文〉考探》,《中華文史論叢》第 74 輯,2004 年。

[160] 徐時儀《切韻逸文考補正》,《聲韻論叢》第十三輯,2004 年。

[161] 徐時儀《玄應一切經音義所釋方音考》,《中國語學研究・開篇》Vol. 23,2004 年。

[162] 徐時儀《玄應〈眾經音義〉方俗詞考》,《上海師範大學學報》,2004 年第 4 期。

[163] 徐時儀《玄應〈眾經音義〉各本異同考》,《文史》,2004 年第 4 期。

[164] 徐時儀《佛經中有關麵食的詞語考探》,《普門學報》第 23 期,2004 年。
[165] 徐時儀《玄應〈衆經音義〉所釋常用詞考》,《語言研究》,2004 年第 4 期。
[166] 徐時儀《玄應音義版本考》,《中國學術》第十八輯,北京:商務印書館,2005 年。
[167] 徐時儀《玄應〈衆經音義〉方言俗語詞考》,《漢語學報》,2005 年第 1 期。
[168] 徐時儀《玄應〈衆經音義〉引〈方言〉考》,《方言》,2005 年第 1 期。
[169] 徐時儀《玄應〈衆經音義〉所釋西域名物詞考》,《漢語史研究集刊》第七輯,2005 年。
[170] 徐時儀《敦煌寫本〈玄應音義〉考補》,《敦煌研究》,2005 年第 1 期。
[171] 徐時儀《玄應〈一切經音義〉注音依據考》,《黔南民族師範學院學報》,2005 年第 2 期。
[172] 徐時儀《玄應〈衆經音義〉所釋吳方言詞考》,《吳語研究:第三屆國際吳方言學術研討會論文集》,上海:上海教育出版社,2005 年。
[173] 徐時儀《玄應〈衆經音義〉口語詞考》,《南開語言學刊》,2005 年第 1 期。
[174] 徐時儀《玄應〈衆經音義〉所釋俗字考》,《漢字研究》第一輯,北京:學苑出版社,2005 年。
[175] 徐時儀《玄應〈衆經音義〉所釋詞語考》,《南陽師範學院學報》,2005 年第 7 期。
[176] 徐時儀《玄應衆經音義的成書和版本流傳考探》,《古籍整理研究學刊》,2005 年第 4 期。
[177] 徐時儀《玄應〈衆經音義〉所釋名物詞考》,《中國語文研究》,2005 年第 1 期。
[178] 徐時儀《玄應〈衆經音義〉俗語詞考》,《長江學術》第七輯,2005 年。
[179] 徐時儀《〈玄應音義〉所釋方俗詞考》,《中國語學研究・開篇》Vol.24,2005 年。
[180] 徐時儀《佛經音義所釋外來詞考》,《漢學研究》,2005 年第 1 期。
[181] 徐時儀《〈開寶藏〉和〈遼藏〉的傳承淵源考》,《宗教學研究》,2006 年第 1 期。
[182] 徐時儀《"錦筵""舞筵""綩綖"考》,《文學遺產》,2006 年第 3 期。
[183] 徐時儀《敦煌吐魯番寫本玄應音義考補》,《敦煌學研究》,2006 年第

1期。

[184] 徐時儀《金藏、麗藏、磧砂藏與永樂南藏淵源考——以玄應音義爲例》,《世界宗教研究》,2006年第2期。

[185] 徐時儀《〈一切經音義〉引〈說文〉考》,《中國語學研究・開篇》Vol.25,2006年。

[186] 徐時儀《略論〈一切經音義〉與大型字典的編纂》,《中國文字研究》第七輯,2006年。

[187] 徐時儀《〈一切經音義〉與漢字研究》,《覺群佛學(2006)》,北京:宗教文化出版社,2006年。

[188] 徐時儀《敦煌寫卷〈放光般若經〉音義考斠》,《敦煌佛教與禪宗學術討論會會議論文集》,西安:三秦出版社,2006年。

[189] 徐時儀《兩漢魏晉南北朝史書詞語考釋》,《南陽師範學院學報》,2006年第7期。

[190] 徐時儀《"錦筵"和"舞筵"考源》,《燕趙學術》(2007年秋之卷),成都:四川辭書出版社,2007年。

[191] 徐時儀《俄藏敦煌寫卷〈放光般若經〉音義考斠》,《古籍整理研究學刊》,2008年第3期。

[192] 徐時儀《略論〈一切經音義〉字典的編纂》,《中國文字研究》第十輯,2008年。

[193] 徐時儀《〈一切經音義〉引〈玉篇〉考》,《中國語學研究・開篇》Vol.27,2008年。

[194] 徐時儀《窺基〈妙法蓮花經音義〉引〈切韻〉考》,《覺群佛學(2007)》,北京:宗教文化出版社,2008年。

[195] 徐時儀《玄應〈一切經音義〉寫卷考》,《文獻》,2009年第1期。

[196] 徐時儀《略論〈慧琳音義〉的校勘》,《長江學術》,2009年第1期。

[197] 徐時儀《〈一切經音義〉與古籍整理研究》,《古籍整理研究學刊》,2009年第1期。

[198] 徐時儀《略論〈一切經音義〉與詞彙學研究》,《陝西師範大學學報》(哲學社會科學版),2009年第3期。

[199] 徐時儀《略論〈一切經音義〉與音韻學研究》,《杭州師範大學學報》(社會科學版),2009年第6期。

[200] 徐時儀《敦煌寫卷佛經音義俗字考探》,《百家藝術》,2010年第6期。

[201] 徐時儀《略論佛經音義的校勘——兼述王國維、邵瑞彭、周祖謨和蔣禮鴻所撰〈玄應音義〉校勘》,《杭州師範大學學報》(社會科學版),

2011 年第 3 期。

[202] 徐時儀《"儱悷""儱戾""狼戾""狠戾""很戾"考》,《漢語史研究集刊》第十九輯,2015 年。

[203] 徐時儀《"很戾""佷戾""狠戾"与"狼戾""儱悷"》,《辭書研究》,2016 年第 6 期。

[204] 徐時儀、梁曉虹、陳五雲《佛經音義中有關織物的詞語》,《漢語史學報》第 2 輯,2002 年。

[205] 徐時儀、梁曉虹、陳五雲《略論佛經音義編纂的時代背景》,《覺群學術論文集》第 5 輯,2005 年。

[206] 徐之明《〈唐代詩詞語詞典故詞典〉釋義商榷》,《貴州教育學院學報》,2005 年第 1 期。

[207] 許端容《可洪〈新集藏經音義隨函錄〉敦煌寫卷考》,《第二屆敦煌學國際研討會論文集》,臺北:漢學研究中心,1991 年。

[208] 許翰《一切經音義校勘記》,《河南圖書館館刊》,1933 年第 1 期。

[209] 許建平《杏雨書屋藏玄應〈一切經音義〉殘卷校釋》,《敦煌研究》,2011 年第 5 期。

[210] 許啓峰《龍璋輯〈字書〉所據〈玄應音義〉版本考》,《西華大學學報》(哲學社會科學版),2010 年第 4 期。

[211] 嚴北溟《談談一部古佛教辭典——一切經音義》,《辭書研究》,1980 年第 3 期。

[212] 楊曾文《日本名古屋七寺所藏一切經和"七寺古逸經典研究會"》,《世界宗教文化》,1994 年第 1 期。

[213] 揚之水《〈一切經音義〉之佛教藝術名物圖證(一)》,《百年敦煌文獻整理研究國際學術討論會論文集》,2010 年。

[214] 揚之水《丹枕與紾綖——佛教藝術名物考》,《傳統中國研究集刊》(九、十合輯),上海:上海人民出版社,2012 年。

[215] 姚紅衛《〈玄應音義〉後綴詞語義考探》,《重慶科技學院學報》(社會科學版),2011 年第 24 期。

[216] 姚紅衛《古文句讀問題商榷——以〈玄應音義〉爲例》,《江西社會科學》,2012 年第 10 期。

[217] 姚紅衛《從佛經 X 然雙音詞看〈玄應音義〉的訓詁價值》,《杭州師範大學學報》(社會科學版),2012 年第 6 期。

[218] 姚紅衛《略論〈玄應音義〉注釋語言的學術價值》,《阜陽師範學院學報》(社會科學版),2013 年第 3 期。

[219] 姚紅衛《從"不 X"訓詁看〈玄應音義〉詞彙與詞典編纂意義》,《淄博師專學報》,2014 年第 2 期。
[220] 姚紅衛《〈玄應音義〉詞彙研究》,上海師範大學博士學位論文,2014 年。
[221] 葉桂郴、羅智豐《一部漢語俗字和佛經音義研究的力作——評鄭賢章博士的〈《新集藏經音義隨函錄》研究〉》,《桂林航天工業高等專科學校學報》,2011 年第 1 期。
[222] 葉松《〈玄應音義〉釋義研究》,上海師範大學碩士學位論文,2016 年。
[223] 于亭《玄應〈一切經音義〉版本考》,《中國典籍與文化》,2007 年第 4 期。
[224] 于亭《吐魯番柏孜克里克石窟所出小學書殘片考證》,《古籍整理研究學刊》,2009 年第 4 期。
[225] 于亭《論"音義體"及其流變》,《中國典籍與文化》,2009 年第 3 期。
[226] 虞思徵《日本金剛寺藏玄應〈一切經音義〉寫本研究》,《傳統中國研究集刊》第十一輯,2013 年。
[227] 虞思徵《日藏玄應〈一切經音義〉寫本研究》,上海師範大學碩士學位論文,2014 年。
[228] 虞思徵《〈玄應音義〉傳入日本情形考》,《佛經音義研究——第三屆佛經音義研究國際學術研討會論文集》,上海:上海辭書出版社,2015 年。
[229] 虞萬里《黑城文書遼希麟〈音義〉殘葉考釋與復原》,《慶祝吳其昱先生八秩華誕敦煌學特刊》,臺北:文津出版社,2000 年。
[230] 尉遲治平《武玄之韻詮考》,《語言研究》,1994 年增刊。
[231] 尉遲治平《〈韻詮〉五十韻頭考——〈韻詮〉研究之二》,《語言研究》,1994 年第 2 期。
[232] 尉遲治平《悉曇學和韻詮研究》,《南大語言學》第二編,北京:商務印書館,2006 年。
[233] 尉遲治平《黃仁瑄點校之〈大唐衆經音義序〉》,《華中國學》,2016 年秋之卷。
[234] 尉遲治平《玄應音義性質辨正——黃仁瑄〈《大唐衆經音義》校注〉序》,《國學學刊》,2016 年第 3 期。
[235] 尉遲治平、朱煒《梵文"五五字"譯音和玄應音的聲調》,《語言研究》,2011 年第 2 期。
[236] 藏園老人《校本一切經音義跋》,《中國公論》第五卷第六期,1941 年。
[237] 曾良《近代漢字的字詞關係探討——以"嬿""鵠""蚖"三字爲例》,《安徽大學學報》(哲學社會科學版),2015 年第 4 期。

[238] 曾昭聰《玄應〈眾經音義〉中的詞源探討述評》,《語文研究》,2007年第3期。

[239] 張金泉《敦煌佛經音義寫卷述要》,《敦煌研究》,1997年第2期。

[240] 張金泉《P.2901佛經音義寫卷考》,《杭州大學學報》(哲學社會科學版),1998年第1期。

[241] 張龍、陳源源《〈六度集經〉詞語例釋——兼與蒲正信先生商榷》,《西南交通大學學報》(社會科學版),2009年第3期。

[242] 張文冠《〈一切經音義〉字詞校釋二則》,《漢語史學報》第十六輯,2016年。

[243] 張曉鳳《〈四聲篇海〉異體字研究》,湖南師範大學碩士學位論文,2011年。

[244] 張新朋《玄應〈一切經音義〉之異體字研究》,河北大學碩士學位論文,2005年。

[245] 張義、黄仁瑄《〈阿毗達磨俱舍論〉之玄應"音義"校勘舉例》,《漢語學報》,2016年第2期。

[246] 張涌泉《漢語俗字新考》,《浙江大學學報》(人文社會科學版),2005年第1期。

[247] 張涌泉《敦煌本〈楞嚴經音義〉研究》,《敦煌吐魯番研究》第八卷,北京:中華書局,2005年。

[248] 張涌泉《敦煌本玄應〈一切經音義〉敘錄》,《漢語史研究集刊》第十輯,2007年。

[249] 張涌泉《俄敦18974號等字書碎片綴合研究》,《浙江大學學報》(人文社會科學版),2007年第3期。

[250] 張涌泉《敦煌本玄應〈一切經音義〉敘錄》,《張涌泉敦煌文獻論叢》,上海:上海古籍出版社,2011年。

[251] 張在雄《慧苑音義聲母體系研究》,《中國言語研究》18輯,2004年。

[252] 趙超《跋高麗藏本〈新集藏經音義隨函錄〉與紹興重雕本〈大藏音〉》,《北京教育學院學報》,2002年第4期。

[253] 趙家棟《〈翻譯名義集〉引"應法師云"文字疏證(一)》,《佛經音義研究——第三屆佛經音義研究國際學術研討會論文集》,上海:上海辭書出版社,2015年。

[254] 趙洋《新見旅順博物館藏〈一切經音義〉研究——兼論〈玄應音義〉在吐魯番的傳播》,《西域研究》,2018年第1期。

[255] 真察《新雕大藏音義序》,《正續一切經音義》第3頁,上海:上海古籍

出版社,1986年。

[256] 鄭賢章《〈龍龕手鏡〉所引〈經音義〉、〈音義〉考》,《漢語史學報》第4輯,2003年。

[257] 鄭賢章《以可洪〈隨函錄〉考漢語俗字若干例》,《古漢語研究》,2006年第1期。

[258] 鄭賢章《〈可洪音義〉與現代大型字典俗字考》,《漢語學報》,2006年第2期。

[259] 鄭賢章《可洪〈隨函錄〉與漢文佛經校勘》,《古籍整理研究學刊》,2006年第5期。

[260] 鄭賢章《以可洪〈隨函錄〉考漢語俗字(續)》,《古漢語研究》,2007年第1期。

[261] 鄭賢章、谷舒《可洪〈藏經音義隨函錄〉與漢語俗字研究》,《湖南師範大學社會科學學報》,2007年第1期。

[262] 周法高《從玄應音義考察唐初的語音》,《學原》第二卷第三期,1948年。

[263] 周法高《玄應反切考》,《歷史語言研究所集刊》第二十本:本院成立第二十周年專號(上冊),上海:商務印書館,1948年。

[264] 周法高《玄應一切經音義經名索引》,《"中央研究院"歷史語言研究所專刊》之四十七《玄應一切經音義反切考》附册,臺北:"中央研究院"歷史語言研究所,1962年。

[265] 周法高《玄應反切再論》,《大陸雜誌》第六十九卷第五期,1984年。

[266] 周法高《隋唐五代宋初重紐反切研究》,《第二屆國際漢學會議論文集:歷史與考古組》,臺北:"中央研究院",1989年。

[267] 周光子《東漢隸書異體字研究》,四川師範大學碩士學位論文,2009年。

[268] 周祖謨《校讀玄應一切經音義後記》,《問學集》,北京:中華書局,1966年。

[269] 周祖謨《武玄之韻詮》,《唐五代韻書集成·輯逸》,北京:中華書局,1983年。

[270] 朱樂川《〈玄應音義〉引〈爾雅〉〈爾雅注〉考》,《佛經音義研究——第三屆佛經音義研究國際學術研討會論文集》,上海:上海辭書出版社,2015年。

[271] 竺家寧《玄應和慧琳〈音義〉濁音清化與來母接觸的問題》,《佛經音義研究——第三屆佛經音義研究國際學術研討會論文集》,上海:上海辭書出版社,2015年。

後　　記

　　本書爲國家社科基金後期資助項目"七寺本《玄應音義》文字研究"（18FYY010）的結項成果，係在博士學位論文《七寺本〈玄應音義〉文字研究》的基礎上進一步研究、拓展、修訂而成。

　　2009年秋，我有幸踏入西南大學，師從碑刻文獻整理與研究大家毛遠明教授學習碑刻文獻的整理與語言文字的研究。三年來，我在先生和喻遂生師、張顯成師的指導下，從材料、理論、方法三方面入手，重點學習碑刻文獻的整理與語言文字的研究方法，學習文獻學、語言學和文字學的治學之道。先生鼓勵我們積極參與學術研究，踴躍參加學術會議，廣泛結交師友，並虛心向他們學習。學習之餘，先生引導我們加強個人修養。這也正是研究生生活要兼顧的三個方面：做人、治學、交友。每每寫出一篇新論文，先生必然指導我修改多遍，並指明修改原因。每一遍修改都是一次很好的單獨輔導，每個類型的論文都盡可能寫成一種範式。讀博以來，我每一篇論文的發表都凝聚著先生對學術的摯愛，對事業的精益求精和對學生的無私熱愛。同時，先生帶領我們做課題。在學術攻關中，大家意識到讀書對個人學術能力培養的作用，意識到學術團隊的重要性，意識到現代計算機技術和數據庫資料對學術研究的重要支撐作用，更重要的是，學習如何凝練課題，如何組建、培養和領導團隊，如何解決問題。這是全方位的灌注，是高屋建瓴式的提攜。

　　在博士學位論文的寫作過程中，上海師範大學徐時儀先生轉贈了日本國際佛教學大學院大學落合俊典教授提供的日本七寺本《玄應音義》寫本供我研讀、使用。徐老師是我人生的第二位導師。寫作碩士學位論文時，在參考資料緊缺的情況下，貿然去信打擾，徐老師慨然贈送碩士學位論文《慧琳音義研究》供我研讀。接書之時，感佩之情，難以言表。今番我寫作博士學位論文，先生又贈送語料，先生的扶持獎掖之情，終生不忘。同時感謝落合俊典先生整理《玄應音義》寫本、贈送資料等嘉惠學界的義舉。在版本比較方面，張涌泉老師提出了很多具有指導性與操作性的意見，啓發良多。

在論文的盲審與答辯過程中，北京大學胡敕瑞教授、復旦大學申小龍教授、四川大學雷漢卿教授等先生為論文的審閱付出了辛勤的勞動，提出了大量寶貴而中肯的意見。答辯委員浙江師範大學陳年福教授、四川外國語大學譚代龍教授、西南大學喻遂生師、張顯成師等先生，也指出了論文存在的訛誤和不足之處，提出了許多富有建設性的意見，這對本書的修改起到了至關重要的作用。

作為博士學位論文，本書主要研究唐寫本七寺藏《玄應音義》，主要從文字學的角度研究該寫卷的文字面貌，並揭示其研究價值。作為國家社科基金後期資助項目的結題成果，本書在博士學位論文之基礎上作如下增補：

一、緒論章之"研究綜述"增加了 2012 年 6 月至 2018 年 6 月發表的關於《玄應音義》整理與研究之成果，並調整了綜述後面的小結；"參考文獻"部分增加參考文獻 138 篇。

二、增加"異體字分類問題的探討"一小節，專門討論異體字的分類問題與分類標準。將"記號化"歸入"簡省"，取消"同化"這一類型。

三、梳理了假借學說源流，並提出本研究的依據。

四、增加了第五章"《玄應音義》疑難字詞考釋"。該章共考釋玄應標以"未見所出""未詳所出"等語之疑難字詞 48 條。

五、把每章結尾的小結調至結語處進行重組，以強調研究結論。

六、處理了全文採用之幾千個字形圖片，字形原底色均予以去除，碑刻字形均予以反白處理；同時去掉字形圖片外面的引號，以求行文簡潔。

七、微調部分。1. 第一章第一節異體字部分"源於古文字"，把"卑"字由原隸屬於"源於六國古文"改為"源於籀文"，原隸屬於"源於大篆""源於六國古文"（"卑"字除外）之字改為"源於戰國古文"，以副其實。下文凡涉及此點，隨之更動。2. 第一章第一節異體字部分"雙向混用"之部分例證調至"單向混用"，即"衤""礻""忄"作"扌"，"忄""木"作"牛"，"巾"作"忄""十"，"匚"作"辶""乚"，"卝"作"火"，"丌"作"大"，均調至"單向混用"。3. 第一章第一節異體字部分刪除"同化"。"異化"添加定義及其說明。4. 核對、糾正並統一了論文所用的佛經經名，核對並更正了《說文》《玉篇》《廣韻》等古字書韻書之引語。5. 核對了全文的腳注，並根據徵引情況適當增加了一批腳注。6. 增加或更換部分例證。

同時，研究生任玲、黃子玲、張燕幫助處理了本書所有圖片，核對了《說文》《玉篇》《廣韻》等書的引文，並勘正了行文中的部分文字訛誤。

國家社科基金項目評委付出了辛勤的勞動，提出了很多寶貴的修改意見，這些意見很有啟發性和指導性。這些意見多被採納，讓本書增色不少，同時減少了不少訛誤，限於篇幅關係，不再一一列舉。

　　本書出版之際，國家社會科學基金規劃辦在出版資金上予以巨大的經濟支持，讓本書能够順利出版；在項目申報、科研進展、成果出版的過程中，西華師範大學科研處也提供了巨大的支持；同時，上海古籍出版社毛承慈女士、孫一夫先生爲本書的編輯、出版付出了巨大的智慧、心力，表現出極大的責任心。

　　每一座大厦的落成，都凝聚著工程設計師的智慧與建築工人的汗水，每一位設計師與工人背後，都有千百個支持力量在默默付出。正是這些爲人所知名的和不知名的平凡人，幫助我們成就了一個又一個的不平凡事。我感激一切使我成長的人，感謝一切爲本書的寫作、評審、修改、審訂與出版付出巨大心力與經濟支持的師友、單位，我將以一顆永恒的感激之心去生活，盡自己所能，努力進取，説實話，做實事，去報答我們的民族和社會。

　　當然，由於個人資質駑鈍，七寺本《玄應音義》寫卷文字的研究也存在掛一漏萬之處，每每審讀資料，常感力有不逮，不禁惶然；同時，文中還存在不少問題，或挖掘不够，或表述偏頗，或有部分訛誤，這都由本人負責，懇請方家不吝批評指正，以期更正爲謝。

吴繼剛
2020 年 5 月於貴州師範大學

圖書在版編目（CIP）數據

七寺本《玄應音義》文字研究／吴繼剛著. —上海：上海古籍出版社，2021.7
ISBN 978-7-5732-0012-9

Ⅰ.①七… Ⅱ.①吴… Ⅲ.①佛經—訓詁—研究—中國—唐代 Ⅳ.①H131.6

中國版本圖書館 CIP 數據核字（2021）第 139440 號

七寺本《玄應音義》文字研究
吴繼剛 著
上海古籍出版社出版發行
（上海瑞金二路 272 號　郵政編碼 200020）
（1）網址：www.guji.com.cn
（2）E-mail：guji1@guji.com.cn
（3）易文網網址：www.ewen.co
上海商務聯西印刷有限公司印刷
開本 787×1092　1/16　印張 21.25　插頁 2　字數 370,000
2021 年 7 月第 1 版　2021 年 7 月第 1 次印刷
ISBN 978-7-5732-0012-9
H·242　定價：98.00 元
如有質量問題，請與承印公司聯繫